최소한의
**서양
고전**

고전 읽기가 쉬워지는 마법
최소한의 서양 고전

초판 1쇄 찍은 날 2018년 6월 8일
초판 1쇄 펴낸 날 2018년 6월 15일

지은이   김동국·김채린

펴낸이   백종민
주 간   정인회
편 집   최새미나·박보영·김지현·이혜진·이현정
외서기획 강형은
디자인   강찬숙·임진형·임채원
마케팅   김정미·박진용
관 리   장희정·임수정

펴낸곳   주식회사 꿈결
등 록   2016년 1월 21일(제2016-000015호)
주 소   서울시 영등포구 당산로 50길 3 꿈을담는빌딩 6층
대표전화 1544-6533
팩 스   02) 749-4151
홈페이지 dreamybook.co.kr
이메일   ggumgyeol@naver.com
블로그   blog.naver.com/ggumgyeol
트위터   twitter.com/ggumgyeol
페이스북 facebook.com/ggumgyeol
에듀카페 cafe.naver.com/ggumgyeoledu

ISBN 979-11-88260-44-7 03800

이 도서의 국립중앙도서관 출판예정도서목록(CIP)은 서지정보유통지원시스템 홈페이지(http://seoji.nl.go.kr)와
국가자료공동목록시스템(http://www.nl.go.kr/kolisnet)에서 이용하실 수 있습니다.(CIP제어번호: CIP2018015210)

이 책은 저작권법에 따라 보호받는 저작물이므로,
저작자와 출판사 양측의 허락 없이는 일부 혹은 전체를 인용하거나 옮겨 실을 수 없습니다.

책값은 뒤표지에 있습니다.
주식회사 꿈결은 (주)꿈을담는틀의 자매회사입니다.

최소한의 서양 고전

고전 읽기가 쉬워지는 마법

김동국·김채린 지음

들어가는 글

1835년 미국에서 태어나 작가로 명성을 날렸던 마크 트웨인[Mark Twain]은 이렇게 말한 바 있다. "고전이란 모든 사람들이 칭찬하지만 아무도 읽지 않는 책들이다." 이는 최고의 익살꾼이라는 별명을 가진 그다운 말이지만, 자신이 썼던 《톰 소여의 모험》과 그 후속작인 《허클베리 핀의 모험》이 미국 역사상 가장 훌륭한 소설이자 고전으로 칭송받는 다는 것을 그가 알게 된다면, 본인이 했던 말을 번복할지도 모른다. 어쨌거나 고전은 우리가 시대를 관찰하고 역사를 배우는 데 더할 나위 없이 좋은 재료이다. 인류의 긴 역사 속에서 많은 비평과 분석을 거쳐 사람들의 마음에 남았다는 그 자체만으로도 기꺼이 칭송받을 만하다.

'고전'이란 보통 고대 그리스와 로마 시대의 문헌들 혹은 인문학을 공부할 때 필요한 가장 기본적이고 중요한 책들을 일컫는 말이다. 따라서 보통 고전은 철학, 문학, 역사, 예술에 관한 책들이었다. 서구 유럽에서는 교양인이라면 응당 이러한 책들을 읽고 익혀야 한다고 생각했다. 그리고 이는 동양이라고 해서 결코 다르지 않았다. 배경과 철학이 다르고 선조들이 남긴 책들은 달랐지만 지식인이라면, 지식인이 되고 싶다면 혹은 각자 자신의 시대에 사람다운 삶을 살고 인간으로서 대접받고자 한다면 동양이든 서양이든 고전을 읽어야 했다.

오늘날에도 마찬가지이다. 현대에서도 고전 교육이 중요하게 여겨지고 있는 이유는 고전 교육을 통해 전인교육^{인간이 갖고 있는 모든 자질을 조화롭게 발달시키는 교육}을 이룰 수 있다는 오랜 믿음 때문이다.

물론 마크 트웨인이 아주 허튼소리를 한 것만은 아니다. 그가 말했던 것처럼 고전 읽기가 그리 호락호락하지만은 않기 때문이다. 특히 오늘날의 우리들에게 고전은 최소 30~40년, 많게는 수백 년 전의 글들이다. 이런 글들이 마냥 쉽고 재미있을 수는 없다.

순전히 우리의 이해력이 부족해서 고전이 어려운 것은 아니다. 과거 특정 시대·나라·문화에서 사용되던 글의 양식과 유머는 지금의 것처럼 함께 호흡하며 느낄 수 없다. 또 당시 사회를 이해해야 어떤 맥락에서 그 작품이 높은 평가를 받았는지 알 수 있는데, 그 시대의 철학, 정치, 예술, 대중문화 등의 배경은 고전 작품들의 뒤에 가려져 있다. 따라서 우리는 고전이 갖고 있는 가치에 비해 고전을 쉽게 받아들이지 못한다.

이 책은 이러한 맥락 위에 서 있다. 교양인으로서 고전을 읽고 공부하고 싶지만 그 방대함에 지쳐 선뜻 책을 들지 못하는 이들, 고전이 어떤 배경 위에 있고 어떻게 해석되고 있는지가 알고 싶은 이들을 위해 이 책은 쓰였다. 이해의 벽만 넘는다면 그 앞에 펼쳐진 수많은 보물들을 만날 수 있는데, 이 책이 그 이해의 벽을 넘을 수 있게 도와주는 작은 사다리가 되려 한다. 간단하게 전체의 내용을 요약하고 그 의미를 파악한 후 찾아가는 고전은 분명 이전보다 훨씬 적은 부담으로 다가올 것이다.

이 책을 통해 좀 더 많은 사람들이 고전을 쉽게 접하길 바란다. 그리고 이 책이 사람들에게 더 많은 고전을 알리고 전파해 주길 원한다. 고전을 읽는다는 것은 곧 그것을 통해 우리를 다시 되돌아보고 우리의 시대를 재평가하는 것을 의미한다. 따라서 고전과 함께한다면 현재의 문제와 논쟁들에 더 넓은 시각을 갖고 현명하게 해결할 수 있을 것이다. 나아가 고전 속에서 더 나은 미래를 꿈꾸는 일도 가능할 것이라 믿는다.

차례

들어가는 글 ······ 4

제1부 문학, 인간의 원형을 고민하다

01 호메로스, 《일리아스》 죽음의 두려움마저도 극복한 명예 ······ 12
02 호메로스, 《오디세이아》 《일리아스》 이후의 이야기 ······ 20
03 소포클레스, 《안티고네》 신의 법과 인간 법의 대립 ······ 29
04 단테 알리기에리, 《신곡》 중세 최고의 철학 서사시 ······ 38
05 윌리엄 셰익스피어, 《햄릿》 영국이 낳은 세기의 작가 셰익스피어의 대표 비극 ······ 47
06 미겔 데 세르반테스, 《돈키호테》 우스꽝스러운 중세 기사 돈키호테의 모험 ······ 56
07 요한 볼프강 폰 괴테, 《젊은 베르터의 고뇌》 세상과 불화한 젊은이의 비극 ······ 65
08 메리 셸리, 《프랑켄슈타인》 인간이 창조한 괴물의 역습 ······ 73
09 헨리 데이비드 소로, 《월든》 도시의 삶에 문제를 제기한 최초의 환경 소설 ······ 82
10 귀스타브 플로베르, 《보바리 부인》 세밀하고 치밀한 묘사가 돋보이는 현대 소설의 걸작 ······ 89
11 찰스 디킨스, 《위대한 유산》 인간성에 대한 통찰이 담긴 영국 문학의 걸작 ······ 98
12 표도르 도스토옙스키, 《죄와 벌》 가장 탁월한 인간의 내면을 파헤친 소설 ······ 107
13 레프 톨스토이, 《안나 카레니나》 인류 공통의 철학적 사유를 집대성한 소설 ······ 116
14 오스카 와일드, 《도리안 그레이의 초상》 예술과 미학에 대한 영국의 세기말 문학 ······ 125
15 안톤 체호프, 《세 자매》 수동적인 중산층의 삶을 보여 준 체호프의 희곡 ······ 134
16 프란츠 카프카, 〈변신〉 소외된 현대인의 삶을 풍자한 중편소설 ······ 143
17 헤르만 헤세, 《데미안》 한 존재의 치열한 성장의 기록 ······ 152

18 버지니아 울프, 《댈러웨이 부인》 의식의 흐름을 서술한 새로운 모더니즘 소설 ······ 162
19 베르톨트 브레히트, 《억척어멈과 그의 자식들》 민중들의 어리석음을 통렬하게
　　비판한 서사극 ······ 170
20 알베르 카뮈, 《이방인》 죽음을 통해 인간 실존에 대한 질문을 던진 소설 ······ 178
21 시몬 드 보부아르, 《제2의 성》 20세기 가장 영향력 있는 페미니즘 성서 ······ 187
22 조지 오웰, 《1984》 전체주의적 지배의 양상을 묘사한 소설 ······ 196
23 사뮈엘 베케트, 《고도를 기다리며》 끝없는 기다림이 삶이라 말하는 부조리극 ······ 205
24 주제 사라마구, 《눈먼 자들의 도시》 체제와 가치의 붕괴를 풍자한 마술적
　　리얼리즘의 대작 ······ 213

제2부 인문·철학, 세계와 불화하는 나와 화해하다

25 아리스토텔레스, 《시학》 시의 본질을 체계적으로 서술한 문학 이론의 고전 ······ 224
26 르네 데카르트, 《방법 서설》 근대 철학의 아버지 데카르트의 철학을 공표한 저서 ······ 233
27 토머스 홉스, 《리바이어던》 새로운 사고의 틀을 마련한 사회계약론 ······ 241
28 바뤼흐 스피노자, 《에티카》 인간관에 문제를 제기하는 스피노자 철학의 정수 ······ 249
29 프리드리히 니체, 《도덕의 계보》 선악 개념에 대한 니체의 후기 사상 ······ 258
30 지그문트 프로이트, 《꿈의 해석》 꿈을 통해 인간의 무의식을 연 정신분석의 보고 ······ 267
31 막스 호르크하이머, 테오도르 아도르노, 《계몽의 변증법》 새로운 종류의 야만에 빠진
　　인류의 계몽법 ······ 276
32 한나 아렌트, 《예루살렘의 아이히만》 유대인 학살을 통해 본 악의 평범성에 대한 보고서 ······ 285
33 미셸 푸코, 《감시와 처벌》 감옥의 역사를 통해 권력관계를 파헤치는 철학서 ······ 294
34 피터 싱어, 《동물 해방》 동물의 권리와 해방을 꿈꾸는 혁명서 ······ 302
35 에드워드 사이드, 《오리엔탈리즘》 동양에 대한 서구의 왜곡과 편견을 바로잡는 비판서 ······ 311

제3부 사회·과학, 사회를 깊이 있게 통찰하다

36 플라톤, 《국가》 무엇이 잘 사는 것인가에 대한 플라톤의 이상적인 정치철학 …… **322**
37 니콜로 마키아벨리, 《군주론》 전통적인 정치철학에 반기를 들었던 최초의 근대 철학 …… **331**
38 애덤 스미스, 《국부론》 경제 체제의 의미와 방법에 관한 체계적인 국민경제론 …… **340**
39 카를 마르크스, 《공산당 선언》 새로운 세상을 꿈꾼 마르크스의 위대한 선언 …… **349**
40 찰스 다윈, 《종의 기원》 생물의 진화론을 확립시킨 위대한 고전 …… **358**
41 막스 베버, 《프로테스탄티즘의 윤리와 자본주의 정신》 자본주의적 인간의 일생에 대한 보고서 …… **366**
42 토머스 쿤, 《과학혁명의 구조》 패러다임의 전환을 통한 과학 발전을 제시하다 …… **375**
43 마셜 매클루언, 《미디어의 이해》 디지털 시대 정보혁명의 길잡이 …… **384**
44 존 롤스, 《정의론》 사회철학 패러다임의 전환을 가져온 철학서 …… **392**
45 피에르 부르디외, 《구별 짓기》 문화와 계급 간의 관계를 밝힌 연구서 …… **401**
46 리처드 도킨스, 《이기적 유전자》 과학을 뛰어넘어 진화론의 새로운 패러다임을 제시하다 …… **410**
47 울리히 벡, 《위험사회》 서구 중심의 산업화와 근대화에 경종을 울린 사회 비판서 …… **418**
48 제러미 리프킨, 《노동의 종말》 현대사회에 대한 기술의 발전을 도발적으로 분석하다 …… **426**
49 새뮤얼 헌팅턴, 《문명의 충돌》 문명사적 관점에서 국제 질서의 변화를 예견하다 …… **435**
50 재러드 다이아몬드, 《총, 균, 쇠》 인간 사회의 다양한 문명은 어디에서 비롯되었나 …… **444**

제 1부

문학,
인간의 원형을
고민하다

01
호메로스, 《일리아스》

죽음의 두려움마저도 극복한 명예

★ 한눈에 보기

1
트로이전쟁 10년 째, 그리스군 총사령관 아가멤논은 전리품으로 데리고 간 크리세스의 딸을 빼앗긴 것에 분노하여 그리스 최고의 영웅 아킬레우스의 연인인 브리세이스를 데려 간다.

2
분노한 아킬레우스는 전쟁터에 나가지 않고, 그리스군은 계속해서 패배한다.

3
아킬레우스의 친구 파트로클로스는 전세를 뒤집기 위해 아킬레우스의 갑옷을 입고 전쟁에 나서지만, 트로이아의 장군 헥토르에게 죽임을 당한다.

4
친구의 죽음에 분노한 아킬레우스는 다시 전장에 나가고, 헥토르는 결국 아킬레우스에게 죽임을 당한다.

1 저자 알기

호메로스(Homeros, 기원전 800?년~기원전 750년)

호메로스의 정체에 대해서는 학자들 사이에서도 논란이 분분하다. 제대로 된 기록이 남아 있지 않은 탓에 실재 인물인지의 여부에서부터 활동 시기, 심지어 그가 한 개인인지 아닌지도 분명하지 않다. 다만, 소아시아의 이오니아 지방에서 태어나 기원전 8세기 무렵 활동했던 맹인 방랑 시인이라는 의견이 주도적이다.

더불어 이 작품이 단지 호메로스라고 불리는 한 개인의 작품인가라는 질문에도 여러 의견이 있다. 고대의 서사시란 오늘날의 문학과는 달리 구전적이고 집단적인 성격이 강하기 때문이다. 따라서 이 작품은 고대로부터 이어져 내려온 트로이전쟁의 이야기들을 호메로스라는 시인이 최종적으로 완성했다고 이해하는 것이 가장 타당해 보인다.

2 내용 깊이 알기

기원전 8세기 무렵의 이오니아 방언으로 쓰여진 작품인 《일리아스(Ilias)》는 《오디세이아》와 더불어 그리스 문학의 기념비적인 작품일 뿐만 아니라, 서구 역사에서 보더라도 하나의 거대한 산맥과 같은 작품이다. 그야말로 유럽 정신의 원초적 뿌리라고 할 수 있다. 무려 1만 5천 행으로 이루어진 방대한 서사시 《일리아스》는 '트로이 서사시권'이라고 불리는 통일된 8편의 서사시권 중 두 번째 편이며, 일곱 번째 권인 《오디세이아》와 더불어 지금까지 그 내용이 온전히 남아 있는 서사시이다. 아리스토텔레스는 《일리아스》와 《오디세이아》 두 편이 '트로이 서사시권' 중에서도 그 통일성과 작품성이 가장 뛰어난 것으로 평가하고 있다.

이 작품은 2천 년이 넘는 시간 동안 단지 문학적 허구에 불과하다고 여겨졌다. 그러나 19세기 말 하인리히 슐리만이 트로이와 미케네의 옛 성터를 발굴함으로써 이러한 견해는 뒤집어졌다. 오늘날에는 완전한 허구라기보다는 실재의 역사적 사실을 배경으로 당대의 신화와 다양한 문학적 허구들을 첨가한 것으로 여겨진다. 트로이인들이 스스로를 '일리온'이라고 불렀는데, '일리아스'라는 작품명은 여기에서 유래된다.

작품의 가장 주된 모티브는 '아킬레우스의 분노'이다. 즉, 《일리아스》는 영웅 아킬레우스의 이야기이기도 하다. 이는 《일리아스》의 "노래하소서, 여신이여, 펠레우스의 아들 아킬레우스의 분노를"이라는 구절의 첫 행에서 바로 드러난다.

《일리아스》의 배경이 되는 트로이전쟁은 무려 10년이나 계속된 지루한 전쟁이었으나, 실제로 작품 속에서 이 10년이라는 시간을 모두 담고 있는 것은 아니다. 아리스토텔레스는 이러한 《일리아스》의 구성에 대해서 "호메로스는 트로이전쟁을 전부 취급하려고 하지 않았다. 그는 전체에서 한 부분만 취하고 그 밖의 많은 사건을 삽화로 이용하고 있다"라고 말했다. 따라서 실제로 《일리아스》에서 주로 다루어지는 것은 50일 정도이며, 그것도 역병이 돌던 9일, 올림포스의 신들이 아이티오피아인들의 잔치에 가 있던 12일, 아킬레우스가 헥토르의 시신을 모욕하던 12일, 헥토르의 화장을 위하여 장작을 준비하던 9일을 빼고 나면 실제로 집중적으로 다루어지는 시기는 며칠이 되지 않는다.

본격적인 이야기는 아킬레우스와 아가멤논의 다툼으로 시작된다. 전쟁이 시작된 지 10년이 되었는데도 아직도 승패를 가르지 못하고 있던 어느 날 그리스군에 전염병이 돌기 시작한다. 이 전염병은 그리스군의 총사령관인 아가멤논이 트로이 진영에서 아폴론을 모시는 사제인 크리세스의 딸을 전리품으로 유괴하면서 발생한다. 크리세스가 딸의 몸값을 가지고 가서 아폴론의 이름으로 딸을 돌려 달라고 청원했으나, 아가멤논은 오히려 겁을 주어 그를 쫓아냈고, 크리세스의 기도를 들은 아폴론이 9일 동안이나 그리스군에게 화살을 쏘아 전염병이 돌게 한 것이다. 결국 신탁[1]으로 전염병의 원인을 알게 된 그리스의 장군들은 아가멤논에게 크리세스의 딸을 돌려주도록 청원하고, 자신만의 전리품을 빼앗긴 것에 분노한 총사령관 아가멤논은 아킬레우스가 얻은 여인인 브리세이스를 대신 데리고 간다.

펠레우스와 테티스의 아들이자 그리스 영웅인 아킬레우스는 신탁에 의해 트로이전쟁에 나가게 되면 높은 명예는 얻되 죽게 될 것을 알았다. 그럼에도 그가 전쟁에 나온 것은 목숨보다 명예를 중시하

---

1. 신이 꿈, 인간 등을 통해 자신의 의지를 인간에게 전달하는 것.

는 그리스적 영웅이었기 때문이다. 그런데 자신이 전리품으로 얻은 여인인 브리세이스를 아가멤논에게 빼앗겼다는 것은 그에게 엄청난 모욕이었다. 이때부터 아킬레우스는 전투에 나서지 않는다.

그리스 최고의 전사인 아킬레우스가 전쟁에 나서지 않자 상황은 그리스군에게 불리해졌다. 게다가 아킬레우스의 어머니인 여신 테티스는 제우스에게 아킬레우스의 명예를 모욕한 아가멤논에 대한 복수를 부탁한다. 이에 제우스는 다른 모든 신들에게 전쟁에 개입하는 것을 금지하고, 트로이군에게 승리를 안겨 준다. 트로이의 영웅 헥토르는 그리스군을 온통 휘저으면서 승리를 만끽한다. 결국 아가멤논은 아킬레우스에게 전쟁에 나가 달라고 간청해 보지만 아킬레우스는 이를 단호히 거절한다. 전쟁 상황은 계속해서 그리스군에게 불리해지고, 헥토르는 싸울 때마다 이기면서 그리스군을 밀어붙인다. 수많은 그리스군이 죽고, 오디세우스와 아가멤논은 창에 찔렸으며, 그 외의 많은 장수들도 부상을 당했다.

이때 아킬레우스의 절친한 친구 파트로클로스가 등장한다. 그는 불리한 전세를 역전시키기 위해 아킬레우스의 갑옷을 걸치고 대신 전투에 나가려고 한다. 그리스군들이 마구 밀리는 것을 보면서도 자신의 다짐 때문에 전투에 나서지 못하는 아킬레우스는 파트로클로스에게 무구를 빌려준다. 그러나 이것이 비극의 시작이었다. 파트로클로스는 적을 함선[2]들에서 내쫓되 트로이성까지는 쫓아가지 말라

---

2. 군함, 선박 등을 통틀어 이르는 말.

고 한 아킬레우스의 경고를 무시하고 적을 추격하다가 결국 헥토르에게 죽임을 당하고 만다. 파트로클로스를 죽인 헥토르는 아킬레우스의 갑옷을 빼앗아 입고 더 강도 높게 그리스군을 공격한다.

자신의 소중한 친구가 헥토르에게 죽임을 당하자 아킬레우스는 전쟁에 관여하지 않겠다는 자신의 다짐을 깨고 친구의 복수를 위해서 전장에 나선다. 이때 여신 헤라는 아킬레우스의 말인 크산토스에게 인간의 목소리를 주어 아킬레우스의 죽음을 미리 알린다. 그러나 아킬레우스는 이를 듣고도 오히려 역정을 내며 이렇게 말한다. "크산토스여, 왜 내게 죽음을 예언하는가? 정말 너답지 않구나. 내가 사랑하는 부모님과 멀리 떨어져 이곳에서 죽을 운명임은 나 자신도 잘 알고 있다. 허나 그렇다 하더라도 나는 트로이인들에게 전쟁이라면 신물이 나게 해 주기 전에는 결코 쉬지 않을 것이다."(19권) 이 대목은 아킬레우스가 무엇보다 명예를 소중하게 여기고 있음을 잘 보여 주는 대목이다. 그러나 《일리아스》에서는 아킬레우스의 죽음을 다루고 있지 않으며, 아킬레우스가 죽음을 맞는 것은 트로이 서사시권의 세 번째 권인 《아이티오피스》에 나온다.

전쟁에 다시 나선 아킬레우스는 트로이의 명장 헥토르와 결전을 치른다. 《일리아스》의 또 다른 주인공이라고 해도 될 만한 헥토르 역시, 주변의 반대를 무릅쓰고 결국 아킬레우스와 싸운다. 그리고 아킬레우스가 죽음의 운명 앞에서도 물러나지 않았던 것과 마찬가지로 명예를 목숨보다 더 중요시하며 다음과 같이 말한다. "난들 어찌 그런 모든 일들이 염려가 안 되겠소, 여보! 하지만 내가 만일 겁쟁이마냥 싸움터에서 물러선다면 트로이인들과 옷자락을 끄는 트로이 여인들을 볼 낯이 없을 것이오."

애초에 트로이전쟁은 트로이의 왕자인 파리스가 스파르타의 왕 메넬라오스의 아내였던 헬레네를 유혹해 트로이로 데려온 것이 원인이었다. 그러나 파리스는 자신이 전쟁의 원인을 제공했음에도 메넬라오스와의 결전을 피하는 비겁한 모습을 보이는 데 반해, 아킬레우스와 헥토르는 죽음의 두려움마저도 극복하고 명예를 지키기 위해 전장에 나선 것이다. 어찌 보면 무모하고 어리석게 보이는 이 명예로움에 대한 영웅적 태도가 《일리아스》의 주제라고도 할 수 있을 것이다.

결국 헥토르는 아킬레우스에게 죽임을 당하고, 아킬레우스는 헥토르를 죽인 후 그 시신을 전차에 매달고 돌아간다. 이제껏 테티스의 부탁을 받고 아킬레우스의 명예를 지켜 주려 애쓰던 제우스는 테티스를 보내어 헥토르의 시신을 욕보이지 말라고 명하는데, 헥토르의 아버지인 프리아모스는 제우스의 메시지를 듣고 아킬레우스의 막사로 찾아간다. 늙은 프리아모스가 진심으로 호소하며 눈물을 흘리자 아킬레우스 역시 자신의 아버지와 친구 파트로클로스의 죽음을 생각하며 눈물을 흘리고, 헥토르의 시신을 돌려준다. 더불어 헥토르의 장례 기간 동안에는 전쟁을 잠깐 멈출 것을 약속한다. 서로 적대하면서도 아들과 친구를 잃은 슬픔을 공유하는 이 모습에서 우리는 전쟁의 승패와 무관하게 전쟁터에서 용맹스럽게 싸우다 죽은 모든 이들에 대한 더할 바 없는 존경을 엿볼 수 있다. 헥토르의 장례로 《일리아스》는 끝을 맺는다.

3 결정적 문장

"노래하소서, 여신이여, 펠레우스의 아들 아킬레우스의 분노를."

4 생각 더하기

호메로스의 《일리아스》에서 아킬레우스가 영웅으로 여겨지는 이유는 무엇일까?

고대 그리스에서 영웅에게 최우선적으로 요구되는 덕목은 다름 아니라 용기였다. 그런데 이 용기는 단순히 두려움이 없는 상태를 말하지 않는다. 한국에도 '하룻강아지 범 무서운 줄 모른다'는 속담이 있다. 즉, 자신이 어떤 처지에 놓여 있는지 아무것도 모르는 이는 어떤 두려움도 느끼지 않는다. 그러나 우리는 그것을 '용기'라고 부르지는 않는다. 그것은 만용이요, 무지이기 때문이다.

용기란 두려움을 모르는 것이 아니라, 그것을 알고도 극복하는 것을 말한다. 아킬레우스가 단순히 죽음을 두려워하지 않기 때문에 영웅이 된 것은 아니다. 오히려 자신이 죽을 것이라는 운명에 두려움을 느끼면서도 물러서지 않고 맞서기 때문에 그를 영웅이라고 부르는 것이다.

02
호메로스, 《오디세이아》

《일리아스》 이후의 이야기

★ 한눈에 보기

1
트로이전쟁이 끝난 지 10년이 되도록 오디세우스는 돌아오지 않고, 그의 고향 이타카에서는 그의 아내 페넬로페에게 구혼하면서 오디세우스의 재산을 탕진하는 이들로 가득하다.

2
이타카에서 이러한 일들이 벌어지고 있는 동안, 트로이전쟁을 마치고 귀향길에 오른 오디세우스는 다양한 모험을 한다.

3
외눈박이 거인 폴리페모스에게 잡아먹힐 뻔하거나, 마녀 키르케가 선원들을 모두 돼지 떼로 변하게 한다. 세이렌을 만나기도 하고, 태양신의 분노를 사서 배가 모두 파손되기도 한다.

4
마침내 고향에 돌아온 오디세우스는 그의 아내를 괴롭히고 재산을 탕진하던 구혼자들에게 복수한다.

1 저자 알기

호메로스(Homeros, 기원전 800?년~기원전 750년)
《일리아스》 참조.

2 내용 깊이 알기

《일리아스》와 함께 호메로스의 서사시이다. 《일리아스》가 아킬레우스를 주인공으로 하는 트로이전쟁의 이야기라면, 《오디세이아(Odysseia)》는 트로이전쟁이 끝난 후, 오디세우스가 집으로 돌아오는 내용을 다루고 있다.

트로이전쟁이 10년이 걸렸다면, 오디세우스의 귀환 또한 10년이 걸렸다. 이렇게 온갖 모험을 겪고 20여 년 만에 고향에 돌아온 오디세우스는 아내 페넬로페에게 구혼하는 수많은 이들이 집안의 재산을 마구 탕진하는 상황을 마주한다. 이에 그는 크게 분노하며 이들 무리를 처단한다.

《오디세이아》는 크게 세 가지의 이야기로 나눌 수 있다. 1권에서 4권까지는 오디세우스의 아들인 텔레마코스가 아버지를 찾아 나서면서 겪는 일종의 성장 이야기, 5권에서 12권은 오디세우스의 모험 이야기, 13권에서 24권까지는 이타카섬에 돌아온 오디세우스가 벌이는 복수극이다.

그리스의 서사시에는 몇 가지 형식적인 특징이 있다. 영감을 주는 무사나 아폴론 신 등을 부르며 시작하는 것, 기승전결의 순서대로 이야기를 풀지 않고 곧바로 사건의 한가운데로 뛰어드는 것, 같은 인물이나 물건에 동일한 수식어를 쓰는 것, 긴 목록이 자주 등장하는 것 등이 그것이다. 이러한 특징은 호메로스의 서사시부터 시작된 전통이기도 하다. 《오디세이아》의 시작도 마찬가지로 다음과 같이 시작한다. "말씀해 주소서, 무사 여신이여, 트로이의 신성한 도시를 파괴한 뒤 많이도 떠돌아다녔던 임기응변에 능한 그 사나이에 대해서."

이 임기응변에 능한 사나이가 바로 이타카의 군주인 오디세우스이다. 10년이나 되는 긴 전쟁인 트로이전쟁이 끝난 후에도, 그는 다시 10년 동안이나 귀향을 하지 못한 채 지중해 위를 떠돌고 있었다. 오디세우스가 키클롭스족인 폴리페모스의 눈을 멀게 했기 때문이다. 오디세우스는 이 일로 바다의 신 포세이돈의 노여움을 사게 되는데, 포세이돈은 오디세우스를 죽이지는 않고, 고향에서 먼 곳으로 떠돌아다니게 만든다.

10년째 아버지의 생사 여부도 모른 채 온통 불한당들로 들끓는 집안에서 지내고 있는 오디세우스의 아들 텔레마코스에게 어느 날 아테네 여신이 직접 찾아온다. 아테네 여신은 그리스 본토에서 오디세우스의 행방을 찾으라고 권한다. 그러나 텔레마코스는 어머니에게 구혼하는 자들을 설득하지 못하고, 여행에 필요한 배를 빌리지도 못한다. 이에 아테네 여신이 오디세우스의 옛 친구인 멘토르의 모습으로 다시 나타난다. 그리고 여행에 필요한 배와 식량 등을 구해 준다. 이윽고 날이 어두워지자 텔레마코스는 어머니 페넬로페 몰래 필로스로 항해한다. 그는 항해하면서 네스토르와 메넬라오스를 만나 오디세우스의 활약상을 듣고, 아버지가 오기기아섬에 있을 것이라는 소식을 듣게 된다. 이때 제우스는 7년이란 오랜 세월 동안 칼립소의 섬인 오기기아섬에 머물고 있던 오디세우스를 귀향시키도록 명령한다.

그러나 오디세우스는 오기기아섬을 나서자마자 그를 저주하는 포세이돈이 일으킨 풍랑에 배가 난파되어 파이아케스섬에 이른다. 여기서 오디세우스는 파이아케스섬의 공주인 나우시카의 도움으로 음식과 옷을 구한다. 그리고 왕인 알키노오스의 궁전으로 가서 자신이 지금까지 겪었던 모험담을 이야기한다. 여기서 오디세우스의 모험담은 회상 형식의 1인칭으로 서술되며 다음과 같다.

트로이를 출발해서 돌아오는 길에 오디세우스 일행은 트로이의 동맹도시 키코네스인들의 도시를 약탈했다. 그러나 곧 쫓겨나게 되고 다시 바다를 헤매다가 로토파고이족의 나라로 간다. 이 나라의 사람들은 로토스라는 열매를 먹는데 이것을 먹은 오디세우스의 일행들은 모두 귀향할 생각마저 잊고 이 섬에 살고자 했다.

떠나기 싫었지만 결국 억지로 배에 탄 오디세우스 일행은 키클롭스섬에 다다른다. 그러나 여기서 외눈박이 괴물 키클롭스 중 하나인 폴리페모스의 동굴에 갇힌다. 오디세우스는 자신이 가진 지혜만큼이나 호기심이 많은 인물이다. 그래서 종종 위험을 자초했는데, 여기에서도 그는 키클롭스족이 손님들을 어떻게 대하는지 보기 위해 동료들의 만류에도 직접 폴리페모스를 찾아간다. 그러나 오디세우스가 기대한 환대는 없었고, 폴리페모스는 오디세우스의 동료들을 먹어 치우고 만다. 오디세우스는 살아남은 동료들과 탈출하기 위해 폴리페모스에게 술을 먹이고 노를 깎아 만든 창으로 그를 찌른 후, 양들의 배에 매달려 동굴을 빠져나온다. 이 장면에서 오디세우스의 유명한 꾀가 등장한다. 오디세우스는 애초에 폴리페모스에게 자신을 '아무것도 아닌 자'라고 소개한 것이다. 그래서 폴리페모스는 "아무도 아닌 자가 그렇게 했다"라고 친구들에게 말해 아무런 도움을 얻지 못했고, 오디세우스의 일행들은 무사히 탈출할 수 있었다.

이렇게 오디세우스의 모험담은 계속 이어진다. 바람의 왕인 아이올로스와 만나기도 하고 식인 거인인 라이스트리고네스인들에 의해 12척의 배 중 11척의 배가 파손되기도 한다. 키르케의 섬에서는 모든 부하들이 돼지가 되어 버린다. 그러나 오디세우스는 헤르메스 신의 도움으로 키르케의 계략을 미리 알고 계략에 빠지지 않는다. 그가 지혜로운 오디세우스임을 알아본 키르케는 부하들을 다시 돌려주고, 그와 그의 일행 모두에게 대접한다. 이후 오디세우스는 키르케와 함께 1년을 살게 된다. 그러는 사이 키르케는 오디세우스를 저승에 다녀오게 하고, 앞으로 닥칠 위험들과 그 위험을 극복하는 방법도 가르쳐 준다.

키르케와 함께 1년을 산 후에 오디세우스는 노래로 사람을 유혹하는 세이렌을 만나고, 바닷가 동굴에서 여섯 개의 입으로 사람들을 물고 가는 스킬라를 만나기도 한다. 또 무서운 소용돌이인 카립디스를 지났으며, 태양신의 섬인 트라키아에서 태양신의 소를 잡아먹기도 한다. 그러나 이것이 태양신의 분노를 사서 배가 파손되고, 오디세우스만이 홀로 살아남아 칼립소의 섬에 난파하여 7년을 지내 온 것이다.

이러한 모험담을 풀어놓은 후에 오디세우스는 마침내 10년 만에 자신의 고향으로 돌아가게 된다. 그리고 이제부터 일종의 복수극이 시작된다. 자신의 고향인 이타카로 돌아온 오디세우스는 늙은 거지로 분장하고 충직한 돼지치기인 에우마이오스를 찾아간다. 여기서 그는 자신의 아들 텔레마코스를 만나게 된다. 다음날 오디세우스는 거지 행색을 한 채 집으로 들어간다. 아무도 자신을 알아보지 못했지만, 집안을 지키던 늙은 개 아르고스만이 주인을 알아보고 반가워 짖었다는 이야기는 유명하다. 여기서 유래하여 아르고스는 충견의 상징이 되기도 했다. 또 오디세우스의 어릴 적 유모였던 하녀가 그의 발을 씻겨 주면서 멧돼지의 엄니에 의해 생긴 그의 상처를 알아보기도 한다. 이렇게 오디세우스는 몰래 집안에 들어가 구혼자들 틈에 끼여 있다가 아내 페넬로페가 새 남편을 결정하기 위해서 연 활쏘기 대회에 참가한다. 당기기도 힘든 활을 이용해 도끼 12개를 꿰뚫는 대회였다. 여기서 모든 구혼자들이 제대로 활을 쏘지 못하고 있을 때 오디세우스가 나타나 단번에 도끼 12개를 꿰뚫는다. 그리고 아들 텔레마코스와 하인들의 도움을 받아 108명의 구혼자들을 모두 처치한다. 오디세우스는 마침내 페넬로페와 재회한다.

그러나 아직 마지막 관문이 하나 더 남아 있었다. 페넬로페가 오디세우스의 귀환을 완전히 믿지 못했던 것이다. 그녀는 이전에 오디세우스가 올리브 나무를 잘라 밑동을 남겨둔 채 만든 침대를 하녀에게 옮겨 놓으라고 명령하며 오디세우스가 정말 자신의 남편인지 시험한다. 이에 오디세우스는 곧바로 그 일은 불가능하다면서 침대와 그 방을 어떻게 만들었는지 설명한다. 마침내 페넬로페는 자기 앞에 서 있는 이가 자신의 진짜 남편인 오디세우스라는 사실을 확인하고, 눈물로 그를 껴안으며 감동적인 재회를 한다.

3 결정적 문장

부인, 우리는 아직도 모든 고난의 끝에 도달한 것이 아니오.
앞으로도 헤아릴 수 없이 많은 노고가 있을 것이고,
그것이 많고 힘들다 하더라도,
나는 그것을 모두 완수해야만 하오.
내가 전우들과 나 자신을 위하여 귀향을 구하고자,
하데스의 집으로 내려가던 날,
예언자 테이레시아스의 혼백이 내게 그렇게 예언했소.

4 생각 더하기

호르크하이머와 아도르노는《계몽의 변증법》에서 오디세우스를 근대적 계몽의 원형적 인간으로 서술했다. 그 이유는 무엇일까?

계몽이란 신화적 세계에서 빠져나와 합리성의 세계로 진입하는 것을 말하는데, 호르크하이머와 아도르노는 이것이 17세기의 계몽주의 시대가 아닌 고대 그리스의 오디세우스 신화에서 이미 드러나 있다고 보았다.

오디세우스가 트로이전쟁을 마치고 고향인 이타카로 돌아오는 데는 무려 10년의 세월이 걸린다. 트로이의 목마라는 계략을 통해 그리스 연합군을 승리로 이끌 만큼 지혜로운 자가 바로 오디세우스이다. 그러나 그처럼 지혜로운 오디세우스도 포세이돈의 미움을 받고, 신화적 세계 속의 괴물들에게 위협을 받으면서 위험천만한 항해를 한다.

고향으로 돌아가는 오디세우스의 힘든 여정은 지혜로운 이성을 가진 오디세우스가 신화적 세계로부터 빠져나오는 과정이다. 이것은 인류가 신화적 세계로부터 빠져나와 이성과 계몽의 시대로 진입하는 것을 상징한다. 자연 속의 신화적 존재들, 외눈박이 폴리페모스, 뱃사람들을 잡아먹는 스킬라, 더없이 아름다운 노래로 유혹해 죽음에 이르게 하는 세이렌 등 공포스러운 존재들에 맞서 인간인 오디세우스가 목숨을 지키고 계속 항해할 수 있었던 이유는 오직 그가 가진 이성과 지혜의 힘이었다. 그리고 이러한 힘은 근대적 계몽주의 시기의 인간을 상징한다.

  인간은 자연에 비해 열등한 존재이다. 하지만 이런 인간이 자연의 위협을 극복하고 더 나아가 자신을 위해 자연을 통제하며 지배할 수 있게 된 것은 바로 합리성의 힘이다. 그렇기 때문에 호르크하이머와 아도르노는 《오디세이아》를 단순히 과거의 신화로만 보지 않고 근대적 시민사회의 원형을 담고 있는 이야기로 보았다.

03
소포클레스, 《안티고네》

신의 법과 인간 법의 대립

★ 한눈에 보기

1
오이디푸스왕이 스스로 자신의 눈을 멀게 한 후 테베를 떠나자, 그의 두 아들 에테오클레스와 폴리네이케스는 왕위를 차지하려고 싸우다가 결국 둘 다 죽게 된다.

2
형제의 죽음으로 왕위에 오른 자는 오이디푸스의 어머니이자 아내였던 이오카스테의 남동생 크레온이다. 그는 폴리네이케스의 매장을 금지하고, 그의 시신이 짐승들의 밥이 되게 한다.

3
폴리네이케스의 여동생인 안티고네는 이러한 칙령을 어기고, 그의 장례를 치른다.

4
크레온은 분노하여 안티고네를 바위 무덤에 가두고, 안티고네는 자살한다.

1 저자 알기

소포클레스(Sophocles, 기원전 496년~기원전 406년)

고대 그리스의 비극시인이다. 아이스킬로스, 에우리피데스와 함께 그리스 3대 비극시인으로 꼽힌다. 소포클레스는 아테네 근처 콜로노스에서 부유한 무기 제조업자의 아들로 태어났다. 당시는 살라미스 해전의 승리와 더불어 페리클레스가 주도하는 민주주의가 꽃피는 시기였다. 그는 소년합창단의 선창자로서 살라미스 해전의 승리를 감사하는 찬신가를 주도했다고 전해진다.

기원전 468년에 열린 비극경연대회에서는 당시 최고의 시인이었던 아이스킬로스를 누르고 첫 우승을 한다. 아이스킬로스가 13번, 에우리피데스가 5번 우승한 데 비해, 그는 18번이나 우승할 만큼 대단한 인기와 명성을 누렸다. 모두 123편에 달하는 작품을 썼는데, 그중 작품명이 알려진 것은 114편이고, 온전하게 남아 있는 건 비극 7편뿐이다.

2 내용 깊이 알기

안티고네는 오이디푸스왕의 딸로, 오이디푸스가 자신의 비극적 운명을 알고 테베를 떠난 이후의 이야기라고도 할 수 있다. 소포클레스는 《오이디푸스왕》이라는 비극도 썼는데, 당시에는 이처럼 시인의 완전한 창작이라기보다 이미 전해져 오는 신화적 내용을 비극으로 다루는 것이 일반적이었다.

《안티고네(Antigone)》는 오이디푸스의 두 아들인 에테오클레스와 폴리네이케스가 일대일 결투에서 전사한 이후부터 시작된다. 오이디푸스왕은 자신의 비극적인 운명 때문에 자신을 낳아 준 어머니인 이오카스테와 결혼해 테베를 다스리게 된다. 그러나 진실을 알고 나서 자신의 눈을 스스로 멀게 한 후에 테베에서 쫓겨난다. 이렇게 쫓겨나는 아버지를 그의 두 아들인 에테오클레스와 폴리네이케스는 방관하고 만다. 그 때문에 오이디푸스는 두 아들에게 서로 싸우다가 죽게 될 것이라는 끔찍한 저주를 내리는데, 왕의 지배권을 넘겨받은 두 아들은 아버지의 저주 탓인지 왕위 계승권을 두고 분쟁을 벌이다가 결국 1년 주기로 교대하며 테베를 다스리기로 한다. 그러나 첫해에 왕권을 행사하던 에테오클레스는 왕권을 넘기길 거부하고, 폴리네이케스는 테베의 적국인 아르고스에서 군대를 끌고 와 테베와 전쟁을 벌인다. 이 와중에 오이디푸스왕의 저주도 잊고 서로에게 칼을 겨눈 에테오클레스와 폴리네이케스는 모두 전사하고 만다.

결국 형제의 죽음으로 왕의 자리에 오른 인물은 오이디푸스왕의 어머니이자 아내였던 이오카스테의 남동생인 크레온이다. 그는 새로운 테베의 왕이 되고 난 후에 테베를 지키려고 했던 에테오클레스에게 성대한 장례를 치러 주지만, 폴리네이케스의 매장은 금지하는 명령을 내린다. 매장이 금지된 폴리네이케스의 시신은 광야에 버려져 짐승들의 밥이 된다.

그러나 크레온의 포고령[1]에 따르지 않는 사람이 하나 있었는데 바로 안티고네이다. 오이디푸스왕에게는 두 명의 아들뿐만 아니라, 두 명의 딸도 있었다. 언니인 안티고네와 동생 이스메네가 그들이다. 두 형제가 왕위를 놓고 대립한 것처럼 두 자매도 왕의 명령을 따를 것인가를 두고 대립한다. 동생인 이스메네는 비극적인 가족사를 되짚으며 크레온의 포고령을 어기는 것은 비참한 결과만을 낳을 뿐이라고 말한다. 그러나 안티고네는 이 모든 것에 아랑곳하지 않고 폴리네이케스의 시신을 거두어 장례를 치른다. 파수꾼에게 잡혀 크레온 앞에 끌려온 안티고네는 포고령을 어겼음을 숨기지 않고 오히려 크레온의 포고령이 옳지 않음을 지적하면서 자신의 행위를 옹호한다. "내게 그런 포고령을 내린 것은 제우스가 아니었으며, 하계의 신들과 함께 사시는 정의의 여신께서도 사람들 사이에 그런 법을 세우지 않았으니까요. 나 또한 한낱 인간에 불과한 그대의 포고령이 신들의 변함없는 불문율을 무시할 수 있을 만큼 강력하다고 생각지 않았어요. 나는 한 인간의 의지가 두려워 그 불문율들을 어김으로써 신들 앞에서 벌 받고 싶지 않았어요."

안티고네가 말하는 신들의 불문율이라는 것은 무엇일까? 당시의 관행은 죽은 이들을 매장하는 것이었다. 죽은 자는 하데스의 소유물로 여겨졌으며, 매장의 관습은 죽은 자를 그에 대한 정당한 소유권을 가진 하데스에게 돌려주는 행위였다. 그렇기 때문에 안티고네는

---

1. 어떤 내용을 널리 알리는 명령을 뜻한다.

매장을 하지 않도록 한 크레온의 법이 이러한 하데스의 소유권을 빼앗는 것이라고 생각했다. 게다가 안티고네에게 폴리네이케스는 에테오클레스와 같은 혈육이었다. 안티고네는 이렇게 말했다. "남편을 잃으면 다른 남편을 맞이할 수 있고 먼저 난 애가 죽으면 다른 남편의 애를 낳을 수도 있습니다. 그러나 아버님과 어머님은 하데스 땅에 계시니 나에게 다시는 오빠가 생기지 못합니다. 이런 법칙에 따라서 나는 오빠를 우선적으로 돌보았던 거예요." 아이가 죽으면 새 아이를 낳을 수 있고, 남편을 잃어도 새 남편을 맞이할 수 있지만, 죽은 오빠는 결코 다시 태어나지 못하므로 자신이 오빠를 돌보는 것은 당연한 것이라고 주장한 것이다. 혈육으로 태어난다는 것은 선택이나 우연이 아니라 거부할 수 없는 운명이며 신들이 정해 놓은 필연이기 때문이다.

헤겔과 같은 철학자는 이러한 안티고네의 태도를 국가의 공적인 법을 거부하면서 자신의 개인적 신념을 주장하는 태도라고 보아 부정적으로 평가했다. 그러나 이 작품에서 오직 안티고네만 크레온의 포고령이 부당하다고 생각한 건 아니다. 테베의 사람들 대부분이 크레온의 법에 동의하지 않았기 때문이다. 사람들은 자신의 권력으로 법을 지킬 것을 강요하는 크레온이 두려워 아무 말도 못할 뿐이었다. 심지어 크레온의 아들이자, 안티고네의 약혼자인 하이몬은 다음과 같이 말한다. "백성들은 아버님이 낯을 찡그리실까 두려워서 아버님의 귀에 거슬리는 말은 삼가고 있습니다. 그러나 저는 몰래 불평하는 소리, 이 아가씨를 위해 백성들이 한탄하는 시를 듣고 있습니다." 그리고 나라는 한 사람이 차지하는 것이 아니므로, 왕은 다른 사람의 목소리를 들어야 한다고 말한다. 그러나 아들로부터 이런 소리를 들은 크레온은 오히려 더 노여워한다. "내 판단이 아니라 다른 사람의 판단에 따라 이 나라를 다스려야 할까? 나라는 통치자의 소유물이 아니냐?" 여기서 우리는 크레온이야말로 자신의 독단적인 기준과 생각을 강요하는 강압적인 군주라는 사실을 알 수 있다. 안티고네는 바로 이러한 크레온에게 저항한 것이다. 이러한 저항이 가져올 비극적 운명을 깨닫고 있으면서도 개의치 않고 정당한 행위를 하기 위해 몸을 던지는 안티고네의 모습은 고대 그리스 비극에서 나타나는 영웅의 모습과도 닮아 있다.

 결코 자신의 뜻을 굽히지 않던 크레온은 예언자 테이레시아스의 경고를 계기로 생각을 바꾼다. "(왕께서는) 지옥의 신에게 속하는 자는 묻지도 않고 욕을 보이며 더럽혀진 채로 이 세상에 내버려 두었습니다. 왕께서는 신들을 모독한 것입니다. 따라서 노한 파괴자들 하데스와 다른 신들의 분노가 왕을 똑같은 재앙에 빠뜨리고자 기다리고 있습니다." 자신의 죄에 대한 대가로 혈육 중 한 사람을 시신으로 바쳐야 할 것이라는 불길한 예언을 들은 크레온은 마침내 생각을 바꾸어 안티고네를 가둔 석굴로 간다. 그러나 이미 안티고네는 스스로 목을 매어 죽음을 맞이한 뒤였다. 그리고 그의 아들 하이몬도 사랑하는 이를 잃은 슬픔과 자신의 아버지 크레온에 대한 분노를 이기지 못해 결국 칼로 스스로를 찌른다. 게다가 이 충격적인 소식을 들은 크레온의 아내마저도 세상을 떠나고 만다. 자신의 독단적인 통치로 아내와 자식 모두를 잃게 된 크레온에게 마지막 코러스는 이렇게 노래한다. "지혜야말로 으뜸가는 행복이라네. 그리고 신들에 대한 경의는 모독되어서는 안 되는 법. 오만한 자들의 큰소리는 그 벌로 큰 타격을 받게 되어, 늘그막에 지혜가 무엇인지 알게 해 준다네."

3 결정적 문장

"내게 그런 포고령을 내린 것은 제우스가 아니었으며, 하계의 신들과 함께 사시는 정의의 여신께서도 사람들 사이에 그런 법을 세우지 않았으니까요. 나 또한 한낱 인간에 불과한 그대의 포고령이 신들의 변함없는 불문율들을 무시할 수 있을 만큼 강력하다고는 생각지 않았어요."

4 생각 더하기

법이 정당하지 못하다고 판단될 때 우리는 법에 저항해야 할까?

법이라는 것은 사회가 유지되기 위한 가장 기본적인 사회적 약속이라고 할 수 있다. 그렇기 때문에 이 약속은 이런저런 개인의 상황이나 사정 때문에 미뤄지거나 위반되어서는 안 된다. 만약 어떤 사람이 스스로 판단하여 법이라는 사회적 약속을 어기고 아무런 처벌도 받지 않는다면, 법에 대한 사회적 존중은 사라지고, 사회는 혼란에 빠질 것이다.

그러나 어떤 법은 그 정당성이 의심되기도 한다. 이럴 때 우리는 우선적으로 법의 내용이 아니라, 오히려 형식에 주목해야 한다. 법의 내용은 서로 다른 입장에서 다양한 견해로 평가할 수 있다. 그러나 형식적인 절차는 그 내용과 상관없이 한 사회에서 시민들의 동의를 거쳐 만들어지는 것이라고 볼 수 있다. 안티고네에서 크레온은 왕으로서 포고령을 독단적으로 내릴 수 있었지만, 오늘날 그런 일들은 쉽게 일어나지 않는다. 거의 모든 나라들이 민주주의 제도를 적용하여 법률을 제정하기 때문이다. 만약 그러한 형식적 절차를 무시하는 법이라면 법으로서의 권위를 갖지 못할 것이고, 시민들의 저항을 불러올 것이다.

오히려 문제는 형식적으로 타당한 절차를 거친 법의 경우에 발생한다. 때때로 어떤 법들은 형식적으로 타당한 절차를 거쳤음에도 부당하다고 생각되기 때문이다. 이 경우에는 법률의 부당성에 대한 자신의 판단이 사회 전체의 동의를 얻기는 쉽지 않으며 결국 최종 판단은 각자의 도덕적 양심에 따를 수밖에 없다. 중요한 것은 자신이 옳다고 생각한 행위를 지키고, 불의에 저항하는 행위에 얼만큼의 신념을 가지고 있느냐 하는 것이다. 안티고네가 크레온의 포고를 어기면서까지 오빠의 장례를 치른 것은 단순하게 말하자면 크레온의 포고가 부당하다는 이유 말고는 다른 이유가 없다. 오히려 그로 인해 자신이 겪게 될 위험을 알고도 크레온의 부당함에 저항하는 안티고네야말로 어쩌면 가장 윤리적인 주체라고도 할 수 있다. 불의에 저항한다는 것은 윤리적 태도가 아니라면 다른 방식으로는 설명되지 않기 때문이다.

04
단테 알리기에리, 《신곡》

중세 최고의 철학 서사시

★ 한눈에 보기

1
단테는 지옥의 입구에서 존경하는 로마의 시인 베르길리우스를 만난다. 단테는 베르길리우스의 안내를 받아 지옥과 연옥을 여행한다.

2
지옥에서 단테는 다양한 죄를 저지른 인간들을 만난다. 그중 가장 큰 죄를 저지른 곳에는 은인, 동료, 조국을 배신한 이들이 있다.

3
연옥에서 단테는 교만, 질투, 분노, 나태, 탐욕, 탐식, 색욕의 일곱 가지 죄에 대해 회개한다.

4
베르길리우스는 천국의 문 앞에서 단테를 베아트리체에게 인도한다. 단테는 베아트리체의 인도를 받아 천국의 땅에 이른다.

1 저자 알기

단테 알리기에리(Durante Alighieri, 1265~1321년)

이탈리아의 시인이다. 당시 베네치아와 함께 이탈리아를 주도하던 피렌체 출신이다. 개인적인 기록이 남아 있지 않아 자세한 이력을 알 수는 없다. 열 살 때부터 20여 년간 신학, 철학을 비롯해 다양한 학문을 배웠으며, 정치에도 참여해 1300년에는 피렌체 시협의회 회장을 맡기도 했다. 그러나 피렌체의 격심한 정치적 갈등으로 망명을 떠났다. 이후 피렌체에서는 단테의 사과를 대가로 사면령을 내렸으나, 그는 이를 거부했다. 라벤나에서 말년을 보냈으며, 말라리아로 생을 마감했다.

2 내용 깊이 알기

《신곡(La divina commedia)》은 단테가 오랜 시간 동안 정치적인 이유로 피렌체를 떠나 있을 때 쓰인 작품이다. 여기서 단테는 그가 매우 존경했던 고대 로마의 시인 베르길리우스의 안내로 지옥에서 연옥[1]으로, 다시 연옥에서 천국으로 가는 여정을 기록했다. 각각 《지

---

1. 죽은 사람의 영혼이 천국에 들어가기 전에 살아 있는 동안 지은 죄를 씻기 위하여 일시적으로 머무르는 장소.

옥》,《연옥》,《천국》의 세 편으로 나뉘어 있으며, 원래 제목은 '희곡(Commedia)'이었는데, 단테를 연구하던 보카치오가 '신적인(Divina)'이라는 말을 추가한 이후로 '신곡(신적인 희곡, Divina Commedia)'이라 불린다.

당시 지식인들이 사용하던 라틴어가 아닌, 토스카나 지방어로 쓰인 점도 특이하다. 오늘날 이탈리아의 표준어는 수도인 로마 지역의 언어가 아니라 토스카나 지역의 언어이다. 단테의《신곡》과 같은 문학이 토스카나어를 표준어로 만들었다고 보기는 힘들지만, 토스카나어를 세련되고 풍부하게 갈고닦았음은 부인하기 어렵다.

작품의 형식적인 측면에서 볼 때《신곡》은 모두 100편으로 이루어져 있다.《연옥》,《천국》이 각각 33편이며,《지옥》은 33편에 서문을 포함하여 34편이다. 각각의 편들은 대개 140행 안팎으로 이루어져 있다. 세부적으로 보면《신곡》의 시행은 11음절을 가진 3개의 행이 하나의 연을 이루는 형태로 되어 있다. 이를테면, 다음과 같은 형식이다.

> 그대의 너그러움을 내 안에 간직하시어
> 그대가 건강히 치유해 준 나의 영혼이 그대의
> 뜻에 따라 육체에게 풀려나게 하소서
> -《천국》제31곡

원작인 이탈리아어《신곡》은 3개 행 중에서 1행과 3행이 엄격한 각

운을 맞추고 있다. 한국어 번역에서 이러한 형식이 주는 아름다움을 느낄 수 없다는 것은 안타까운 일이기도 하다. 작품은 전체 1만 4,233행으로 구성되어 있다. 한국어로 번역하면 거의 1,000페이지에 육박하는 방대한 양이다.

시의 형식적 구성에서 재미있는 부분은 또 있다. 단테가 3이라는 숫자에 중요한 의미를 부여했다는 것이다. 3이라는 숫자는 그리스도교에서 삼위일체[2]를 상징하는 숫자이다. 무엇보다 《신곡》의 배경은 지옥, 연옥, 천국의 세 층위의 세계로 이루어져 있다. 그리고 지옥, 연옥, 천국은 각각 9개의 단계로 나뉜다. 지옥의 문지기들도 9명이고, 연옥의 천사들도 9명, 천국에 있는 천사들도 9등급이다. 이는 중세적 세계관을 반영하는 것이기도 한데, 중세에는 지구가 우주의 중심에 있고, 그 주위를 9개의 하늘이 둘러싸고 있다고 보았다.

《신곡》은 모두 일주일 동안 벌어진 일이다. 즉, 1300년 부활주일인 금요일부터 다음 목요일까지 일어난 이야기이다. 이 중 지옥과 연옥에서 각각 3일씩 보내고, 천국에서는 하루를 보낸다.

《신곡》은 지옥편부터 시작한다. 첫 연은 이렇다. "우리네 인생길 반 고비에/올바른 길을 잃고서/나는 어두운 숲속에 있었다." 인생길 반 고비란 말로 단테가 35세의 나이에 이 작품을 썼음을 알 수 있다. 즉, 그는 1265년에 태어나 1300년에 이 글을 썼다. 인생을 70

---

2. 예수 그리스도가 계시한 하느님은 성부, 성자, 성령의 세 지위와 품격을 가지는데, 이들은 모두 동일한 본질을 공유하고 유일한 실체로서 존재한다는 그리스도교의 교리이다.

년으로 본 것은 성서의 《시편》에서 유래했다. 숲속에서 단테는 공포와 고통 속에서 헤맨다. '어두운 숲'에서 표범, 사자, 늑대 등에 쫓기는 모습은 혼탁하고 어지러운 정세 속에서 쫓기는 자신의 모습처럼 보인다. 실제로 당시 피렌체는 정치적으로나 종교적으로 상당히 어지러웠고, 이로 인해 그 역시 망명을 하는 등의 시련을 겪는다. 이때 단테가 만나는 이가 베르길리우스이다. 베르길리우스는 고대 로마의 시인으로 단테는 그를 스승이자 아버지, 시인 중의 시인으로 존경한다. 단테는 베르길리우스를 만나 이렇게 말한다. "오, 다른 시인들의 영광이며 빛이신 그대여/내 그대의 책을 거듭거듭 읽도록 하고/오랫동안 연구하게 한 크신 사랑이 내게 값집니다.//그대는 나의 스승이요, 나의 시조라오./내게 영예를 안겨 준 아름다운 문체를/나는 오직 그대에게서 끌어냈다오.//날 돌이키게 했던 짐승을 보시오./오 이름 높은 성연이여 내게 도움을 주시오./저 놈이 나의 동맥과 핏줄을 부르르 떨게 합니다." 이렇게 말하는 단테에게 베르길리우스는 기꺼이 길 안내를 자처한다. 그러나 베르길리우스 역시 고대 로마의 사람이기 때문에 영세를 받지 못해서 천국에는 오르지 못한다. 그 때문에 베르길리우스는 단테를 천국 앞까지만 안내하겠다고 말한다.

이렇게 지옥에서 천국을 향한 단테의 여행이 시작된다. 지옥은 거꾸로 된 피라미드의 형태로, 각각 9개의 원으로 이루어져 있으며 땅속으로 깊이 들어갈수록 더 큰 죄를 지은 사람들이 벌을 받고 있다. 지옥, 연옥, 천국으로의 여행이 낮은 곳에서 점점 상승하는 점증적인 진행을 보인다면 가장 큰 악을 저지른 이들이 벌 받는 지옥에서 가장 높은 천국으로 향하는 것이 자연스러울 것이다. 그러나 단테는 극적인 구성을 위하여 지옥을 하나씩 내려가 더 악한 죄를 저지른 인간을 만난다. 처음 만나는 이들은 선과 악에 무관심한 자들인데, 아리스토텔레스, 플라톤, 소크라테스, 히포크라테스, 카이사르, 호메로스 등 주로 고대 그리스와 로마의 철학자들이다. 이들은 기독교의 존재 자체를 몰랐던 이들이기도 하다. 그다음부터는 본격적인 죄인들을 만나게 된다. 애욕, 탐욕, 낭비, 인색, 분노 등 부절제[3]의 죄를 지은 이들이 처음 2원에서 6원까지 등장하고, 이웃과 자신, 하느님에게 폭력의 죄를 저지른 이들이 7원에, 사기꾼, 친족·은인·친구·동료·조국을 배반한 이들이 8원과 9원에 있다. 마지막인 지옥의 맨 밑바닥에는 마왕 루시퍼가 있다. 그는 카이사르를 암살한 브루투스와 카시우스, 그리고 예수를 배반한 가롯 유다를 씹어 먹고 있다. 즉 가장 큰 죄는 조국을 배반하고 동료를 배반한 죄라고 단테는 보고 있는데, 이는 그 자신이 피렌체의 정치적 상황 속에서 겪었던 일이기도 하다. 여기까지 이른 단테와 베르길리우스는 루시퍼의 몸을 통해 지상으로 빠져나와 연옥의 세계로 향한다.

연옥은 지옥과 천국을 연결해 주는 통로이다. 즉, 죄를 심판하고 새로운 희망을 품게 되는 장소인 것이다. 연옥의 문턱에서 만난 천사는 칼끝으로 단테의 이마에 7개의 P자를 새긴다. P는 죄를 뜻하

---

3. 의욕을 알맞게 조절하지 못함.

는 이탈리아어 pecatti의 머리글자이다. 일곱 가지 죄는 그리스도교에서 칠죄종七罪宗이라는 것인데, 교만, 질투, 분노, 나태, 탐욕, 탐식, 색욕을 가리킨다. 단테는 연옥을 한 단계씩 통과할 때마다 이마에 써진 P를 지운다. 연옥에서의 죄는 죽기 직전에 뉘우치고 회개한 자들의 죄이다. 그렇기 때문에 이들은 자신의 죄를 반성하고, 형벌로부터 벗어날 가능성이 있다. 그러나 지옥의 죄는 아예 반성이 불가능하다. 그렇기 때문에 그들은 영원히 고통받을 수밖에 없다.

연옥편의 마지막 부분에 베르길리우스는 자신의 역할을 다하고 베아트리체에게 바통을 이어준다. 문학은 물론, 전 예술의 영역에 걸쳐 예술가에게 영감을 주는 원천인 '뮤즈' 중에서도 베아트리체는 아마 가장 중요한 인물일 것이다. 그는 단테가 실제로 사랑했던 실존 인물이기도 하다. 단테는 9세 때 같은 나이인 베아트리체를 만나자마자 사랑을 느꼈지만 사랑은 이루어지지 않았고, 베아트리체는 24세에 일찍 사망하고 만다. 《신곡》에서 단테는 바로 이 베아트리체를 구원의 여성으로 형상화한다. 그리고 마침내 신의 영역이자 천국의 땅까지 진입하게 된다. 천국은 신과 성인들이 머무는 곳으로 여행의 최종의 목적지이다. 여기서 단테는 삼위일체의 신비를 깨닫고, 하느님을 통해 완전한 평화를 발견한다.

3 결정적 문장

"하느님께서 창조할 때 너그럽게 주신 선물, 당신의 선에 가장 잘 어울리고 또한 가장 높이 평가하시는 선물은 바로 의지의 자유였으니, 지성이 있는 모든 창조물에게 오직 그들에게만 부여되었고 지금도 부여되고 있지요."

–《천국》제5곡

4 생각 더하기

단테의《신곡》을 통해 말하고자 한 진정한 구원의 의미는 무엇일까?

《신곡》은 그리스도교 신앙에 기초하여 쓰인 작품이다. 그러므로 이 작품에서 '구원'이라는 것은 신의 섭리 아래에서 이루어진다.《신곡》에서 단테는 지옥과 연옥을 거쳐 마침내 천국으로 나아간다. 그런데 여기서 중요한 것은 단테가 아직 죽지 않은 채로 이 모든 여행을 했다는 데 있다. 다시 말해《신곡》에서 말하는 구원은 단순히 내세의 구원만을 말하지 않는다. 오히려 그는 현세의 삶을 중요하게 생각했고,《신곡》에서의 여정은 현세적 삶에서 지켜져야 할 도덕적 삶의 원칙들이 어떤 것인지를 다시 한 번 생각해 보는 데 그 중요성이 있다고 할 수 있다.

    단테는 당시 피렌체의 정치적 혼란기에 반대파에 의해 피렌체에서 추방당하고 재산을 압수당하는 고난을 겪었다. 이러한 시대에서 단테는 인류가 저지르는 죄들에 대해서 고민했다. 이를테면, 지옥의 가장 마지막 9원에 친족, 동료, 조국과 자신의 당파를 배반한 이들이 있는 것을 통해 단테가 어떤 것을 가장 큰 죄악이라고 여기는지 알 수 있다. 애욕, 탐욕, 낭비, 분노 등의 부절제의 죄보다는 폭력이 더 큰 죄이며, 폭력보다는 배반이 더 큰 죄라는 관점도 단테의 개인적 경험에 바탕을 둔 것이라고 볼 수 있다. 즉, 단테는 당대 피렌체의 부패와 정치적 음모에 대한 거부감을 《신곡》에 담은 것이다. 그러나 이것은 단순히 자신의 반대파에 대한 문학적 복수라기보다는 자기 자신에 대한 성찰까지도 포함한다고 보아야 한다. 결국 이 모든 여정을 통해 단테는 인간 죄의 다양한 모습들과 신의 구원을 함께 보여 줌으로써 당대를 살아가는 사람들에게 하나의 윤리적 전범을 보여 주고자 했다고 볼 수 있다.

05
윌리엄 셰익스피어, 《햄릿》

영국이 낳은 세기의 작가 셰익스피어의 대표 비극

★ 한눈에 보기

1
덴마크의 왕자 햄릿은 어느 날 선왕이자 죽은 아버지의 유령을 만나게 된다. 유령은 자신의 동생, 즉 햄릿의 삼촌인 클로디어스에 의해 살해되었다고 알려 준다.

2
햄릿은 클로디어스가 벽걸이 융단 뒤에 있다고 생각하고 복수를 위해 칼로 찌른다. 하지만 그는 햄릿이 사랑하는 여인 오필리아의 아버지인 폴로니어스였다.

3
오필리아는 아버지의 죽음에 충격을 받고 미쳐서 물에 빠져 죽는다. 이 소식을 들은 오필리아의 오빠 레어티스는 햄릿에게 복수하기 위해 검술 시합을 제안한다.

4
검술 시합에서 햄릿은 레어티스의 칼에 치명상을 입는다. 왕비는 클로디어스가 햄릿을 죽이기 위해 준비한 독주를 마셔서 죽고, 이에 햄릿은 죽어 가면서 클로디어스를 찔러 죽인다.

1 저자 알기

윌리엄 셰익스피어(William Shakespeare, 1564~1616년)

　영국 최고의 극작가이며, 여러 권의 시집을 낸 시인이다. 세계적으로 알려진 명성과 달리 개인적인 생애에 대해서는 거의 알려져 있지 않다. 셰익스피어는 비교적 부유한 중산층에서 태어났으나 중간에 가세가 기울어 학교를 그만두었다. 1583년에는 8세 연상의 앤 해서웨이와 결혼했으며, 1580년에는 런던에서 첫 작품《헨리 6세》를 통해 본격적인 극작가로 활동했다. 이때 단역배우를 겸하기도 했다.

　초기에는 품격 없는 연극을 만든다는 비난도 많이 받았다. 그러나 작품성과 대중성을 겸비한 작품들로 당대 최고의 희곡작가 반열에 올랐다. 1594년에는 '궁내 장관 극단'의 전속 극작가가 되었고, 1599년에는 동료들과 함께 '글로브 극장'을 설립했다.

　그는《햄릿》,《리어왕》,《오셀로》,《맥베스》의 4대 비극을 포함하여 총 38편의 극본과 154편의 소네트[1]를 남겼으며, 사극, 희극, 비극 등의 다양한 장르에 걸쳐 훌륭한 작품을 창작했다. 1616년 52세로 생을 마쳤으며, 유해는 고향인 영국 스트랫퍼드 어폰 에이번에 묻혔다.

---

1. 정형시 중에서 가장 대표적인 형식으로, 크게 이탈리아 형식 소네트와 영국 형식 소네트의 두 종류가 있다. 영국 소네트는 4·4·4·2행이며, 셰익스피어 형식이라고도 한다.

2 내용 깊이 알기

《햄릿(Hamlet)》은 셰익스피어의 4대 비극에서 가장 먼저 쓰인 작품이다. 연극을 보거나 작품을 읽어 보지 않았어도 햄릿의 "죽느냐, 사느냐, 그것이 문제로다"라는 대사는 누구나 들어 보았을 정도로 유명한 작품이기도 하다. 작품 자체도 뛰어나지만 대중적으로도 끊임없이 사랑받아 영화, 연극, 뮤지컬 등으로 수없이 다시 만들어졌다. 극은 전체 5막으로 이루어져 있다.

햄릿은 덴마크 왕국의 왕자이다. 독일의 비텐베르크에서 유학 중이었던 햄릿은 아버지의 사망 소식을 듣고 급하게 귀국한다. 아버지는 궁전의 뜰에서 낮잠을 자다가 뱀에 물려 목숨을 잃었다고 한다. 그런데 아버지 다음으로 왕의 자리에 오른 사람은 햄릿이 아닌 햄릿의 숙부이자 죽은 선왕의 동생인 클로디어스였다. 게다가 클로디어스는 햄릿의 어머니이자 선왕의 부인인 거트루드를 아내로 맞아들인다.

햄릿은 자신에게 벌어진 상황을 받아들이기 힘들었다. 아버지가 갑작스럽게 돌아가신 것도 충격이었지만, 남편이 죽은 지 두 달도 안되어 재혼한 어머니에게도 감당하기 힘들 정도로 큰 충격을 받았다. 햄릿의 "연약함이여, 그대의 이름은 여자로다"라는 유명한 대사는 여성인 어머니에 대한 배신감을 표현한 대사이다. 그러나 햄릿의 어머니인 왕비는 이러한 마음도 모르고 다음과 같이 말할 뿐이다. "착한 햄릿, 너의 어두운 수심을 던져 버리고 덴마크 왕을 친구처럼 다정하게 바라보아라. 항상 눈꺼풀을 내리깔고 흙 속에 들어간 너의 아버지를 찾지 말아라. 너도 알고 있듯이 누구든 삶은 끝나고 지상에서 영원으로 넘어가는 법이란다." 왕이 된 햄릿의 숙부 클로디어스도 죽음이 하늘의 법이라며 아버지의 죽음을 받아들이라고 말한다. 햄릿은 이러한 상황에 대해 이러지도 저러지도 못한 채 그저 끌려갈 뿐이었다. 그러던 중 왕궁에 이상한 일이 일어난다. 밤새 궁을 지키던 파수꾼들이 유령을 본다는 것이었다.

《햄릿》은 파수꾼들에게 유령이 나타나는 바로 이 장면으로 시작한다. 유령은 어두운 밤 죽은 선왕의 갑옷을 입은 모습으로 나타난다. 게다가 햄릿도 검은 상복을 입고 있어서 어둡고 음산한 분위기로 작품은 시작되며, 이런 분위기는 작품 전체에 시종일관 죽음의 이미지를 드리운다.

햄릿은 처음에 유령의 존재를 의심한다. 죽은 영혼이 심판을 받지 않고 떠돌다가 인간에게 모습을 드러낸다는 것이 믿기지 않았기 때문이었다. 특히 그는 종교개혁의 중심지인 독일의 비텐베르크에서 유학하여 개신교적 세계관에 영향을 받아 유령의 등장은 있을 수 없는 일이라고 생각했다. 그러나 유령은 자신을 아버지의 유령이라고 말하며 더욱 믿기 어려운 이야기를 한다. "내가 정원에서 잠자다가 뱀에 물려 죽었다는 헛소문에 온 덴마크 사람들이 형편없이 속고 있다. 그러나 고매한 젊은이인 너는 알아 두어라. 네 아비의 심장을 물어뜯은 자가 지금 왕관을 쓰고 있는 바로 그 자라는 것을." 그러면서 유령은 자신을 죽인 동생에 대해 분노한다. "이처럼 나는 잠을 자다가 왕관과 왕비와 목숨과 권위를 동생의 손에 한꺼번에 빼앗겼으며 병자성사[2]도 받지 못한 채 머리에 온갖 죄악의 장부를 뒤집어쓰고 무덤으로 직행했다. 아, 끔찍하구나, 끔찍해! 치가 떨리는구나! 너에게 인심이 있다면, 이를 참아서는 안 된다."

아버지의 죽음에 대해 충격적인 비밀을 알게 된 햄릿은 복수를 다짐하며 미친 척 연기를 시작한다. 자신이 선왕을 죽인 것을 의심할지도 모른다고 생각하는 클로디어스의 경계심을 풀고, 그 진실을 파악하기 위한 것이었다. 하지만 햄릿의 광기는 클로디어스가 햄릿을 의심하게 만든다. 클로디어스는 독일에서 햄릿과 같이 공부하던 로젠크란츠와 길덴스턴을 통해 햄릿의 진심을 알아보고, 친구들의 배신에 햄릿은 괴로워한다.

이제 햄릿은 아버지의 죽음을 둘러싼 비밀을 확인하기 위해서 도시를 찾아온 유랑 극단을 이용한다. 햄릿은 극단에게 비엔나에서 일어난 살인 사건을 다룬 극이라면서 《쥐덫》이라는 극을 무대에 올리게 한다. 제목이 보여 주듯 햄릿이 자신의 아버지를 죽인 클로디어스에게 놓는 덫이기도 하다. 그 내용은 비엔나의 공작 동생인 루시아누스가 자신의 형인 곤자고를 독살하고, 그의 아내인 뱁티스타의 사랑을 얻는 것이다.

햄릿은 클로디어스에게 "아바마마, 흉악한 이야기이긴 하지만,

---

2. 사고나 중병, 고령으로 죽음에 임박한 신자가 고통을 덜고 구원받도록 하느님의 은총을 부여하는 종교 의식.

그게 무슨 상관이 있겠습니까? 죄 없는 폐하나 저하고는 아무 상관이 없는 것입니다"라면서 그를 조롱하고, 극의 내용에 충격을 받은 클로디어스는 극을 다 보지 못한다. 이러한 클로디어스의 반응에 햄릿은 유령에게 들은 이야기가 진실임을 확신하게 된다. 동시에 클로디어스도 이 연극을 통해 햄릿의 광기가 실은 자신을 속이기 위한 거짓이며, 그가 자신의 왕위에 위험한 존재임을 깨닫는다.

흔히 햄릿은 우유부단하고 고뇌하는 인간형으로 많이 이해되지만, 단순하게 우유부단하기만 한 것은 아니다. 오히려 그가 자신의 속내를 감추기 위해서 썼던 광기라는 가면이 극의 후반부에서는 마치 실제 햄릿의 모습처럼 보이기도 한다. 이를테면, 왕비의 방에서 어머니를 추궁하던 햄릿은 거울 뒤에서 누가 엿듣고 있는 것을 발견하고는 망설이지 않고 그를 찔러 죽인다. 자신과 어머니의 대화를 엿듣는 이가 클로디어스라고 생각하고 주저 없이 그를 죽인 것이다. 이는 그가 더 이상 이전의 고뇌하기만 하던 인물이 아니라는 사실을 증명한다. 하지만 불행하게도 칼에 찔린 사람은 그가 사랑하던 여인 오필리아의 아버지 폴로니우스였다.

《햄릿》이 비극인 이유는 주인공인 햄릿이 결국 최후에 죽음을 맞기 때문이기도 하지만, 그가 아버지 죽음의 진실을 알게 된 이후로 모든 것이 뒤엉키기 때문이다. 아버지 죽음 이전의 세계가 조화롭고 평화로운 세계였다면, 햄릿이 아버지의 유령과 마주한 이후의 세계는 말 그대로 죽음의 세계이다. 햄릿은 자신이 살기 위해, 복수하기 위해, 실수로, 배신자를 처단하기 위해 주위 사람들을 죽게 하고 스스로 죽음으로 다가간다. 그는 자신의 조국 덴마크에 대해 이렇게 말한다. "수많은 감금소와 감방과 지하 토굴이 즐비한, 그럴듯한 감옥이지. 하지만 그중에서도 덴마크가 최악의 감옥이라네." 이 감옥 속에서 햄릿은 착하기만 한 왕자일 수는 없었으며, 그것이 햄릿의 가장 큰 비극이라면 비극일 것이다.

클로디어스는 햄릿을 죽이려고 시도하지만 무산되고, 오필리아의 오빠 레어티스와의 검술 시합을 제안한다. 이 검술 시합은 햄릿에 의해 아버지인 폴로니어스와 여동생 오필리아를 잃은 레어티스의 복수였다. 햄릿은 검술 시합 도중 레어티스의 독 묻은 칼에 찔려 치명상을 입는다. 게다가 왕비는 클로디어스가 햄릿을 죽이기 위해 준비한 독배를 마시고 죽는다. 결국 햄릿이 죽어 가는 중에 자신을 찌른 독 묻은 칼로 클로디어스를 찔러 죽이면서 햄릿, 왕비, 클로디어스는 모두 죽는다. 그리고 이처럼 유혈이 낭자한 마지막 결투 장면을 마지막으로《햄릿》은 끝을 맺는다.

3 결정적 문장

"사느냐, 마느냐, 그것이 문제로다. 성난 운명의 돌팔매와 화살을 마음속으로 견디는 것이 더 고귀한 일이냐, 아니면 고해의 바다에 맞서 끝까지 대적하여 끝장을 내는 것이 더 고귀한 일이냐."

4 생각 더하기

햄릿은 흔히 고뇌하는 인간으로 혹은 우유부단한 성격 탓에 행동에 주저하는 인물로 이해된다. 그런데 과연 햄릿을 우유부단하다고만 말할 수 있을까?

햄릿은 흔히 고뇌하는 지식인 유형의 인간형으로 많이 그려진다. 이를테면 검술 시합을 한 레어티스나 마지막에 햄릿이 왕위를 맡긴 포틴브라스와 대조적인 성격으로 그려진다. 사교적이고 활달하며 과감한 행동파 인물인 레어티스나 포틴브라스에 비해, 그는 우울하고 내성적이며 사색적인 성격이다. 러시아의 소설가 투르게네프는 이러한 햄릿의 성격 유형을 돈키호테와 구분해서 말하기도 했다. 그러나 햄릿은 이러한 성격을 가진 인물로만 이해해서는 안 된다.

햄릿이 아버지의 죽음에 대한 진실을 알게 된 후에도 복수를 미루고 고민하는 모습은 우유부단하게 보인다. 그러나 클로디어스의 죄를 확인하기 위해 사건의 내용과 유사한 연극을 준비하고 이를 공연하게 한 뒤, 클로디어스에게 이 극이 단지 허구적 내용일 뿐이라고 말하는 장면은 햄릿의 대담함이나 치밀함을 보여 주는 장면이다. 또 어머니 거트루드나 사랑하는 오필리아에게 하는 거친 말들은 그가 단순히 내성적인 성격만을 가진 인물은 아니라는 점을 보여 준다. 자신을 죽이려는 음모에 가담한 로젠크란츠와 길덴스턴을 죽게 하거나, 자신이 사랑하는 오필리아의 아버지인 폴로니어스를 죽이는 장면들 또한 그가 단순히 내성적이고 행동력 없는 사람이 아니라는 사실과 함께 그가 도덕적이기만 한 인물이 아니라는 점도 알려 준다. 햄릿의 이러한 복합적인 성격은 《햄릿》의 극적 매력과 깊이를 더해 주는 요소이다. 이 때문에 햄릿을 단순히 우유부단한 성격을 가진 인물로 말하기는 곤란하다.

06
미겔 데 세르반테스, 《돈키호테》

우스꽝스러운 중세 기사 돈키호테의 모험

★ 한눈에 보기

1 시골 마을에 살고 있는 알론소 키하노는 기사 소설을 너무 많이 읽은 나머지 자신을 기사라고 생각하고 스스로를 돈키호테 데 라만차로 칭한다.

2 돈키호테는 동네 농부인 산초를 하인으로 고용하고 그와 함께 모험을 떠난다.

3 돈키호테는 자신이 만들어 낸 이상적인 여성인 둘시네아 공주를 구하려고 하지만, 실제로 그녀는 평범한 농부의 딸이다.

4 마을 친구들이 도와주어 그는 정상으로 돌아오지만 이제는 서서히 죽어간다.

1 저자 알기

미겔 데 세르반테스(Miguel de Cervantes, 1547~1616년)

스페인의 소설가·극작가·시인이며, 1547년 외과 의사의 아들로 태어났다. 당시 외과 의사는 하급 귀족으로 수입이 넉넉하지 않았기 때문에 세르반테스는 어린 시절 제대로 된 교육을 받지 못했다.

그는 1570년 22세의 나이로 베네치아, 스페인 왕국, 사보이 공국 등의 동맹국과 오스만제국이 벌인 레판토 해전에 참전했다가 왼손에 장애를 얻었지만, 이후 이탈리아 각지를 여행하면서 다양한 문화적 견문을 쌓았다. 1575년에는 귀국 도중 해적의 습격을 당해 5년간 포로 생활을 하다가, 가족들이 몸값을 지불하고 자유인이 된 후 마드리드로 돌아와 글을 쓰기 시작했다.

1585년에 처녀작 《라 갈라테아》를 집필했으며, 1605년 《돈키호테》를 집필하면서 전 유럽에 이름이 알려졌다. 유럽의 베스트셀러였지만, 법적 문제로 인세조차 제대로 받지 못해 평생을 가난하게 살다가 1616년 69세의 나이로 세상을 떠났다.

2 내용 깊이 알기

《돈키호테(Don Quixote)》는 모두 두 편으로 이루어져 있다. 1편은 세르반테스가 57세가 되던 1605년에, 2편은 67세가 되던 1615년에 출간되었다. 1편의 제일 마지막에는 "돈키호테의 세 번째 출발을 기대하며 그 이야기를 세상에 내놓기로 했다"라며 속편의 가능성을 암시하고 있다. 그러나 실제로 속편은 그로부터 10년 후에 나온다. 《돈키호테》 후속작과 관련한 유명한 사건이 있다. 《돈키호테》가 사람들에게 너무 큰 인기를 얻자 가짜 《돈키호테》 2편이 나온 것이다. 이에 분노한 세르반테스는 2편을 써서 가짜가 나온 다음 해에 출간한다. 만약 '가짜 돈키호테'가 없었다면 《돈키호테》 2편은 나오지 않았을지도 모른다.

흔히 《돈키호테》를 최초의 근대소설로 본다. 인물과 사건을 다루는 면에서 이전과는 다른 몇 가지 특징들이 있기 때문이다. 우선 주인공은 위대하고 숭고한 인물이 아니라 보통 사람의 시선으로 볼 때에도 여러 면에서 부족한 인물이다. 게다가 이전의 소설에서 보이는 전형적 인물과는 다른 모습이다. 주인공 이외의 등장인물이 귀족이나 상류층뿐만 아니라 하류계급의 건달, 이교도, 양치기, 매춘부 등 다양한 계급의 사람들이라는 점도 이전과는 다른 특징이다.

중세적인 허구와 달리 사실주의적인 면모를 지니고 있는 것도 《돈키호테》가 가진 근대소설적 특징이다. 광기에 사로잡혀 엉뚱한 행동을 반복하는 돈키호테와 그를 수행하는 산초에 대한 세르반테스의 묘사는 지극히 사실적이다. 또 틀에 잡힌 인물이 변화 없이 사건을 겪는 이전의 전형적인 이야기 구성과는 달리 인물의 심리와 사건이 밀접하게 연관되어 있고, 역동적으로 변화한다.

소설의 주인공인 돈키호테는 라만차라는 시골 마을위 귀족으로

'착한 알론소 키하노'라고 불리는 기사이다. 마른 얼굴에 홀쭉한 체격을 가진, 이제 50대인 귀족이 하는 일이라고는 1년 내내 기사 소설을 읽는 것이었다. 그는 얼마나 기사 소설들에 빠져들었던지 사냥도 하지 않고 재산 관리조차 제대로 하지 못한다. 심지어 며칠 밤을 한숨도 자지 않고 기사 소설만 읽기도 한다. 결국 그는 선대로부터 물려받은 논밭을 팔아 기사 소설을 사서 집 안을 빼곡이 채우기에 이른다. 게다가 기사 소설만 쉬지 않고 읽어 댄 탓에 판단력도 잃어버린다. 그는 자신을 편력[1] 기사 중의 한 사람으로 생각하며 스스로를 '돈키호테'라 칭하고, 기사 복장을 한 뒤 모험을 떠난다.

그러나 그의 모험은 우스꽝스럽기 그지없다. 길을 가다 만난 주막을 성이라고 생각하여 주막집 주인을 성주님이라고 부르고, 자신을 정식 기사로 임명해 달라고 우긴다. 또 길에서 만난 톨레도의 상인들에게 자신이 만들어 낸 여인 둘네시아를 세상에서 가장 아름다운 여자라고 말하길 강요하다가 흠씬 얻어맞기도 한다. 다행히 마침 지나가던 농부의 눈에 띄어 집으로 옮겨졌지만, 여전히 돈키호테는 자신이 세상에서 가장 거대하고 사나운 거인 10명과 싸우다가 그의 말 로시난테가 넘어지는 바람에 그렇게 되고 말았다고 말한다. 사람들은 돈키호테가 기사 소설을 너무 많이 읽어서 정신이 이상해졌다고 생각하여 그가 가진 책들을 불살라 버린다.

하지만 돈키호테의 모험은 여기서 끝나지 않는다. 그는 산초 판사

---

1. 이곳저곳을 떠돌아다닌다는 뜻.

라는 이웃집 농부를 구슬려 자신을 수행하게 하고 다시 여행을 떠낸다. 그의 두 번째 여행이 시작된 것이다. 산초 역시 아둔한 자여서 돈키호테가 여행하면서 섬을 손에 넣게 된다면 그 섬의 영주로 삼겠노라고 한 약속을 믿었다.

이 두 사람이 맞는 첫 번째 모험은 돈키호테와 풍차와의 대결이다. 풍차를 거인이라 생각하고 덤벼들려는 돈키호테에게 산초는 그것이 풍차이며 바람의 힘으로 돌아가면서 맷돌을 움직이는 것이라고 설명해 준다. 하지만 광기에 휩싸인 돈키호테에게 산초의 말은 전혀 들리지 않는다. 오히려 돈키호테는 산초가 제대로 보지 못한다며 타박한다.

《돈키호테》의 두 주인공이라고 할 수 있는 돈키호테와 산초는 각각 이상주의자와 현실주의자의 면모를 보여 주는 인물이다. 즉, 돈키호테가 소설적 허구와 현실을 구분하지 못하면서 광기에 휩싸인 인물이라면, 산초는 비록 아둔할지라도 현실을 그대로 볼 줄 아는 인물이다. 혹은 이 두 인물의 모습이 인간의 내면에서 서로 대립하는 두 가지 모습이며, 이것이 조화를 이룰 때만이 총체성을 가진 온전한 인간의 모습을 보여 준다고 평하는 이들도 있다.

물론 산초는 돈키호테와 다르지만 돈키호테의 허황된 약속을 믿는다는 점에서 완전히 논리적이거나 현명한 인물이라고 할 수도 없다. 이를테면, 산초는 정말로 산초가 기사의 종자[2]라면 왜 영지[3]가 없는지 물어보는 주막 여주인에게 "아직은 때가 안 돼서 그렇습니다. 우리가 모험을 떠난 지 한 달도 안 되었을 뿐더러 아직까지는 모험이라 할 만한 일을 겪지도 못했으니까요. 정작 찾는 것은 안 나타나고 엉뚱한 것만 발견하는 일만 종종 일어났으니까요"라고 말하는데, 이는 기사의 용맹무쌍한 모험담을 읊는 돈키호테의 모습과 크게 다르지 않아 보인다. 그래서인지 처음에는 돈키호테의 엉뚱한 행동을 이해하지 못하고 어처구니없어하던 산초는 점점 돈키호테와 끈끈한 인간관계를 쌓으며 그를 따르게 된다. 후반부에서는 종종 스스로 이상주의적인 면모를 보이기도 한다. 이처럼 인물의 복합적인 모습이나 변화는 《돈키호테》를 더 구체적이고 사실적으로 만든다.

풍차와의 대결 이후에도 비슷한 모험들은 계속 이어진다. 성 베네딕트 교단의 수도사들이 낙타를 탄 기사라고 착각하여 싸움을 걸기도 하고, 다툼 끝에 수십 명의 마부들에게 흠씬 얻어맞기도 한다. 양 떼들을 군대로 착각하기도 하고, 주막에서 포도주를 담는 부대를 거인으로 착각하여 터무니없는 싸움을 벌이기도 한다. 심지어 죄를 저질러 노역 형을 선고받은 죄수들을 풀어 주기도 한다. 그리고 이러한 모험 끝에 돈키호테가 집으로 돌아오며 1편의 이야기가 끝난다.

2편에서는 돈키호테의 모험이 다시 시작된다. 재미있는 점은 2편에서 돈키호테와 산초가 《돈키호테》 1편을 읽고 자신의 모험담을 알고 있는 사람들을 이야기 속에서 직접 만난다는 것이다. 이런 식의 다양하고 새로운 시도들이 세르반테스의 소설의 묘미이다. 게다

---

2. 남에게 종속되어 따라다니는 사람.
3. 봉건시대 영주(기사)에게 준 토지. 영주는 자신의 토지 내 백성들을 돌볼 의무가 있었다.

가 짧게 요약하기 힘들 정도로 다양한 이야기들이 담겨 있다는 점도 《돈키호테》만의 매력이다. 이 작품에는 16~17세기 스페인의 모습이 사실적으로 기록되어 있는데, 이를테면 다양한 직업이나 사회적 관습 혹은 민간신앙에 이르기까지 세세하게 묘사된다. 더불어 다양한 문학적 양식, 즉 기사 소설은 물론이요, 목가 소설, 연대기, 여행기, 그리스·로마의 고전, 민담 등의 이야기 양식이 망라되어 있다. 중간에 액자 구성으로 끼워 넣은 이야기들도 소설의 재미를 더하는 부분 중 하나이다.

무엇보다 《돈키호테》라는 소설의 특징을 한마디로 꼽는다면 '유머 혹은 풍자'라고 할 수 있다. 돈키호테와 산초의 우스꽝스러운 이야기 속에서 세르반테스가 다루는 당대의 계급이나 종교, 정치 등의 문제는 결코 가볍지 않다. 돈키호테는 기사 소설에 빠진 허황된 사람이지만, 자유를 무엇보다 중요시하고 약자를 언제나 도우려고 하는 등 이상적 가치를 현실에서 실현하고자 하는 인물이다. 그리고 산초는 처음에는 우둔한 인물이었지만 2편에서는 바라타리아섬의 통치자가 되기도 한다. 그를 조롱하기 위한 사람들의 처사였는데, 오히려 그는 이 섬의 통치를 훌륭하게 해냄으로써 돈키호테의 이상을 실현하는 인물이 된다.

이처럼 《돈키호테》의 유머나 풍자 속에 깃든 세르반테스의 세계관은 《돈키호테》를 당대의 베스트셀러로, 세대와 지역을 초월하는 스테디셀러로, 역사상 가장 위대한 소설 중 하나로 만들었다.

3 결정적 문장

"불평의 원인을 타파하고, 능욕을 바로잡고, 처녀들을 비호하고, 거인들을 놀라게 하고, 모든 전투에서 승리를 거둔 저 유명한 돈키호테 데 라만차 님이 아니고 누구겠는가?"

4 생각 더하기

돈키호테는 풍차를 거인으로 착각해 덤비기도 하고, 양떼를 군대로 오인하는 등 정상적인 행동으로 보기 힘든 일들을 벌인다. 그럼에도 돈키호테를 단순히 미친 인간으로만 보기 어려운 이유는 어디에 있을까?

우선 '돈키호테'라는 이름부터 살펴볼 필요가 있다. 돈키호테는 기사 소설에 빠진 알론소 키하노가 자신에게 지어 준 이름으로, '돈'은 존칭이고 '키호테'는 갑옷의 허벅지를 보호하는 부분의 명칭이다. 또 그는 말에게는 '로시난테', 자신이 흠모하는 여인에게는 '둘네시아'라는 이름을 지어 준다.

이름은 그가 어떤 가문에 속해 있는지를 보여 준다. 따라서 자신의 사회적 위치와 앞으로의 운명까지 보여 주는 중요한 것이다. 전통적인 문학작품에서 등장인물의 이름은 앞으로의 운명까지 말해 주는 중요한 힌트일 정도이다. 그런데 그런 이름을 스스로 정한다는 것은 자신의 운명을 스스로 결정하겠다는 매우 강력한 의지의 표명이라고 볼 수 있다.

즉, '자유'는 《돈키호테》의 가장 중요한 주제 중 하나이다. 돈키호테가 비록 중세의 기사도를 신봉하는 시대착오적인 인물일지라도 그가 지키고자 하는 가치는 단순히 중세적 가치가 아니다. 어떤 측면에서는 당대의 가치를 뛰어넘는 선구적인 가치관을 가진 인물이다. 이를테면, 돈키호테가 산초에게 섬을 주고 산초를 영주로 삼겠다는 말은 당대의 엄격한 신분 차이를 뛰어넘는 말이다. 노역 형을 선고받은 죄수들을 풀어 준 사건도 마찬가지이다.

물론 돈키호테의 행동을 무조건 정당화할 수는 없다. 강자에게 괴롭힘당하는 약자를 돕는다는 기사도를 말하고 있기는 하지만, 엉뚱한 사람에게 창을 겨누기도 하고 풍차나 포도주 부대를 거인으로 오인하는 등 정신 나간 행동을 계속하기 때문이다. 다만, 이 와중에 돈키호테가 주장하는 기사도와 그 가치들이 무엇인지에 대해서 독자들은 진지하게 생각해야 한다. 어쩌면 돈키호테가 미친 사람으로 설정된 이유는 관례와 관습, 기존의 사회적 가치 등의 장벽을 뛰어넘는 자유를 구하기 위한 것일지도 모른다.

07
요한 볼프강 폰 괴테, 《젊은 베르터의 고뇌》

세상과 불화한 젊은이의 비극

★ 한눈에 보기

1 감성적이면서도 열정적인 젊은 예술가 베르터는 전원생활을 하기 위해 발하임으로 가는데, 그곳에서 샤를로테에게 반한다. 그러나 샤를로테는 알베르트라는 약혼자가 있다.

2 베르터는 샤를로테와의 사랑이 불가능하다는 것을 깨닫고 도시로 돌아간다. 하지만 귀족 사회에 환멸을 느끼고 다시 발하임으로 돌아온다.

3 발하임으로 돌아온 베르터는 샤를로테가 알베르트와 결혼했다는 사실을 알게 되지만, 자신의 사랑이 걷잡을 수 없이 커졌음을 깨닫고 샤를로테에게 구애한다. 하지만 그녀는 거절한다.

4 절망에 빠진 베르터는 알베르트에게 총을 빌려 와 자신의 머리에 총을 쏜다.

1 저자 알기

요한 볼프강 폰 괴테(Johann Wolfgang von Goethe, 1749~1832년)

독일의 소설가, 시인, 과학자, 정치가이다. 아버지는 법률가이자 왕실의 고문관이었고, 어머니는 독일 프랑크푸르트암마인 시장의 딸로 유복한 집안 출신이다. 라이프치히 대학교에서 법률을 전공한 후 스트라스부르 대학교에서 법률박사 학위를 얻었으며, 1771년 고향에서 변호사 생활을 했다. 그러나 그는 법률보다는 시나 희곡을 발표하는 등 문학에 더 관심이 많았다.

1774년, 24세에 발표한 《젊은 베르터의 고뇌》로 괴테는 단숨에 독일 최고의 인기 작가가 되었다. 1775년부터는 10년간 바이마르에서 공직 생활을 했으며 재상직까지 역임했다. 이때 문학뿐만 아니라 광물학·해부학·식물학 등 다양한 과학 연구도 수행했다. 공직 생활을 그만둔 후에는 창작에 몰두했으며, 말년까지 꾸준히 작품 활동을 했다. 작품으로는 《빌헬름 마이스터의 수업시대》, 《파우스트》, 《서동시집》 등이 있다.

2 내용 깊이 알기

《젊은 베르터의 고뇌(Die leiden des jungen Werther)》는 총 2부로 구성되어 있다. 1부는 베르터가 보낸 편지 형식의 서간체 소설이며,

2부에는 편집자가 나타난다. 18세기 유럽에서 출간된 소설의 무려 5분의 1이 서간체 소설이라고 할 만큼 서간체 형식은 당시 소설에서 널리 쓰인 형식이었다. 이는 무엇보다 편지 형식이 개인적이고 주관적인 감정을 자연스럽게 표현하기에 유리했기 때문일 것이다. 이 소설에서 사용된 서간체 또한 젊은 베르터의 내면을 적절하게 드러내 준다. '젊은 베르터의 고뇌'라는 제목에서도 알 수 있듯이 이 소설에서 가장 중요하게 다루는 것은 외부의 객관적 사건이 아니라 주인공 베르터가 느끼는 내면의 고통이다.

괴테는 서간체 소설이라는 형식을 택하면서 몇 가지 새로운 시도를 했다. 우선 《젊은 베르터의 고뇌》는 서간체 소설이기는 하지만 두 사람 혹은 그 이상의 사람들이 주인공과 주고받는 편지가 아닌 주인공 베르터의 편지만으로 이루어져 있다. 베르터의 편지를 받는 빌헬름이나 샤를로테의 편지는 등장하지 않는다. 그렇기 때문에 이 편지들은 베르터가 혼자 쓴 일기처럼 보이기도 한다. 게다가 소설의 화자가 남성이라는 점도 새로운 점이다. 흔히 개인의 내면 혹은 감정을 토로하는 것은 여성적으로 여겨져 여성이 화자인 경우가 많았다. 그러나 이 작품의 주인공은 남성이다. 남성이 서간체 소설의 주인공으로 등장하는 것은 이 작품이 최초이다.

전체 줄거리는 간단하다. 잠시 도시를 떠나 발하임이라는 전원에서 생활하게 된 베르터는 전원생활을 만끽하면서 행복하고 평온한 나날을 보낸다. 그리고 그곳에서 샤를로테라는 여인을 만난다. 그녀와 자연스레 가까이 지내게 되면서 샤를로테를 향한 베르터의 사랑은 점점 커진다. 그러나 샤를로테에게는 이미 알베르트라는 약혼자가 있었다. 베르터는 샤를로테와의 사랑이 불가능하다는 것을 깨닫고 그녀를 잊기 위해 도시로 간다. 그러나 순박하고 진실한 발하임 사람들의 모습과는 너무 다른 속물적이고 위선적인 귀족들의 모습에 환멸을 느낀다. 결국 귀족 사회에 적응하지 못한 베르터는 다시 발하임으로 돌아오는데 샤를로테는 이미 알베르트와 결혼했다. 그러나 베르터는 샤를로테에게 계속 구애하면서 그녀의 주위를 맴돈다. 결국 베르터는 그녀에게 기습적으로 키스하고, 이에 놀란 샤를로테는 베르터에게 절교를 선언한다. 절망에 빠져 버린 베르터는 알베르트에게 빌린 총으로 자살한다.

  1771년 5월 4일에 쓴 첫 편지는 새로 시작한 전원생활에 더없이 만족스러워하는 베르터의 모습으로 시작한다. 동시에 앞으로 벌어질 베르터의 운명에 관한 일종의 복선이 등장한다. "그 사이 레오노레의 가련한 마음속에 나를 향한 열정이 타오른 걸 난들 어쩔 수 있었겠나? 그렇긴 해도 – 정말로 내게는 아무 책임이 없는 걸까? 내가 그녀의 감정을 부추긴 건 아니었을까? 그녀는 자신의 속마음을 아주 솔직히 드러내곤 했지. 그러면 우리는 그다지 우스운 것도 아닌데 그런 모습에 마구 웃음을 터뜨렸어. 나는 그녀의 그런 모습을 즐긴 게 아니었을까? 인간이란 도대체 어떤 존재인지!" 여기서 베르터는 레오노레라는 여성의 사랑을 받아들일 수 없었던 자신에 대해 어쩔 수 없었다고 말하면서도, 자신의 책임에 대해 의문을 가진다. 이것은 앞으로 베르터가 겪게 될 고통에 대한 일종의 복선으로 보인다. 하지만 베르터는 자신에게 닥칠 불행을 아직 알지 못한다. 그렇기 때문에 그는 이렇게 말한다. "지금까지 늘 그랬어도, 더는 운명이 우리에게 마련한 사소한 불행을 곱씹고만 있지는 않겠네. 오직 현재만을 즐길 것이며, 과거는 지나간 것으로 흘려보내겠네."

실제로 베르터는 그가 속한 전원생활을 즐긴다. 아름다운 자연에 대해 찬미하고, 시골의 순박한 사람들을 칭찬한다. 전원에서의 삶은 자유로우며, 창조적인 아름다움이 넘치는 삶이다. 이는 규칙이나 관습에 얽매이는 도시의 답답한 삶과 대비된다. 베르터는 이렇게 말한다. "나는 앞으로 오직 자연에만 의지해 그림을 그리겠다는 내 결심을 더욱 굳히게 되었지. 오직 자연만이 무한히 풍요로우며, 오직 자연만이 위대한 예술가를 만드는 법이라네. 물론 마치 시민사회를 예찬하듯 규칙의 장점을 찬양할 수도 있을 걸세. 법규나 예의범절에 맞게 처신하는 사람이 결코 참을 수 없는 이웃이나 지독한 악당이 될 수 없듯이 예술의 규칙을 준수하는 사람은 결코 무미하거나 졸렬한 작품은 만들지 않을 거야. 하지만 규칙은 어떤 것이든 간에 자연의 진실한 감정과 표현을 파괴하기 마련이라네." 이 말 속에서 우리는 베르터의 세계관을 확인할 수 있다. 여기서 베르터는 자연의 진실한 감정과 표현을 규칙, 예의범절에 대비시키고 있다. 이는 베르터가 왜 자살할 수밖에 없었는지, 혹은 베르터의 죽음이 어디서부터 연유했는지를 알려 준다.

자연의 진실한 감정과 표현은 베르터 자신을 상징한다. 반면, 규칙, 예의범절, 법규 등은 그를 가로막고 결국은 죽음에 이르게 하는 부정적인 것으로 그려진다. 문명과 자연을 대립시키고 규칙을 벗어난 삶을 자유로운 삶이라고 생각하는 베르터의 모습은 '슈투름 운트 드랑$^{Sturm\ und\ Drang,\ 질풍노도}$'이라고 불리던 당시 청년 문화 운동의 이념과도 일치한다. 이 질풍노도 운동의 작가들과 예술가들은 엄격한 합리주의로 무장한 계몽주의를 반발하며 인간의 자유와 해방을 부르짖었다. 또 지성만을 중시하는 당대의 계몽주의적 태도를 비판하고 감성과 감정의 중요성을 높이 평가했으며, 자연을 이상으로 삼았다. 젊은 베르터 역시 합리적이고 냉철한 이성보다는 자신의 내면적 감성을 중시하는 인물이다. 따라서 그는 낡은 귀족 사회는 물론 새롭게 부상하는 시민사회의 질서와 규칙도 부정적인 것으로 본다.

흔히 알고 있듯이 베르터가 자살을 결심하게 된 결정적인 요인은 샤를로테의 절교 선언 때문이다. 하지만 베르터 죽음의 원인이 샤를로테와의 관계 때문이라고 보기는 힘들다. 처음에 베르터는 샤를로테에게 약혼자 알베르트가 있다는 사실을 알고 샤를로테에 대한 사랑을 포기한다. 자살을 생각하지도 않았으며, 다시 도시로 돌아가 생활하고자 한다. 그러나 이후 도시의 궁정 사회에서 환멸과 모멸감을 겪은 그는 다시 샤를로테에게로 도망친다. 결국 베르터를 죽음으로 내몬 것은 그가 가진 이상과 현실 사이의 괴리라고 할 수 있다. 현실에서 살 수도, 이상을 추구할 수도 없는 막다른 상태에 놓인 것이다.

베르터가 자살 직전에 읽은 책은 레싱의 비극인 《에밀리아 갈로티》라는 작품이다. 이 작품은 시민계급과 귀족계급의 갈등을 다루고 있는 책으로, 도덕적으로 타락했지만 강력한 권력을 가진 귀족계급과 도덕적이지만 무력한 시민계급의 갈등을 보여 준다. 이는 샤를로테의 절교 선언과 더불어 베르터가 당대의 사회와 가졌던 불화가 그의 자살 원인임을 보여 준다. 결국 제목에서 보이는 젊은 베르터의 '고뇌'란 바로 자신이 가진 이상적 세계와 현실을 조화롭게 통일시킬 수 없었던 한 젊은이의 고뇌이자 고통이다.

3 결정적 문장

"내가 아무리 진심으로 남에게 행복을 주려 해도, 상대방이 차갑고 무기력하다면 아무 소용없는 법이지."

4 생각 더하기

베르터는 샤를로테로부터 사랑을 얻지 못하자 결국은 자살하고 만다. 이런 사랑은 목숨을 걸 만큼 강력해 보이기도 하지만 조금은 무모해 보이기도 한다. 샤를로테를 향한 베르터의 사랑을 어떻게 보아야 할까?

사랑하는 이에게 거절당하고 결국 죽음을 택하고 만 베르터의 이야기는 그 자체로 독자들의 마음을 아프게 한다. 하지만 샤를로테를 향한 베르터의 사랑이 과연 진정한 사랑인가에 대한 의문도 든다. 작품에서 베르터의 모습은 지나치게 자기중심적이기 때문이다. 물론 샤를로테 역시 베르터를 싫어하는 것은 아니다. 그러나 샤를로테에게는 이미 약혼자가 있었다. 베르터는 샤를로테의 약혼자인 알베르트가 그녀와 어울리지 않는다고 끊임없이 말하지만 그녀는 베르터의 말에 동의하지 않는다. 따라서 샤를로테가 베르터의 사랑을 받아들이지 못하는 것을 단순히 약혼과 같은 사회적 형식에 얽매였다고 보는 것은 무리가 있다. 즉, 샤를로테의 마음이 베르터의 사랑을 받아들이려 하지 않았다고 보는 것이 정확하다.

사실 베르터는 샤를로테의 마음도 자의적으로 받아들였다. "나는 그녀의 검은 눈동자에서 나와 내 운명에 대한 그녀의 진실한 공감을 읽어 낼 수 있다네. 내가 분명하게 느끼는 건, 의심할 수 없다고 느끼는 건 그녀가 나를 사랑한다는 것일세!"라는 베르터의 말이 바로 그 증거이다. 베르터는 샤를로테의 눈동자로 그녀의 사랑을 확신하지만, 이는 그의 착각일 수도 있다. 관념적이고 이상적인 세계에 빠져서 현실을 주관적으로 해석하고 끊임없이 부정하는 베르터의 태도는 그가 자신만의 세계에 빠져 있음을 보여 준다.

사랑이란 관계 속에서 드러나야 하고 상호 이해와 소통을 전제로 해야 한다. 이런 점에서 《젊은 베르터의 고뇌》는 세계의 변화 속에서 자신의 자리를 찾지 못하고 결국 몰락하고 마는 젊은이의 모습을 그려 냈다고 볼 수 있다.

08
메리 셸리, 《프랑켄슈타인》

인간이 창조한 괴물의 역습

★ 한눈에 보기

①
빅토르 프랑켄슈타인은 독일의 대학에서 공부한 지식을 바탕으로 사람을 만들어 내려고 한다. 그러나 그는 괴물을 만들어 버렸고, 끔찍한 괴물의 모습에 도망가고 만다.

②
괴물은 버림받은 이후 떠돌아다녔다. 우연히 만난 장님 할아버지에게 인간의 예절을 배우지만, 할아버지의 가족들이 그를 공격하자 괴물은 할아버지의 집을 불태운다.

③
괴물은 마침내 프랑켄슈타인을 만나 자신과 함께할 짝을 만들어 달라고 부탁한다. 프랑켄슈타인은 부탁을 들어주지만 그것이 재앙이 될 것이라 생각하고 여자 괴물을 죽인다.

④
괴물은 프랑켄슈타인의 결혼식 날 그의 신부인 엘리자베스를 죽인 후 사라진다. 프랑켄슈타인은 괴물을 잡기 위해 찾아다니지만 결국 죽음을 맞이하고, 괴물은 울부짖다 사라진다.

1 저자 알기

메리 셸리(Mary Shelley, 1797~1851년)

평생에 걸쳐 단편소설, 장편소설, 에세이, 전기, 여행기 등 다양한 작품을 남긴 영국의 작가이다. 보통 메리 셸리는 중간 이름까지 합쳐서 '메리 울스턴크래프트 셸리Mary Wollstonecraft Shelly'라고 부르곤 한다. 중간 이름은 어머니의 성을 딴 것인데, 사실 이름도 어머니의 이름과 같다.

셸리의 어머니는 메리 울스턴크래프트로 철학사에 이름을 남긴 몇 안 되는 여성 중 한 명이며, 그녀 역시 다양한 책을 남겼다. 대표작은 《여성의 권리 옹호》라는 유명한 책으로 최초의 페미니즘 저서로 손꼽힌다. 당대에는 여성이 남성과 같은 교육을 받을 권리가 없었다. 그러나 메리 울스턴크래프트는 여성도 남성과 똑같이 교육을 받아야 한다고 주장했다. 하지만 정작 셸리는 어머니를 기억하지 못한다. 메리 울스턴크래프트는 셸리를 낳고 11일 만에 죽었기 때문이다. 셸리의 아버지인 윌리엄 고딘은 정치철학자였다. 공리주의[1]를 주장하고 옹호했던 1세대였고 현대적 개념의 아나키즘, 즉 무정부주의를 주장한 사람 중 하나였다.

셸리는 어머니가 돌아가신 뒤 새어머니가 데려온 아이들과 복잡한 가정 속에서 자랐지만 페미니즘계 거장의 피는 셸리에게 남아 있

---

1. 가치 판단의 기준을 인간의 이익과 행복 증진에 두는 사상.

었다. 특히 셸리가 어린 시절부터 남긴 글들은 그녀의 천재성을 드러내기에 부족함이 없었다.

셸리는 아버지의 정치적 추종자 중 한 명이었던 퍼시와 사랑에 빠진다. 퍼시는 낭만파 시인이었고 유부남이었다. 셸리가 17세 때 둘은 함께 도망가 유럽 전역을 떠돌았으며, 셸리는 퍼시의 아이를 임신했다. 하지만 그 아이는 미숙아로 태어나 죽었고 퍼시의 아내는 자살하고 만다. 그 후 1816년에 셸리와 퍼시는 결혼한다. 그러나 1822년 퍼시는 서른 번째 생일을 앞두고 물에 빠져 죽는다. 퍼시의 죽음을 둘러싸고 사고에서부터 자살, 살인에 이르기까지 다양하고 많은 논란이 있어 왔다. 메리는 그런 퍼시를 잊지 않고 평생 홀로 그의 시를 정리하여 출판하기도 하였다.

2 내용 깊이 알기

셸리와 퍼시는 사랑의 도피를 하며 친구들과 유럽의 곳곳을 여행한다. 그들은 라인강을 따라 여행하다가 겐즈하임이라는 곳에 잠시 머무르게 되는데, 여기서 17킬로미터 정도 떨어진 곳에 프랑켄슈타인 성이 있었다. 이곳은 200여 년 전만 하더라도 연금술로 무척 유명한 곳이었다. 셸리는 이곳에서 친구들과 무서운 이야기를 시작한 것을 계기로 '프랑켄슈타인'에 대해 쓰기 시작한다. 이때 그녀의 나이는 18세였다. 그러나 이야기는 어린 나이에 쓴 것이라고 믿을 수 없을 정도로 연금술과 신화, 인간에 대한 성찰이 가득 담겨 있다. 어떤 사람들은 《프랑켄슈타인(Frankenstein)》을 고작 고딕소설, 즉 공포와 사랑이 결합된 장르 소설로 보아 그다지 높은 평가를 하지 않는 경우도 있다. 그러나 이 소설은 '과연 인간을 규정하는 것은 무엇일까?', '인간의 고유한 특성이란 무엇일까?', '우리는 인간다움을 정의할 때 무엇을 요구해야 하는가?'라는 철학적인 질문을 던진다. 이뿐만 아니라 과학기술은 과연 어디까지 허용되어야 하는지에 대해서도 직접적으로 묻는다. 이 질문들은 21세기인 지금도 유효하다.

이 소설의 원제는 《프랑켄슈타인, 현대의 프로메테우스(Frankenstein: or, The modern prometheus)》로, 로버트 월튼이라는 사람이 1700년대에 그의 여동생에게 쓴 편지부터 이야기가 시작된다. 월튼은 소설가로서 성공하지 못하고 북극을 여행하고 있던 사람이었다. 그는 북극에 가서 과학 지식을 얻은 후 그것으로 명성을 얻을 수 있을 것이라고 생각했다. 북극에 있던 어느 날 월튼은 우연히 쓰러져 있는 빅토르 프랑켄슈타인이라는 사람을 구한다. 프랑켄슈타인은 괴물을 찾아 북극으로 왔다고 말하며 자신의 이야기를 월튼에게 들려준다.

프랑켄슈타인은 스위스 제네바의 부유한 가정에서 태어났다. 그가 다섯 살이 되던 때 아버지는 엘리자베스를 입양한다. 후에 엘리자베스와 프랑켄슈타인은 결혼할 운명이었다. 프랑켄슈타인은 독일의 대학에서 화학과 과학 전반, 기술 등을 공부했으며, 그 지식을 바탕으로 사람을 만들어 내는 데 성공한다. 하지만 자신이 만든 사람의 모습은 너무나 끔찍해서 괴물과 다르지 않았다. 그는 괴물이 깨어나는 것을 보고 무서워서 도망치고 괴물은 사라진다.

제네바로 돌아온 프랑켄슈타인은 동생 윌리엄과 윌리엄의 보모가 살해되었다는 것을 알게 된다. 그리고 자신이 만든 괴물이 그들을 죽였다는 것도 알게 된다. 프랑켄슈타인은 괴물이 자신을 찾고 있다고 확신하고 괴물을 숲으로 유인하여 마침내 괴물과 대면하게 된다. 괴물은 자신이 탄생했던 순간부터 겪은 자신의 이야기를 프랑켄슈타인에게 들려준다.

무덤 속의 시체들을 모아 조각조각 끼워 맞춰 만들어진 괴물은 프랑켄슈타인에게 버림받던 그 순간을 강력하게 기억하고 있었다. 괴물에게 자신을 만든 사람은 창조주이자 어머니요, 아버지였으나 괴물은 그에게 버림받았다. 괴물을 돌보아 줄 의무를 가진 사람이 괴물을 자신의 끔찍한 실수라고 생각하고 도망친 것이다. 괴물은 숲을 떠돌며 먹을 것을 찾아 헤맸고, 버려진 망토를 주워 입어 추위를 피했다. 사람들이 피워 놓은 불을 발견하고 마치 최초의 인류가 그랬던 것처럼 불의 위험과 따뜻함을 배우기도 하였다. 그러나 우연히 마주친 사람들은 괴물을 공격하려 했다. 괴물은 계속 사람들을 피해 도망쳤다.

그러던 어느 날 괴물은 숲속에서 외딴 오두막을 발견한다. 그리고 오두막에 뚫린 조그만 틈으로 인간들이 어떻게 살아가는지를 보며 인간의 삶을 배운다. 먹는 법, 도구를 쓰는 법, 사물을 부르는 법, 그리고 말하는 법까지 배운다. 괴물은 그 어떤 인간들보다 영특했고 인간의 모든 것들을 빠르게 흡수했다.

오두막에는 장님인 할아버지와 그의 가족들이 살고 있었다. 그중 할아버지가 우연히 괴물과 맞닥뜨리지만 앞을 보지 못했기 때문에 괴물을 인간이라고 생각한다. 그리고 괴물은 할아버지를 통해 예절과 역사와 다양한 나라들, 종교와 전쟁과 인간이 자처한 불행들까지 배우며 좀 더 인간다운 면모를 갖추게 된다. 그러나 괴물을 발견한 할아버지의 다른 가족들은 그를 보자마자 공격한다. 괴물은 자신이 인간들과 어울릴 수 없는 존재라는 것을 깨닫고 분노에 차 오두막을 불태운다.

괴물은 자신을 만든 창조주 프랑켄슈타인을 원망하고 저주하지만, 프랑켄슈타인을 다시 만났을 때 그에게 자신의 짝을 만들어 달라고 부탁한다. 더 이상 외롭고 싶지 않았고 분노와 원망을 하고 싶지 않았기 때문이다. 프랑켄슈타인은 그의 부탁대로 여자 괴물을 만들지만 재앙이 될 것이라고 생각해 죽여 버린다.

프랑켄슈타인과 엘리자베스가 결혼하는 날, 프랑켄슈타인은 괴물이 자신을 찾아올 것이라는 예감에 괴물을 잡으려고 준비한다. 하지만 그가 자신의 집과 정원을 뒤지는 사이 괴물은 엘리자베스의 방으로 와서 엘리자베스를 죽인다. 프랑켄슈타인은 괴물을 죽이려고 쫓아가지만 결국 괴물을 죽이지 못한다.

사라진 괴물을 찾아 북극까지 간 프랑켄슈타인은 결국 죽음을 맞이한다. 월튼은 그의 시체를 자신의 배로 옮겨 놓았는데, 괴물이 찾아와 프랑켄슈타인의 시체를 부둥켜안은 채 울부짖고 있는 것을 발견한다. 괴물은 떠내려가는 얼음 조각을 타고 서서히 어둠 속으로 사라진다.

3 결정적 문장

"인간이란 그렇듯 강인하고 품위를 지닌 듯하면서도, 한편으로는 악랄하고 비열하기 짝이 없구나."

4 생각 더하기

소설 속에서 프랑켄슈타인은 마치 신이 그랬던 것처럼 새로운 생명을 창조하고 싶어 하는 젊은 과학자였다. 하지만 불행한 결론을 맞는다. 작가는 프랑켄슈타인을 통해 인간이 신의 영역을 침범하는 일이 얼마나 위험한지 보여 준다. 그렇다면 우리는 과학에 어떤 한계를 설정해야만 하고, 어디까지 과학을 발전시켜야 하는 것일까?

우리는 과학의 선함에 대해 이야기할 때 과학이 객관적인지 주관적인지에 대해 종종 이야기한다. 과학기술을 객관적이라고 말하는 사람들이 있긴 하지만 사실 과학이 객관적일 수 없다는 것은 명백해 보인다. 주관적인 인간들이 주관적인 의도로 특정 기술들을 만들고 주관적인 방식으로 그것을 이용하기 때문이다. 대표적으로 핵 기술이 그렇다. 적은 양의 원료로 어마어마한 에너지를 만들어 내는 핵기술은 전쟁에 이용되었으며, 그로 인해 엄청나게 많은 사람들이 죽었고 아직까지 고통받는 사람들이 있다. 이런 과학기술은 분명 조심스럽게 접근해야 할 필요가 있다. 실제로 국제원자력기구[IAEA] 같은 국제 기구들이 국가 간 감시망을 통해 핵무기를 만드는 나라가 없는지 서로 감시하고 있다. 그러나 핵무기를 만드는 기술과 같은 원리로 핵 발전소를 건설하는 것은 그 어떤 나라에서도 제지하지 않는다. 핵 발전소는 선한 기술이라고 생각하기 때문이다.

우리는 과학기술이 가진 두 가지 면을 이야기할 때 늘 핵 기술에 대해 이야기한다. 그러나 과연 구소련의 체르노빌 사태나 일본의 후쿠시마 핵 발전소 붕괴와 같은 일들이 핵폭탄을 만드는 것보다 더 나았다고 이야기할 수 있을까? 물론 사고와 전쟁은 다르다. 악의적인 기술의 이용은 반드시 막아야 할 것이다. 그러나 선한 기술이라고 생각했던 것이 과연 선한 결과만을 낳는지는 분명히 생각해 볼 필요가 있다.

《프랑켄슈타인》에서 우리는 유전자조작이나 복제와 같은 주제들을 떠올리기 쉽다. 기아를 해결하기 위해, 인간의 수명을 연장하기 위해, 더 풍요로운 삶을 위해 이런 기술들은 개발되었으며 우리 삶 속에서 흔히 사용되고 있기도 하다. 분명 선한 의지의 선한 기술들임은 틀림없다. 하지만 이 기술들이 어떤 결과를 만들어 낼지는 사실 아무도 알지 못한다. 많은 선진국들이 과학기술에 있어서 더 보수적인 것도 그런 이유 때문이다. 반면 개발도상국들은 선진국들의 기술을 따라가기 급급한 나머지 기술 개발에 한계를 두지 않는 경우도 많다. 그래야 선진국에게 주도권을 뺏기지 않기 때문이다.

  이 문제에 대해 그 어떤 사람도 쉽게 답을 내리지 못할 것이다. 하지만 그렇기 때문에 반드시 생각해 보아야 하고 또 지혜를 모아야 한다.

09
헨리 데이비드 소로, 《월든》

도시의 삶에 문제를 제기한 최초의 환경 소설

★ 한눈에 보기

1 《월든》은 소로가 월든 호숫가 옆의 통나무집에서 보낸 3년의 시간을 기록한 책이다.

2 소로는 미국이 다른 나라에 비해서는 자유로운 나라임에도 사람들이 부질없는 근심과 과도한 노동 때문에 참다운 삶을 누리지 못한다고 생각했다.

3 소로는 삶의 진정한 만족은 물질적 풍요가 아닌 내면의 만족과 독립으로부터 오며, 이를 모른다면, 인간은 언제나 노예 상태의 삶을 살 수밖에 없다고 말한다.

4 또 '산업의 발전으로 인한 인류 문명의 발전이 과연 우리의 삶을 더 아름답고 행복하게 했을까? 간소하고 자유롭게 사는 것이 진정한 행복 아닐까?'라고 질문한다.

1 저자 알기

헨리 데이비드 소로(Henry David Thoreau, 1817~1862년)

　미국의 철학자, 시인, 수필가, 사회운동가이다. 소로는 미국 매사추세츠주 콩코드에서 태어났다. 하버드 대학교를 졸업하고 고향인 콩코드에서 교사로 재직했지만, 학생들에 대한 체벌을 거부하며 2주 만에 학교를 그만두었다. 형과 함께 진보적 교육 이념을 가진 사설 학교를 4년간 운영하기도 했는데, 운영은 성공적이었지만 형의 건강이 나빠지면서 중단되었다. 이후 가업인 연필 회사 일과 측량 일로 생계를 이어간다.

　1845년 28세에는 월든 호숫가에 통나무집을 짓고 2년 남짓 생활한다. 그 사이 멕시코 전쟁과 노예제도에 반대하여 인두세[1] 납부를 거부한 죄로 감옥에 수감되기도 했다. 이 경험은 《시민불복종》이란 책에 담겨 있으며, 이와 관련해 다양한 강연 활동이나 기고를 하기도 했다. 1862년 폐결핵으로 생을 마쳤다.

2 내용 깊이 알기

　《월든(Walden)》은 소로가 1854년에 월든 호숫가 옆의 통나무집에

---

1. 신분, 소득 등 능력을 고려하지 않고 각 개인에게 일률적으로 부과되는 세금.

서 살았던 3년의 시간을 기록한 책이다. 소로는 미국의 사상가 에머슨과 친하게 지냈는데, 에머슨은 월든 호수 근처의 땅을 소유하고 있었다. 문명 세계를 떠나 자연 속에서 살고 싶어 하던 소로는 어느 날 에머슨에게 자신이 직접 통나무를 짓고 살 테니 땅을 조금만 내줄 것을 부탁한다. 에머슨은 소로에게 기꺼이 땅을 내주었고 소로는 이곳에서 직접 통나무집을 짓고 살아간다.

　소로는 강낭콩, 감자 등 먹을거리도 직접 농사를 지어서 마련한다. 그가 이런 삶을 택한 것은 진정한 삶을 살기 위해서였다. 그는 미국이 다른 나라에 비해서는 자유롭지만 '부질없는 근심과 과도한 노동에 몸과 마음을 빼앗겨 인생의 아름다운 열매'를 놓치고 있다고 생각했다. 그는 자신의 삶을 그러한 무의미한 노동에 빼앗기고 싶지 않았다. 노예제를 격렬히 비판하기도 한 소로는 남부의 노예 감독 아래에서 일하는 것도 힘들지만 북부의 노예 감독 밑에서 일하는 것은 더 힘들다고 말한다. 노예제가 폐지된 북부의 노예란 공장에서 일하는 노동자들을 말한다. 그는 이러한 노동자들이 기계처럼 다루어지고 있다고 비판하면서 그보다 더 힘든 것이 있음을 지적한다. "가장 힘든 것은 당신이 당신 자신의 노예 감독일 때이다."

　소로는 수많은 사람들이 표면적인 가치, 물질적 풍요함을 지향하기 때문에 스스로 노예 생활을 택한다고 보았다. 그러나 삶의 진정한 만족은 결코 물질적 풍요에서 오지 않는다. "가장 현명한 사람들은 항상 가난한 사람들보다 더 간소하고 결핍된 생활을 해 왔다. 중국, 인도, 페르시아 및 그리스의 옛 철학자들은 외관상으로 그 누구보다도 가난했으나 내적으로는 그 누구보다도 부유한 사람이었다"라고 소로는 말한다. 충만된 삶을 사는 데 중요한 것은 더 많은 물건을 가지는 것이 아닌 내면의 만족과 독립이다. 이를 모른다면 인간은 언제나 노예 상태의 삶을 살 수밖에 없다. 대부분의 사람들은 생활필수품을 마련한 다음에 더 풍부하고 기름진 음식, 더 크고 화려한 집, 입고 남을 정도의 더 좋은 옷 등을 얻기 위해서 시간과 노력을 허비한다. 소로는 사람들이 건전한 양심을 갖기보다는 유행에 맞는 옷, 적어도 깨끗하고 기운 자국이 없는 옷을 입는 데 더 많은 신경을 쓴다고 비판한다. 그들은 심지어 찢어져 기운 바지를 입기보다는 다리가 부러져 절룩거리며 걷는 것을 택한다. 타인이 자신을 어떻게 보는가를 더 중요하게 생각하기 때문이다. 그래서 많은 사람들이 자신에게 필요한 최소한의 것을 넘어서 더 많은 것을 소유하기 위해 애를 쓰고 평생의 시간을 바친다.

하지만 소로는 여가를 얻어 인생의 모험을 떠나는 것이 더 중요하다고 생각했다. 그는 이렇게 말한다. "내가 월든 호숫가에 간 목적은 그곳에서 생활비를 덜 들이거나 호화롭게 살자는 것이 아니라, 되도록 누구의 방해도 받지 않고 내 개인적인 용무를 보자는 데 있다."

소로는 통나무집을 불과 28달러 12.5센트의 돈으로 지었다. 지금과 다른 물가 때문에 직접 비교하기는 어렵지만, 당시 하버드 대학교의 기숙사비가 1년에 30달러였다고 그는 말한다. 즉, 학생의 1년 방세로 집을 한 채 지었으니 매우 적은 돈이 들었다는 것을 알 수 있다. 그리고 이처럼 스스로 집을 짓는 경험이야말로 대학에서 육체

노동을 하찮은 것으로 생각하면서 얻은 지식보다 더 가치 있는 것이 아닌가라고 반문한다. "다음 두 학생 중 한 달이 지난 다음에 어느 쪽이 더 발전해 있을까? 한 학생은 관련 서적을 두루 읽으면서 자신이 직접 쇠붙이를 캐고 녹여 주머니칼을 만들었고, 다른 학생은 대학에 나가 야금학 강의를 들으면서 아버지로부터 '로저스 표' 주머니칼을 선물 받았다면 말이다." 물론 대학에서 배운 것이 다 쓸모없지는 않을 것이다. 하지만 지식이란 자신의 삶의 경험과 어우러지지 않는다면 피상적인 것에 불과하다. 소로는 바로 그 점을 지적하고 있다. 명문대를 졸업했기 때문에 오히려 당시의 교육이 가진 피상적인 측면을 더 잘 이해했을지도 모른다.

소로는 생계를 위해 완두콩과 옥수수, 무, 감자 등을 키우면서 가끔씩 마을에 나가 측량 일이나 목수 일을 하기도 했다. 그리고 이 과정에서 자신이 쓴 비용을 꼼꼼히 기록한다. 물론 그가 완전히 사회와 동떨어져 독립적으로만 산 것은 아니다. 그러나 월든 호숫가에서 최대한 다른 사람의 도움 없이 자신의 삶을 유지할 방법을 고민했고, 실제로 주당 27센트 정도밖에 되지 않는 적은 돈으로 생활을 꾸릴 수 있었다. 이는 그가 돈의 필요로부터 그만큼 자유로워졌다는 것을 의미하며, 더 나아가 삶의 진정한 의미를 찾기 위해서 자신의 시간을 더 많이 쓸 수 있었다는 것을 의미한다. 결국 중요한 것은 스스로 독립적이고 자유로운 생활을 하는 데 있다. 설령 혼자서 통나무집을 짓고 직접 땅을 가꾸며 산다고 하더라도, 농사일에 매여 자신의 시간을 가지지 못한다면 그 역시 자유로운 삶이라고는 할 수 없다. 그가 "간소하게, 간소하게, 간소하게 살라!"고 반복해서 외치는 이유 또한 그 때문일 것이다.

소로는 이제 간소한 삶 속에서 비로소 자연을 새롭게 만난다. 그는 계절마다 변화하는 월든 호숫가의 모습이 예민하고도 아름다운 시선으로 그리며 현대사회의 산업 발전이 빼앗아 버린 자연의 아름다움에 대해 경탄한다. 그리고 다시 진지하게 묻는다. 오늘날 산업 발전으로 인한 인류 문명의 발전이 과연 우리의 삶을 더 아름답고 행복하게 했는가라고 말이다. 오늘날에는 산업 발전이 초래한 환경의 파괴로 인해 자연의 가치가 새삼스럽게 다시 강조된다. 그러나 자연에 대한 파괴 행위는 좀처럼 줄어들지 않는다. 인간이 가진 물질적 욕망이 결코 줄어들지 않기 때문이다.

소로는 최초의 환경주의자라고 불린다. 그는 당시의 문명이 파괴하는 자연을 지키고자 했고, 인간을 삶의 가치들로부터 유리시키고 있는 현실에 대해 누구보다도 비판적이었다. 그렇기 때문에 어쩌면 무모해 보이는 시도를 통해 또 다른 삶의 가능성을 찾고자 했을 것이다.

3 결정적 문장

간소하게, 간소하게, 간소하게 살라! 제발 바라건대 여러분의 일을 두 가지나 세 가지로 줄일 것이며, 백 가지나 천 가지가 되도록 하지 말라.

4 생각 더하기

소로는 왜 도시를 떠나 월든 호숫가에 살기로 결심했을까?

소로는 이렇게 묻는다. '삶에서 가장 중요한 것은 무엇인가? 무엇이 우리 삶을 보다 충실하게 만드는가?' 그가 월든 호숫가에서 살고자 결심한 것은 단순히 소박하고 여유로운 전원생활을 즐기기 위해서가 아니다. 무엇보다 자신에게 필요한 것, 자신을 들여다볼 수 있는 시간적 여유를 갖기 위해서였다. 동시에 자신을 구속하고 있던 다양한 것들로부터 벗어나고자 했다. 그는 다음과 같이 말한다. "내가 숲속으로 들어간 것은 인생을 의도적으로 살아보기 위해서였다. 다시 말해 인생의 본질적인 사실들만을 직면해 보려는 것이었으며, 인생이 가르치는 바를 내가 배울 수 있는지 알아보고자 했던 것이며, 그리하여 마침내 죽음을 맞이했을 때 내가 헛된 삶을 살았구나 하고 깨닫는 일이 없도록 하기 위해서였다."

이 점과 관련하여 소로가 당대 사회문제를 적극적으로 비판한 인물이라는 점도 잊지 말아야 한다. 그의 사회문제 비판과 전원생활은 별개가 아니다. 그는 우리가 국민이기 이전에 인간이라고 말하며, 정의를 수호하기 위해 국가에 저항했다.

《월든》이 인간으로서 참된 삶이란 구체적으로 무엇인지 우리에게 대답해 줄 수는 없다. 이 책은 그가 자신의 참된 삶을 발견하기 위해 시도했던 생활의 기록일 뿐이기 때문이다. 그러나 우리는 그의 삶을 통해서 진지하게 삶의 참된 가치에 대해 물을 수 있는 기회를 얻게 되었다.

10
귀스타브 플로베르, 《보바리 부인》

세밀하고 치밀한 묘사가 돋보이는 현대소설의 걸작

★ 한눈에 보기

1
시골 공중 보건의인 샤를 보바리는 어머니가 골라 준 돈 많은 미망인과 결혼하지만 그녀와의 생활이 만족스럽지 않다. 그러던 중 환자의 딸로 만난 아름다운 엠마에게 반한다.

2
예기치 않게 아내가 죽자 샤를은 엠마와 결혼한다. 그러나 사랑과 결혼에 환상을 갖고 있던 엠마는 따분한 샤를과의 결혼 생활이 견딜 수 없다.

3
엠마는 루돌프와 불륜에 빠지지만 곧 버림받는다. 이후 예전에 만나 애정을 품었던 법학도 레옹과 다시 만나 사랑에 빠지고 큰 빚까지 지게 된다.

4
불륜을 들키지 않으려고 남편의 재산까지 빼앗긴 엠마는 결국 비소를 먹어 자살하고, 샤를은 배신감과 분노로 화병을 얻어 죽는다.

1 저자 알기

귀스타브 플로베르(Gustave Flaubert, 1821~1880년)

프랑스의 소설가인 플로베르는 의사의 아들로 프랑스 루앙에서 출생했다. 이미 10세 무렵부터 다양한 습작을 했으며, 1837년인 17세 때 학교에서 문예 신문 《르 콜리브리》을 발행하기도 했다.

파리 법과대학에 등록했으나, 1844년 24세 때 간질 발작을 일으켜 마차에서 떨어지는 사고를 겪는다. 사고 후에는 요양을 하면서 법학 공부를 포기하고 집필에 전념한다.

1845년인 25세에 첫 장편소설 《감정교육》을 완성하는데, 여러 번의 개작을 거쳐 1869년에 출간된다. 1856년에 출간된 《보바리 부인》으로 프랑스 문학의 대표 작가가 되었지만, 이후에 출간한 《살람보》, 《부바르와 페퀴셰》, 《성 앙투안의 유혹》 등은 비평적으로나 대중적으로 큰 성공을 거두지는 못했다. 말년에 플로베르는 재정적 어려움으로 고생하면서 마자린 도서관의 하위직에서 일하기도 한다. 1880년 파리 여행을 준비하던 중 뇌내출혈로 쓰러져 사망한다.

2 내용 깊이 알기

소설 《보바리 부인(Madame Bovary)》은 플로베르를 프랑스 문학의 중심에 올려놓은 작품이다. 그는 소설 집필에 어려움을 겪다가 친구

부이예의 권유로 지방 의사였던 드라마르 아내의 자살 실화를 소설로 집필한다. 그런데 소설을 출간하고 플로베르는 '공중도덕 및 종교 모독죄'로 기소된다. 보바리 부인이 남편을 두고 다른 남자와 갖는 염문이 당시의 풍속을 해친다고 판단되었기 때문이다. 다행히도 이 재판에서 그는 무죄를 선고받는다.

《보바리 부인》은 리얼리즘 소설의 대표작인 동시에 현대 소설의 시작을 알리는 작품이다. 이전까지 소설에서 중요하게 여겼던 것은 이야기 자체이며, 소설의 언어는 시의 언어처럼 중요하게 취급되지 않았다. 그러나 플로베르는 소설의 언어도 시처럼 정제되어야 하며, 정확하고 리듬이 있어야 한다고 생각했다. 플로베르가 《보바리 부인》을 집필하는 데 무려 5년의 시간을 보낸 것도 단어 하나하나에 주의를 기울이며 세심하게 사용했기 때문이다. 그는 이 작품을 쓰면서 괴롭다 못해 죽을 지경이라고까지 말했다. 하지만 그를 이토록 괴롭힌 《보바리 부인》으로 플로베르는 프랑스 최고의 소설가가 된다.

이 소설이 보여 주는 '현대성'은 그가 이야기 자체보다 '스타일'을 소설의 핵심으로 삼았다는 데 있다. 이를테면, 이전의 소설에서 장면에 대한 세세한 묘사는 이야기의 진행을 방해하는 것으로 여겨졌다. 그러나 플로베르는 내용의 진행과 전혀 무관한 듯 보이는 장면을 종종 과할 정도로 꼼꼼히 묘사한다. 플로베르는 예술적으로 훌륭한 주제가 따로 있는 것은 아니라고 생각했다. 예술적인 뛰어남은 어떤 대상을 묘사하는가가 아니라, 그것을 어떻게 표현하는가에 달려 있다는 그의 생각은 다음과 같은 말에 잘 드러난다. "보잘것없는 시골 마을인 이브토를 그리건 유명한 대도시 콘스탄티노플을 그리건 결국은 마찬가지이다."

더 나아가 그는 이런 말도 한다. "마치 이 지구가 어떤 것에도 떠받쳐지지 않고 공중에 떠 있듯이 오직 스타일의 내적인 힘만으로도 저 혼자 지탱되는 한 권의 책, 거의 아무런 주제도 없는, 아니 적어도 주제가 거의 눈에 띄지 않는 한 권의 책 말이다. 가장 아름다운 작품은 최소한의 소재만으로 이루어진 작품이다. 표현이 생각에 가까워지면 가까워질수록 어휘는 더욱 생각에 밀착되어 자취를 감추게 되고 그리하여 더욱 아름다워진다." 조금 난해하게 들리지만 여기서 플로베르가 말하고자 하는 바는 분명하다. 소설의 내용이나 주제가 중요한 것이 아니라, 그것을 어떤 스타일로 어떻게 그려 내는가가 핵심이라는 뜻이다.

《보바리 부인》은 내용 자체로만 따지자면 평범한 불륜 이야기에 불과하다. 즉, 주인공 엠마 보바리가 남편 몰래 바람을 피다가 결국 파산하여 자살한다는 내용이다. 하지만 그의 소설이 현대 소설의 시작을 알리는 위대한 문학적 성취로 평가받는 것은 플로베르 자신이 말한 대로 그 사건을 서술하는 데 그가 공들여 선택한 언어들이 만들어 내는 예술성에 있다.

주인공 엠마는 부유한 농가의 외동딸로, 루앙 근처 작은 마을의 의사인 샤를 보바리와 결혼한다. 하지만 엠마는 이내 따분하고 재능 없는 샤를과의 결혼 생활에 환멸을 느낀다. 애당초 이 결혼은 샤를의 적극적인 구애로 시작되었고, 엠마는 샤를에 대한 특별한 애정이 없었다. 단지 시골 농장의 권태로운 생활을 벗어난다는 것이 그녀에게는 더 중요했다. 하지만 샤를은 그녀의 기대를 충족시켜 주지 못한다. 소설 속의 샤를은 엠마의 눈앞에서 언제나 꾸벅꾸벅 졸고 있다. 그러던 어느 날 엠마는 우연히 초대받은 귀족 파티에서 자신의 지루한 삶과는 다른 화려한 일상 속에서 짧은 행복을 맛본다. 그것은 그녀가 어릴 때부터 꿈꾸던 삶이었으며, 그녀는 그때 루돌프라는 남자를 만난다. 그는 잘생기고 돈 많은 전형적인 바람둥이로, 평범하기 이를 데 없는 자신의 남편과는 확연히 다른 인물이었다. 수많은 곳을 여행하면서 얻은 흥미진진한 이야기를 들려주는가 하면, 세련된 매너와 멋진 외모로 엠마를 기쁘게 한다. 하지만 둘의 관계에 아무런 책임감을 느끼지 못하던 루돌프는 엠마를 떠난다.

엠마는 루돌프에게 분노하고 절망한다. 그래서 종교에 귀의하고 남편 샤를에게 충실한 삶을 살고자 한다. 그러나 화려한 일상을 경험한 이상 다시 샤를에게 돌아갈 수는 없었다. 이때 엠마는 마을의 젊은 서기 레옹과 불륜에 빠진다. 레옹은 루돌프를 만나기 전에 엠마가 마음속으로 흠모했던 사람이었는데 우연한 기회에 다시 만나게 되었다. 이렇게 엠마의 부정은 계속된다. "그때부터 그녀의 생활은 온통 거짓말투성이였다. 그 속에 그녀는 자기의 사랑을 마치 베일로 감싸듯이 싸서 숨겼다. 거짓말이 이제는 어떤 필요, 광적 습관, 쾌락이 되어 버렸다." 그녀는 피아노 교습을 정기적으로 다닌다며 샤를을 속이고 레옹을 만난다. 하지만 이 사랑도 역시 엠마를 권태에서 완전히 벗어나게 하지는 못한다. 플로베르의 다음과 같은 서술은 엠마의 권태가 얼마나 뿌리 깊은 것인지를 잘 보여 준다. "두 사람은 서로를 너무나도 알아 버려서 기쁨을 백 배나 더해 주는 경이로운 소유의 맛을 느끼지 못하게 되었다. 레옹이 그녀에게 싫증이 난 것만큼 그녀 역시 상대에게 물려 버렸다. 엠마는 간통 속에서 결혼 생활의 모든 진부함을 그대로 발견하고 있었다."

이제 엠마가 권태에서 벗어나기 위해서 한 행동들은 그녀를 파멸로 이끈다. 그동안 엠마의 불륜을 목격한 고리대금업자 뢰르는 이를 이용하여 엠마가 돈을 낭비하도록 부추긴다. 엠마는 뢰르의 꾐에 빠져 레옹을 만나기 위해, 그리고 자신의 권태로운 생활에서 벗어나기 위해 무질서한 소비를 하게 되고, 뢰르는 그녀가 빚을 다 갚을 수 없다는 걸 알면서 그녀에게 돈을 빌려준다. 결국 엠마는 점점 불어난 빚을 감당할 수 없게 되고 샤를의 재산을 탕진하기에 이른다. "그녀는 자기를 이토록 끔찍한 상태에 몰아넣은 원인이 무엇이었는지를, 즉 그게 돈 문제였음을 까마득히 잊고 있었던 것이다. 그녀가 괴로운 것은 오로지 사랑 때문이었다. 그리고 마치 부상당하여 다 죽어 가는 사람이 피가 흐르는 상처를 통해서 생명이 새 나가는 것을 느끼듯이 그녀는 그 기억들을 통해 자신의 몸에서 영혼이 빠져나가는 것을 느꼈다." 엠마는 빚을 조금이라도 청산하기 위해서 레옹과 루돌프에게 도움을 요청하지만 그들은 그녀를 외면한다. 결국 그녀는 절망에 빠져 음독자살이라는 비참한 최후를 선택한다.

《보바리 부인》으로부터 유래된 '보바리즘'이라는 용어가 있다. 이는 현실의 자신과 다른 모습을 자신의 모습으로 여기는 것을 의미한다. 엠마는 수도원에서 소년기를 보내는데, 이때 읽었던 수많은 소설 속 주인공에 자신을 대입시킨다. 이처럼 언제나 현재에 만족하지 못하고, 과거에 대한 추억이나 미래에 대한 망상에 가득 차 있는 상태를 '보바리즘'이라고 말한다. 소설 속에서 엠마의 모습은 이렇게 묘사된다. "조난당한 선원처럼 그녀는 삶의 고독 위로 절망한 눈길을 던지면서 멀리 수평선의 안개 속에서 혹시 어떤 흰 돛단배가 나타나지 않는지 찾고 있었다." 엠마의 남성 편력은 자신의 현재에 만족하지 못하고 언제나 '다른 곳'을 향하는 그녀의 삶에 대한 자세로부터 나오는 것이다. 때로는 자선 활동에 전념하고, 딸에게 사랑을 쏟기도 하고, 남편이 외과의로서 명성을 누리길 바라면서 권태로부터 벗어나려고 끊임없이 애썼으나 결국 그 어떤 것에도 만족하지 못하고 불륜으로 만난 연인과의 육체적 쾌락에 매달린다. 자신의 욕망에 저항하지 못하고 휩쓸리면서 결국 파멸을 자초하고 마는 엠마의 운명은 결국 그렇게 비참한 최후를 맞고 만다.

3 결정적 문장

그녀를 가까이 둘러싸고 있는 모든 것, 권태로운 전원, 우매한 소시민들, 평범한 생활 따위는 이 세계 속에서의 예외, 어쩌다가 그녀가 걸려든 특수한 우연에 불과한 반면, 저 너머에는 행복과 정열의 광대한 나라가 끝 간 데 없이 펼쳐져 있는 것처럼 생각됐다.

4 생각 더하기

보바리 부인이 자살을 선택하게 된 것은 연인과의 사랑 때문이 아니라 경제적인 곤궁 때문이었다. 플로베르가 엠마의 최후를 이처럼 그려 낸 까닭은 무엇일까?

엠마가 결국 자살을 결심하게 된 것은 고리대금업자에게 빌린 돈을 갚지 못했기 때문이다. 연인과의 사랑이 실패했거나, 불륜이 남편에게 들켰기 때문이 아니다. 사악하다고 말할 수밖에 없는 고리대금업자는 극중에서 거의 유일하게 엠마의 부정을 눈치채는 인물이다. 엠마가 루돌프와 밀회할 때 조금씩 등장하기 시작한 뢰르는 이후 또 엠마와 레옹과의 밀회를 목격한 후 더욱 적극적으로 엠마를 꾐에 빠트린다. 뢰르는 엠마의 부정을 남편 샤를에게 고하기보다는 그를 이용해서 엠마를 위협하고, 그녀가 돈을 마구 쓰도록 부추긴다. 뢰르가 엠마와 레옹이 몰래 만나는 장면을 목격한 후에 제일 처음 한 일은 그동안 그가 빌려준 돈을 갚으라고 종용하는 것이었다. 그는 엠마가 그럴 능력이 없다는 것을 알자 보바리의 시골집을 팔게 한다. 이렇게 엠마의 부정은 낭비로 이어지고, 그것은 그녀를 파멸로 이끈다.

플로베르가 엠마의 최후를 이렇게 묘사한 것은 엠마의 부정을 도덕적으로 비난하기보다 당시 물질적 이익에 눈이 먼 부르주아의 탐욕을 냉철하게 그려 내는 데 집중하기 위해서였다. 오히려 이 소설에서 플로베르는 도덕적인 선악을 판단하는 것에는 무관심하다. 그에게 훌륭한 소설이란 소설에 담긴 교훈적인 내용으로 결정되는 것이 아니었다.

이러한 파멸은 엠마 내면의 방황이 현실의 사회적 관계 속에서 어떤 결과를 낳게 되는지를 분명하게 보여 줄 뿐이다. 이처럼 《보바리 부인》은 그녀가 겪는 일련의 사건보다 엠마의 권태, 불륜, 절망 등의 심리적 상태를 보여 주는 데 집중한다. 그리고 마지막에 등장하는 엠마의 파멸은 그러한 심리적 상태가 외적인 사회관계 속에서 어떻게 드러나는가를 보여 준다. 그것이 이 소설을 '심리소설'이면서 동시에 '사실주의 소설'로 꼽는 이유이다.

11
찰스 디킨스, 《위대한 유산》

인간성에 대한 통찰이 담긴 영국 문학의 걸작

★ 한눈에 보기

1
고아 소년 핍은 우연히 탈옥범 매그위치를 만난다. 매그위치의 협박으로 먹을 것을 훔쳐 곤란에 빠지지만 매그위치가 잡히면서 누명을 벗는다.

2
이후 핍은 부유하지만 결혼하지 않고 은둔해서 사는 미스 해비셤의 대저택에 가게 된다. 거기서 그는 에스텔라를 좋아하게 되지만 에스텔라는 냉랭하다.

3
어느 날 핍은 이름 모를 사람에게 입양되어 막대한 유산을 받게 된다. 그는 미스 해비셤이 유산을 준 것이라 생각하고, 신분 상승의 욕망에 차 신사 수업을 받으러 런던으로 떠난다.

4
상류층 삶에 빠진 핍은 매그위치가 유산을 상속했다는 걸 알고 충격에 빠진다. 매그위치의 죽음으로 결국 유산을 못 받게 되지만, 뒤에서 자신을 지켜 준 이들의 따뜻함을 깨닫는다.

1 저자 알기

찰스 디킨스(Charles Dickens, 1812~1870년)

영국의 소설가인 디킨스는 해군 하급관리인 존 디킨스의 8명의 자녀 중 둘째 아들로 태어났다. 빈궁한 어린 시절을 보낸 그는 채무 관계로 수감되는 등 경제적 어려움을 겪었다. 디킨스는 12세 때 구두약 공장에서 일했으며, 하루에 10시간이나 노동을 해야 했다고 한다. 중학 과정을 2년 다니다 그만두고, 15세 때는 변호사 사무실의 사환으로 일했으며, 신문사에서 속기사 기자 일을 하기도 했다. 가난한 하층민의 삶에 대한 사실적 묘사는 이러한 개인적 경험에 기초한 것이다.

디킨스는 22세에 그의 대표작이 된 《올리버 트위스트》의 연재를 시작했다. 이후 《크리스마스 캐럴》, 《데이비드 코퍼필드》, 《위대한 유산》 등의 작품들을 발표했다. 말년인 10여 년 동안은 영국과 미국 등지를 순회하며 낭독회를 하기도 했다. 그는 1870년 58세의 나이로 사망했다.

디킨스의 묘비명에는 다음과 같은 글귀가 새겨져 있다. "그는 가난하고 고통받고 박해받는 자들의 동정자였으며 그의 죽음으로 인해 세상은 영국의 가장 훌륭한 작가 중 하나를 잃었다."

2 내용 깊이 알기

《위대한 유산(Great expectations)》은 1860년 12월부터 이듬해 8월까지 디킨스 소유의 《일년 내내》라는 주간지에 연재된 소설이다. 모두 35회 동안 연재되었다. 매주 10만 부가 팔릴 정도로 연재 당시부터 큰 인기를 얻었으며, 오늘날까지도 가장 널리 읽히는 디킨스의 소설 중 하나이기도 하다. 비평가들도 이 소설이 디킨스 최고의 작품이라고 평가할 정도로 문학적 명성과 대중적 인기 면에서 모두 성공을 누렸다.

이 작품은 핍이라는 별명을 가진 소년이 성장해 가는 과정을 그린 소설로 성장소설 혹은 교양소설로 불린다. 이 작품의 제목인 '위대한 유산'은 중의적인 뜻을 가진다. 'expectation'이라는 단어는 '유산'이라는 뜻도 있지만, 원래는 '예상', '기대'라는 의미를 가진 단어이다. 이는 소설의 제목인 '위대한 유산'이 곧 '커다란 기대'이기도 하다는 의미를 담고 있다. 핍은 엄청난 '유산'을 상속받게 되자, 자신의 미래에 '큰 기대'를 갖게 된다. 그러나 그러한 기대는 핍을 다른 인물로 바꾸어 놓고, 이로 인해 좌절하게 만든다. 이 과정에서 결국 핍은 신사란 어떤 사람인가를 깨닫게 되고, 자신만의 '진정한 유산'을 얻는다. 다시 말해 이 소설은 '유산'으로 인해 가졌던 '기대'가 좌절되면서, 진정한 '유산'을 얻게 되는 이야기라고 말할 수 있다.

여기서 핍이 얻게 되는 진정한 유산이란 바로 진정한 신사가 무엇인가를 깨닫고, 그 자신이 훌륭한 신사로 자라나게 되는 것을 의미한다. 오늘날 '신사'란 흔히 교양과 예의를 갖춘 점잖은 사람을 가리키는 말로 쓰인다. 그러나 찰스 디킨스가 활약하던 빅토리아시대에 '신사'라는 용어는 일종의 계급적 지위를 나타내는 말이다. 이들은 계급적으로 귀족의 아래에 있는 젠트리 계급에 속해 있다. 이 젠트리 계급이란 귀족 출신이지만 장자가 아니기 때문에 작위나 재산을 물려받지 못한 계급이기도 하다. 따라서 출신 성분, 직업, 재산의 정도 등 외적인 조건은 '신사'의 중요한 조건으로 다루어졌다.

이 소설에서 디킨스는 '신사'를 단지 계급적 차원이 아니라 개인의 미덕이라는 관점에서 바라본다. 몰락한 중산계층 출신인 디킨스는 중산층이나 하층민들의 삶에 대해서 커다란 애정을 가지고 있었다. 그러나 이에 반해 상류 귀족사회는 위선적이고 허위적이라면서 비판적으로 생각하곤 했다. 디킨스는 진정 신사라고 불릴 수 있는 사람은 단지 출신이나 재산, 혹은 교양 있어 보이는 외모와 무관하게 존경할 수 있을 만큼 훌륭한 내면의 미덕을 갖춘 사람이라고 생각했다. 따라서 이 작품에는 빅토리아시대의 신사 개념에 대한 통렬한 비판과 조롱이 나타나 있다. 동시에 그가 추구하는 진정한 신사에 대한 이상도 엿볼 수 있다.

소설의 주인공인 핍은 일찍 부모를 여의고 누나의 집에서 살아간다. 그리고 대장장이인 매형 조는 그를 부모처럼 보살펴 준다. 그러던 어느 날 저녁 핍은 교회 근처에서 우연히 감옥을 탈출한 죄수 매그위치를 만난다. 그는 핍을 협박하여 줄칼과 음식을 가져오게 한다. 핍은 두려워하면서 그의 부탁을 들어주고 매그위치의 탈옥을 돕게 된다. 매그위치는 결국 붙잡히지만, 나중에 유형지인 호주에서 크게 성공을 한다. 그리고 자신의 정체를 숨긴 채 핍에게 돈을 보내 준다.

매형의 견습공이 될 예정이었던 핍은 누나의 결정으로 마을에 사는 미스 해비셤의 집에 가게 된다. 그녀는 대저택에 사는 부유한 여성이지만 결혼도 하지 않고 은둔하며 지내는 인물이었다. 핍은 이곳 해비셤의 저택을 드나들면서, 아름다운 소녀 에스텔라를 짝사랑하게 된다. 하지만 에스텔라는 거만하고 냉정하게 핍을 대한다. 이러한 에스텔라의 태도는 핍에게 자신의 가난하고 비천한 생활에 대한 열등감과 비참함을 느끼게 한다.

그러던 와중에 핍은 이름도 알 수 없는 사람에게 입양되고 막대한 유산을 받게 된다. 핍은 자신이 그 정체도 모르고 받게 된 유산이 죄수 매그위치가 준 것임을 상상조차 하지 못한다. 대신 그가 시중을 들러 드나들던 미스 해비셤이 그에게 재산을 주게 된 것이라고 막연히 생각한다. 에스텔라의 사랑을 받지 못한 것이 자신의 비천한 처지 때문이라고 생각한 핍은 에스텔라와의 사랑이 이루어질지도 모른다는 막연한 기대를 품는다. 그리고 런던으로 신사 수업을 받으러 간다.

신사 수업을 받으면서 핍은 점점 상류층의 삶에 익숙해져 간다. 그러나 이 상류층의 삶이란 위선적이면서도 배타적인 것이었다. 핍은 점점 매형인 조를 부끄러워하기 시작한다. 그가 낮은 신분이고 상류층의 지적 교양도 부족한 인물이었으며 핍 자신이 비천한 가문의 출신이라는 것을 알려 주는 존재였기 때문이다. 핍은 이제 신분 상승에 대한 강한 욕구와 함께 점점 더 속물적인 인간으로 변한다.

그러던 중에 핍은 자신에게 유산을 물려주는 이가 그가 과거에 도와준 죄수 매그위치라는 사실을 알게 된다. 이 사실을 알게 된 후 핍은 충격을 받지만, 매그위치의 억울한 사연을 알게 되면서 그의 불행에 대해 동정한다. 그리고 에스텔라가 매그위치의 딸이라는 사실도 알게 된다. 매그위치는 런던에 돌아와서는 안 되는 죄수였기 때문에 핍은 이제 그가 무사히 런던을 탈출하도록 돕는다. 하지만 불행히도 매그위치는 경찰에게 쫓기던 중 상처를 입고 체포되어 목숨을 잃는다. 이와 함께 핍의 유산상속도 불가능해진다.

이제 핍은 유산도 상속받지 못하고 병까지 걸린다. 게다가 유산을 기대하고 이리저리 미리 쓴 돈 때문에 빚까지 지게 된다. 이때 핍을 간호하고, 빚을 갚아 주는 이가 바로 조이다. 핍은 조에게 미안함을 느끼고 스스로의 잘못을 부끄러워하지만, 조는 그런 핍에게 언제나 변하지 않는 우정을 보여 줄 뿐이다. 결국 핍은 자신의 타락한 모습을 반성하고, 외국에서 사업으로 성공한다. 소설의 마지막 장면에서 핍은 이제는 폐가처럼 변해 버린 미스 해비셤의 저택에서 우연히 에스텔라와 재회한다.

디킨스의 여느 소설들처럼 이 소설에서도 하층민의 삶이나 상류계급의 위선적이고 탐욕적인 모습이 잘 드러나 있다. 게다가 사회의 불평등과 불합리함에 대해서도 비판적인 시선을 놓치지 않는다. 디킨스의 소설에서는 계급과 부의 차이로 인해 벌어지는 사회의 불평등이 사실적으로 묘사되어 있다. 그리고 이러한 사회적 불평등은 등장인물들의 노골적인 신분 상승 욕망을 자극한다. 핍이 바로 이러한 왜곡된 신분 상승에 대한 욕망으로 결국 좌절을 겪는 인물이다.

  디킨스는 이러한 이야기를 통해서 우리가 과거로부터 물려받아야 할 진정한 유산이란 무엇인가를 묻는다. 그것은 결코 물질적 부가 아니다. 막대한 유산을 물려받기로 했다가 한순간에 그 모두를 잃게 되는 핍처럼 물질이란 덧없이 사라지기도 한다. 그러나 핍이 조, 매그위치 등의 사람들에게서 배운 신사의 덕성들은 결코 사라지지도, 누가 **빼앗아** 갈 수도 없다. 이처럼 한 사람이 하나의 성숙한 인간으로 성장하는 데 필요한 것, 그것이야말로 가장 필요한 유산일 것이다. 동시에 이를 통해 디킨스는 빅토리아시대의 풍요로운 사회의 이면에 놓인 정신적 결핍을 신랄하게 비판한다.

3 결정적 문장

"마음이 진정한 신사가 아닌 사람이 행동에 있어서 진정한 신사가 된 적은 세상이 시작된 이래 결코 없었다는 것이 우리 아버지의 지론이거든. 아버지는 말씀하시길, 어떤 왁스 칠도 나뭇결을 가릴 수 없으며, 우리가 왁스 칠을 하면 할수록 오히려 그 나뭇결이 더욱더 잘 드러나게 마련이라고 하셨어."

4 생각 더하기

이 작품에서 디킨스가 말하고자 하는 진정한 신사의 모습이란 어떤 것일까?

무엇보다 우리는 핍의 매형 조를 통해 신사의 모습에 대해 알 수 있다. 고아였던 핍을 어릴 때부터 데려와 키웠던 매형 조는 온순하고 착하며, 부드러운 성격을 가진 낙천적인 인물이다. 그러나 조는 '신사'가 되기에는 충분히 교육을 받지 못했고 대장장이라는 직업은 '신사'라는 말에는 전혀 어울리지 않는다. 그렇기 때문에 핍은 런던으로 상경해 신사 수업을 받고 상류층의 생활에 조금씩 익숙해지면서, 그를 부끄러워한다. 자신의 어릴 적 은인이기도 한 매형 조를 이제는 자신과 다른 신분의 사람으로 생각했기 때문이다. 이렇게 핍은 신사 수업을 받으면서 사람의 내면이 아닌 외면만을 보게 된다. 그러나 핍이 유산을 물려받지 못하고 어려운 처지에 처했을 때 그를 버리지 않고 도움의 손길을 내민 사람이 바로 조이다. 어찌 보면 어리석어 보일 만큼 호의적인 인물이다. 하지만 조가 변함없이 보여 주는 성실함, 온화함, 친절함, 변하지 않는 우정 등은 멋진 양복과 근사한 교양으로 포장된 그 어떤 신사의 모습보다 더 훌륭한 것이었다. 결국 핍의 내면을 움직이고, 진정한 신사가 무엇인지를 깨닫게 해 준 인물이 바로 조라고 할 수 있다.

또 한 사람은 바로 죄수 매그위치이다. 그는 자신이 탈옥했을 때 도움을 준 핍의 선행을 잊지 않고, 그에게 막대한 유산을 물려주고자 한다. 이러한 매그위치의 태도는 자신의 이익을 위해서라면 어떤 말이든 쉽게 뒤집는 이들과 대비되면서, 신사의 덕목이란 과연 무엇인가에 대해 진지한 반성을 촉구한다.

핍이 런던에서 만나 우정을 다지게 되는 허버트 역시 진정한 신사란 무엇인가를 보여 주는 인물이다. 그는 어린 시절 핍이 에스텔라와 함께 해비셤 저택에서 지낼 때 함께 어울리기도 했었다. 핍이 신사 수업을 받기 위해서 런던에 왔을 때 그를 편견 없이 친절하게 대해 준 사람도 바로 허버트였다. 그는 상류층 출신임에도 가난한 집 출신의 여성과 약혼한다. 이는 상류층에 대한 막연한 동경과 더불어 에스텔라를 흠모하는 핍과 대조된다.

핍은 매그위치의 죽음과 함께 자신에게 약속된 막대한 유산을 받지 못한다. 그러나 그는 더 중요한 것들을 사람들에게 받는다. 그들의 신사다움을 통해서 핍 역시 한 명의 훌륭한 신사로 성장할 수 있게 되는 셈이다. 그것은 제아무리 돈을 많이 주고도 살 수 없는 것들이며, 모든 부가 사라진 다음에도 여전히 남는 것이다.

12
표도르 도스토옙스키, 《죄와 벌》

가장 탁월한 인간의 내면을 파헤친 소설

★ 한눈에 보기

1
합리주의자이며 무신론자인 23세의 라스콜리니코프는 초인 사상, 즉 선악을 넘어서서 스스로 법이 되는 비범한 사람에 관한 사상에 사로잡힌다.

2
라스콜리니코프는 자신의 생각을 증명하기 위해 야비한 고리대금업자인 노파를 살해하고 이를 목격한 노파의 여동생마저 죽인다.

3
라스콜리니코프는 자신의 행위에 죄책감을 느낌과 동시에 범죄 사실이 드러날까 봐 두려워한다.

4
라스콜리니코프는 매춘부인 소냐를 만나고 소냐의 설득으로 자신의 범죄를 경찰에 자백한다.

1 저자 알기

표도르 도스토옙스키(Fyodor Dostoevskii, 1821~1881년)

러시아의 소설가이다. 모스크바에서 7남매 중 차남으로 태어났다. 아버지는 빈민구제병원 의사였으나 당시 의사는 중간계급에 속했기 때문에 그리 넉넉한 가정형편은 아니었다. 1837년 어머니가 폐결핵으로 사망하고 난 후, 열여섯의 도스토옙스키는 공병학교에 보내져 군사교육을 받게 된다. 그러나 군사훈련에 적응하지 못하고 문학에 빠진다. 1839년에는 농노들을 가혹하게 다루었던 것이 화근이 되어 아버지가 농노들에게 살해당하는 사건이 일어난다. 이때의 충격으로 도스토옙스키는 최초로 간질 발작을 일으켰으며, 이후 이 간질은 평생 동안 반복된다.

도스토옙스키는 1846년 《가난한 사람들》로 데뷔했는데, 처음부터 문단의 극찬을 받았다. 진보적 정치 모임에 참여했다는 이유로 4년간 시베리아에서 수형 생활을 하기도 했지만 유형에서 벗어난 이후 의욕적인 창작활동을 한다. 그러나 간질과 도박 중독으로 인해 어려움을 겪었다. 도박 중독은 학생 때부터 도스토옙스키를 괴롭혔는데, 빚 때문에 출판사와 무리한 계약을 하기도 했다. 이 때문에 직접 집필을 하는 대신 속기사였던 안나 스니트키나에게 구술을 하면서 작품을 썼는데 《죄와 벌》, 《도박꾼》, 《카라마조프의 형제들》 등은 이렇게 탄생한 작품이다. 이후 안나는 도스토옙스키의 두 번째 부인이 되었다. 1881년 폐동맥 파열로 60세의 나이로 생을 마쳤다.

2 내용 깊이 알기

《죄와 벌(Crime and punishment)》은 1866년 1월부터 12월까지 잡지 《러시아 통보》에 연재된 작품이다. 이 잡지는 1808년부터 간행되기 시작해 중간에 발행되지 못했던 때도 있었지만 현재까지 이어지고 있는 역사 깊은 잡지이다. 소설은 이후 약간의 수정을 거쳐 이듬해 출간되었다. 형식적인 부분을 제외하고 소설에서 가장 중요한 세부적 요소는 무엇보다 등장인물의 심리일 것이다. 그런 면에서 도스토옙스키의 소설들은 소설의 전 역사를 통틀어서 가장 탁월한 인간의 심리적 내면을 보여 준다고 할 수 있다. 수많은 철학자들, 심리학자들, 소설가들이 도스토옙스키를 그들의 스승이라고 꼽은 이유가 바로 이 때문이다. 그러한 도스토옙스키의 소설 중에서도 인간의 심리적 내면을 가장 탁월하게 형상화한 작품이라고 일컬어지는 것이 바로 이 《죄와 벌》이다.

《죄와 벌》의 배경은 1860년대의 러시아 수도였던 페테르부르크이다. 도스토옙스키는 실제로 페테르부르크의 뒷골목에서 살았고, 그 때문에 소설에 묘사된 도시의 모습은 매우 사실적으로 그려졌다. 1861년 국가 발전을 위해 농민을 농노의 신분에서 해방시키는 농노 해방으로 인한 대규모 이촌향도 때문에 당시 페테르부르크는 인구 팽창과 그로 인한 실업은 물론 주택문제와 위생 문제 등으로 골치를 앓고 있었다. 이는 사회적인 범죄를 증가시켰고, 알코올중독과 고리 대금업, 매춘 등이 도시의 어둠 속에서 태연히 행해졌다. 이러한 하층민들의 삶은 도스토옙스키의 소설에서 빠지지 않고 등장한다. 이는 도스토옙스키와 언제나 함께 거론되는 톨스토이와 비교되는데, 귀족 출신인 톨스토이가 거대한 서사적 형식으로 고차원적인 삶의 가치에 대해서 묻는다면 도스토옙스키는 언제나 이러한 하층민들의 거친 삶을 통해 인간의 심리를 치밀하게 묘사한다. 이 때문에 톨스토이가 위를 향한다면 도스토옙스키는 아래로 향하는 것처럼 보인다.

《죄와 벌》도 주인공 라스콜리니코프의 범죄가 소설의 주요한 사건이다. 그러나 《죄와 벌》의 라스콜리니코프는 흔한 범죄자들과는 다르다. 그는 하층민이 아닌 교육을 받은 대학생이었다. 게다가 가난한 형편이긴 하지만 그를 믿고 지지하는 어머니와 여동생이 있었다. 어머니와 여동생에게 라스콜리니코프는 가문의 희망이자 그들이 의지할 수 있는 든든한 버팀목이었다. 가정의 불화, 불운한 성장 환경, 사회적 낙오 등 일반적인 범죄자를 둘러싼 환경이라고 여겨지던 것을 라스콜리니코프에게서는 찾기 어렵다. 그러던 그가 전당포의 주인 노파와 그의 여동생을 살해하고 만 것이다.

그는 노파를 살해하기로 결심하고, 범죄를 실행에 옮기기 전에 노파를 만나기 위해서 전당포를 찾는다. 그러나 노파를 마주하고 자신이 그러한 추악한 생각을 한 것에 혐오감을 느끼면서 괴로워한다. 하지만 그는 자신의 범죄를 완전히 포기하지는 않는다. 그러던 중에 어느 날 술집에서 어떤 대학생이 일행인 장교에게 다음과 같이 말하는 것을 듣는다. "도움을 받지 못하면 좌절하고 말 싱싱한 젊은이가 있단 말이야. 그런 젊은이는 도처에 있어! 그리고 수도원으로 가게 될 노파의 돈으로 이루어지고 고쳐질 수 있는 수백, 수천 가지의 선한 사업과 계획들이 있단 말이야! 어쩌면 수백, 수천의 사람들이 올바른 길로 갈 수도 있고, 수십 가정들이 극빈과 분열, 파멸, 타락, 성병 치료로부터 구원을 받을 수도 있어. 이 모든 일들이 노파의 돈으로 이루어질 수 있단 말이야. 그래서 훗날 전 인류와 공공의 사업을 위해 자신을 헌신하겠다는 결심을 가지고, 노파를 죽여 돈을 빼앗는 걸 어떻게 생각하나?" 순간 라스콜리니코프는 그 대학생의 말이 자신이 노파를 보면서 생각했던 것과 일치한다는 사실을 깨닫는다. 그리고 심지어 그러한 말을 듣게 된 것에 어떤 숙명과 계시마저 느낀다. 이제 라스콜리니코프는 마침내 자신의 결심을 실행에 옮기고자 한다.

마침내 노파를 살해하고, 우연히 그 자리에 함께 있던 그녀의 동생 리자베타까지 살해한 라스콜리니코프는 자신이 끔찍한 범죄를 저질렀다는 사실에 불안해하면서도, 자신의 행위가 정당했음을 확신한다. 라스콜리니코프의 범죄가 가진 독특성은 그가 이 범죄를 저지르면서 자신을 정당화할 수 있는 이유를 일종의 사상으로까지 발전시킨다는 데에 있다. 그는 자신의 논문에서 이러한 사상을 과감히 펼친다. 그는 평범한 사람과 비범한 사람의 권리는 다르고 비범한 사람은 권리와 법률을 위반할 수 있는 권리를 가지고 있다고까지 말한다.

"솔로몬, 마호메트, 나폴레옹 등으로 이어지는 인류의 입법자들과 제정자들은 새로운 법률을 제시하고, 그로 인해 선조로부터 전해져서 사회에서 성스런 추앙을 받는 낡은 법률을 파기했고, 만약 유혈만이 그들을 도울 수 있었다면, 피 앞에서도 멈추지 않았다는 점만을 보더라도 그들 모두가 하나같이 범죄자들이었다는 생각을 발전시킨 거지요. 이런 인류의 은인과 건설자들의 대부분이 특히 무서운 살인자들이었다는 점은 흥미롭기까지 합니다." 이러한 라스콜리니코프의 주장에 대해 그의 친구들은 반박한다.

도스토옙스키의 소설에 이러한 논쟁은 종종 등장한다. 주인공이 직접적으로 자신의 사상과 주장을 다른 등장인물들과 논쟁하는 방식은 오늘날의 관점에서는 조금 고루해 보일 수도 있다. 하지만 이런 논쟁이 결코 가볍거나 유치한 수준에 머물지 않을 정도로 도스토옙스키는 진지하게 접근한다. 이를 통해 도스토옙스키의 소설은 단순히 흥미진진한 이야기일 뿐만 아니라, 당대의 세계관과 그에 대한 성찰까지 담아내는 역할을 한다. 소설의 재미는 조금 반감될지 모르지만, 도스토옙스키에게 소설이 단순한 심심풀이가 아니라 당대의 사회를 극복하기 위한 도구로서 여겨졌다는 점을 생각한다면, 이는 그야말로 도스토옙스키적이라고 말할 수 있을 것이다.

이처럼 기존의 도덕과 제도에 대한 라스콜리니코프의 극단적인 사상은 자신의 주위사람들에 대한 시선으로까지 이어진다. 가족을 위해서 자신을 희생하는 소냐나 동생 두냐를 보면서 그저 순응하는 모습에 대한 강한 반감을 가진다. 그렇기 때문에 가족을 위해 루쥔과 결혼하려는 동생 두냐의 희생을 거부한다. 사회의 부조리를 폭력적인 방식으로 극복하려는 라스콜리니코프의 이런 사상은 목적을 위해서는 모든 행동이 용인된다는 관점에서 매우 위험한 생각이기도 하다.

그러나 라스콜리니코프의 이러한 자기 정당화도 자신의 범죄 사실 앞에서는 의미가 없어진다. 그는 자신의 범죄 사실을 숨기기 위해서 끊임없이 신경을 곤두세우고, 마침내 모든 사람들이 자신의 범죄 사실을 알고 있다고 착각까지 한다. 그 때문에 불안과 절망, 공포에서 결코 벗어나지 못한다. 결국 그는 노파를 죽임으로써 자신의 존재를 동시에 죽였다는 사실을 깨닫는다. 그리고 자신을 유혹한 악마의 목소리를 빌어 '너는 그런 행동을 할 자격이 없는 사람'이었음을 확인하며, 마침내 소냐에게 자신의 범죄를 고백한다. 그러나 소냐는 그를 비난하는 대신 그가 자신의 죄를 고백하고 사람들에게 다시 돌아오기를 바란다. 결국 라스콜리니코프는 자신을 괴롭히던 끊임없는 내면의 갈등을 끝내고 자신의 범행을 경찰서에서 자백한다. 그러나 시베리아로 귀양을 가면서도 자신의 죄를 완전히 반성하지는 못한다. 그러한 그에게 사랑과 희생을 바치는 이 역시 소냐이다. 그녀를 통해 라스콜리니코프는 자신의 죄를 진정으로 깨닫는다.

3 결정적 문장

"저는 다만 '비범한' 사람은 권리를 가지고 있다, 모든 장애를 제거할 수 있는 권리를 가셨다고 말한 것뿐입니다."

4 생각 더하기

과연 비범한 사람들은 사회의 법이나 규칙을 어기고, 때로는 범죄를 저지르는 것도 용인될 권리가 있는 것일까?

소냐를 만나 자신의 죄를 진정으로 깨닫기 전까지 라스콜리니코프는 노파와 그 여동생을 살해하고도 자신의 행동이 오히려 비범한 사람의 권리이며, 자신이 그런 행동을 한 것은 자신이 아니라 인류를 위한 행동이라고 생각한다.

라스콜리니코프의 이러한 사상은 보통의 사람들과는 다른 뛰어난 인간들이 있다는 전제로부터 시작된다. 즉, 보통의 사람들과 달리 그들은 새로운 세계를 창조할 능력이 있는 사람들이다. 이것은 당대에 널리 퍼진 영웅주의적 세계관으로 역사를 이끄는 것이 다수의 민중이 아니라 소수의 천재, 영웅들이라는 사상에 기초한다. 《죄와 벌》에서 라스콜리니코프는 이러한 법과 권리의 위반을 '살인'이라는 극단까지 끌고 가지만, 만약 그러한 극단적인 범죄가 아니라면 어떨까? 과연 사회를 주도하고 새로운 것을 창조할 수 있는 개인들에게는 그러한 자유가 허용되어도 되는 것일까?

사실 이러한 생각은 오늘날에도 드물지 않게 볼 수 있다. 범죄에 대한 자유를 허용해야 한다고 주장하는 사람은 없겠지만, 실제로 법정에서 범죄를 저지른 사회의 이른바 엘리트들이 '이제껏 사회에 기여한 공로를 인정받아' 그 형량을 적게 받는 경우가 적지 않다. 대개는 재산이 많거나 권력의 상층부에 있는 사람들에게 이러한 특권이 주어진다. 그러나 사회를 주도하거나 새로운 것을 창조하는 사람들이 과연 그 목적을 위해서 부당한 수단을 쓴다면 그것이 정당화될 수 있을까? 만약 우리의 삶이나 미래가 부정한 방법을 통해서 나아진다면 그것을 사회의 진보라고 부를 수 있을지도 의문이다. 물론 사회가 진보하면서 희생당하는 사람이 있을 수도 있다. 그러나 진보 과정에서 예상치 못하게 희생되는 것과 진보를 위해서 누군가가 희생되어야 한다고 주장하는 것 사이에는 엄청난 차이가 있다. 이러한 생각은 누군가가 불우한 어린 시절을 보내고 나중에 성공했다고 해서 우리 모두가 불우한 어린 시절을 보내야 된다고 하는 것만큼이나 어리석은 생각이다. 오히려 사회를 주도하는 이들이라면 그들은 보통의 인간이 보여 주지 못하는 인간성의 위대함을 보여 주어야 할 것이다. 그것은 용기일 수도, 도덕일 수도, 사랑일 수도 있다. 자신이 하고자 하는 일이 인류를 위해서라고 말하는 라스콜리니코프에게서 우리가 왜곡된 자기 정당화밖에 볼 수 없는 이유가 여기에 있을 것이다.

13
레프 톨스토이, 《안나 카레니나》

인류 공통의 철학적 사유를 집대성한 소설

★ 한눈에 보기

1
안나 카레니나는 기차역에서 우연히 브론스키를 만나게 되고 브론스키는 안나를 사랑하게 된다. 안나 역시 점차 브론스키를 사랑하게 되면서 그들은 불륜 관계가 된다.

2
안나가 브론스키의 딸을 낳으며 죽을 뻔한 위기를 겪자 안나의 남편인 카레닌은 안나를 용서하지만 안나는 결국 브론스키와 함께 도피한다.

3
안나와 브론스키는 불륜 때문에 사회생활을 전혀 할 수 없었다. 하지만 브론스키는 점차 자신의 지위를 회복한다.

4
안나는 자신에게서 멀어지는 브론스키를 보며 괴로워하다 브론스키를 처음 만났던 기차역에서 자살한다.

1 저자 알기

레프 톨스토이(Lev Tolstoy/Lev Tolstoi, 1828~1910년)

　톨스토이는 1828년, 러시아의 모스크바 남쪽 밑에 있는 야스나야 폴랴나의 유명한 귀족 가문에서 다섯 형제 중 넷째로 태어났다. 어린 시절 톨스토이는 부모님을 잃고 친척들의 손에서 자랐다.

　그는 1844년 카잔 대학교에 진학하여 법학과 동양어학을 공부했다. 그러나 이렇게 지성미가 넘치는 대문호가 학창 시절 받았던 평가는 아이러니하게도 "공부에 대한 능력도 열정도 없다"는 것이었다. 그래서였는지 그는 학업을 중단하고 다시 고향으로 돌아갔다. 이후 톨스토이는 젊은 날을 허비하며 방황한다.

　결국 그는 도박으로 큰 빚을 지고 군대에 간다. 그리고 글을 쓰기 시작한다. 그에게 군대는 인생의 큰 전환점을 준 곳이다. 군대의 경험을 통해 비폭력주의자가 되었고, 독실한 크리스천이면서 동시에 아나키스트, 즉 무정부주의자가 된다.

　톨스토이는 1910년 사망한다. 그의 서재는 지금도 그가 죽을 당시의 모습 그대로 보존되어 있는데 40개의 언어로 된 총 2만 2천여 권의 책이 그곳에 보관되어 있다. 톨스토이는 작가이기도 했지만 동시에 연구가이자 번역가이기도 했다. 오늘날에도 그의 작품과 메모들은 문학적·사상적으로 중요한 연구 대상이 되고 있다.

2 내용 깊이 알기

《안나 카레니나(Anna Karenina)》는 1873년부터 1877년까지 잡지 《러시아 통보》에 연재된 소설이다. 톨스토이는 이 잡지에 《가정의 행복》, 《카자흐》, 《전쟁과 평화》, 《안나 카레니나》를 발표했다. 톨스토이뿐만 아니라 도스토옙스키의 《죄와 벌》, 《카라마조프가의 형제들》 등 많은 작품과 레스코프나 투르게네프 같은 러시아의 대문호들도 이 잡지를 통해 작품을 발표했다. 《안나 카레니나》의 마지막 연재분은 톨스토이와 편집장 사이에서 논쟁을 불러일으킨 것으로도 유명하다. 비폭력 평화주의자이며 동시에 아나키스트였던 톨스토이의 철학이 듬뿍 들어가 있는 소설의 마지막 결말을 편집장은 받아들이지 못했다. 그 때문에 결국 이 소설의 결말은 연재가 끝나고 첫 단행본 출판 때에나 볼 수 있게 된다.

톨스토이는 이 소설을 집필하면서 평론가였던 친구 니콜라이 스트라호프에게 "나는 장편소설을 쓰고 있다"고 편지를 썼다. 그의 나이 45세 때였다. 그러면서 그는 자신의 '진정한 첫 장편소설'이라고 말했다. 사실 톨스토이는 이전에 《카자흐》나 《전쟁과 평화》 같은 훌륭한 장편소설을 썼었기 때문에 이 말이 조금 이상할 수도 있는데 그에게 '장편소설'은 좀 더 특별한 의미가 있었다. 당시 러시아의 특정 작가들은 '장편소설'을 리얼리티에 충실하고, 인물들이 글의 초반에 모두 소개되어 그들의 운명이 모두 얽혀야 하는 내용과 형식으로 꾸며진 것을 지칭하는 경우가 많았다. 그리고 이런 형식에는 가정소설이 적당하다고 여겼다. 이 소설이 "행복한 가정은 모두 비슷하다. 그러나 불행한 가정은 모두 각각 다른 불행을 짊어지고 있다"라는 유명한 문구로 시작하는 것도 톨스토이의 그런 의도와 깊이 연관이 있을 것이다.

《안나 카레니나》는 스티바가 아침에 잠에서 깨어나는 장면으로부터 시작한다. 스티바는 34세의 남자로 모스크바의 귀족이며, 안나의 오빠이기도 하다. 그는 프랑스 가정부와 바람이 나서 집안이 거의 파탄이 날 지경이다. 아내는 더 이상 그와 살 수 없다고 선언한다. 집안은 엉망진창이 되고 엎친 데 덮친 격으로 요리사와 하녀, 그리고 마부까지 더 이상 일을 하지 못하겠다고 한다. 스티바는 그런 와중에도 자신의 잘못을 뉘우치지 않는다. 이런 오빠의 결혼 생활을 중재하기 위해 페테르부르크에서 안나가 모스크바로 오게 된다. 스티바는 동생을 마중 나가기 위해 역으로 나간다. 이때 우연히 어머니를 마중 나온 브론스키를 만난다. 안나와 브론스키의 어머니는 같은 열차를 타고 모스크바에 도착한다. 안나가 매우 아름다운 것도 귀족적 세련미를 완벽하게 갖춘 것도 아니었지만 브론스키는 안나에게서 부드럽고 따뜻한 인상을 받고 마음이 흔들린다. 이 순간 기차역에서는 사고가 일어난다. 한 이름 모를 경비원이 기차에 치여 죽은 것이었다. 안나는 이를 불길한 징조로 받아들인다. 그리고 오빠에게 브론스키와 가까운 사이인지 묻는다.

한편, 스티바의 아내인 돌리를 찾아온 그녀의 여동생 키티는 안나를 보고 안나의 기품과 아름다움, 그리고 성격에 매혹된다. 키티는 안나가 결혼 전 그랬던 것처럼 사교계에서 주목받는 멋진 남성과 결혼하게 되기를 꿈꾸고 있다. 키티에게 그런 남자는 브론스키였다. 그러나 브론스키는 안나에게 서서히 마음을 빼앗긴다. 부유한 영주인 콘스탄틴 레빈은 키티에게 청혼하지만 키티는 이를 거절한다. 한편, 무도회장에서 안나와 춤을 추는 브론스키를 본 키티는 브론스키의 사랑이 안나를 향해 있다는 사실을 알게 되고 좌절한다.

 안나도 자신이 브론스키에게 흔들리고 있다는 사실을 서서히 깨닫고 즉시 페테르부르크로 돌아가려 한다. 하지만 브론스키는 안나를 따라가고, 안나는 그를 거절하지만 결국 자신이 그를 사랑하고 있음을 인정하게 된다. 페테르부르크에서 안나와 브론스키의 만남은 지속되고 안나의 남편인 카레닌은 이들의 관계를 의심하지만 이들 부부의 인상이 나빠질 것만을 걱정한다. 그런 남편에게 안나는 자신과 브론스키의 관계를 고백하고 카레닌은 다른 사람들의 눈 때문에 이혼하지 못한다. 안나는 결국 브론스키와의 관계에서 임신을 하게 되고 딸을 낳는다. 이 과정에서 안나는 난산으로 거의 죽어 가고 그녀의 곁에서 카레닌은 브론스키를 용서한다고 말한다. 카레닌의 관대함에 브론스키는 자신이 부끄러워 자살을 하려 하지만 실패한다. 안나는 난산의 후유증으로 고생하다가 점차 회복하지만 카레닌과 함께 살 수 없음을 깨닫는다. 그리고 브론스키와 다시 만나 유럽으로 도망간다. 브론스키와 안나는 함께 있는 것이 행복했지만 브론스키는 점점 안나와의 삶이 힘들어진다. 그들은 러시아의 귀족들이나 친구들과 어울릴 수 없었기 때문이었다. 이런 이유로 그들은 다시 러시아로 돌아오지만 불륜 때문에 여전히 마음껏 사회생활을 할 수 없었다. 그러나 남자인 브론스키는 러시아에서 사회적 지휘를 점차 회복하고 안나는 그렇지 못했다. 게다가 안나는 브론스키의 사랑이 예전만 못하다고 느낀다. 브론스키는 상류층이 가는 곳에 안나를 데려가지도 않고 가지도 못하게 했다. 안나는 브론스키가 다른 상류층 여자와 사랑에 빠져 결혼하려 할 것이라고 확신했다. 그리고 끊임없는 질투와 괴로움에 몸서리를 치다가 마침내 자살을 결심한다. 안나는 처음 브론스키를 만났던 기차역으로 가서 달려오는 기차에 몸을 던진다.

소설 속에서 안나의 이야기와 평행해서 흘러가는 레빈의 이야기는 안나와는 달리 행복한 결말을 맺는다. 레빈과 키티는 스티바의 주선으로 다시 만나게 되고 결혼한다. 그들은 농촌에서 행복한 결혼 생활을 시작하지만 모든 것이 행복한 것은 아니었다. 레빈은 키티와 많은 시간을 함께 지내는 것을 힘들어한다. 결혼 전처럼 생산적으로 살 수 없는 것에 스트레스를 받는 것이었다. 하지만 결혼 후 약 3개월이 지나자 점차 극복할 수 있게 된다. 그들은 답답한 시골 생활을 피해 모스크바를 방문하기도 한다. 그러나 도시의 삶은 너무 빠르기만 하다. 상류층의 삶이라고 해 봤자 돈만 많이 들고 본질은 사라진 천박하기 짝이 없는 삶이었다. 레빈과 키티는 그런 삶 가운데에 있는 안나를 만난다. 그녀는 러시아 상류층의 삶을 여전히 갈망하지만 결국 거기에 속하지 못해 안절부절못하는 삶을 살고 있었다. 레빈과 키티는 모스크바 상류사회가 자신들의 삶을 망가뜨릴 수도 있음을 깨닫는다. 그리고 다시 시골로 돌아가 그들의 신념과 믿음을 지키며 살아가기로 한다.

이 소설은 거의 천 페이지에 달한다. 간혹 어떤 사람들은 소설의 길이에 비해 소설의 줄거리가 간략하다는 말을 하기도 하지만 그것은 안나 카레니나의 불륜에만 집중했기 때문이다. 이 소설을 안나의 불륜과 그 불행으로만 정리하는 것은 거대한 우주를 보지 못하는 것과 같다. 이 소설은 안나의 뒤로 펼쳐지는 수많은 이야기를 담고 있다. 러시아 봉건사회의 현실과 당시 러시아의 사회상, 정치 그리고 러시아 정부의 행태들을 여러 가지 방식으로 소설은 탐색하고 있으며 그 안에서의 가족과 종교, 사회 계층 그리고 그 사람들이 안고 살아가는 도덕과 관습을 파노라마처럼 펼쳐 보여 준다. 이 소설의 가치는 이 모든 것에 있다. 긴 소설임에도 짧은 챕터로 이어져 있고, 거대한 사회와 그 안에서 개인들의 삶 이야기가 교차하면서 흥미롭게 구성되었기 때문에 매우 재미있게 읽을 수 있는 소설이다.

3 결정적 문장

행복한 가정은 모두 비슷하다. 그러나 불행한 가정은 모두 각각 다른 불행은 짊어지고 있다.

4 생각 더하기

소설에서 안나가 만약 자살하지 않았다면, 안나는 어떤 삶을 살았을까?

《안나 카레니나》에서 레빈과 안나는 결혼의 신성함을 지키는 자와 그렇지 못하는 자, 농촌의 삶과 도시의 삶, 상류층의 삶을 버리는 자와 얽매이는 자로 대비된다. 그리고 또 하나의 대비는 죽음이다. 안나는 결국 자살하지만 레빈은 자살의 유혹을 이긴다. 레빈은 "내가 대체 무엇인지, 또 왜 여기에 있는지 알지 못한다면 살 수가 없다. 그런데 그걸 알 방법도 없으니 결론적으로 살아갈 수가 없단 말이다"라고 말한다. 그는 자살의 유혹을 이기기 위해 목을 매달 수 있는 밧줄을 감추고 총을 가지고 다니지 않는다. 레빈의 이런 모습은 톨스토이의 마음이 반영된 것이다. 톨스토이는 1879년 쓴 《고백록》에서 레빈과 같은 말과 행동을 한다. 톨스토이는 "나를 존재로부터 해방시키는 너무 쉬운 방법에 넘어가지 않기 위해서"라며 사냥도 나가지 않는다. 총을 드는 것 자체를 피하기 위해서였다.

안나가 자살하지 않았다면 어떤 삶을 살았을지의 질문은 어리석은 질문일 수도 있다. 안나가 자살하지 않았다면 이 소설은 그 가치를 가지지 못했을 것이기 때문이다. 많은 독자들이 안나의 불행과 죽음을 통해 우리의 삶을 빗대어 볼 것이다. 안나가 행복하게 살아가는 결론이라면 우리는 소설 속에서 위로를 얻고 더 이상 우리의 사회와 우리 삶을 돌아보지 않을지도 모른다. 하지만 안나가 죽지 않고 살아간다면, 어떻게 살게 될까를 질문하는 일은 의미가 있을 것이다. 그 질문은 바로 우리에게 향해 있기 때문이다. 즉, '어떤 커다란 실수를 저지르거나 인생이 모두 망가져 버린 것만 같을 때, 어떤 방법으로도 불행을 벗어날 수 없을 것 같을 때, 우리는 어떤 선택을 해야 하고 어떻게 살아가야 하는 것일까?' 이렇게 스스로에게 묻는 질문일 것이다.

톨스토이는 사실 자신의 생각을 이미 소설 속에서 말하고 있다. 레빈이 그 답이다. 아마 안나가 죽지 않고 살았다면 레빈과 같은 삶을 살게 될 것이다. 자신이 얽매였던 것들을 모두 버리고 다시 자신의 신념을 만들고 쌓아 가며 그것을 지키는 삶은 그것 자체로 커다란 의미가 있다. 그것이 곧 우리의 삶을 지키는 큰 기둥이 되기 때문이다. 인생은 길고 그 인생 속에는 많은 기회들이 있으며 많은 유혹도 있다. 때로 우리는 어디로 흘러가는지도 모르고 살아간다. 아마 안나도 그랬을 것이다. 소설을 읽는 독자들처럼 안나도 자신의 인생을 조망할 수 있었다면 아마 다른 선택을 했을지도 모를 일이다. 우리는 어떻게 살아가야 할까? 톨스토이는 독자들에게 이런 질문을 던진다. 답은 독자들 각자의 몫이다.

14
오스카 와일드, 《도리안 그레이의 초상》

예술과 미학에 대한 영국의 세기말 문학

★ 한눈에 보기

1
화가인 바질 홀워드는 예술과 미학에 대해 함께 논하던 친구인 헨리 워튼의 소개로 도리안 그레이라는 아름다운 청년을 만나 그의 초상화를 그린다.

2
도리안은 시빌 베인이라는 배우를 만나 사랑하게 되지만 시빌이 도리안에게 깊이 빠져 예술을 버리려 하자 실망하고 떠난다.

3
도리안은 자신의 초상화가 기묘하고 야비하게 변해 있음을 느낀다. 이때 헨리는 시빌의 자살을 알린다. 이후 도리안이 악행을 저지를 때마다 초상화는 추악하게 늙어 간다.

4
도리안은 방탕한 삶을 살지만 여전히 완벽하게 아름답고 초상화는 점점 추악해진다. 도리안은 자신의 초상화를 그린 바질을 죽이고 자신도 죽음을 선택한다.

1 저자 알기

오스카 와일드(Oscar Wilde, 1854~1900년)

오스카 와일드는 아일랜드의 작가로 희곡, 시, 소설을 썼다. 그가 살았던 때는 영국의 빅토리아시대였다. 이 시기, 빅토리아 여왕이 영국을 다스리던 1837년부터 1901년까지는 산업혁명과 식민주의를 바탕으로 영국의 가장 풍요로웠던 시기라고 할 수 있다. 문화와 예술이 풍요로운 시기에 태어난 와일드는 훌륭한 부모까지 만나 좋은 교육을 받았다. 덕분에 어렸을 때부터 프랑스어와 독일어를 유창하게 했다고 한다. 아버지는 의사인데다가 고고학과 민속학 관련 책을 쓰기도 했고, 어머니는 민족운동가이며 여성 교육 운동에 앞장선 인권 운동가였다. 또 '희망'을 뜻하는 '스페란사'라는 필명을 가진 시인이기도 했다. 어머니는 주말마다 다양한 지식인과 예술가들을 초대했고, 예술에 대한 지식도 풍부했기 때문에 와일드는 어머니의 영향을 많이 받았다.

훗날 와일드를 비롯해 부모와 자식 모두 몰락하여 하나같이 모두 불행한 말년을 보내게 되지만 그 교양과 지적인 집안 분위기는 다음 세대에까지 이어진다. 와일드의 작품들 역시 그 시대의 문화가 지닌 풍요로움과 우아한 교양, 그리고 깊은 철학적 사유에 이르기까지 다양한 면모를 담고 있다.

2 내용 깊이 알기

《도리안 그레이의 초상(The picture of Dorian Gray)》은 헨리 워튼과 화가인 바질 홀워드라는 사람의 이야기로 시작된다. 이 두 사람은 예술과 그림과 아름다움에 대해 이야기한다. 이 지적이고 교양이 넘치는 두 사람 사이에 헨리는 도리안 그레이라는 아름다운 청년을 데리고 온다. 바질에게 이 청년은 예술적 영감을 주는 그리스의 신, 뮤즈와 같은 존재가 된다. 바질은 도리안의 초상화를 그리기로 하고 그의 완벽한 아름다움을 화폭에 담는다. 도리안 역시 바질이 그리는 자신의 초상화를 보며 자신이 얼마나 완벽하게 아름다운 존재인지, 그리고 그 아름다움이 빛나는 순간은 그저 찰나임을 깨닫는다. 그림 속의 자신은 그 아름다움을 영원히 간직하겠지만, 시간과 함께 그 아름다움을 잃어 가는 것을 슬퍼하며 도리안은 그림이 자기 대신 늙어 가기를 바란다. 이런 도리안을 지켜보며 쾌락주의자였던 헨리는 그에게 자신이 지닌 관능을 마음껏 탐구해 보라고 이야기한다.

도리안은 이 무렵 시빌 베인이라는 배우를 만난다. 그녀는 노동자 계층을 관객으로 하는 초라한 극장에서 셰익스피어 희곡을 연기하고 있었는데 도리안은 그녀를 보고 반해 청혼한다. 시빌은 도리안을 사랑하게 된 이후로 제대로 된 연기를 할 수 없게 된다. 누군가를 사랑하는 척하는 연기가 자신의 사랑에 대한 신성모독과 같다고 느낀 것이다. 그녀는 연극 같은 예술은 가짜일 뿐이고 현실이야말로 진짜라고 도리안에게 말한다. 이 이야기를 들은 도리안은 시빌에게 크게 실망한다. 예술과 지성, 그리고 그것들 안에 있는 형식과 내용이 만들어 내는 예술적 완결성을 그녀가 갖고 있다고 도리안은 생각했는데, 그녀가 예술을 버리는 것을 보자 도리안은 더 이상 그녀를 사랑할 이유가 없었던 것이다. 그렇게 도리안은 시빌을 떠난다. 그러나 곧 도리안은 자신이 너무했음을 깨닫고 다시 시빌을 찾아가려 한다. 그때 도리안은 자신의 초상화를 보게 되는데 그는 그림 속의 자신이 기묘하고 야비하게 웃고 있는 모습으로 변해 있는 것을 발견한다. 이때 헨리가 도리안을 찾아와 시빌이 도리안에게 버림받은 충격에 자살을 했다는 소식을 알린다.

이후 18년 동안 도리안이 악행을 저지를 때마다 초상화 속의 아름다운 청년은 점차 추악한 모습으로 변해 간다. 그러던 어느 날 바질은 도리안이 방탕하게 살고 있다는 소문을 확인하기 위해 그를 찾아간다. 도리안은 그런 바질을 비밀 방으로 데리고 가는데 그 방에 들어간 바질은 충격에 빠진다. 자신이 그렸던 세상에서 가장 완벽하게 아름다운 청년의 초상화가 추악한 모습으로 늙어 있는 것을 발견했기 때문이다. 도리안은 자신을 그렇게 만든 것이 바질이라며 그를 원망하며 살해한다. 도리안은 그렇게 다시 타락한 삶을 계속 이어간다.

그러나 도리안은 자신의 삶을 계속 지속하지는 못한다. 아편과 방탕에 찌들어 있는 자신의 삶과는 모순적으로 아름답고 젊은 얼굴을 하고 있지만 진정으로 자신이 아름다웠던 한때를 그렸던 초상화는 타락한 자신의 삶을 그대로 보여 주고 있었기 때문이었다. 그림을 보며 도리안은 좌절하고 분노한다. 그리고 화가 바질을 찔렀던 그 칼로 그림을 찢어 버린다. 그 순간 집안의 하인과 거리의 사람들은 누군가의 울부짖는 소리를 듣고 경찰을 불러온다. 그리고 잠겨 있는 방문을 열고 들어서자 누군지 알 수 없는 한 늙고 추한 사람이 가슴에 칼이 찔린 채 죽어 있는 것을 발견하게 된다. 그 늙은이의 손에는 도리안 그레이의 반지가 끼여 있다. 그리고 그 옆에는 오래전 그림을 그렸던 순간처럼 순결하고 아름다운 도리안 그레이의 초상화가 처음의 모습 그대로 있었다.

　이 소설은 오스카 와일드의 유일한 장편소설이다. 이 소설에는 두 가지의 버전이 있다. 오스카는 1890년 《리핀코트 월간지》라는 잡지에 이 소설을 가장 먼저 발표했다. 이 잡지에 실린 소설을 보면 당시 편집자가 얼마나 많이 고민했는지 알 수 있다. 편집자는 분명 이 소설이 세간에 충격을 줄 것이라고 생각하고 오스카의 동의도 없이 무려 500여 개의 단어를 편집자 마음대로 삭제했다. 이 소설의 철학적이고 미학적인 깊이가 매우 깊음에도 독자들이 교양과 타락이 완벽하게 양립하는 지성인의 이중적인 삶을 묘사하는 것에 불편함을 느낄 것을 염려했기 때문이었다. 게다가 어떤 직접적인 묘사나 노골적인 암시가 없음에도 남성이 느끼는 남성의 아름다움이 도리안 그레이를 통해 이야기되고 있기 때문에 당시 이 소설을 처음 접한 사람들은 묘한 불쾌감을 표시했다. 편집자가 많은 양을 삭제했음에도 이런 부분들은 세간의 화재를 일으켰다.

　1891년 책으로 정식 출간될 때 오스카 와일드가 좀 더 많은 부분을 세련되게 다듬은 덕분에 소설적 완성도는 더욱 높아졌다. 일탈을 일삼는 타락한 도리안 그레이는 그저 성적인 일탈만을 하는 것이 아닌, 예술에 대한 높은 인식과 자신만의 철학을 가진 인물이 되었다. 때문에 이 소설은 도덕과 일탈의 문제만이 아닌 예술의 근본과 가치에 대해 생각해 볼 만한 많은 질문들을 던진다.

그럼에도 이 소설이 아직까지 동성애의 문제와 관련하여 언급되고 있는 것은 아마도 오스카 와일드의 개인적인 삶 때문일 것이다. 이 소설을 쓴 5년 후, 와일드는 재판을 받게 된다. 이 재판에서 개인적인 사생활이 만천하에 공개되고 사람들은 이 소설을 그의 삶과 연관 지어, 마치 도리안 그레이가 오스카 와일드인 것처럼 여겼다. 사실 와일드는 결혼도 하고 두 아이의 아버지이기도 했지만 동성애자였기 때문에 전통적인 결혼 생활을 유지하기 힘들었다. 그는 자신보다 열여섯 살이나 어린 알프레드 더글러스라는 대학생과 사랑에 빠진다. 와일드는 자신이 프랑스어로 쓴 《살로메》라는 희곡을 더글러스에게 번역하게 하는 등 그를 물심양면으로 돕지만 더글러스는 오히려 와일드의 명성에 먹칠을 한다. 그들의 사랑과 배신 속에서 더글러스의 아버지는 그들 관계가 단순히 친구 관계가 아닌 것을 깨닫고 아들을 보호한다는 명분으로 와일드를 고소하기까지 한다. 그는 어린 아들을 와일드가 유혹하고 불순한 행동을 가르쳐 타락하게 한 죄를 물었고 법원은 1895년 와일드를 유죄로 판결한다. 이 사건은 세간에 '퀸즈베리 사건'으로 불리며 많은 관심을 모았다.

그는 2년 동안 강제 노동을 했고 영국에서 영구 추방되어 후에 프랑스로 간다. 와일드가 영국의 감옥에 갇혀 있을 때 홀로된 어머니는 와일드가 보고 싶어 면회를 신청했지만 당국이 거절하여 결국 그녀는 그리움 속에서 죽어 간다. 어머니가 죽음을 맞이하는 순간 와일드의 감옥에 어머니가 나타났다는 이야기는 유명하다. 이것이 사실인지는 모르겠지만 어머니도 아들도 서로를 몹시 그리워했음은 분명했던 것 같다. 이후 와일드는 계속 법정 싸움에 휘말리고 그 과정에서 명성과 재산 그리고 건강까지 잃어 비참한 죽음을 맞는다.

《도리안 그레이의 초상》은 여러 가지 면에서 완성도 높은 소설이다. 그러나 이 소설은 작가의 목을 조르는 결과를 만드는 아이러니를 보여 주었다. 영국 빅토리아시대라는 풍요로운 시기에 태어나 훌륭한 작품을 만들었지만 그 시대가 다시 그를 죽인 것도 참으로 아이러니한 일이 아닐 수 없다.

3 결정적 문장

"난 소멸하지 않는 아름다움을 지닌 모든 걸 질투해요. 당신이 나를 보고 그린 이 초상화까지 질투한다고요. 어째서 내가 잃을 수밖에 없는 것이 그 속에 담겨 있죠? 매 순간 지날 때마다 내가 빼앗기는 그 어떤 것이 저 그림 속에 담겨 있어요. 아, 만약 그 반대일 수만 있다면! 만약 저 그림이 변하고, 내가 항상 지금과 같을 수만 있다면!"

4 생각 더하기

이 소설에서 도리안 그레이의 아름다움은 어떤 의미가 있을까?

《도리안 그레이의 초상》에서 오스카 와일드는 많은 상징들을 사용했다. 그가 더할 나위 없이 아름다운 청년의 이름을 특별히 '도리안'이라고 지은 것도 고대 그리스 시대를 염두에 둔 것이다. 도리아인은 고대 그리스 시대의 한 종족으로 뛰어난 예술 양식을 만들어 냈다. 지금도 남아 있는 파르테논 신전은 대표적인 도리안 양식의 건축물이라고 할 수 있다. 오스카 와일드는 완벽하게 아름다운 남성의 이름을 '도리안'으로 지음으로써 고대 그리스 시대의 예술과 아름다움의 가치에 대해 이야기하고 있다. 특히 고대 그리스에서는 젊은 남성의 아름다움은 찬미의 대상이 되었다. 당시 사회에서는 동성애를 금기하지 않고 자연스러운 일로 여겼다. 이는 전쟁을 위해 늘 젊고 다부진 청년들이 필요했고 그들을 교육하고 훈련하는 과정은 그들의 건장함을 자랑하는 장이었기 때문일 것이다. 그때의 남성 간의 사랑과 동료애는 단순히 성적인 의미로만 해석할 수 없다. 남성 중심의 사회에서 남성만이 인간의 가치를 갖고 있고 그런 남성이 가지는 아름다움을 높이 평가했다고 보는 편이 더 타당할 것이다. 남성들 간의 우애와 사랑 속에서 지식과 경험을 교류하는 것은 고대 그리스 사회에서 특권 같은 것이었다. 그런 남성들 간의 사랑은 순수한 아름다움을 추구하는 행위에 가까웠다. 이는 남녀 간의 사랑이 후대를 생산하는 목적이 주가 되었던 것과는 대비된다. 목적이 없는 쾌락이야말로 그들에게는 가장 순수하고, 가장 이상적인 행위였다.

　이는 예술을 위한 예술, 즉 특정한 목적이 없는 예술이야말로 가장 이상적이라는 태도와 맞물린다. 소설 속에서 예술을 추구하는 화가 바질이 도리안의 아름다움에 홀리게 되는 것도 그 이유이다. 오스카 와일드는 "아름다운 사물을 오직 '아름다움'으로 받아들이는 이들은 선택된 사람들이다"라는 말을 했다. 아마도 바질이 그린 도리안의 초상화는 그야말로 예술을 완성시키는 순진하고 무결한 아름다움이었을 것이다. 결국 도리안의 아름다움은 순결하고 맑은 영혼과 지성을 보여 주는 창이었다. 그러나 그의 아름다움이 내면의 창이 아닌 한낱 가면에 불과하게 되었을 때 도리안은 몰락할 수밖에 없다. 오스카 와일드는 외모가 그 사람의 성격과 지성과 도덕성을 보여 준다고 말했다. 그러나 소설 속의 도리안은 더 이상 자신의 외모에 책임질 필요가 없었다. 왜냐하면 자신이 아무리 타락해도 여전히 아름다웠기 때문이다. 책임지지 않아도 되는 악행은 결국 스스로를 파멸시키는 결과를 낳았다.

　오스카 와일드에게 아름다움은 우리가 끝까지 추구해야 할 가치였다. 도덕적인 타락과 방종은 결국 아름다움을 잃게 한다. 타락한 도리안 그레이가 영원히 사라지지 않는 아름다움을 가졌다는 아이러니를 통해 오스카 와일드는 이 주제를 역설적으로 보여 준다.

15
안톤 체호프, 《세 자매》

수동적인 중산층의 삶을 보여 준 체호프의 희곡

★ 한눈에 보기

1 세 자매인 올가, 마리야, 이리나와 남동생 안드레이는 예전 모스크바에서 살았던 시절을 그리워한다.

2 마리야는 이미 결혼을 했지만 모스크바에서 온 장교 베르시닌과 사랑에 빠진다.

3 교수를 꿈꾸었지만 결국 시 의회의 서기관으로 일하고 있는 안드레이는 누이들을 모스크바로 데려가겠다고 말하지만 실상은 집을 저당 잡혀 도박 빚을 갚고 있다.

4 이리나는 오랫동안 자신을 흠모한 투젠바흐와 약혼하지만 연적 솔료이느는 투젠바흐에게 결투를 신청한다. 여기서 투젠바흐는 죽게 되고 이리나는 혼자 떠나기로 결심한다.

1 저자 알기

안톤 체호프(Anton Chekhov, 1860~1904년)

러시아의 희곡작가이자 단편소설가이다. 흑해와 연결된 아조프해 연안의 항구도시인 타간로크에서 출생했다. 7남매 중 셋째 아들로 태어났으며, 할아버지는 해방된 농노였다.

체호프는 잡화점을 운영하던 아버지의 파산으로 모스크바로 이주해 빈민가에서 생활했다. 모스크바 의과대학에 진학 후 잡지에 유머 단편을 써서 원고료를 받아 가족의 뒷바라지를 했다. 대학을 졸업할 때도 이미 어느 정도의 명성을 얻었고, 단편집 《황혼》이 푸시킨 상을 수상하면서 본격적으로 러시아문학의 중심인물로 부상했다.

그의 단편들은 단편소설의 가장 훌륭한 본보기로 여겨진다. 동시에 그의 희곡인 《갈매기》, 《세 자매》, 《벚꽃동산》 등은 아직도 전 세계 극단에서 주요한 레퍼토리로 상연된다. 작가로서 활동하는 동시에 농민들을 무료로 진료해 주기도 하고 기근과 콜레라에 대한 대책을 세웠으며, 학교 건립·교량 및 도로 건설 등의 사회사업에도 적극적이었다. 1904년 44세의 젊은 나이로 생을 마쳤다.

2 내용 깊이 알기

《세 자매(Three Sisters)》는 총 4막으로 구성되어 있는 체호프의 희곡이다. 집필되던 해에 러시아 모스크바 예술극장에서 초연되었다. 흔히 《갈매기》, 《바냐 아저씨》, 《벚꽃동산》 등과 더불어 《세 자매》는 셰익스피어의 4대 비극처럼 체호프의 4대 희곡으로 불린다. 체호프 작품의 특징은 무엇보다 특별한 사건이나 두드러진 갈등이 존재하지 않는다는 점이다. 물론 사건이 전혀 없지는 않지만, 특정한 사건들이 극을 이끌어 가는 전통적인 극들과는 달리 체호프 희곡에서의 사건들은 등장인물들의 내면세계를 표현하기 위한 배경일 뿐이다. 이 때문에 종종 그의 희곡은 수수께끼 같다거나 모호하다는 평가를 듣기도 한다.

《세 자매》는 다른 작품들과 마찬가지로 그의 개인적 경험이 모티브가 되었다. 1884년 체호프는 모스크바에서 잠깐 생활하는데, 이때 근교에 포병부대가 주둔하고 있었다. 그 부대의 지휘관은 마예프스키라는 인물이었다. 그의 저택에는 종종 지식인들과 장교들이 모였고, 그곳이 바로 《세 자매》에서 세 자매가 살고 있는 공간적 배경이 된다.

《세 자매》는 맏언니인 올가, 둘째 마리야^{마샤}, 그리고 막내 이리나와 그들의 남동생 안드레이의 이야기이다. 이들은 한 지방의 소도시에서 인생의 목표를 딱히 찾지 못한 채 불만족스러운 삶을 살아간다. 맏언니인 올가는 독신으로 교사이다. 그녀에게 교직 생활은 따분하기 이를 데 없다. 매일이 반복되는 삶은 그녀에게 어떤 활기도 기대할 수 없게 한다. 그러나 그녀는 교사라는 직업을 벗어나지 못하고 결국 교장의 직위까지 맡는다. 이런 올가의 모습은 스스로의 운명을 적극적으로 개척하지 못하는 수동적인 러시아 중산층의 모습을 잘 보여 준다. 현재에 결코 만족하지 못하면서도 미래를 적극적으로 바꿔 나갈 용기도 여력도 없는 사람들의 모습은 시대의 변화와 함께 새롭게 변화하지 못하고 결국은 서서히 몰락해 가는 이들 가족의 운명을 잘 보여 준다.

동생 마샤는 결혼을 하기는 했지만, 그녀의 삶 역시 언니 올가와 크게 다르지 않다. 남편 쿨리긴과는 형식적으로는 부부이지만 그들에게는 이제 더 이상 어떠한 애정도 없다. 그렇다고 마샤가 자신의 남편에 대한 불만을 적극적으로 드러내거나 자신의 삶을 위해 노력하는 것도 아니다. 그러던 중 마샤는 도시에 주둔 중이던 베르시닌 중령과 사랑에 빠진다. 그러나 베르시닌 중령은 아내가 있었고, 그 아내는 언제나 자살을 시도한다. 베르시닌 중령이 마샤와 사랑에 빠지는 것은 어쩌면 그가 처한 절망적인 현실에서의 도피 같은 것이기도 하다. 그는 아내와 헤어지지도 못하고, 마샤를 적극적으로 거부하지도 않는다. 그러나 그 역시 주둔지를 옮겨 가면서 마샤와 헤어지고, 마샤는 또다시 절망에 빠지고 만다.

두 언니와 달리 막내인 이리나는 겉으로는 생기 있고 발랄한 인물이다. 그러나 이리나 역시 그저 이 남자, 저 남자를 재면서 어떤 사람이 자신에게 어울릴까를 고민할 뿐이다. 결국 이리나는 사랑하지도 않는 투젠바흐 남작과 약혼한다. 장교인 그와 결혼하면 모스크바로 갈 수 있기 때문이다. 그러나 남작은 그녀를 사랑한 또 다른 군인인 솔료이느와의 결투 끝에 목숨을 잃고 만다.

이들의 남동생인 안드레이도 자신의 꿈과 현실의 괴리 앞에서 좌절하는 인물이다. 그의 꿈은 모스크바 대학의 교수이자 러시아가 자랑하는 유명한 학자가 되는 것이었다. 그러나 현실에서는 시의회의 임시 서기일 뿐이다. 어릴 때부터 가족들의 기대를 한 몸에 받은 집안의 희망이지만, 도박에 빠져 집문서를 저당 잡히고 아내인 나타샤에게 꼼짝도 못한다. 나타샤는 처음에는 수줍고 온화한 성격이었지만, 결혼 후에는 조금씩 돌변하여 어느새 집안을 장악하고 재산을 가로챈다.

이처럼 《세 자매》의 등장인물들은 모두 삶의 무의미와 무력감으로 고통스러워한다. 그들은 언제나 "모스크바로 가자"라는 말을 주문처럼 반복한다. 그들이 사는 소도시는 아버지가 여단장으로 있었던 곳이었다. 그러나 이제 아버지는 돌아가시고 없다. 그렇기 때문에 그들은 소도시가 자신들이 있어야 할 곳이 아니라고 생각하고, 모스크바로 가고자 한다. 그러나 그들 중 누구도 모스크바로 가기 위한 적극적인 행동을 하지는 않는다. 그들은 모스크바로 이사하게 되면 소도시에서의 지루한 삶이 바뀔 것이라고 막연하게 생각하지만 그것 또한 불가능할 것임은 잘 알고 있다. 모스크바에서 그들을 기다리고 있는 것은 아마도 소도시와 다름없는 지루한 삶일 것이다. 그렇기 때문에 그들은 "모스크바로 가자"는 말을 반복하면서도 누구 하나 적극적으로 모스크바로 가기 위한 행동을 하지 않는 것인지도 모른다.

《세 자매》의 인물들에서 보이는 이러한 무기력증은 이리나의 약혼자인 투젠바흐의 다음과 같은 말에서 잘 드러난다. "노동을 그리워하는 마음, 진실로 나도 알 수 있어요! 나는 태어난 이래 한 번도 일한 적이 없습니다. 얼마 후면 그것은 우리 사회에서 태만과 무관심과 노동에 대한 편견과 권태 따위를 일소해 줄 겁니다. 난 일하겠습니다. 앞으로 25년 내지 35년만 있으면 인간은 누구나 일하게 될 겁니다. 한 사람도 빠지지 않고 말이죠!" 이 말에서 자신이 적극적으로 노동을 하겠다는 의지는 전혀 느껴지지 않는다. 시대가 변했고, 모두가 노동을 하게 될 것이라고 말할 뿐이다. 노동에 대한 편견과 권태를 일소하겠다고 말은 하지만 그는 결코 노동을 하지 않는다.

이처럼 무력한 인물들이 주고받는 극 중의 대사들도 공허하다. 그들은 러시아에서 현재 벌어지는 일들에 대해 이런저런 의미 없는 자신의 논평을 곁들이거나, 자신의 이야기만 끊임없이 반복한다. 누구도 다른 사람의 말에 귀 기울이지 않는다. 결국 당시 러시아가 겪는 거대한 시대적 흐름 속에서 변화하지 못하고 서서히 몰락하고 마는 중산층 지식인의 모습이 《세 자매》에서도 고스란히 드러난다. 이것은 체호프 희곡의 주요한 주제이기도 하다.

그러나 《세 자매》의 모습이 마냥 절망적이기만 한 것은 아니다. 군대가 주둔지를 바꾸고, 많은 인물들이 떠나가고 이제 남은 것은 텅 빈 집뿐이다. 이곳에서 투젠바흐의 죽음에 관한 소식을 들은 올가의 마지막 대사는 이러한 절망과 고통의 와중에서 여전히 희망을 이야기하는 것처럼 보인다. "세월이 흘러, 우리가 이 세상을 떠나면, 잊혀서, 우리 얼굴, 목소리도, 우리가 몇 명이었는지도 잊힐 테지만, 우리 고통은 우리 뒤에 살아남을 후세의 사람들에게는 기쁨으로 변하고, 땅 위에는 행복과 평화가 찾아와, 지금 살았던 사람들에게 감사의 말을 전하며 추모할 거야. 오, 사랑하는 동생들, 우리 인생은 아직 끝나지 않았어. 살아야 해! 음악이 저렇게 즐겁게, 저렇게 기쁘게 연주되는 걸 들으니, 조금만 있으면, 무엇 때문에 우리가 살고, 왜 고통을 당하는지 알게 될 것 같아. 그걸 알 수 있다면, 그걸 알 수 있다면!"

이 한 줌의 희망이 어쩌면 이제껏 수많은 사람들이 고통 속에서도 살아가고 살아남은 이유일지도 모를 일이다.

3 결정적 문장

마샤: 오 음악이 연주되고 있어! 저 사람들은 우리 곁을 떠나고, 한 사람은 아주, 아주 영원히 떠나고, 우리만 우리 인생을 다시 시작하려고, 여기 남았어. 살아가야 해. 살아가야 해.

4 생각 더하기

《세 자매》의 등장인물들이 주고받는 대사는 같은 공간에서 나누는 대화들이지만 마치 독백처럼 들린다. 말을 하는 사람은 있지만 듣는 사람은 불

명확하고, 독백인지 아닌지 구별하기 힘든 경우도 있다. 체호프의 희곡에서 인물들이 주고받는 대사가 이러한 형태를 띠는 이유는 무엇 때문일까?

체호프의 희곡 속에서 인물들은 언제나 서로 단절되어 있다. 이들은 자신들의 세계에만 관심이 있을 뿐 누구도 타인에 대해 진정으로 관심을 두지 않는다. 《세 자매》에서 마샤와 남편 쿨리긴의 관계, 이리나와 투젠바흐의 관계, 안드레이와 나타샤의 관계처럼 이들의 관계는 형식적일 뿐이다. 나머지 등장인물들과의 관계도 크게 다르지는 않다. 이는 그들의 소통의 단절을 보여 준다. 체호프의 극 속에 나오는 인물들은 주로 중산층 이상의 지식인들이다. 그들은 하층민들에 비해 지식이나 경험도 풍부하다. 그러나 이들은 자신들 바깥의 세계에 대해 진정한 관심을 갖지 못하고 있다.

체호프의 희곡들에서 일관되게 보이는 시대의 변화에 대응하지 못하는 지식인들의 몰락은 바로 이러한 자기중심적 관점이나 타인에 대한 관심의 부족으로부터 비롯된 것일지도 모른다. 그저 자신의 말만을 반복하는 것이라면 이것은 독백에 불과하다. 《세 자매》에서도 등장인물들은 상대를 앞에 두고, 끊임없이 반복적으로 자신의 독백을 할 뿐이다. 후에 부조리 작가들이 체호프를 자신들의 시조와 같은 작가로 꼽는 것도 이러한 이유 때문이다. 《세 자매》의 인물들이 누구도 서로 터놓고 대화하지 못한다는 사실은, 이들이 어째서 역사의 흐름 속에서 서서히 몰락할 수밖에 없는가를 보여 준다. 즉, 대화란 자신의 말을 하는 것이 아니라 타인의 말을 듣는 것이고, 내가 모르는 세계를 배우는 일이며, 그 세계로 하여금 나를 배우도록 하는 일이다.

  격변하는 당시 러시아의 역사적 흐름 속에서 몰락하는 지식인들의 운명을 체호프는 이처럼 대화하지 못하는 이들의 모습을 통해 보여 주고 있다. 새로운 세계의 변화에 귀를 기울일 수 없다면, 남은 것은 서서히 과거와 함께 잊히는 것뿐이기 때문이다.

16
프란츠 카프카, 〈변신〉

소외된 현대인의 삶을 풍자한 중편소설

★ 한눈에 보기

1
여행 판매업자인 그레고르는 어느 날 아침에 일어나 보니 자신이 거대한 벌레로 변해 있는 것을 발견한다.

2
그레고르는 점차 자신의 모습을 받아들이게 되고 평소 좋아하던 빵과 우유보다 음식물 찌꺼기를 더 잘 먹게 된다. 그러나 가족들은 점차 그의 존재 자체를 버거워한다.

3
벽으로 기어다니는 그레고르를 보자 어머니는 기절을 하고 아버지는 그에게 사과를 던진다. 그 사과 중 하나가 그레고르에게 치명상을 입힌다.

4
어느 날 가족들은 그레고르가 죽어 있는 것을 발견하고 안도한다.

1 저자 알기

프란츠 카프카(Franz Kafka, 1883~1924년)

카프카는 유대인 혈통으로 프라하 출신 작가이다. 자수성가한 사업가였던 카프카의 아버지는 아들이 체코의 상류층에 자연스럽게 편입하길 원했고, 그 때문에 의학이나 법학과 같은 전문직을 가지길 바랐다. 게다가 당시 체코의 상류층이 쓰던 말이 독일어였기 때문에 독일어를 쓰는 학교에 다니게 했다.

카프카의 정체성을 이루는 요소는 이처럼 결코 어울리지 않는 이질적인 요소들, 즉 동유럽의 체코라는 지역, 유대인이라는 혈통, 독일어라는 언어였다. 짧은 단편에서도 결코 숨길 수 없었던 삶을 향한 진지한 의문과 고민은 바로 이러한 정체성에서 비롯된 것이기도 하다.

엄격한 아버지의 강요로 법학을 공부하지만 결국 문학에의 열망을 포기하지 못해, 낮에는 노동자 재해보험공단의 조사원으로 일하고 밤에는 작가로서의 삶을 살아간다. 살아생전에는 작가로서 거의 인정받지 못하다가 41세의 젊은 나이로 생을 마친다.

2 내용 깊이 알기

카프카의 작품들을 우리가 읽게 된 것은 그의 친구 막스 브로트의 역할이 크다. 카프카가 유언으로 모든 원고를 불태워 달라고 부탁했으나, 브로트가 유언을 어기고 제2차 세계대전이 지난 후 그의 원고를 출간했다. 카프카의 작품들은 주로 단편이다. 성, 소송, 실종자 이렇게 세 편의 장편도 남겼지만, 이 세 작품 모두 미완성으로 남아 있다. 그렇기 때문에 그의 문학 세계를 보다 잘 보여 주는 작품들은 단편이라고 할 수 있다. 그중에서도 〈변신(Die verwandlung)〉은 카프카를 이야기할 때 가장 먼저 언급되는 작품으로, 그의 세계관과 문학적 기량이 여지없이 드러난 작품이다.

아마 〈변신〉을 읽어 보지 않은 이들도 이 작품의 도입부에 대해서는 많이 알고 있을 것이다. 아마도 〈변신〉의 도입부는 문학사상 가장 인상적일 것이다. 주인공 그레고르는 평소처럼 잠에서 깨어난다. 그런데 침대 위에서 자신의 몸을 내려다본 순간 그는 충격에 빠진다. 바로 자신의 몸이 갑충으로 변해 버렸기 때문이다. 그의 등은 철갑처럼 딱딱해졌고, 고개를 들어 보니 배는 아치형의 각질 마디로 나뉘어 갈색으로 변해 있었다. 그는 처음에 이것이 꿈이라고 생각했지만 이내 꿈이 아님을 깨닫는다. 몸을 뒤집으려고 했지만, 갑충으로 변해 버린 몸은 아무리 뒤집으려 해도 말을 듣지 않았다. 〈변신〉은 이처럼 벌레로 변해 버린 주인공의 실존적 상황을 다루는 실존주의 문학[1]으로, 그리고 기괴하고 왜곡된 형상으로 초현실적인 상황

---

1. 전쟁과 죽음 등 부조리한 현실 속에서 인간 존재에 대해 고민하고 인간의 의지와 행위를 연결 짓는 특징이 나타난 문학.

을 묘사한다는 점에서 표현주의 문학으로도 이야기된다.

　이런 믿기지 않은 상황에 처했으면서도 그레고르는 회사 일을 걱정한다. 그는 성실하고 유능한 외판사원이었다. 기차를 타고 지방으로 가서 근무해야 하는 그는 사무실에서 근무하는 것보다 훨씬 심한 스트레스를 받고 있다. 지금 이 순간, 그레고르는 자신의 몸이 갑충으로 변해 버렸다는 사실보다 아침 기차를 놓칠 것이라는 사실에 더 큰 스트레스를 받는다. 자신이 어떤 지경에 놓여 있는지, 몸이 갑충으로 변했다는 것이 무엇을 의미하는 것인지 미처 깨닫지도 못하는 사이에 그는 직업인으로서 자신의 임무를 다하지 못할 것을 걱정하는 것이다. 답답한 일이다. 하지만 그것이 바로 카프카가 말하고자 하는 현대인의 모습이다. 자신의 존재보다 사회적인 역할이 더 우선시되는 것은 단지 그레고르가 특이하기 때문은 아닐 것이다.

　그레고르가 출근할 시간이 다 되어서도 방에서 나오지 않자, 어머니와 아버지, 여동생은 번갈아 가며 그레고르를 걱정하면서 문을 두드린다. 그러나 그레고르가 할 수 있는 말은 괜찮다는 말뿐이다. 그도 그럴 것이 갑충으로 변해 버린 모습을 가족들에게 보여 줄 수는 없기 때문이다. 그레고르는 가족들을 안심시키고, 침대에서 일어나려고 안간힘을 쓴다. 몸을 부풀리기도 하고, 머리를 움직여 보기도 하고, 이리저리 흔들기도 하면서 침대에서 빠져나오려고 한다. 그러나 몸이 무겁고 둔한 데다가 여러 개의 다리는 제멋대로 움직여 제어하기조차 힘들다.

　그러는 사이에 시간은 가고, 그레고르가 결근한 이유를 알아보려고 지배인이 집에 찾아온다. 가족들도 그레고르가 방에서 나오지 않는 이유를 모르니 그저 몸이 아파서 출근하지 못했다고 지배인에게 말한다. 그러나 지배인은 그레고르의 건강보다 회사 일이 중요하다. "우리 같은 사업가들은 몸이 좀 불편한 경우라도 사업을 생각해서 그냥 눈을 질끈 감고 이겨 내야지요"라고 말하는 지배인의 목소리는 부드럽고 예의바르지만, 가차 없다. 한술 더 떠 지배인은 그레고르의 최근 근무 실적을 들먹이면서 그를 비난하기 시작한다. "최근 들어 자네의 근무 실적이 사실 아주 형편없었네. 지금이 유달리 영업이 잘되는 계절이 아니란 점은 우리도 인정하겠네. 하지만 장사가 안 되는 철이란 절대 있을 수 없는 일이고, 또 있어서도 안 되는 거야, 잠자 씨." 그레고르의 집까지 찾아와서 상대의 사정도 고려하지 않고 실적을 운운하면서 그레고르를 추궁하는 지배인의 모습은 가혹한 자본주의의 생리를 그대로 보여 준다. 카프카는 실제로 노동자재해보험공단에서 조사원으로 일했다. 아마도 이러한 장면들은 카프카가 현실에서 직접 마주한 노동자들의 상황과 크게 다르지 않을 것이다.

 그렇게 그레고르는 벌레가 되어서도 끊임없이 내몰린다. 겨우 열쇠로 문을 열고 방 밖으로 나간 그레고르는 지배인을 만나서 "지금 당장은 일을 할 능력이 없어 보일지 모르지만, 오히려 바로 이때야말로 예전 실적을 떠올려 생각해 볼 좋은 기회가 아닐까요. 나중에는, 그러니까 장애를 없앤 후에는 말할 것도 없이 더욱 열심히, 보다 집중해서 일할 테니까요"라며 자신의 현재 상황을 변호하고 설명한다. 딱딱한 껍질로 온몸이 뒤덮인 거대한 갑충이 된 그레고르가 지배인을 만나 이야기하는 이 장면은 기괴하기 이를 데 없다. 그레고르가 갑충으로 변해 버린 것은 아무렇지도 않으며, 중요한 것은 그가 오늘 출근을 하지 않았다는 것이고, 그것을 따지려고 지배인이 왔다는 사실뿐이다. 여기서 우리는 카프카가 묘사하는 〈변신〉 속의 세계가 비현실적인 환상으로 느껴진다. 그러나 카프카는 아마 이렇게 말할 것이다. "이것이야말로 우리가 살고 있는 현실 아닙니까?"

그레고르의 말을 들은 지배인은 한마디 대꾸도 없이 집을 도망치듯 빠져나간다. 그레고르는 그런 지배인을 잡으려고 애쓴다. 그렇게 지배인이 가 버리면 앞으로 직장을 제대로 다니지 못할 것이라는 불길한 예감 때문이었다. 몸이 갑충으로 변해 버렸는데, 여전히 그레고르가 걱정하는 것은 회사 일이고, 자신에게 생계를 기대고 있는 아버지와 어머니, 여동생이다. 지배인을 놓친 그레고르는 이제 방에서 나가지도 못하고 살아간다. 여동생은 그레고르의 변해 버린 모습에 두려움을 느끼면서도, 오래된 야채, 먹다 남은 뼈다귀, 건포도와 아몬드, 치즈 조각, 빵과 물 등을 가져다준다. 힘들고 바쁘지만 성실하게 외판 사원으로서의 역할을 수행하고, 가장으로서 믿음직스럽던 그레고르는 이제 가족들에게 사육되는 거대한 갑충일 뿐이다. 벌레로 변해 버린 그의 입에서 나오는 소리는 사람의 말이 아니라 '쉿 쉿' 하는 벌레의 소리였고, 그의 딱딱한 껍질과 징그럽게 움직이는 다리는 가족들을 몸서리치게 한다. 그리고 그는 점점 조금씩 정말로 갑충으로 변해 간다. 그리고 가족들도 서서히 변해 간다.

이제 가족들은 그레고르를 자신의 아들이자 오빠가 아니라 거대한 벌레로 취급한다. 처음에는 오빠를 극진하게 보살피던 여동생마저도 이제는 그레고르를 내쫓아야 한다고 말한다. "저게 오빠라는 생각을 버려야 해요. 우리가 오랫동안 그렇게 생각해 왔다는 게 바로 우리의 진짜 불행이에요. 저게 어떻게 오빠일 수 있겠어요? 저게 오빠라면 인간이 자기 같은 짐승과 함께 살 수 없다는 걸 알아차리고 진작 제 발로 나갔을 거예요. 그랬다면 우리 곁에 오빠는 없지만 우리는 살아가면서 계속 오빠에 대한 추억을 소중히 간직할 수 있을 텐데요." 여동생이 이렇게까지 말하는 것을 듣고, 그레고르는 결국 자신에게 남은 것은 죽음밖에 없다는 사실을 깨닫는다. 삶에서 더 이상 아무런 의미를 찾을 수 없기 때문이었다. 그러나 어쩌면 무의미한 삶이란 그가 벌레로 변해 버렸기 때문만은 아닐 것이다. 그는 벌레가 되기 전에 원치 않는 직장 생활로 혹사당했다. 미래도, 꿈도, 자신이 무엇을 하고 싶은지에 대한 아무런 기대도 없었다. 어쩌면 삶 자체가 이미 무의미했음을 깨달았을지도 모른다. 그렇게 생각하고 깊은 잠에 든 그레고르는 곧 죽음을 맞이한다.

결국 〈변신〉은 이렇게 그레고르의 죽음으로 마무리된다. 그러나 그레고르의 죽음은 가족에게 슬픔이 아니라 오히려 그동안의 우울한 삶으로부터의 탈출이었다. 마지막 장면에서 세 식구는 몇 달 만에 함께 외출을 한다. 햇살은 따스하고, 앞으로의 삶도 나쁠 것 같지 않다. 집은 더 작고 싼 집으로 옮기지만, 위치는 더 좋아졌고 실용적인 집이다. 창백한 얼굴들도 생기를 띤다. 소설은 이렇게 끝난다.

"소풍의 목적지에 이르러 딸이 맨 먼저 일어나 젊은 몸을 쭉 펴며 기지개를 켜자 그들에게는 그 모습이 그들의 새로운 꿈들과 멋진 계획들을 확인해 주는 것처럼 생각되었다." 이 희망찬 가족들의 모습은 갑충이 되어 죽음을 맞이한 그레고르의 모습과 극적으로 대비된다. 이것이 카프카가 그리고자 한 우울한 현대의 모습이요, 소외된 현대인의 삶일 것이다.

3 결정적 문장

"마냥 침대에서 빈둥거릴 순 없어."

4 생각 더하기

〈변신〉에서 그레고르가 결국 죽음을 선택하게 된 이유는 무엇일까?

갑충으로 변하기 전에 그레고르는 가족들의 사랑을 받으며 직장도 열심히 다니는 평범한 사람이었다. 그러나 갑충으로 변해 버린 그레고르는 자신의 몸이 변했다는 이유로 그를 대하는 사람들의 바뀐 태도와 마주하게 된다. 여동생은 처음에는 정성을 다해 그레고르를 돌보지만, 시간이 지나자 벌레 취급하며 '저것'이라고 부르고, 어머니나 아버지는 처음부터 갑충으로 변한 그레고르에게 관심도 두지 않으며 '쉿쉿'거리는 소리만 들려도 섬찟해한다. 이런 변화 속에서 그레고르는 자신이 가족에게 어떤 존재였는지를 깨닫게 된다. 가족들로부터 신뢰받고 사랑받고 있다고 생각했던 과거의 모습마저도 그저 그가 직장에 성실히 나가 가족을 부양했기 때문임을 알게 된 것이다. 문제는 갑충으로 변한 이후가 아니라 어쩌면 그 이전일지도 모른다. 다만 갑충으로 변한 이후에야 자신의 삶이 그저 무의미한 삶이었다는 것을 깨닫게 된 것이다. 그레고르의 죽음은 바로 그러한 무의미한 삶으로부터 탈출이었을 것이다.

17
헤르만 헤세, 《데미안》

한 존재의 치열한 성장의 기록

★ 한눈에 보기

1
싱클레어는 크로머와 데미안을 만나며 두 세계를 체험한다.

2
사춘기에 접어든 싱클레어는 독립적 사유의 세계로 들어간다.

3
이후 싱클레어는 베아트리체를 만나 자아를 찾아야 한다는 사실을 깨닫는다.

4
싱클레어는 데미안의 편지와 피스토리우스를 통해 아브락사스에 대해 알게 된다.

1 저자 알기

헤르만 헤세(Hermann Hesse, 1877~1962년)

독일의 소설가인 헤르만 헤세는 독일 남부 뷔르템베르크의 칼프에서 태어났다. 외할아버지와 아버지가 선교사여서 자연스럽게 성직자가 되기 위한 교육을 받았으나 1891년에 입학한 신학교에 적응하지 못하고 이듬해 도망쳐 나왔으며, 자살 사건까지 겹쳐서 요양소에서 생활하기도 했다.

이후 그는 서점 점원으로 일하면서 글을 쓰기 시작했다. 그리고 1899년에 첫 시집인 《낭만적인 노래들》을 발간했다. 1923년에는 스위스 국적을 취득했으며, 나치 통치 하에서는 불온 작가로 간주되어 탄압을 받기도 했다. 그는 제2차 세계대전 후인 1946년에 노벨문학상을 수상한다. 이후 이탈리아에서 말년을 보내다가 1962년에 사망했다.

2 내용 깊이 알기

《데미안(Demian)》은 1919년에 출간된 헤르만 헤세의 소설이다. 특이하게도 헤세는 이 소설을 소설의 주인공 이름인 '에밀 싱클레어'라는 가명으로 출간한다. 그 이유는 독자들에게 어떠한 선입견도 주지 않고 순수하게 작품 자체만으로 평가받기를 원했기 때문이다. 이 소설을 쓸 당시 헤세의 상황은 몹시도 나빴다. 당시 독일인들이 대부분 민족주의적 관점에서 제1차 세계대전을 적극 지지한 것과는 달리 헤세는 반대했다. 이에 헤세는 매국노라는 비난을 받았으며, 이후 아내가 정신분열증에 걸리고 막내아들이 심각한 병을 앓는 등 안팎으로 힘든 시기를 보냈다. 이 시기 헤세는 정신분석 치료를 받았는데, 치료를 받으면서 프로이트[1]와 융[2]을 접하게 되고, 인간 내면의 무의식에 대해 관심을 가지고 개인적으로 연구도 했다. 《데미안》은 바로 이러한 헤세의 변화를 그대로 담고 있는 소설이다. 이후 헤세는 《싯다르타》, 《황야의 늑대》, 《유리알 유희》 등의 작품에서 계속 '내면으로의 길'이라는 주제를 파고들었다.

　헤세가 《데미안》을 쓴 20세기 초의 유럽은 표면적으로 매우 발전되고 안정된 것처럼 보였다. 경제적으로는 산업혁명 이후의 계속된 자본주의의 성장 덕분에 물질적으로 풍요로웠고, 사회적으로는 시민권의 확대로 인한 새로운 사회질서가 자리 잡은 시기였다. 그러나 근대 합리성에 기초한 이러한 진보는 한편으로 기독교적 도덕이라는 오래되고 엄격한 도덕에 의해서 지배받던 시기이기도 했다.

　《데미안》의 주인공인 싱클레어 역시 이러한 엄격한 도덕률의 지배를 받는 중산층 가정의 평범한 소년이다. 그가 살고 있는 세계는 '아버지의 집'이다. 그곳은 자애로움과 엄격함, 모범과 학교를 뜻하

---

1. 인간 정신분석의 창시자, 무의식은 성적 욕망(리비도)에 지배당한다고 주장하였다.
2. 무의식을 성에 한정시키지 않고 체험적 경험을 통해 분석하여 집단무의식으로 범위를 확장시켰다.

는 곳이며, 온화하고 청결하며 질서 있는 곳이다. 하지만 싱클레어는 이 세계가 둘로 나뉘어져 존재하고 있음을 알고 있다. 그가 살고 있는 곳이 밝은 세계라면 또 다른 곳은 어두운 세계이다. 여기는 하녀와 직공들, 이웃에서 벌어지는 추잡한 소문이 있는 곳이며, 시끄럽고, 음산하며, 폭력적인 곳이다. 어린 싱클레어에게 기이한 것은 이 두 세계가 서로 완전히 상반되면서도 공존하고 있다는 것이었다. 이처럼 두 세계의 대립은 헤세 소설의 주요한 모티브이기도 하다. 그의 소설에서는 언제나 선과 악, 빛과 어둠, 이성과 감성 같은 것들이 대립한다. 데미안과 싱클레어, 나르치스와 골드문트 등 두 명의 주요인물이 등장하는 것도 같은 의미를 가지고 있다.

《데미안》의 부제는 '에밀 싱클레어의 젊은 날 이야기'이다. 아직 열 살 무렵이던 시절부터 전쟁에 참전하는 스무 살에 이르기까지 《데미안》은 싱클레어가 이 두 세계의 대립을 겪으면서 성장해 나가는 모습을 담고 있다.

싱클레어는 자신이 살고 있는 세계와 다른 어둠의 세계에 막연한 불안감과 호기심을 가지는 소년이다. 한편으로 밝은 세계에 속해 있다는 사실에 안심하지만, 엄격한 금지와 규율은 호기심 많은 싱클레어에게 지루하고 따분했다. 싱클레어는 자신이 다니는 라틴어 학교[3]의 선량하고 허용된 세계의 아이들과 친하게 지내기보다는 공립

---

3. 일종의 사립학교로 라틴어와 라틴어 문헌을 주로 가르쳤지만, 오늘날 독일 인문계 중고등학교인 김나지움의 초급과정에서 가르치는 교과 내용도 포괄했다.

초등학교에 다니는 이웃의 가난한 아이들과 더 친하게 지냈다. 그러던 중 프란츠 크로머라는 공립학교의 불량 학생을 만나 어울리게 된다. 여기서 싱클레어는 그들의 일원이 되고자 사과를 훔친 이야기를 지어낸다. 하지만 프란츠는 이 일로 싱클레어를 협박한다. 실제로 사과를 훔치지도 않았지만 이미 자신의 이야기가 사실이라고 맹세까지 해 버린 싱클레어는 덜컥 겁이 났다. 결국 부모의 돈을 몰래 훔쳐 프란츠에게 갖다 주기에 이른다. 하지만 부모를 속이고 나쁜 일을 한다는 양심의 가책은 싱클레어를 끊임없이 괴롭힌다. 그러나 역설적으로 부모를 속인다는 비밀은 부모의 세계로부터 벗어난다는 기분을 느끼게 했고, 심지어는 아버지에 대한 우월감까지 갖게 해 주었다. 싱클레어는 부모의 안전한 세계를 벗어남으로써 불안과 공포와 더불어 자신만의 세계를 가지게 된 것이다. 그러나 싱클레어를 부르는 프란츠의 휘파람 소리가 악마의 소리로 들릴 만큼 고통스럽기 그지없는 세계이기도 했다.

이러한 유년기의 고통 속에서 싱클레어를 구원해 준 이가 바로 막스 데미안이었다. 데미안과의 첫 대화는 성서 속 카인과 아벨의 이야기에 관한 것이었다. 데미안은 카인의 징표가 죄의 징표가 아니라 탁월함의 표시이며, 그가 고귀한 사람이라는 충격적인 말을 한다. 그리고 그는 프란츠가 더 이상 싱클레어를 괴롭히지 못하게 한다. 그러나 싱클레어는 그런 데미안에게 고맙다는 인사도 하지 않고, 그와 거리를 둔다. 그에게는 프란츠와의 관계로 인해 파괴되어 버린 자신의 안전한 세계를 회복하는 것이 먼저였으며, 아벨은 비겁자이고 그를 죽인 카인이야말로 탁월하다고 주장하는 데미안은 프란츠와 또 다른 측면에서 어두운 세계의 사람이었기 때문이다.

 이렇게 의도적으로 데미안을 멀리하던 싱클레어는 우연히 다시 데미안과 가까워지게 된다. 그리고 다시 한 번 성서에 대한 데미안의 위험한 해석을 듣는다. 예수가 십자가 위에서 돌아가실 때 예수에게 귀의한 도둑보다 자신의 신념을 지키며 떳떳이 죽어 간 도둑이 더 훌륭한 도덕자라든가, 자유의지[4]란 존재하지 않는다는 이야기 등이다. 결국 데미안은 이러한 이야기들을 통해 자신의 내면으로 돌아가서 스스로의 삶의 방식을 직접 결정해야 한다고 말한다. 데미안은 싱클레어에게 "우리 각자는 무엇이 허용되고 무엇이 금지되는지, 자신에게 무엇이 금지되는지 스스로 알아내지 않으면 안 돼……. 누구나 스스로 결정하고 책임져야 하는 거야"라고 말한다. 하지만 자신 속으로 완전히 들어간다는 것, 자신에게 충실하다는 것이 싱클레어에게 쉬운 일은 아니었다.

 데미안에게 받은 강렬한 인상을 뒤로하고 싱클레어는 자신의 자아를 찾기 위한 여행이자 방황을 시작한다. 술과 향락에 빠지는 등 금지된 것들, 악의 세계를 경험함으로써 자신을 망가뜨린다. 그러던 중 베아트리체라는 이상적 여성을 만나 자신의 내면을 회복하려고 애쓴다. 이때 그가 그린 베아트리체의 초상은 싱클레어가 찾으려고 한 내면의 모습이 어떤 것인지를 상징적으로 잘 보여 준다. 베아트

---

4. 내적 동기나 이상에 따라 목적을 위한 행동을 자유롭게 선택하는 것.

리체를 그리려고 한 그의 그림은 남자이자 여자이며, 나이도 알 수 없는 모습이었다. 그것은 베아트리체이자 데미안의 모습으로, 혹은 자기 자신의 모습으로 나타났다. 그리고 부모님 집 현관 문장에 여러 차례 덧칠되어 희미한 모습을 한 새를 상상하며 데미안에게 그려 보낸다. 얼마 후 싱클레어는 그 답장 속에서 알을 깨고 나온 새가 날아가 향하는 신인 '아브락사스'의 이름을 듣게 된다. 자기 파괴적인 생활을 그만둔 싱클레어는 오르간을 연주하는 신부 피스토리우스를 만나 아브락사스의 의미를 배운다. 그것은 신이기도 하면서 동시에 악마이기도 하며, 밝은 세계와 어둠의 세계를 통합하는 신이었다. 싱클레어는 이런 만남들을 통해 자신의 내적인 자아가 이전과 달리 성숙됨을 느낀다.

유년기 데미안과의 만남, 그리고 자신의 내면을 향한 방황의 시기를 거친 싱클레어는 마침내 그 자아 발견의 마지막 단계에 이른다. 대학에 들어간 싱클레어는 그곳에서 데미안을 다시 만나고, 그의 어머니인 에바 부인을 사랑하게 된다. 에바 부인 앞에서 관능적 욕망과 내면적 신성을 동시에 느끼며 싱클레어는 갈등한다. 그리고 동시에 전쟁을 앞둔 사회의 전체주의적인 분위기와 개인의 무한한 자유 사이에서 갈등한다. 에바 부인과 데미안이 속한 모임에 참여하면서 자유로운 개인들의 공동체에 걷잡을 수 없는 기쁨을 느꼈던 싱클레어에게 전쟁과 에바 부인은 자아를 찾기 위한 마지막 관문이기도 하다. 결국 데미안도, 싱클레어도 전쟁에 참여한다. 그리고 거대한 세계의 흐름에 기꺼이 자신의 운명을 맡긴다. 싱클레어는 전쟁터에서 결국 부상을 당하고 말지만 이제 프란츠의 협박에 벌벌 떨던 아이가 아니다. 싱클레어는 더 이상 거대한 시대적 혼돈 속에서도 위축되지 않는다.

3 결정적 문장

새는 투쟁하며 알에서 나온다. 알은 세계다. 태어나려는 자는 한 세계를 파괴해야 한다.

4 생각 더하기

싱클레어는 베아트리체의 초상 속에서 베아트리체의 모습뿐만 아니라, 데미안의 모습과 자신의 모습도 발견한다. 그는 어떻게 베아트리체의 초상에서 이 모든 것을 발견할 수 있었을까?

헤르만 헤세는 《데미안》을 집필하기 직전에 개인적 불행으로 인해 정신분석 상담을 받았다. 이때 그를 치료한 의사가 요제프 베른하르트 랑 박사였다. 그는 유명한 심리학자 구스타프 융의 제자로서 융은 무의식이 단지 개인적인 차원에서 존재하는 것이 아니라 집단적 차원에서 역사성을 가진다고 주장한 정신분석학자이다. 융은 자신이 상담을 맡은 환자들의 심리 속에 공통적으로 유사한 이미지가 있다는 사실을 발견했다. 그리고 이러한 이미지들이 종교나 신화 속에서 되풀이되어 나타난다는 점을 알고, 이를 '집단무의식'이라고 불렀다. 이는 심리적 원형과도 같은 것으로, 개인의 차이에도 일련의 집단에게 공통적으로 나타나는 것이기도 하다.

싱클레어가 베아트리체를 그리려고 했음에도 데미안과 자신의 모습을 그 속에서 발견한 것은 이러한 이상적 자아의 모습이 개인의 차원을 뛰어넘는 것임을 보여 준다. 《데미안》에서 랑 박사를 모델로 한 인물인 피스토리우스는 이를 다음과 같이 설명한다. "우리는 그저 개별적으로 돋보이는 것, 남과 구분되는 것을 개성이라 간주하죠. 하지만 우리는, 우리 하나하나는 세계 전체의 구성 성분으로 이루어져 있어요. 우리 육체에 물고기까지, 아니 그보다 더 멀리까지 거슬러 올라가는 진화의 계보가 간직되어 있듯, 우리 영혼에는 일찍이 인간들의 영혼에서 살았던 모든 것이 들어 있지요." 이러한 피스토리우스의 말은 우리의 자아가 이미 그 속에 수많은 존재들의 역사를 품고 있음을 보여 준다. 더불어 여성성과 남성성, 선과 악, 이성과 감성 등의 진정한 통합이 싱클레어가 찾으려는 진정한 자아의 내면으로 향하는 길이기도 하다.

데미안의 어머니인 에바 부인 역시 이러한 이상적 자아를 상징한다. 싱클레어는 이렇게 말한다. "그녀는 날마다 다른 사람 같았다. 때로는 내 본성에 이끌리는 대상은 그녀라는 한 개인이 아니라 그저 나의 내면의 상징이며, 이 상징은 나를 내면으로 더욱 깊이 이끄는 역할을 하는 것뿐이라는 느낌이 들었다." 이렇게 볼 때 데미안, 베아트리체, 에바 부인뿐만 아니라 싱클레어에게 잊을 수 없는 공포를 준 프란츠마저도 싱클레어 자신의 모습이자, 인간 전체의 모습이기도 할 것이다.

18
버지니아 울프, 《댈러웨이 부인》

의식의 흐름을 서술한 새로운 모더니즘 소설

★ 한눈에 보기

1
정치인 남편을 둔 50대의 여인 댈러웨이 부인은 저녁에 있을 파티 준비를 한다.

2
댈러웨이 부인은 파티에 참석한 피터 웰시를 보며 자신이 남편으로 피터 웰시 대신 왜 리차드 댈러웨이를 선택했는지 생각하지만 마음속에 갈등이 다시 일어난다.

3
파티에서 누군가가 셉티머스에 관한 이야기를 시작한다. 셉티머스는 제1차 세계대전에 참전했지만 포탄의 충격으로 정신 이상 증세를 겪는 인물이다.

4
댈러웨이 부인은 셉티머스의 자살 소식을 듣고 그에게 감정이입을 한다. 그리고 그의 죽음이 가치 있는 것이라 여긴다.

1 저자 알기

버지니아 울프(Virginia Woolf, 1882~1941년)

영국의 문학평론가인 레슬리 스티븐의 딸로 1882년에 태어났다. 울프는 22세 때인 1904년에 아버지가 돌아가시고 런던의 블룸즈버리로 이사했는데, 여기서 캠브리지 출신들을 주축으로 한 '블룸즈버리그룹'이라는 지식인들의 모임을 결성하여 다양한 문학가, 예술가들과 교류했다.

그룹의 일원인 레너드 울프와 결혼한 이후에는 함께 '호가스 출판사'를 경영하면서, 자신의 작품과 T. S.엘리엇, E. M. 포스터, 프로이트 등의 책을 출판했다. 그러나 그는 우울증에 시달리다가 1941년 주머니에 돌을 잔뜩 채운 채, 템스강으로 걸어 들어가 자살로 생을 마감했다.

2 내용 깊이 알기

버지니아 울프는 대표적인 모더니즘 소설가로서 실험적인 소설을 주로 썼고, 특히 '의식의 흐름'이라는 독특한 기법을 사용했다. 이 때문에 난해하다는 평을 종종 듣기도 한다. 이 기법은 외형적 사건을 다루는 것이 아니라, 작가의 내면에서 발생하는 의식적 흐름을 따라가면서 기술하는 방식이다. 그렇기 때문에 글의 흐름에 불연속적이고 충동적인 이미지들이 종종 개입하며, 내용의 전개에서 개연성이나 논리성이 부족해 보인다. 그러나 그녀의 소설에서 기술된 내면에서 일어나는 의식의 흐름은 단순히 개연성 없는 내적 심리의 토로로 그치는 것은 아니다. 개인적 사건과 내면의 심리는 사회적·역사적인 사건들과 관계 맺으며 그 의미를 확장해 나가기 때문이다. 버지니아 울프의 소설이 위대한 까닭은 바로 여기에 있다고 할 수 있다.

《댈러웨이 부인(Mrs. Dalloway)》은 1923년 6월 하루 동안의 이야기를 다룬다. 작품 속 댈러웨이 부인은 감성적이고 즉흥적이지만, 동시에 삶을 절제하며 살아가려는 인물이다. 마찬가지로 삶의 허무함을 그 누구보다 느끼면서도, 동시에 이에 저항하며 찰나의 순간을 향유한다. 이러한 댈러웨이 부인의 모습은 다름 아닌 울프 자신의 모습이기도 하다.

소설은 댈러웨이 부인이 파티를 위해 꽃을 사러 가는 장면에서 시작된다. 50대의 클라리사 댈러웨이 부인의 삶은 겉으로 보기에는 너무나도 완벽하다. 남편은 보수당 국회의원인 리처드 댈러웨이이며, 그녀는 경제적으로도 사회적으로도 더할 나위 없는 생활을 하고 있다. 게다가 오늘의 파티는 한동안 앓고 난 후의 파티라 그녀가 거는 기대는 상당하다. 그런데 이 파티에 예상치 못했던 인물들이 등장한다. 30년 전의 연인이었던 피터 웰시와 한때 자신의 가장 좋은 친구였던 샐리 시튼이 바로 그들이다. 그런데 그들은 이미 과거의 그들이 아니었다. 첫사랑 피터는 과거의 재기발랄함을 잃은 채 여전히 정착하지 못하고 있었고, 영리하고 감수성 예민했던 친구 샐리는 부르주아 산업가의 아내가 되어 있었다.

첫사랑 피터는 이상을 좇는 낭만주의자였다. 하지만 30년이 지난 후에 초라하고 별 볼 일 없는 이가 되어 댈러웨이 부인 앞에 나타났다. 한때 댈러웨이 부인은 피터와의 결혼을 생각할 정도로 그를 사랑했으며, 피터와 모든 것을 공유했다. 그러나 이렇게 모든 것을 공유하는 것이 댈러웨이 부인에게는 오히려 답답하게 느껴졌다. 이러한 대목들은 여성 작가로서의 버지니아 울프의 생각을 반영하는 것처럼 보인다. 《자기만의 방》이라는 제목으로 묶여 나온 소설에서 울프는 "여성이 작가로 살아가기 위해서는 500파운드와 자기만의 방이 있어야 한다"고 말했다. 이 말은 가부장제 사회에서 여성이 작가가 될 수 있기 위해서는 경제적인 독립과 함께, 전통적으로 여성에게 요구된 역할에서 벗어나 온전히 작가로 있을 수 있는 공간이 필요하다는 뜻이다. 이런 맥락에서 소설 속 댈러웨이 부인은 이상적인 결혼 생활이란 두 배우자가 완벽하게 서로를 공유하는 것이 아니라 어느 정도의 방임과 독립성을 허용하는 것이라고 말한다.

댈러웨이 부인이 파티에서 우연히 만나게 되는 또 다른 인물은 그녀의 옛 친구 샐리 시튼이다. 댈러웨이 부인이 하원의원 댈러웨이와 결혼하기 전, 그녀가 클라리사라는 이름으로 불리던 시절 샐리는 그녀의 사랑스런 벗이었다. 그리고 그녀는 한때 클라리사가 아는 한 가장 자유분방하고, 대담하고, 낭만적인 여성이었다. 댈러웨이 부인은 샐리에 대한 기억을 한참 동안이나 더듬는다. 하지만 이제 샐리는 지나치게 세속적으로 변했고, 출세를 가장 중요한 것으로 여기고, 지저분한 여자, 시대에 뒤떨어진 사람, 낙오자들이 싫다고 말하는 속물이 되어 있었다.

댈러웨이 부인이 파티에서 우연히 만난 기억 속의 그들은 아름다운 과거의 기억을 상기시켰지만, 그 기억은 그들에 대한 실망으로 다가왔다. 댈러웨이 부인은 환멸을 느꼈다. 파티에 모인 사람들의 위선과 허세도 마찬가지였다. 그러나 그 환멸은 어쩌면 댈러웨이 부인 자신도 변화하고 타락했으며 속물이 되었다는 생각에 이르게 한다. 파티가 있던 그날 아침, 아무런 이유 없이 댈러웨이 부인이 터뜨린 눈물은 바로 그런 허무해져 버린 삶에 대한 느낌 때문이었을지도 모른다. 그녀 역시 하원의원의 아내로서 안락하고 안정된 삶을 영위하고 있었다. 영특한 딸은 아무런 문제없이 잘 자라고 있었다. 하지만 자신은 '더 이상 클라리사도 아니고, 단지 미세스 댈러웨이'가 되어 '보이지도 않고 알려지지도 않은 존재'로 살아가야만 하는 처지에 놓여 있었다. 어쩌면 댈러웨이 부인은 자신을 실망시킨 샐리와 다르지 않은 삶을 살고 있을지도 모른다. 그러한 생각은 댈러웨이 부인을 알 수 없는 불안에 빠뜨렸다.

애초에 버지니아 울프는 댈러웨이 부인이 자살하는 것으로 결말을 쓰려고 했었다. 그러나 소설 속 댈러웨이 부인은 이 모든 허무함 속에서도 여전히 자신의 삶을, 오늘의 삶을 더없는 기쁨으로 여기며 살고자 한다. 대신 울프는 셉티머스란 인물을 등장시킨다. 댈러웨이 부인의 삶과는 어떤 공통분모도 없는 퇴역 군인이자 아마추어 시인인 셉티머스는 제1차 세계대전의 전쟁 영웅이며 동시에 전쟁으로 인해 트라우마를 겪는 인물이다. 그는 의사의 치료도 거부하고 결국 자살을 선택하는데, 소설 속에서 이 셉티머스의 자살은 댈러웨이 부인의 자살을 대신하는 셈이다.

삶의 허무에 대한 극단적인 우울과 공포는 서로 다른 두 명의 인물, 즉 버지니아 울프의 문학적 자아의 두 가지 모습인 댈러웨이 부인과 셉티머스라는 인물로 드러난다. 셉티머스가 자살이라는 선택을 하는 것과는 달리, 댈러웨이 부인은 절망 속에서도 다시금 삶의 의미와 가치를 찾고자 한다. 적어도 버지니아 울프는 이 소설에서 그러한 희망을 완전히 버리지는 않았다.

이 의미와 가치는 '파티'를 통해 잘 드러난다. 사람들은 모두 자신의 삶을 꾸려 나가면서도, 파티가 열리면 함께 모여 서로의 존재를 확인한다. 파티에서 우리는 새로운 만남을 가질 수도 있고 오랫동안 잊고 있었던 친구나 옛 연인을 만나기도 한다. 그런 만남을 통해 잊었던 과거를 상기하기도 하고, 자신의 현재 모습을 돌아볼 수도 있으며, 미래를 그려 볼 수도 있다. 파티에는 모든 이들이 초대된다. 비록 그들이 위선적이고 속물적이고 허세에 가득 차 있다고 하더라도 그들이 여전히 파티를 이루는 사람들이기 때문이다. 이처럼 냉소적이고 우울한 울프의 세계관 속에서도 완전히 사라지지 않는 세계에 대한 애정 어린 시선을 여기서 확인할 수 있다.

현실의 울프는 결국 삶의 우울을 극복하지 못했지만, 소설 속에서만큼은 댈러웨이 부인을 통해 우울을 극복하려고 노력했다. '인생이라는 것은 끝까지 살아야 한다는 것'이라고 말하는 댈러웨이 부인의 말이 결코 가볍지 않은 것은 그녀가 '이 인생이라는 것을 끝까지 살아야 한다는 것, 평온하게 지니고 가야 한다는 것에 대해 덮쳐 오는 무력과 마음속 깊은 곳의 끔찍한 두려움'을 가지고 있기 때문이다. 그것은 어떤 교훈적인 가르침이나 설교 이전에 댈러웨이 부인, 그리고 울프 자신이 스스로에게 하는 어떤 다짐처럼 들린다.

3 결정적 문장

"하루가 지나면 또 하루가 올 것이다. 수요일, 목요일, 금요일, 토요일. 아침에 일어나 하늘을 보고 공원을 산책하고, 그러다 난데없이 피터가 찾아오고, 장미꽃을 받고, 그것으로 족하다. 그 후에는, 죽음이란 얼마나 믿어지지 않는지! 죽음이 끝이라는 것은. 이 세상 그 누구도 알지 못할 것이다. 그녀가 그 모든 것을, 모든 순간을 얼마나 사랑했는지……."

4 생각 더하기

댈러웨이 부인이 과거의 연인과 친구에게 실망했음에도 여전히 그들에 대한 마지막 애정을 포기하지 않는 이유는 무엇일까?

이 소설에서 댈러웨이 부인은 작가 버지니아 울프의 목소리를 대변하는 인물이기도 하다. 그러한 면은 이 소설이 가진 형식적 특징, 즉 댈러웨이 부인의 내면의 목소리를 그대로 들려주는 자동기술법과 같은 형식적 특징에서도 잘 드러난다. 댈러웨이 부인의 젊은 시절 연인이었던 피터와 자신이 언제나 사랑해 마지않았던 샐리의 변한 모습은 그녀를 우울하게 한다. 그러나 그들이 비록 현재 실망스러운 모습으로 댈러웨이 부인 앞에 나타났다고 하더라도, 그들이 댈러웨이 부인의 과거 속에서 빛나는 존재였다는 사실은 변함이 없다. 이들의 변화한 모습에 실망하고 그들로부터 눈을 돌리는 것은 쉬운 일일 것이다. 그러나 댈러웨이 부인은 그렇게 하지 않았다. 그것은 어쩌면 자기 자신을 부정하는 것이기 때문이다. 한 인간에게는 언제나 이와 같은 부정적 면모들이 있다. 자신의 연인이었던 사람과 한때의 좋은 친구가 현재 보여 주는 실망스러운 모습은 댈러웨이 부인 자신의 모습이기도 하다. 따라서 이들을 부정하는 것은 댈러웨이 부인 스스로의 모습을 부정하는 것과 마찬가지일 것이다. 결국 이들에 대한 사랑을 완전히 부정하지 않는 것은 어쩌면 현재 실망스러운 모습을 가진 자기 자신에 대한 일종의 연민 아닐까? 댈러웨이 부인이 우울 속에서 허우적대지 않고, 비록 조금이나마 희망을 발견하는 것은 바로 이런 이유일 것이다.

19
베르톨트 브레히트, 《억척어멈과 그의 자식들》

민중들의 어리석음을 통렬하게 비판한 서사극

★ 한눈에 보기

①
억척어멈은 벙어리 딸 그리고 두 아들과 함께 군인들을 상대로 물건을 팔며 살아간다. 억척어멈이 모집병에게 물건을 파는 사이 모집병은 큰아들을 꼬드겨 군대로 데려간다.

②
억척어멈은 스웨덴군을 따라 폴란드를 통과한다. 이때 군대에 간 아들 아일리프와 재회하게 되는데 아들이 농부를 죽이고 소 20마리를 훔친 공을 세우자 억척어멈은 기뻐한다.

③
스웨덴의 왕이 죽자 전쟁이 멈추고 평화가 찾아온다. 억척어멈은 평화가 장사를 망친다며 한탄한다. 한편 아들 아일리프는 농부를 죽이고 물건을 훔쳤다는 이유로 체포된다.

④
전쟁이 다시 발발하고 적군들이 잠입하는 것을 목격한 딸 카트린은 북을 두드려 적군의 침입을 알린다. 결국 카트린은 총에 맞아 죽지만 억척어멈은 진군하는 군대를 따라 떠난다.

1 저자 알기

베르톨트 브레히트(Bertolt Brecht, 1898~1956년)

독일의 극작가, 시인, 연출가인 브레히트는 독일 아우크스부르크에서 출생했다. 유복한 환경에서 태어났지만 어릴 때부터 선천성 심장병을 앓았으며, 이 때문에 학업을 잠시 중단하기도 했다.

제1차 세계대전 때 뮌헨에 의사로 참가한 후 본격적인 작품 활동을 시작했다. 《밤의 북소리》로 클라이스트 문학상을 받으며 유명해졌고 《도시의 정글 속에서》, 《서푼짜리 오페라》 등으로 성공을 거두었다. 사회주의자로서 부르주아 계급에 대한 비판과 노동자 해방이라는 목표를 위해 연극의 형식을 새롭게 바꾸는 시도를 했고, 이는 '낯설게 하기'라는 그의 독창적인 기법이 되었다.

나치가 정권을 장악한 후에는 덴마크, 핀란드 등으로 망명했다. 1941년에는 미국으로 망명했으며 반나치 활동을 적극적으로 펼쳤다. 그러나 미국에서 정치적 반대자를 공산주의자로 매도하는 반공주의가 심해지자 1947년 미국을 떠나 스위스를 거쳐 동독으로 이주했다.

평생을 망명객으로 떠돌던 브레히트는 동독 정부의 적극적인 지원 아래 '베를린 앙상블'을 창립했으며, 아내였던 배우 헬레네 바이겔과 자유로운 연극 활동을 펼쳤다. 이후에는 동독 정부를 비판하는 풍자시를 쓰는 등 그 관계가 악화되었다. 1956년 심장병으로 생을 마쳤다. 《억척어멈과 그의 자식들》, 《사천의 선인》, 《마하고니시의 흥망성쇠》 등의 대표작이 있다.

2 내용 깊이 알기

《억척어멈과 그의 자식들(Mutter courage und ihre kinder)》은 브레히트가 덴마크에서 쓴 작품이다. 1939년 9월 27일부터 11월 3일 사이에 집필했다는 기록이 남아 있다. 불과 5주 만에 완성된 이 작품은 덴마크 정부가 보여 주는 나치에 대한 태도 때문에 쓰게 되었다. 덴마크는 히틀러의 나치즘과는 거리를 두며 전쟁에 대해 비판적이면서도, 실제로는 경제적 이익을 취하고자 나치의 전쟁 준비에 공조하는 이중적 태도를 보였다. 브레히트는 이러한 기회주의적인 태도는 자신의 이익을 위해 타인에 대해 무책임한 태도를 보이는 것일 뿐 아니라 결국은 자기 자신마저도 파멸에 이르게 한다는 것을 보여 주기 위해서 이 극을 쓴 것이다.

《억척어멈과 그의 자식들》에 등장하는 억척어멈의 운명이 바로 이러한 기회주의적 태도의 결말을 잘 보여 준다. 작품에는 '30년 종교전쟁의 한 연대기'라는 부제가 달려 있다. 그러니까 구체적으로는 1624년에서 1636년까지 스웨덴에서 있었던 종교전쟁의 한 시기가 배경이다. 그러나 역사적으로 유명한 인물들은 등장하지 않는다. 극에는 역사 속에서 이름도 남기지 못하고 희생당하는 민중의 운명이 잘 그려져 있다. 그러나 민중은 눈앞의 이익만을 생각할 뿐, 자신에게 중요한 것이 무엇인지도 깨닫지 못하고 결국은 몰락하고 만다.

억척어멈은 전쟁터를 따라 포장마차를 끌고 다니면서 여러 물건을 팔며 생계를 이어 가는 가난한 상인이다. 가죽 혁대, 권총, 수탉

등 그녀가 팔 수 없는 것은 없다. 그리고 그녀에게는 아일리프, 슈바이처카스라는 두 명의 아들과 카트린이라는 딸이 있다. '억척어멈'이라는 이름에서 알 수 있듯이 그녀는 돈을 벌 수 있는 전쟁터라면 어디든 억척스럽게 따라다닌다. "진지하게 위대하신 양반들의 얘기로는 하나님을 경외하여 전쟁을 하고 착하고 아름다운 것을 위하는 일이라지만, 곰곰 따져 보면 그렇게 멍청이들은 아니거든. 다 이익을 바라고 전쟁을 하는 것이지. 그렇지 않다면 나 같은 소인배들이 참여할 까닭이 없지." 이처럼 전쟁이란 그녀에게 오직 돈벌이 수단일 뿐이다. 그리고 남편도 없이 자식 셋을 키우는 억척어멈에게 돈벌이는 삶을 유지하는 유일한 목표이기도 하다. 하지만 이 과정에서 그녀는 자신에게 가장 소중한 것들을 차례로 잃는다.

첫 장면에서 모병관과 상사가 억척어멈과 함께 등장한다. 이들은 억척어멈의 첫째 아들인 아일리프를 결국 군대에 지원하도록 꼬드긴다. 당연히 억척어멈은 이를 거부한다. 전쟁으로 벌어먹고 살면서, 자신의 아들은 군대에 보내려 하지 않는다고 마구 비난하는 상사에게 억척어멈은 "그게 내 자식들일 필요는 없어"라며 완강히 거부한다. 하지만 아일리프는 모병관의 꾐에 빠져 그를 따라간다. 그리고 결국은 몇 년 뒤 죽고 만다. 그는 용감한 군인이었지만, 그 용감함 때문에 오히려 자신의 목숨을 잃었다.

둘째인 슈바이처카스도 마찬가지의 운명을 겪는다. 목숨이 위험한지도 모르고 만용을 부리던 형 아일리프와 달리 슈바이처카스는 차분하고 진득한 청년이다. 이 때문에 그는 부대의 금고를 맡아서 지키게 된다. 그러나 금고를 숨겼다는 혐의를 받고 군사재판을 받게 된다. 아들이 군사재판을 받고 바로 사형에 처해질 위기가 오자 억척어멈은 뇌물을 주고서라도 아들을 살리려고 한다. 그러나 억척어멈은 이 순간에도 뇌물을 얼마만큼 줄 것인가를 놓고 흥정한다. 주위 사람들이 서둘러야 한다고 재촉하지만, 억척어멈은 계속 흥정을 한다. 결국 시간이 지체되어 둘째 아들은 사형을 당하고 만다. 브레히트는 아들의 생명과 재산을 저울질하는 억척어멈의 탐욕스러움을 통해 이러한 민중의 어리석음을 비판한다.

　브레히트는 연극이 민중을 위한 교육의 장이 되기를 원했다. 따라서 전통적인 연극과는 다른 새로운 형식의 연극을 도입했는데, 이를 브레히트의 '서사극'이라고 한다. 전통적인 연극은 아리스토텔레스 비극처럼 카타르시스를 끌어들여 관객이 극에 몰입하고 등장인물에 공감할 수 있도록 연출되었다. 그러나 브레히트는 '낯설게 하기'라는 새로운 기법을 통해 관객과 연극의 거리를 의도적으로 연출한다. 예를 들어, 극 속에 또 다른 극을 삽입하고, 연극이 시작되고 끝날 때 개막사와 폐막사를 통해 이것이 연극임을 관객에게 분명히 상기시키기도 한다. 전통적인 연극에서 등장인물은 관객과는 다른 공간에 속해 있는 것으로 설정된다. 관객은 등장인물들의 눈에는 보이지 않는 존재여야 했다. 그러나 브레히트의 연극에서 배우들은 관객에게 말을 걸기도 하는 등 관객과 배우, 무대의 거리를 지워 버린다. 앞으로 전개될 내용을 미리 알려 주기도 하는 장치도 등장한다. 이러한 형식들 속에서 관객은 극에 몰입하기보다는 극과 거리를 두게 되고 극중 인물에 공감하기보다는 비판적인 태도를 취하게 된다. 이로써 관객은 연극을 통해 자신의 비판적인 생각을 투영하게 되고, 현실의 부조리를 깨닫게 될 것이라고 브레히트는 생각했다.

《억척어멈과 그의 자식들》에서 관객은 억척어멈의 탐욕과 그로 인해 자식의 목숨까지 잃게 되는 어리석은 행동을 보면서 민중이 전쟁의 피해자일 뿐만 아니라, 이미 간접적인 공범이라는 사실을 깨닫는다. 그리고 전쟁과 무관하게 자신의 이익을 챙길 수 있다고 생각하는 억척어멈의 생각이 얼마나 어리석은지를 알게 된다. 브레히트는 이처럼 억척어멈에 대한 비판이 결국 관객들, 즉 민중 자신들의 어리석음에 대한 반성까지 이어지길 의도했다.

둘째 아들을 어이없게 잃은 억척어멈의 사업은 이후에도 번창하지만, 그녀의 마지막 남은 혈육인 카트린마저 적군의 침입을 알리려고 북을 치다가 적의 병사들에게 죽임을 당한다. 이제 전쟁통에 자식들을 모두 잃은 억척어멈은 비참한 모습으로 남았다. 하지만 여전히 또 포장마차를 끌며 새롭게 장사를 하러 간다. 결국 자신의 어리석음을 깨닫지 못하는 억척어멈의 모습은 민중의 어리석음에 대한 브레히트의 통렬한 비판이라 볼 수 있다.

3 결정적 문장

상사: 전쟁에 붙어서 먹고살려면 무엇이든 대가를 치러야 되는 법이야.

4 생각 더하기

억척어멈은 전쟁 중에 자식들을 모두 잃었음에도 계속해서 전쟁터를 다니면서 장사를 한다. 억척어멈의 이러한 행동이 보여 주는 의미는 무엇일까?

억척어멈이 자식들을 잃고 나서도 계속해서 장사를 이어가는 것은 전쟁을 통해서 자신이 돈을 벌어 잘살 수 있다고 생각했기 때문이다. 두 아들을 잃고도 그녀는 전쟁의 비참함에 대해서 전혀 깨닫지 못한다. 오히려 그녀는 관객들을 향해 다음과 같이 노래한다. "네놈들이 전쟁을 비방하도록 내버려 두지 않을 테다. 무슨 말인고 하면, 전쟁이란 놈은 약한 자를 말살시킨다고들 하지만 약자들이야 어차피 평시에도 죽어 가는 걸. 한 가지 분명한 것은, 전쟁이란 종사원들을 잘 먹여 살린다는 것이야."

물론 그녀가 전쟁을 무턱대고 찬양하는 것은 아니다. 전쟁터에서 두 아들을 잃은 어머니가 그렇게 생각할 수는 없을 것이다. 하지만 여전히 억척어멈은 전쟁을 그저 장사 이외에 다른 무엇이 아니며,

그저 훌륭한 돈줄이라고 생각한다. 심지어 자신은 전쟁이 아니었다면 제대로 먹고살 수 없었을 것이라고 생각하기까지 한다. 그 때문에 평화조약이 맺어지고 사업이 파산 지경에 이르게 되자, 평화가 자신을 파멸시켰다고 한탄한다. 그녀에게 중요한 것은 자신의 장사가 잘 되는가, 되지 않는가이지, 전쟁이냐 평화냐가 아니기 때문이다. 이처럼 억척어멈은 장사라는 눈앞의 이익에 가로막혀 이미 판단력이 마비되었다. 하지만 결국 자식들을 모두 잃고 마는 억척어멈의 모습에서 관객들은 그녀의 생각이 얼마나 어리석은지를 깨닫게 된다.

    브레히트의 《억척어멈과 그의 자식들》에서 억척어멈은 바로 당시의 어리석은 민중을 상징한다. 그는 민중들이 자신들을 착취하고 희생시키는 권력에 반감을 가지면서도 그러한 권력에 기생하여 살아가고자 하며, 그 행동에 무슨 문제가 있는지를 전혀 깨닫지 못한다고 생각했다. 그래서 억척어멈처럼 자신이 믿는 그릇된 신념 탓에 스스로를 파멸시키는 인물의 운명을 통해 당대 민중들이 그릇된 신념과 어리석은 행동을 스스로 반성하길 바랐다.

20
알베르 카뮈, 《이방인》

죽음을 통해 인간 실존에 대한 질문을 던진 소설

★ 한눈에 보기

1 알제리에 살고 있는 프랑스인인 뫼르소는 양로원에서 어머니가 사망했다는 소식을 듣고도 별 반응이 없다.

2 어머니의 장례식이 끝난 후 옛 직장 동료인 마리를 만나 급작스럽게 연인이 되고 이웃에 살고 있던 불량배인 레몽과 친구가 된다.

3 레몽과 그의 아랍인 여자 친구의 치정 문제에 뫼르소가 끼어들게 되고 레몽을 칼로 찌른 아랍인을 뫼르소가 총으로 쏴서 살해한다.

4 살인죄로 재판정에 서게 된 뫼르소는 자신이 햇빛에 눈이 부셔서 총을 쏘았다고 죄책감도 없이 증언한다. 이 세계에 대해 무관심한 그에게 사형 선고가 내려진다.

1 저자 알기

알베르 카뮈(Albert Camus, 1913~1960년)

카뮈는 알제리에서 태어났다. 아버지는 프랑스 이민자였고 어머니는 스페인 혈통이었다. 할아버지도 노동자였고 아버지 역시 농장 노동자로 그리 넉넉한 삶을 살지는 못했다. 게다가 카뮈가 태어난 지 일 년도 되지 않았던 1914년 9월, 제1차 세계대전 중 독일군과의 전투에서 아버지가 사망했기 때문에 카뮈는 불우한 어린 시절을 보냈다.

그는 프랑스의 작가이자 저널리스트이며 철학자이기도 하다. 그의 공식적인 경력은 《전투》라는 신문으로부터 시작한다. 《전투》는 제2차 세계대전 중 나치군에 저항하는 프랑스 지하조직에서 발간했다. 카뮈는 《시지푸스 신화》부터 《이방인》, 《페스트》와 같이 부조리가 담긴 작품들을 발표하면서 이름을 알리고, 마침내 1957년 노벨문학상을 받는다. 그는 기존의 가치나 도덕이 객관적으로 존재하지 않는다고 믿는 허무주의에 반대하고 개인의 자유를 탐구한다고 밝혔다. 철학자인 사르트르와 친한 친구이기는 했지만 그와 함께 존재론자[1]로 불리는 것에 대해 불만을 토로했다. 그러나 사르트르가 존재론자를 대표하는 철학자로 알려져 있는 것과 마찬가지로 카뮈 역시 여전히 존재론자로 분류되며, 때론 허무주의[2]적 맥락에서 해석되기도 한다.

---

1. 존재가 본질보다 앞선다, 즉 행위에 따라 본질이 바뀔 수 있다고 주장하는 사람.
2. 진리나 기성 가치가 존재하지 않는다고 보는 입장.

2 내용 깊이 알기

《이방인(L'Étranger)》의 주인공 뫼르소는 알제리에 살고 있는 프랑스인이다. 그는 양로원에 있던 어머니가 죽었다는 전보를 받고도 아무런 감정을 표현하지 않는다. 또 어머니의 시신을 확인해 달라는 요청도 거절하고 관 앞에서 담배를 피우며 커피를 마신다. 자신에게 일어난 일을 누군가에게 말하는 듯한 어투로 생생하게 쓰인 소설이지만 사실 주인공은 자신의 현실을 자신의 것으로 받아들이지 못하고 늘 멀리 떨어져 있다. 즉, 소설의 형식적인 부분에서 모든 서술들이 소설의 내용 자체와는 무척이나 가깝지만, 정작 주인공 뫼르소는 사건에서 너무 멀리 떨어져 있다.

뫼르소는 어머니의 장례식 후에 예전 직장 동료였던 마리를 만난다. 그리고 그녀와 수영을 하러 가고 코미디 영화를 보고 함께 시간을 보내며 급작스럽게 연인이 된다. 새로운 인연은 또 있다. 이웃에 살고 있던 레몽은 뫼르소와 갑자기 친구가 된다. 레몽은 자신을 '창고 관리인'이라고 말하지만 사실 그는 불량배였다. 뫼르소는 이것에도 큰 의미를 두지 않는다. 그러던 중 레몽은 자신에게 아랍인 여자 친구가 있는데 그녀가 바람을 피운 것 같다며 복수를 위해 편지를 써 달라고 뫼르소에게 부탁한다. 레몽은 믿을 만한 사람이 아니었기 때문에 레몽의 계획에 동참한다면 나쁜 일에 휘말릴 수도 있었다. 그러나 뫼르소는 딱히 돕지 않을 이유도 없다고 생각한다. 뫼르소가 쓴 편지를 읽고 레몽의 여자 친구는 돌아오고 레몽은 이 여자를 때리고 쫓아낸다. 그녀는 이 일로 레몽을 고소하지만 뫼르소는 그녀가 바람을 폈다고 증언하기까지 한다. 덕분에 레몽은 경고만 받고 풀려나고 레몽 여자 친구의 가족은 앙심을 품는다.

그러던 어느 일요일, 레몽은 뫼르소와 마리를 해변에 있는 레몽 친구의 집으로 초대한다. 그곳에서 레몽과 뫼르소는 레몽 여자 친구의 형제, 그리고 그의 아랍인 친구 한 명과 맞닥뜨리게 된다. 레몽은 여자 친구의 가족들과 주먹다짐을 하다 칼에 찔린다. 뫼르소는 다친 레몽을 집으로 옮기고 다시 홀로 해변으로 나오면서 레몽의 총을 들고 나오는데, 다른 의도가 있었던 것은 아니었다. 뫼르소는 레몽을 찔렀던 아랍인과 다시 마주친다. 소금기와 먼지로 찌든 땀방울은 눈을 찌르고, 다가오는 아랍인의 얼굴은 햇빛에 반사되어 보이지 않는다. 칼에 반사된 햇빛은 뫼르소의 얼굴을 찌르고 그 순간 뫼르소는 아랍인을 향해 총을 쏜다. 그가 쓰러진 것을 보고 뫼르소는 다시 네 발의 총을 쏜다.

다음의 이야기는 뫼르소가 체포되고 곧이어 법정에 서는 것으로 이어진다. 식민지 국가였던 알제리와 그 나라 국민이었던 피해자, 그리고 지배국인 프랑스의 시민이었던 가해자 뫼르소. 현실에서 그러하듯 법적으로도 동등함과 평등이 주어지지 않는 이 두 시민에 대한 판결은 어쩌면 다소 쉬운 일이었을지도 모른다.

그러나 상황은 그렇게 단순하게 정리되지는 않았다. 뫼르소는 재판에 앞서 예심판사를 변호사와 함께 만난다. 재판에 필요한 자료들을 모으고 확인하는 절차로 예심판사는 뫼르소에게 질문하기 시작한다. 그런데 예심판사는 사건의 내용을 확인하기에 앞서 어머니의 장례식에서 보였던 그의 행동에 대해 이야기한다. 그는 뫼르소의 다양한 사생활을 수집하던 중 어머니가 사망한 사실을 알아내고 어머니가 머물렀던 양로원에 가서 조사를 했다고 밝힌다. 그리고 그가 어머니의 죽음 앞에서 왜 그렇게 무심했는지를 캐묻는다. 뫼르소는 "엄마를 사랑했지만 그것은 아무런 의미가 없다"고 대답한다. 이어 뫼르소는 예심판사에게 건전한 사람이라고 하더라도 사랑하는 사람이 죽어 버렸으면 좋겠다는 생각쯤은 한다고 말한다. 예심판사는 뫼르소의 대답을 이상하다고 받아들인다. 사건에 대해서도 뫼르소는 "레몽, 바닷가, 수영, 싸움, 다시 바닷가, 조그만 샘, 태양 그리고 다섯 발의 총격"으로 지극히 간략하게 설명한다. 그러나 예심판사가 뫼르소에게 가장 분노했던 부분은 따로 있었다. 바로 그가 저지른 일에 대하여 종교적으로 회개하지 않는다는 점이었다.

  곧 정식 재판이 시작된다. 소설에서 보이는 묘사, 즉 뫼르소가 하는 이야기들은 좀 더 생생해진다. 그는 자신의 몸이 자유로웠던 때, 자신의 의지대로 저질렀던 많은 일들에 대해서는 남의 일 대하듯 동떨어진 태도를 보이더니, 감옥에 갇혀 자유를 박탈당하고 변호인과 재판장 같은 다른 사람들에 의해 자신의 운명이 결정될 때에는 더할 나위 없이 세세하고 생생하게 자신의 현실을 바라본다. 그러나 이러한 삶의 태도는 자신의 운명을 결정짓지 못하고, 그저 지켜보고 관찰하게 만든다. 참으로 아이러니하게 가장 주체적이 되고자 하는 순간 가장 비주체적이 되는 것이었다.

쉬울 것만 같았던 재판은 예상과는 다르게 이상하게 흘러간다. 자꾸만 어머니의 장례식에서 뫼르소가 아무런 감정을 보이지 않고 무관심했던 내용의 증언과 비판이 연이어진다. 그리고 마침내 뫼르소에게 자기 자신을 변호할 수 있는 발언권이 주어지자 뫼르소는 말한다. 햇빛 때문에 죽인 것이라고. 뫼르소가 세계에 무감각하고 무관심한 괴물이라서 살인을 한 것이 아니라 햇빛에 눈이 부셔서 총을 쏘았다는 것이다. 뫼르소 자신에게는 살인을 설명하는 가장 실존적인 대답이었을 것이며, 뫼르소에게 살인의 이유로 아마도 그보다 더 명확한 것은 없었을 것이다. 그러나 어느 누구도 뫼르소를 이해하지 못한다. 재판을 지켜보던 사람들은 심지어 실소한다.

뫼르소는 결국 사형을 선고받고 감옥에 갇힌다. 죽음을 앞둔 사형수 뫼르소에게 신 앞에서의 참회와 회개를 권유하는 신부가 찾아온다. 뫼르소는 분노하며 그 누구도 자신이 한 행동에 대해, 그리고 자신이 누구인지에 대해 판단할 권리가 없다고, 그 어떤 누구도 다른 사람을 판결할 수 없다고 말한다. 신부는 결국 뫼르소가 무신론을 버리고 신을 믿게 하는 데 실패한다.

뫼르소는 사형을 받아들이며 인류에게는 무관심한 우주를 생각한다. 결국 모든 존재는 다른 모든 존재에 무관심한 존재가 될 수밖에 없는 것일까? 뫼르소가 어머니의 죽음에 무관심했었던 것처럼, 뫼르소 자신의 사형에도 온 세계가 무관심해 보인다.

이 소설에 등장하는 뫼르소의 행동은 다소 공감이 가지 않는 부분들이 있다. 그렇기 때문에 다양한 추론과 해석이 가능하다. 카뮈가 자신은 허무주의에 반대하고 실존주의자도 아니라고 말했음에도 이 소설은 허무주의와 실존주의적 맥락에서 이해될 수 있는 여지가 있다. 또 뫼르소의 죄가 중대하기는 하나 그가 사형을 선고받는 모습은 아이러니하기 짝이 없다. 뫼르소가 총을 쏘기 직전 피해자가 먼저 칼을 꺼냈다는 사실과 이미 레몽이 그 피해자의 칼에 찔려 다친 상황을 설명했다면 어쩌면 재판은 뫼르소에게 유리하게 돌아갔을 것이다. 게다가 피해자가 아랍인이었기 때문에 차별적인 법정은 프랑스인의 편을 들어주었을 것이다. 하지만 기품과 인간다움을 갖추지 못하고 신을 부정하며 어머니의 죽음에도 무심했던 뫼르소는 사형을 선고받는다.

《이방인》은 이런 부조리함을 통해 실존주의와 허무주의라는 철학적 주제들뿐만 아니라 식민주의와 그 속에서의 불평등, 법의 불공정성, 인간이 인간에게 내리는 판단의 부당함, 사형 제도의 문제 등과 같은 다양한 주제들을 이끌고 있다.

3 결정적 문장

"오늘 엄마가 죽었다. 아니, 어쩌면 어제인지도 모른다."

4 생각 더하기

《이방인》의 주인공 뫼르소는 끝내 종교를 거절한다. 이를 통해 뫼르소가 어머니의 죽음에 무덤덤했던 이유를 찾을 수 있을까? 어머니의 죽음에 무감각한 태도와 사형을 선고받았음에도 종교적 희망을 찾지 않으려는 모습을 통해 소설의 처음과 끝을 연결 지어 이해할 만한 여지가 있는지 생각해 보자.

뫼르소가 어머니의 죽음을 슬퍼하지 않은 이유는 다양하게 생각해 볼 수 있다. 그러나 소설의 끝부분에 등장하는 뫼르소의 인생과 죽음에 관한 태도를 보면 비도덕적으로만 느껴졌던 그의 태도를 조금은 이해할 수 있을 것 같다. 뫼르소는 사형을 선고받는다. 그리고 감옥에 갇혀 있는 동안 신부가 찾아와 종교를 갖게 하려 애를 쓴다. 그러나 뫼르소는 신이 없다고 생각한다.

신이 있는지 없는지에 대해 이야기하는 것은 분명 여기서 적절하지 않다. 뫼르소에게 종교를 통해 현실을 바라보는 것은 지극히 자기 안위적이며 동시에 허구적인 의미만을 갖는 것일지도 모른다. 뫼르소에게 지금의 현실 이외에 의미 있는 것은 아무것도 없다. 그렇기 때문에 죽음을 앞둔 뫼르소에게 종교가 주는 편안함은 무의미하다. 뫼르소는 종교를 가지지 않고 죽음을 죽음 자체로 받아들이기로 한다.

어쩌면 뫼르소는 어머니의 죽음에 대해서도 같은 생각이었을 수 있다. 어머니의 죽음을 맞닥뜨렸을 때의 행동이나 예의, 태도 등은 뫼르소의 입장에서 아무런 의미가 없다. 어머니를 사랑했는지는 더더욱 의미가 없다. 그저 어머니의 죽음만이 현실이다. 어머니는 죽어 버렸고, 그 현실이 뫼르소 앞에 당도했을 뿐이다. 뫼르소는 어머니의 죽음을 받아들여야 할 뿐이다. 그것을 당연하고 자연스러운 일로 받아들이도록 애쓰는 일은 다른 이들에게 그리 예의 있는 행동으로 비춰진 건 아니었다. 뫼르소가 가진 심리적 공허함은 어떤 행동으로도 채워질 수 없다. 그리고 그 심리가 마침내 알제리 청년을 총으로 쏘는 일까지 연결되었을 것이다. 만약 뫼르소가 신을 믿었다면, 그래서 어머니의 죽음을 죽음만으로 받아들이지 않았다면 어땠을까? 아마도 그에게 어머니가 하느님의 나라에서 다른 삶을 시작하는 것이 아닌 그저 모든 삶을 끝내 버린 것이라고 생각하는 것은 그 어떤 것보다 고통스러웠을 것이다. 하지만 그는 종교라는 색안경을 끼지 않고 현실을 직시하는 삶을 선택했기 때문에 어머니의 죽음 역시 죽음과 종말로만 받아들여야 했던 것이다.

21
시몬 드 보부아르,
《제2의 성》

20세기 가장 영향력 있는 페미니즘 성서

★ 한눈에 보기

1
남성은 기본이자 첫 번째로 여겨지는 반면, 여성은 '다른' 존재로 인식되며 두 번째가 된다.

2
인간성은 남성 그 자체로 정의되나 여성은 여성 그 자체로 정의되기보다 남성과의 관계를 통해 정의된다.

3
여성은 빈센트 반 고흐나 프란츠 카프카가 될 수 없다. 그저 테레사 수녀로만 살아야 존경받을 수 있다.

4
여성은 인간으로서의 자유를 획득할 때만이 진정한 여성성을 획득할 수 있다.

1 저자 알기

시몬 드 보부아르(Simone de Beauvoir, 1908~1986년)

프랑스의 작가이자 철학자이다. 시몬 드 보부아르의 아버지는 한때 배우가 되려다가 만 법률 비서였고, 외할아버지는 매우 부유한 은행가였다. 제1차 세계대전 이후 외할아버지의 파산으로 잠시 힘든 시기가 있었지만 보부아르는 독실한 기독교 집안에서 대체적으로 유복하게 자랐다. 보부아르는 어릴 적 무척 영리하고 성숙했다. 아들을 간절하게 원했지만 딸만 둘을 낳은 아버지는 늘 그녀에게 "시몬은 남자처럼 생각하지"라고 말하며 무슨 일이든 할 수 있다는 자신감을 주곤 했다.

보부아르는 수학과 철학으로 바칼로레아[1]를 통과한 후 수학, 문학과 언어학을 공부했고 철학을 전공했다. 1929년에는 최연소로 철학 교수 자격시험을 차석으로 통과했다. 당시 수석은 사르트르였지만 심사위원들은 보부아르가 더 뛰어나다는 것을 인정했다. 이후 보부아르는 1943년까지 학생들을 가르쳤다. 제2차 세계대전이 끝난 후에는 사르트르[2]와 함께 실존주의 운동을 이끌어 사회이론과 철학 등 다양한 분야에 많은 영향을 미쳤다. 특히 그녀는 전후 페미니

---

1. 1808년 나폴레옹시대부터 시작된 프랑스의 논술형 대입자격시험. 우리나라의 수학능력시험과 같은 국가시험이다.
2. "실존은 본질에 앞선다"라는 유명한 말을 남긴 프랑스의 철학자이다. 1964년 노벨문학상 수상자로 결정되었으나 수상을 거부한 인물로도 유명하다.

즘의 역사에서 가장 중요한 인물 중 한 명으로 꼽힐 만큼 중요한 위치를 차지한다. 뿐만 아니라 소설과 에세이로도 유명한데 1957년에 쓴 《레 망다랭》이라는 소설은 프랑스의 권위 있는 문학상인 공쿠르 상을 수상했다.

1929년부터 사르트르와 보부아르는 연인 관계였다. 사르트르는 보부아르에게 청혼을 하지만 거절당한다. 그녀가 여성을 옥죄는 전통적인 형식의 결혼으로부터 자유로워지고자 했기 때문이다. 사르트르는 그런 여성의 상황과 억압을 이해하고 받아들여 결혼하지 않은 채 평생을 함께 보낸다. 이 둘은 서로의 작업에 깊이 연관되어 있고 서로 각자의 저작을 바꾸어 읽으며 영향을 주고받은 것으로 유명하다.

그럼에도 여전히 여성의 업적은 남성의 업적보다 덜 발굴되는 경향이 있기 때문에 보부아르의 많은 업적들은 페미니즘 안에서만 연구된 감이 있다. 그러나 최근에는 보부아르가 남긴 많은 철학적 성과들이 발굴되어 연구되고 있다.

2 내용 깊이 알기

《제2의 성(Le deuxième sexe)》은 시몬 드 보부아르가 여성 해방에 관해 다룬 책이다. 이 책은 여러 가지로 많은 통찰을 주었지만 특히 페미니즘의 두 번째 물결을 이루어 냈다는 평가를 받고 있다. 페미니즘의 첫 번째 물결은 19세기부터 20세기 초반에 걸쳐 영국과 미국, 네덜란드, 캐나다를 중심으로 일어난 운동으로 선거권 획득과 같은 법적인 여성의 권리를 주장한 것이었다. 두 번째 물결에서는 여전히 계속되는 법률상의 불평등은 물론 법이 미치지 않는 영역, 즉 관습이나 인식 속에서의 문제, 가족과 직장 내에서의 불평등, 가정 내 폭력과 같은 더 비공식적인 문제에 이르기까지 다양한 여성의 영역으로 인식을 확장해 나갔다. 이 두 번째 물결은 보통 1960년대부터 20세기 초까지의 기간을 일컫는다. 이 책이 이러한 생각을 이끌 수 있었던 데에는 과연 여성의 존재가 어떻게 '사회적'으로 만들어지는지에 대해 고심했기 때문이었다.

이 책에서는 여성을 제2의 성, 즉 두 번째의 성별이라고 언급했다. 이것은 마치 대한민국의 국민이라면 주민등록번호를 남자는 1번, 여자는 2번, 2000년 이후 출생자의 경우 남자는 3번, 여자는 4번을 부여받는 것과 같은 인식이다. 남성이 늘 첫 번째이고 여성이 그 뒤를 따르게 하는 방식은 이미 많은 나라에서 폐기되었다. 지난 세기에 보부아르가 제기했던 문제가 이미 많은 통찰을 주었기 때문이다. 여성이 두 번째의 성별이라고 생각하는 것은 모든 기준이 남성이 되는 것을 의미한다. 이에 따라 여성은 남성의 기준에 따라 맞추어지게 되며 자신의 욕망, 사회적 지위나 역할을 스스로 결정하는 것이 아니라 남성의 욕망과 역할에 맞추어, 즉 남성적 시선으로 규정된다.

이렇게 규정된 여성은 자신의 욕망을 스스로 인식하고 자신이 원하는 것을 하기보다는 다른 이들이 원하는 것에 맞추어 살도록 강요된다. 특히 성적인 욕망에 대해서는 더욱 그렇다. 여성은 남성의 욕망을 실현하기 위한 도구이며 여성이 다른 욕망을 가질 수 있는 존재로 인정받지 못한다. 여성이 주체적인 존재로 인식되지 못하기 때문에 여성은 남성에 의해 지배되어야 한다. 이러한 문화 속에서 여성은 수동적이며 성적으로 무지한 존재가 되었다. 그래서 자기 자신을 바라볼 때조차도 다른 사람을 보는 듯, '타자화'하게 된다. 결국 여성의 특질은 그 자체로 이해되기보다는 이해할 수 없는 것, 괴이한 것, 신비한 것으로 남게 된다. 그리고 알 수 없는 것들은 불안과 환상을 만들어 낸다.

이 책에서 보부아르가 말하고자 했던 가장 핵심적인 부분은 "여성은 태어나는 것이 아니라 만들어지는 것이다"라는 말에 있다. 여성의 특질이라 여겼던 부분들은 타고나는 본성이나 신체로부터 야기되는 것들이 아니라 사회·문화적으로 만들어지고 구성된다는 뜻이다.

철학자 주디스 버틀러는 보부아르의 통찰을 통해 생물학적인 성과 사회적인 성을 말할 수 있게 되었다고 지적한다. 영어에서 생물학적인 성을 섹스, 사회학적인 성을 젠더라고 한다. 우리가 알고 있는 모든 여성적이고 남성적인 것들은 모두 젠더의 특성이라고 할 수 있다. 이성적, 도전적, 적극적과 같이 남성을 묘사하는 단어들이나 감성적, 순종적, 소극적, 섬세함과 같이 여성을 묘사하는 단어들은 단지 어떤 한 성별에 국한되는 것이 아니다. 특정 분야가 남성들만의 것이거나 여성들만의 것도 아니다. 그저 편견에 불과하다. 보부아르는 여성과 남성을 바라보는 시선은 생물학적 차원에서의 육체를 바탕으로 하는 것이 아니라 사회적, 경제적, 그리고 육체관계에 관한 특정한 문맥을 바탕으로 하고 있다고 주장한다.

이 책은 두 권으로 이루어져 있는데, 첫 번째는 '사실과 신화', 두 번째는 '생체험'이라는 부제목을 달고 있다. 1권의 '사실과 신화'에서는 여성으로서의 운명, 즉 우리 사회에서 여성이 어떤 운명을 지니고 있는지, 그리고 이것은 육체적으로 정신분석학적으로 어떤 위치에 있는지를 탐구한다. 이는 역사 속에서 혹은 역사를 넘어 우리 안에 그 신화가 어떻게 잠재되어 있는지를 살핀다. 특히 보부아르는 남성이 선택한 주제에 따라 남성의 기준으로 묘사되는 여성의 경험을 분석한다. 의학에서는 남성 의사에 의해 여성의 몸과 느낌 그리고 고통을, 문학에서는 남성 작가가 여성의 경험을 묘사한다. 보부아르는 생리, 성경험, 임신과 출산의 경험에 관한 담론에서조차도 여성은 철저하게 소외된다는 점을 지적한다.

2권의 '생체험'에서는 여성의 직접적인 경험을 분석한다. '생체험'이란 자기 자신의 몸과 자신의 느낌들을 타인의 시선으로 통과하지 않고 있는 그대로 보고하는 것을 말한다. 여성들에게는 자기가 경험한 것조차도 다른 이들의 묘사와 평가를 통해 다시 바라보게 되는 일이 너무 흔하기 때문에 자기 자신에게만 집중해 스스로의 느낌과 경험을 그대로 표현하고 평가하는 일은 무척이나 중요하다. 여성들이 느끼고 경험하는 그대로의 체험들을 보고하고 분석하는 것은 그동안 왜곡되었던 여성의 특질들과 심리들을 바로잡을 수 있는 기회를 준다.

보부아르에 따르면 남성과 여성 중 누가 우월하냐를 따지는 것은 무의미한 일이다. 여성은 이것을 넘어 독립적인 존재가 되어야 하고 자유를 향해 나아가야 한다.

보부아르의 이러한 주장은 비단 여성만이 아니라 다양한 분야에도 적용된다. 페미니즘 이론이 게이나 트렌스젠더 같은 성소수자의 권익을 함께 대변하는 이유는 이런 주장들이 모든 소수자를 대변하고 있기 때문이다. 어떤 집단에서 우월한 위치에 있다 하더라도 다른 집단에서까지 그러리라는 보장은 없다. 한국 남성이 미국 사회에 가면 소수민족이 되는 것과 같은 이치이다. 남성과 여성의 평등한 인식은 곧 이성애자와 동성애자의 평등, 백인과 유색인종의 평등, 나라와 나라 간의 평등 문제를 모두 포괄한다.

인류를 구별하는 가장 큰 단위는 성별이다. 남자와 여자라는 가장 큰 단위에서마저 평등이 이루어지지 않는다면 그 어떤 곳에서도 평등은 이루어지지 않을 것이다.

3 결정적 문장

몸은 사물이 아니다. 그것은 사태(事態)이다. 몸은 세계에 대한 우리의 이해와 우리의 기획에 대한 밑그림이다.

4 생각 더하기

페미니즘의 역사에 있어서 큰 획을 그은 보부아르가 평생 결혼을 하지 않은 이유는 무엇일까? 결혼은 우리 사회에서 어떤 의미일까?

보부아르와 사르트르는 평생 결혼하지 않았다. 처음 연인이 되었을 때 그들은 2년 동안의 계약 결혼을 약속했다. 그 2년의 약속이 평생으로 이어졌다. 하지만 그들은 아이도 낳지 않고 법적인 결혼도 하지 않았다.

남성과 여성에게 결혼은 무척이나 중요한 일이다. 그러나 그 의미는 남성과 여성에게 조금은 다른 것 같다. 남성들에게 결혼이 일종의 발판처럼 여겨진다면 여성들에게 결혼은 모든 것처럼 느껴지기도 한다. 그도 그럴 것이 남성에게 가정은 안정된 사회생활과 성공을 향해 달려가기 위해 지원받는 곳처럼 여겨진다. 그러나 여성은 가정 안에서 남성의 사회생활을 보좌하는 역할을 하게 된다. 그렇기 때문에 여성에게는 늘 보조적인 역할이 주어진다. 즉, 한 사람으로서 그 사람의 능력을 평가받기보다는 남성을 보조하는 역할을 우선으로 평가받는다.

결혼 안에서의 또 다른 문제들, 그러니까 출산과 양육 같은 문제도 많은 관습적인 문제에 부딪힌다. 출산과 양육이 사회적으로 무척이나 중요한 의미를 가짐에도 이것은 여성의 문제로만 국한된다. 아이를 낳고 기르는 일은 그 무엇보다도 중요한 일인데 그 부담이 여성에게만 가해지는 것은 문제이다. 양육과 사회생활을 병행했을 때

일어날 수 있는 문제에 대한 화살은 늘 여성에게 돌려진다. 사회에서 성공한 여성은 양육에 불성실한 이기적인 여성으로 평가받기 십상이다. 출산과 양육에 대해 망설이는 많은 여성들은 이런 관습적인 이중 잣대를 두려워할 수밖에 없다.

아마도 보부아르는 기존의 관습적인 시선으로 평가받는 것을 거부하고 싶었는지도 모른다. 사회적으로 아이의 엄마로서, 한 남자의 아내로서의 평가를 거부하고 남자들처럼 한 명의 인간으로서, 자신의 철학과 업적으로만 평가받고 싶었을 것이다. 이것은 현대 여성들도 마찬가지이다. 결혼과 출산도 중요하지만, 개인의 능력을 사회적으로 인정받는 일 또한 중요하다. 그것은 곧 한 인간으로서의 자존감과 깊이 연관되어 있다. 개인적인 행복과 자존감은 대체 가능한 것도 교환할 수 있는 것도 아니다.

어떤 사회나 문화가 이렇게 소중한 개인의 축복마저 포기하도록 강요한다면 결코 좋은 곳이라고 말할 수는 없을 것이다. 약 100년 전 보부아르가 살았던 사회에 비해 우리 사회가 얼마나 진보했는지, 여성 문제에 있어서 얼마나 그 시야가 넓어졌는지, 우리가 여성들을 평가할 때 어떤 잣대를 들이대는지 반드시 생각해 보아야 한다.

22
조지 오웰, 《1984》

전체주의적 지배의 양상을 묘사한 소설

★ 한눈에 보기

1 '오세아니아'라는 나라에 살고 있는 사람들은 빅브라더의 감시와 지배를 받고 있지만 그 누구도 빅브라더의 존재를 정확하게 알지 못한다.

2 이곳에서는 사람들의 비판적인 사고를 억제하기 위해 '이중사고'라는 정책을 편다. 이 때문에 사람들은 전쟁과 평화는 같으며 전쟁을 통해 평화를 지켜야 한다는 모순된 사고를 한다.

3 주인공 윈스턴 스미스는 외부당 당원으로 '진실부'라는 기관에서 일을 하고 있지만 사랑을 금지시킨 당의 지침과는 달리 줄리아를 사랑하게 된다.

4 윈스턴은 줄리아와 함께 빅브라더에게 반기를 들고 지하조직에 들어가지만 체포당한다. 그는 줄리아를 배신하고 풀려나지만 감옥에서 당한 세뇌로 만신창이가 된다.

1 저자 알기

조지 오웰(George Orwell, 1903~1950년)

본명은 에릭 아서 블레어$^{Eric\ Arthur\ Blair}$이다. 증조부는 영국의 지주 출신이며 할아버지는 성직자였다. 그러나 점점 가세는 기울었고 아버지는 식민지로 파견을 가 아편국 공무원으로 일했다. 그래서 조지 오웰은 영국의 식민지였던 인도의 한 작은 도시에서 태어났다. 어린 시절 어머니는 그를 공립학교에 보내고 싶어 했지만 학비가 없어서 그럴 수 없었다. 다행히 오웰의 외삼촌 덕분에 사립학교에서 반액 장학금을 받을 수 있었다. 당시 외삼촌은 프로 골퍼였는데 자신이 우승했던 골프 클럽에서 한 사립학교의 교장 선생님과 친분을 쌓았고, 그에게 오웰의 장학금을 부탁했던 것이었다. 이후에 이튼 칼리지$^{Eton\ College}$를 다니게 되는데 그곳에서도 장학금을 받을 수 있었다. 이 시절 오웰은 《멋진 신세계》를 썼던 올더스 헉슬리를 만난다. 헉슬리는 이튼에서 프랑스어를 1년간 가르친 경력이 있는데, 이때 오웰이 제자였다. 《멋진 신세계》와 《1984》의 공통된 시선이 있다는 것이 단순한 우연은 아닐 것이다.

당시 오웰은 식민주의를 그다지 비판할 생각이 없었기 때문에 아버지처럼 식민지의 공무원이 되기로 결심하고 지금의 미얀마에서 경찰이 된다. 오웰은 이 생활을 5년 정도 했지만 훗날 그는 이 생활에 죄책감을 느꼈다고 쓴 적이 있다. 자신은 "내 나라에 대해 좀 더 자세히 보기 시작했고 영국 또한 (다른 나라를) 탄압하고 있었다는 것을 알게 되었다"라고 말했다. 이후 그는 유럽으로 돌아와 몇몇 잡지에 기고하기는 하지만 생활고에 시달리며 밑바닥 생활을 한다. 이때의 경험이 영국 북부 공업지대에 실업자들의 삶을 그린《위건 부두로 가는 길》로 연결된다. 팽배해진 자본주의로 피폐해져만 가는 인간들의 삶 속에서 그는 사회주의자가 된다. 그리고 1936년 스페인 내전에 참전한다. 이 전쟁은 유럽의 예술가와 지식인들이 농민과 노동자 편에 서서 참전을 했던 국제적 성격을 가지고 있던 전쟁이었다.《카탈루냐 찬가》에는 그의 이런 경험이 녹아 있다.

이후 제2차 세계대전이 끝나 갈 무렵인 1945년에《동물 농장》을 출판한다. 사회주의자였던 오웰은 1917년 러시아혁명과 스탈린을 비판하며 이 소설을 썼다고 밝혔다. 그는 소련을 독재국가라고 생각했기 때문에 소설은 파시즘에 관한 암시로 가득 차 있다. 이 소설은 한국에서 가장 먼저 번역된 것으로 유명하다. 소련을 반대한다는 이유에서였는데 이는 오웰이 사회주의자의 입장에서 쓴 이중적 구조를 간과한 것이다.

이처럼 오웰의 삶과 글은 20세기를 대표하는 단어들과 직접적으로 맞닿아 있다. 식민주의, 자본주의, 공산주의, 파시즘, 냉전 등이 그것이다. '냉전'이라는 말은《동물 농장》에서 처음 등장하는 말일 정도이니 그 누구도 오웰이 20세기를 빛낸 영미권 작가 중 한 사람이라는 사실을 부정하지 못할 것이다.

2 내용 깊이 알기

《1984(Nineteen eighty-four)》는 《동물 농장》이 전 세계적으로 히트를 친 이후인 1949년에 발표된 소설이다. 조지 오웰이 사망하기 불과 7개월 전에 출판되었다. 이 책은 출간되자마자 영국과 미국에서만 약 40만 부가 팔릴 정도로 엄청난 인기를 끌었다. 제2차 세계대전이 끝난 당시 전 세계는 민주주의에 대한 갈망이 싹트고 있었다. 전쟁, 전체주의, 독재로 물들였던 20세기 초의 역사가 이제 끝나기를 바랐다. 그러나 전쟁이 끝났어도 미래가 장밋빛인 것은 아니었다. 노동자들의 염원으로 러시아혁명을 이루어 냈지만 오웰 같은 사회주의자들은 스탈린 정권에 결코 동의할 수 없었다. 중국 역시 전체주의가 시작되고 있었다. 세계는 여전히 팽팽한 긴장감으로 가득 차 있었고 그 속에서 많은 사람들이 평화가 찾아올 수 있을지 의심했다. 이런 분위기 속에서 오웰은 이 소설을 쓰던 해인 1948년을 살짝 뒤틀어 《1984》라는 제목을 붙였다. 미래에 관한 소설이지만 당시 가장 비판적인 소설 중 하나였다.

소설 속 배경은 오세아니아라는 나라이다. 이는 실제 어떤 특정 나라를 지칭한다기보다 허구적인 연합국을 만들어 낸 것이다. 이 나라는 내부 정당과 외부 정당, 그리고 프롤이라는 계층으로 구성되어 있다. 내부당은 전체 인구의 2%, 외부당은 13% 정도 되는데 이들이 나머지 프롤 계층을 지배한다. 더 정확하게 말하자면 외부당은 중산층이라고 할 수 있다. 이 사회는 전체주의적 사회로 빅브라더의 지배를 받고 있다. 이 나라에서는 TV를 텔레스크린이라고 하는데 텔레비전이면서 동시에 감시 기계이기도 하다. 사람들은 텔레스크린을 시청하면서 동시에 자신의 생활을 시청당하기도 하는 것이다. 빅브라더는 상징적인 인물로 어디에서나 포스터로 볼 수 있지만 실제 그가 누구인지는 알 수 없다. 빅브라더가 세상을 지배하기 전을 기억하는 사람들은 모두 숙청당하고 없던 터라 그 누구도 빅브라더가 없는 세상을 상상할 수 없다. 지금도 국가가 국민들을 감시하는 망을 만들거나 어떤 특정 집단에서 통치와 지배를 위해 사람들을 감시할 때 비유적으로 빅브라더라는 말을 쓴다.

소설은 개인의 자유는 전혀 허용되지 않는 감시 사회라고 할 수 있다. 소설에 등장하는 나라는 모두 두 곳인데 두 나라는 서로 연합해 다른 나라와 전쟁을 한다. 그랬다가 그 연합이 깨지고 다른 나라와 연합해 싸우는, 끝나지 않는 전쟁을 일삼고 있다. 전쟁조차도 통치의 수단이 되어 사람들에게 공포심을 주고 그 공포심을 통해 국가에 더 헌신적으로 복종하게 만든다. 사람들은 이 어려운 시기에 마음을 모아 국가적 위기를 극복해야 한다고 생각한다. 게다가 사람들의 생각을 제한하기 위해 사용할 수 있는 단어도 점차 줄여 간다. 말을 할 수 없으면 생각도 할 수 없다는 인식 때문에 생겨난 일종의 언어 관련 정책인 것이다. 원래 있었던 말들을 새로운 말들로 대체하여 수를 줄이고 세분화하여 묘사했던 것들을 하나로 축약시켜 버린다. 게다가 이들은 이중사고라는 것을 한다. 이중사고는 두 가지의 모순된 것들이 동시에 받아들이는 것을 의미한다. 소설 안에서 이중사고를 대표하는 말이 바로 흑백색이다. 검은색이면서 동시에 흰색인 색을 말한다. 당의 슬로건은 '전쟁은 평화, 자유는 속박, 무지는 힘'이다. 이 역시 이중사고라고 할 수 있다. 그러다 보니 사람들은 정말로 아는 것과 모르는 것의 구별이 없다고 생각해 더 알고자 하는 노력을 포기하고 전쟁을 통해 자신들의 평화를 지켜야 한다고 생각한다. 국가 정부는 평화부, 풍요부, 진실부, 애정부의 4개의 부로 나누어져 있다. 평화부에서는 전쟁을 수행하고, 풍요부에서는 배급될 식량이 줄어드는 것만을 이야기한다. 진실부에서는 진실을 왜곡해서 기록하는 일을 하고, 애정부는 사람들이 서로 사랑하는 일을 금지시키고 감시한다.

　이 소설 속의 주인공은 윈스턴 스미스이다. 그는 외부당의 당원으로 진실부라는 기관에서 기록을 변조하는 업무를 맡고 있다. 그런데 당에서 연애를 금지하고 있음에도 그는 줄리아와 사랑에 빠진다. 그들의 사랑은 그 자체만으로도 부당한 현실에 맞서는 것이기도 했다. 윈스턴과 줄리아는 오브라이언이라는 내부당의 당원을 만나게 되는데 그를 통해 '형제단'이라는 지하조직에 들어간다. 이 조직의 수장은 빅브라더에게 반기를 들고 부당한 국가를 전복시키려는 꿈을 가지고 있다. 그러나 알고 보니 윈스턴과 줄리아를 속이고 그들을 잡아들이기 위한 미끼였다. 결국 이들은 체포당하고 서로 격리된다. 이들은 가혹한 고문을 받아 결국 자신의 사랑을 배신한다. 결국 윈스턴은 여느 사상 범죄인들처럼 세뇌를 당하고 감옥에서 풀려나 폐인이 된다. 그리고 그런 윈스턴이 이제는 "빅브라더를 사랑했다"는 문장으로 소설이 끝난다.

　많은 사람들이 《1984》가 불안한 미래를 암시했다고 이야기하지만 사실 그보다 이 소설은 당시의 현실을 잘 반영했다고 보는 편이 더 낫다. 어떤 직접적인 풍자는 없었지만 이 시기는 분명 전체주의적 통치에 가장 예민해져 있었을 때였다. 우리는 여전히 이 소설 속에 나오는 많은 단어들을 사용한다. 생각만으로도 범죄가 되는 '사상범', 권력을 유지하기 위해 감시하는 '빅브라더', 모순된 것들을 받아들여 생각을 통제하는 '이중사고' 등은 이 책을 읽지 않은 사람들조차도 쉽게 접할 수 있는 단어들이다. 오웰이 이 소설을 썼을 때는 '1984년'이 머나먼 미래였을지 모르지만 이미 1984년을 한참 지난 지금도 이런 단어들을 쓴다는 것은 어쩌면 큰 비극일지도 모른다.

　이 소설은 언어가 어떻게 사고를 지배하는지, 권력이 어떻게 사람들의 생각을 통제할 수 있는지, 그리고 그것들을 통해 국민들을 어떻게 더 쉽게 통치할 수 있는지에 대해 많은 생각을 가지게 한다.

　이 소설이 분명 극단적인 디스토피아를 그린 것은 사실이지만 소설 속 어떤 상황들은 분명 우리 현실 속에서도 일어나고 있다는 것을 부정할 수 없다. 우리는 이 소설을 통해 국가권력이 어디로부터 나오는지, 그리고 국가가 어떤 사회를 만들어 내는지, 정부가 지향해야 할 것인지 다시 한 번 고민해 볼 필요가 있다.

3 결정적 문장

"당은 모든 기록들을 통제하고 모든 기억들도 통제하지. 그렇다면 우리는 과거를 지배하고 있다고 단언할 수 있지 않은가?"

4 생각 더하기

《1984》에서 윈스턴은 진실부에서 진실을 왜곡하여 기록하는 일을 하고 있다. 우리 현실 속에서 이런 일은 없을까? 과연 역사가 객관적이고 중립적일 수 있을까?

보통 우리는 역사를 '과거에 있었던 일'이라고 생각한다. 있었던 일을 기록한 '역사'는 그야말로 객관적이고 중립적일 것 같다. 그렇다면 고의적으로 왜곡하지 않고 있었던 일을 그대로 적는 것이 객관적이라 말할 수 있을까?

특정한 거짓말을 하지 않는다고 하더라도 어떤 사실은 이야기를 하고 다른 측면은 이야기하지 않는다면 그것만으로도 완전한 진실이라고 이야기할 수 없다. 모든 사건과 사태에는 그것이 일어나게 된 다양한 측면이 있다. 누구의 입을 통해 듣느냐에 따라 같은 사실이라고 하더라도 전혀 다른 측면들이 보인다. 그러므로 어떤 특정한 입장에서 기술된 것만을 신뢰하기보다는 다양한 입장을 비교하고 이해할 수 있다면 좀 더 객관적으로 받아들일 수 있을 것이다.

기록하는 자들이 권력으로부터 독립되어 있다면 그것 또한 어느 정도 객관성을 담보할 수 있을 것이다. 역사는 승리하는 자들의 것이라는 말이 있다. 권력을 쟁취한 자들은 좀 더 쉽게 자신의 이야기를 역사로 쓸 수 있다. 그러나 이는 결코 객관적일 수 없다. 만약 권력자가 자신의 행동이 후대에 어떤 기록으로 남을지 자신이 전혀 관여할 수 없다면 더 공정하고 현명하게 통치하는 동기가 될 수도 있을 것이다.

오늘날 역사를 좀 더 객관적이고 올바르게 평가하는 것은 그 사회가 얼마나 민주적이냐와 관련이 있다. 이 문제는 다시 언론이 얼마나 권력으로부터 독립적이냐는 것과도 연결된다. 결국 언론이 그 권력을 기록하고 역사 속에 남기기 때문이다. 언론의 독립성에 대해서는 국경 없는 기자회Reporters Without Borders에서 집계하는 언론 자유 지수나 프리덤 하우스Freedom House에서 발표하는 세계의 언론 자유도를 통해 판단해 볼 수 있다. 이것들은 얼마나 정치적인 의사를 자유롭게 이야기할 수 있는지, 정보를 얼마나 투명하게 공개하고 있는지를 기준으로 언론의 자유를 판단한다. 이 순위를 보면 우리가 속한 사회가 어느 정도로 자유롭고 또 민주적인지 좀 더 객관적으로 판단할 수 있다.

국가가 이런 언론을 통제하고 있다면 분명 현실은 소설 《1984》와 별반 다르지 않을 것이다. 올바르지 않은 역사관으로 평가한 과거가 현재의 권력을 정당화한다면 우리 역시 소설 속 윈스턴과 같은 운명일 것이다. 현실은 행동하는 자들을 통해 바뀐다. 결국 《1984》를 통해 조지 오웰이 말하고 싶었던 것도 바로 그것이다.

23
사뮈엘 베케트, 《고도를 기다리며》

끝없는 기다림이 삶이라 말하는 부조리극

★ 한눈에 보기

1
나무 한 그루가 있는 길 옆에 블라디미르와 에스트라공은 고도를 기다린다. 그러나 그들은 고도가 누구인지, 언제 올지 알지 못한다.

2
한 소년이 등장하여 블라디미르에게 고도 씨는 오늘 오지 못하고 내일 올 거라고 알려 준다.

3
블라디미르는 어제 만났던 소년과 다시 마주친다. 이때 그는 소년이 "고도 씨는 오늘 오지 못하고 내일 올 것"이라고 말하는 것까지 예측한다.

4
에스트라공과 블라디미르는 고도를 만나지 못했으니 나무에 목이나 매야 하는 것이 아닌지 이야기하지만 끈이 없어서 실행하지 못하고 내일 끈을 챙겨 오자고 말한다.

1 저자 알기

사뮈엘 베케트(Samuel Beckett, 1906~1989년)

프랑스의 소설가이자 극작가인 사뮈엘 베케트는 아일랜드의 더블린에서 태어났다. 대학 졸업 후 프랑스로 건너가 고등사범학교의 영어 강사로 지내다가, 아일랜드로 다시 돌아와 프랑스어를 가르쳤다.

1938년에 소설가로 데뷔했으며, 제임스 조이스와 마르셀 프루스트 등의 영향을 받아 작품을 집필했다. 부조리극으로 유명한 《고도를 기다리며》를 시작으로 본격적으로 그 명성을 높인다. 《어떤 식으로 그것이》 같은 작품에서는 구두점이 전혀 없는 산문을 시도하기도 했으며, 《내가 아니다》와 같은 희곡에서는 무대 위에 스포트라이트를 받은 입술만 독백하는 연출을 했다. 이처럼 그는 기존의 문학적 전통을 완전히 탈피하는 충격적인 작품으로 자신만의 독창적인 작품 세계를 구축해 나갔다.

베케트는 대중들 앞에 나서기를 꺼려했다. 1969년에 노벨 문학상을 수상했으나 사람들 앞에 서는 것이 두렵다는 이유로 시상식에도 나타나지 않았고, 인터뷰도 일절 하지 않았다. 1989년에 폐기종으로 사망했다.

2 내용 깊이 알기

《고도를 기다리며(Waiting for Godot)》는 1940년대 후기에 쓰인 작품이다. 베케트는 자신의 모국어가 아닌 프랑스어로 이 작품을 집필했고, 이후 1954년에 영어로 번역되었다.

작품의 초연은 1953년 파리시(市)의 바빌론 극장이었다. 이 작품에는 '2막의 비희극 a tragicomedy in two acts'이라는 부제가 붙었는데, 흔히 '부조리극'의 대표극이라고 일컬어진다. '부조리극 theatre of the absurd'이라는 것은 1961년에 문학평론가인 마틴 에슬린이 (베케트, 이오네스코, 핀터 등이 연출한 기존의 전통적인 연극에서 벗어난) 새로운 연극의 특징을 표현하기 위해서 사용한 용어이다. 그렇기 때문에 '반연극 antiplay'적인 연극이라고 일컬어지기도 한다.

등장인물은 자신의 정체성을 혼동하며, 시공간은 비현실적이고, 언어의 의미도 불명확해서 이해하기 어렵다. 그렇기 때문에 관객은 도대체 이 연극이 무엇을 표현하고자 하는지, 연출자나 극작가의 의도가 무엇인지 짐작조차 어려울 때가 많다. 그런데 이러한 무의미, 소통 불가야말로 '부조리극'의 '부조리'가 표현하고자 하는 것이다. 그래서 부조리극은 사건 발생부터 갈등이 고조되고 마침내 그 갈등이 해결될 때까지 일련의 과정으로 관객에게 카타르시스를 제공하는 전통적인 연극과는 차이가 난다. 오히려 연극이 끝나도 무엇 하나 해결되지 않은 채 알 수 없는 질문들만 남는다. 베케트의 연극도 이러한 이유 때문에 상영 초기에는 다양한 혹평을 들었다.

《고도를 기다리며》는 바로 이러한 부조리극의 대표작이다. 2막의 등장인물은 5명에 불과해 일반적인 연극에 비해 무척이나 간소하다. 무대장치는 한술 더 떠 텅 빈 무대 위에 앙상한 한 그루의 나무가 무대배경의 전부이다. 가끔 조명등을 통해 조금씩 변화를 주는 경우가 있기는 하지만 기본적으로 《고도를 기다리며》의 무대는 이처럼 텅 비어 있다. 극의 내용을 이끌어 가는 것은 블라디미르와 에스트라공이다. 하지만 이들은 이름만 있을 뿐 직업, 나이, 가족 관계 그 무엇도 제대로 제시되는 것이 없다. 그저 허름하고 누추한 옷을 입고 텅 빈 무대 위의 나무 옆에서 별 의미도 없는 대사를 주고받으면서 고도를 기다릴 뿐이다.

그렇다면 이들이 기다리는 '고도'는 누구일까? 아이러니하게도 이 극에서 '고도'를 기다리는 블라디미르와 에스트라공도 '고도'가 누구인지 모른다. 심지어 '고도'가 진짜로 있는지, 자신들이 기다리고 있는 곳이 '고도'가 오기로 한 장소인지도 모른다. 흔히 고도는 'Godot'가 연상하는 대로 신으로 많이 이해된다. 그러나 그것은 다른 것으로도 얼마든지 해석될 수 있을 것이다. 즉, '고도'란 '자유', '행복', '미래' 등 우리가 기다리고 있는 그 무엇이 될 수도 있다. 베케트 자신도 이 '고도'가 누구인지 명확하게 말하고 있지 않다. 만약에 그것을 명확하게 말할 수 있다면 이 극은 더 이상 부조리극이 아닐 것이다.

《고도를 기다리며》의 기다림에는 기다림의 대상도, 기다리고 난 다음에 어떤 일이 있을지도 알 수 없다. 이는 이 극에서 나타난 가장 큰 부조리이기도 하다. 애초에 '기다림'이라는 것은 어떤 목적을 전제로 한 것이다. 즉, 그것은 누군가를, 무언가를 기다리는 것이며, 무엇을 위해 기다리는 것이기도 하다. 목적이 사라진다면 기다리는 행위는 그저 무의미해질 뿐이다. 그러나 이 극에서 블라디미르와 에스트라공의 기다림은 아무런 목적도 없이 하염없이 기다리기만 할 뿐이다. 그렇기 때문에 베케트가 이 극에서 보여 주는 것은 '기다림' 그 자체이기도 하다. 어쩌면 그는 우리의 삶이 이처럼 무언가를 기다리는 행위이며, 그것은 궁극적으로 무의미한 것이라고 말하고 있는지도 모른다.

마지막 장면에서는 이렇게 끊임없이 기다리기만 하는 두 사람에게 전령과 같은 소년이 나타난다. 하지만 그가 와서 전하는 말은 언제나처럼 오늘은 오지 못한다는 말이다. 전날에도 그랬던 것처럼 아마 이 소년은 내일도 다시 나타나 고도가 오지 못한다는 소식을 전할 것이다. 하지만 블라디미르와 에스트라공 역시 여전히 고도를 기다리고 있을 것임은 분명하다.

이러한 베케트의 극이 현대인의 무기력을 보여 준다고 말하는 이들도 있다. 그러나 여기서 블라디미르와 에스트라공이 단순히 무기력하기만 한 존재는 아니다. 그들은 자신이 누구를 기다리는 줄도 모르면서 기다리기를 포기하지 않기 때문이다. 반복되는 실패에도 포기하지 않고 끊임없이 현재를 살아가는 이런 모습이야말로 카뮈가 《시시포스의 신화》에서 말하는 끊임없이 언덕 위로 돌을 굴려 올리는 시시포스의 모습일지도 모른다.

3 결정적 문장

에: 어디로 갈까?

블: 멀리 갈 순 없지.

에: 아냐. 아냐 여기서 멀리 가 버리자.

블: 그럴 순 없다.

에: 왜?

블: 내일 다시 와야 할 테니까.

에: 뭣하러 또 와?

블: 고도를 기다리러.

에: 참, 그렇지! (사이) 안 왔었나?

블: 안 왔다.

4 생각 더하기

베케트의 희곡이 부조리극이라고 불리는 이유는 무엇일까? 부조리극은 기존의 연극과 무엇이 다를까?

'부조리'란 말 그대로 조리, 이치에 맞지 않음을 뜻한다. 이를 이해하기 위해서는 연극의 개연성이 무엇인지 알 필요가 있다. 아리스토텔레스가 《시학》에서 비극의 요소를 정식화한 이후로 연극에서 '개연성'은 가장 중요한 요소로 여겨졌다. '개연성'이란 '어떤 것이 논리적으로 그럴듯함'을 가리킨다. 아리스토텔레스는 비극이 이 개연성을 가졌다는 근거로 일회적인 사건을 서술하는 역사보다 더 철학적이라고까지 말할 정도였다. 물론 연극은 허구적인 내용을 담고 있다. 그렇지만 연극의 무대 위에서 벌어지는 사건이 관객이 보기에 충분히 설득력 있는 내용이어야 한다. 시공간은 비록 가상이지만 현실성이 있어야 하고, 배우들의 대사는 그럴듯하게 들려 그 의미가 관객에게 잘 전달되어야 하며, 등장인물의 행동들은 이해 가능한 것이어야 한다. 이것이 연극에서의 개연성이다. 만약 극이 이러한 개연성을 가지지 못하면 관객은 연극에 몰입은커녕 공감조차 못하게 된다. 예를 들어, 고구려 시대를 배경으로 한 사극에 갑자기 자동차가 등장하거나 병에 걸려 죽음을 앞둔 인물이 갑자기 건강해진다면, 관객들은 더 이상 극에 몰입하지 못하게 될 것이다. 허구적 사건이란 어디까지나 실제로 있을 법한 일들을 다루는 것이지, 개연성 없는 가상적인 내용을 다루는 것이 아니기 때문이다.

그런데 부조리극은 말 그대로 이러한 극의 논리를 파괴한다. 등장인물, 사건, 배경 등의 모든 요소가 이 개연성에 저항하는 듯하다. 부조리극을 '반연극'적이라고 말하는 이유가 여기에 있다. 그러나 이런 의미에서의 저항은 또 다른 의미를 찾게 한다. 이것을 '무의미의 의미'라고 포장해서 부를 수도 있을 것이다. 다시 말해 연극에서 무언가 그럴듯한 의미를 찾는 것이 오히려 작위적이라는 비판적 시각에서 볼 수도 있다. 또 이것은 마치 파편화되어 그 의미를 총체적으로 찾기 힘든 현대사회의 모습을 상징하는 것도 같다. 《고도를 기다리며》에 나오는 블라디미르와 에스트라공은 그런 의미에서 가장 부조리하면서 가장 현실적이다. 이를 통해 베케트의 연극은 오히려 사실주의적인 연극이라고도 말할 수 있다. 그는 자신의 소설을 이야기하면서 "아무것도 없다는 것 그 자체가 더욱 사실적이다"라고 말한 바 있다. 그의 희곡 《고도를 기다리며》에 대해서도 우리는 이 말을 적용할 수 있을 것이다.

24
주제 사라마구, 《눈먼 자들의 도시》

체제와 가치의 붕괴를 풍자한 마술적 리얼리즘의 대작

★ 한눈에 보기

1
어느 회사원 한 명이 시력을 잃고 안과에 온다. 그리고 그와 접촉했던 모든 사람들이 시력을 잃기 시작한다.

2
안과 의사의 아내는 시력을 잃지 않았지만 남편과 함께 시력을 잃은 사람들을 수용하는 곳으로 간다.

3
시력을 잃는 병은 무서운 속도로 도시 전체에 퍼져 나간다. 병원은 수용 능력을 잃고 어디든 장님들이 넘쳐난다. 나라는 범죄와 혼란으로 치닫는다.

4
처음 실명된 회사원이 서서히 시력을 회복하면서 시력을 잃었던 이들이 차례차례 눈 뜬다. 의사의 아내는 이제 자신의 눈이 멀지 않을까 걱정한다.

1 저자 알기

주제 사라마구(Jose Saramago, 1922~2010년)

주제 사라마구는 포르투갈 중부 히바테주의 작은 마을에서 가난한 농부의 아들로 태어났다. 고등학교를 마친 후 기능공, 공무원, 번역가, 평론가, 신문기자 등의 다양한 직업을 거쳤다.

1947년 첫 소설 《죄악의 땅》으로 문단에 데뷔했지만, 문학 창작보다는 정치 활동에 전념했다. 특히 공산당원으로 1974년 혁명 전까지 무려 40여 년을 통치하던 살라자르 독재 정권에 반대하며 정치 칼럼니스트로 활동했다. 첫 소설 이후 19년 동안 단 한 편의 소설도 쓰지 않던 그가 다시 문학으로 돌아온 때는 1966년으로, 《가능한 시》라는 시집을 통해서였다. 이때부터 사라마구는 문학에 전념하여 《수도원의 비망록》, 《돌뗏목》, 《눈먼 자들의 도시》 등으로 세계적인 명성을 쌓았다. 1998년 노벨 문학상을 수상했고, 2010년 지병으로 생을 마감했다.

2 내용 깊이 알기

《눈먼 자들의 도시(Ensaio sobre a cegueira)》는 어느 날 모두가 시력을 잃어 버린 세계에서 일어나는 일을 다룬다. 도저히 일어날 수 없는 이러한 허구적 상황을 다룬 설정에서 알 수 있듯이 주제 사라마구의 소설 속에서는 현실과 상상의 세계가 자연스럽게 뒤섞인다. 갑자기 사람들의 눈이 머는 설정은 카프카의 소설 〈변신〉 속 주인공 그레고르가 어느 날 갑충으로 변한 것을 연상시킨다. 그리고 눈먼 자들이 격리 수용되는 수용소를 중심으로 일어나는 일들은 카뮈의 소설 《페스트》를 떠오르게 한다.

소설은 횡단보도 앞에서 대기 중인 차 안에서 시작된다. 신호등에 걸려 차를 멈춘 한 남자는 갑자기 눈앞이 하얗게 빛으로 가득 차는 것을 느낀다. 무엇 때문에 이런 일이 벌어졌는지 알 수 없다. 눈앞이 보이지 않아 차를 운전할 수 없는 남자는 사람들의 부축을 받아 집으로 돌아간다. 그리고 다음 날 안과 의사에게 진찰을 받으러 갔지만 의사 역시 원인을 알지 못한다. 그런데 문제는 그 다음 날 발생한다. 실명한 남자를 진찰한 의사도 갑자기 앞이 안 보이기 시작한 것이다. 이때부터 이 원인 모를 실명은 급속도로 퍼져 나간다. 정부는 급하게 눈이 먼 사람들을 격리하기 시작한다. 더 이상의 전염을 막기 위한 조치였다. 그러나 실명은 확산된다.

이렇게 모두가 실명하는 동안에도 시력을 잃지 않고 있는 사람이 한 명 있었다. 그는 안과 의사의 아내였다. 사라마구는 이 소설에서 인물들의 이름을 따로 정하지 않았다. 안과 의사의 아내, 회사원 등으로 말한다. 배경 역시 생략되어 있다. 그렇기 때문에 사건들과 인물들이 보편적 상황과 인물들처럼 여겨진다. 이러한 설정이 숫자로 환원된 세계 속에서 개인성이 사라진 현실을 반영한다고 사라마구는 말한다. "현대사회에서 개인의 이름은 그 중요성을 잃고 있다.

우리의 신원을 확인해 주는 것은 이름이 아니라 신용카드 번호가 된 세상을 반영했다."

　의사의 아내는 실명하지 않았지만 남편을 돌보기 위해서 그 사실을 숨기고 수용소에 들어간다. 폐병원에 갇힌 사람들은 어서 빨리 자신의 시력을 회복하길 바라지만, 그럴 가능성은 없어 보인다. 강력한 전염성이 밝혀졌기 때문에 정부는 이들을 철저히 격리하고, 군인들에게 감시하도록 한다. 눈먼 환자들은 그저 전염병을 옮기는 숙주일 뿐이다. 군인들은 환자들이 자신들에게 다가오자 자신의 눈이 멀까 봐 그들을 가차 없이 죽인다. 그리고 환자들 사이에 다툼이 일어나거나, 심지어 그들 사이에서 살인이 일어나도 개입하지 않는다.

　수용소로 공급되는 식량과 자원은 점점 부족해진다. 모두의 눈이 보이지 않는 상황에서 법, 도덕, 인간성은 급속도로 붕괴된다. 사람들은 그저 살아남고자 발버둥 친다. 이러한 상황에서 최소한의 위생이나 안전조차 지켜질 리 없다. 병원은 배설물로 가득 차 있고, 청소는 생각조차 할 수 없다. 이 무정부주의의 상황에서 오직 사람들을 움직이게 하는 것은 생존을 향한 강한 욕망, 타인을 지배하고자 하는 권력욕일 뿐이다.

　이제 부족한 식량과 물자에 대한 배급권은 힘을 가진 자에게 독점된다. 불량배들은 몰래 들여온 권총으로 자신의 욕망을 채우기 위해 수용소를 지배하고자 한다. 위기의 상황에서 인간은 서로의 힘을 모아서 위기를 극복하는 대신, 자신의 생존을 위해 타인을 억압하고, 이를 위해서 폭력을 행사한다. 약자인 노인과 여성에게 가해지는 폭력은 잔인하고 끔찍하다. 이제 수용소 안의 세계는 지옥이 되어 버렸다. 시간이 가도 상황은 더 이상 나아지지 않는다. 수용소 안의 폭력적인 상황이 점점 더 심해지고, 바깥에서의 도움도 기대할 수 없는 절망적인 상황이 되어 버린다.

유일하게 앞을 볼 수 있는 의사의 아내만이 이곳 상황을 냉정하게 직시할 수 있다. 눈이 보이는 것을 숨기던 그녀는 날로 처참해지는 상황을 더 이상 지켜볼 수 없어서 자신이 어떤 행동이라도 해야 한다고 결심한다. 그리고 불량배의 우두머리를 죽이고 만다. 수용소의 폭력적인 상황에 저항하고자 사람들은 그녀 중심으로 모이고, 불량배들을 물리친다. 그러나 이 와중에 병원은 불타고, 환자들이 죽는 등 불행은 그치지 않는다. 그들은 결국 수용소 바깥으로 나간다. 군인도 더 이상 없다. 이 병원 안에 있는 사람들만 눈먼 것은 아니었기 때문이다. 이미 바깥세상에도 앞을 볼 수 있는 사람은 존재하지 않는다는 것을 그들은 이미 알고 있었다.

밖으로 나온 도시는 더 끔찍했다. 약탈과 폭력은 새삼스러운 것도 아니고, 거리에는 온통 배설물과 시체들이 가득하고, 짐승들은 그 시체들을 뜯어먹었다. 간신히 집에 도착해 살아갈 방도를 궁리하지만 상황은 절망적이기만 하다. 그러다 갑자기 최초로 눈이 멀었던 회사원의 시력이 돌아왔다. 그리고 차례차례 눈먼 사람들이 다시금 시력을 회복한다. 눈을 뜬 사람들은 이제 자신들이 겪었던 끔찍했던 참상을 목격하게 된다. 그리고 의사의 아내는 반대로 자신의 눈이 멀게 되지 않을까 걱정하면서 소설은 끝난다.

사라마구는 실명의 원인을 설명하지 않고 상황만을 묘사한 것처럼, 왜 갑자기 사람들의 눈이 보이게 되었는지 설명하지 않는다. 그것은 이 소설에서 중요한 것이 아니기 때문이다.

이처럼 도저히 있을 수 없는 허구적 상황을 도입해 전개되는 이러한 소설을 '마술적 리얼리즘'이라고 한다. 이런 소설 속에서는 마술적 상상력을 통해 허구적 사건이 현실의 모습으로 자연스럽게 그려진다. 그러나 이것은 단지 동화나 신화, 판타지 소설과는 다르다. 왜냐하면 이와 같은 비현실적 세계 속에서의 인간 군상들은 철저히 사실적으로 묘사되기 때문이다. 그렇기 때문에 사실주의 소설보다 더 사실적인 인간의 모습이 이 마술적 리얼리즘 속에서 그려진다. 마술적 리얼리즘은 일종의 사고실험이기도 하다. 특수한 상황을 통해 인간이 어떤 모습일까를 개연성 있게 서술하는 것이다. 보통 마술적 리얼리즘은 아옌데, 가브리엘 마르케스, 보르헤스 등의 라틴아메리카 작가들에게서 종종 나타난다. 사라마구 역시 포르투갈 출신의 작가로서 포르투갈어, 스페인어를 쓰는 라틴아메리카 문학의 범주 아래에 있다.

우리는 이 소설을 통해 그저 눈이 보이지 않는다는 것만으로도 이성적 존재인 인간이 어떻게 야만적인 존재가 되는지를 목격한다. 그러나 과연 이것은 눈이 보이지 않기 때문에 일어난 일일까? 사라마구는 이렇게 말한다. "소설 속의 잔인성은 단지 소설 속에서 벌어지는 일이 아니라 실제로 세계 곳곳에서 매일 같이 벌어지는 일이다." 사라마구의 말에 따르면 우리는 이미 눈먼 채로 이 세계를 살고 있을지도 모른다. 이 소설의 메시지는 단지 인간들이 모두 눈이 먼다면 우리가 끔찍한 세계를 목도하게 될 것이라는 것에서 끝나지 않고 우리가 살고 있는 세계가 이미 이러한 잔인함과 폭력으로 가득 차 있다는 것이다. 어쩌면 정말 우리가 살고 있는 이 세계가 눈먼 자들의 세계일지도 모른다.

3 결정적 문장

"나는 우리가 눈이 멀었다가 다시 보게 된 것이라고 생각하지 않아요. 나는 우리가 처음부터 눈이 멀었고, 지금도 눈이 멀었다고 생각해요. 볼 수는 있지만 보지 않는 눈먼 사람들이라는 거죠."

4 생각 더하기

주제 사라마구가 《눈먼 자들의 도시》에서 사람들 모두가 실명하는 상황으로 설정한 이유는 무엇일까?

사라마구는 왜 하필이면 시각의 상실이라는 상황을 설정했을까? 이 눈과 시각은 다양한 의미를 가진다. 무엇보다 눈은 인간이 가장 많은 정보를 수용하는 신체 기관이다. 청각이나 후각 등에 비해 월등히 많은 정보를 우리는 시각에서 얻는다. 앞이 보이지 않는다는 것은 인간이 외부로부터 받아들이는 정보가 극도로 제한된다는 것을 의미한다.

실명이라는 감각의 마비는 인간의 인식과 지각마저 제한한다. 백색의 실명 앞에서 인간은 자신이 어디에 있는지도, 옆에 누가 있는지도, 주위에서 어떤 일이 일어나는지도 모르는 상태가 된다.

눈은 이성적이고 합리적인 인간의 상징이다. 이 시력과 관련해서 빛에 대해서 이야기할 수도 있다. 빛이란 이성적 세계의 상징이다. 인간의 합리적 이성을 통해 과거의 낡은 인습과 부조리를 타파하려고 시도한 계몽주의라는 말의 영어 단어는 'enlightment'이다. 이 말은 '어둠에 빛을 던진다'는 뜻이기도 하다. 어둠이 비이성의 상징이라면, 빛은 이성의 상징이다. 우리가 눈으로 볼 수 있다는 것은 바로 이 빛 속에서 이성적으로 사유할 수 있다는 의미이다. 사라마구가 《눈먼 자들의 도시》에서 앞이 캄캄해지는 것이 아니라 환한 빛으로 찬 백색 실명으로 설정한 것은 이러한 어둠과 빛의 비유를 역설한 셈이다.

또 눈으로 본다는 것은 일종의 도덕적 행위를 가능케 하는 감시의 기능을 수행한다. 이를테면, 아무도 자신을 보지 않을 때와 사람들의 시선 앞에 놓여 있을 때 우리의 행동은 종종 달라진다. 신이 지켜보고 있다는 말은 그 어떤 말보다 강력한 도덕적 행위를 촉구하는 말이다. 게다가 우리는 흔히 상대가 거짓말을 한다고 생각할 때, 눈을 보고 말하라고 한다. 눈은 거짓을 밝혀내고, 진실을 말하게 하며 우리로 하여금 도덕적인 행위를 가능케 하는 감시자이다. 우리가 하는 행동을 그 어떤 이도 볼 수 없다면, 우리는 그때에도 과연 지금처럼 도덕적일 수 있을까? 실제로 1977년에 뉴욕에서 약 25시간 동안 정전이 일어난 일이 있었다. 보통 때라면 건전한 뉴욕 시민이었을지도 모르는 사람들이 무려 1,616곳의 상점을 털고 1,027채의 주택과 상가에 불을 질렀다. 이 난동으로 3,776명이 수용되었고, 뉴욕시는 폐쇄한 교도소를 다시 열기도 했다. 단지 하루의 정전만으로 일어난 일이었다.

어쩌면 시각은 인간이 인간으로 존재할 수 있게 하는 가장 필요한 조건일 수 있다. 이 소설은 우리의 인간다움이 지켜질 수 있는 것이 아마도 서로의 모습을 볼 수 있기 때문일지도 모른다는 생각을 갖게 한다. 이것은 인간성에 대한 진지한 문제를 제기한다. 우리가 서로의 모습을 볼 수 있기 때문에 도덕적인 인간이 될 수 있다면, 우리의 도덕이라는 것은 오히려 지극히 피상적인 것이라는 뜻이다.

제 2 부

인문·철학,
세계와 불화하는 나와 화해하다

25
아리스토텔레스, 《시학》

시의 본질을 체계적으로 서술한 문학 이론의 고전

★ 한눈에 보기

1
《시학》은 아리스토텔레스의 비극에 대한 이론이다.

2
인간이 시(희곡)를 짓는 것은 모방 본성 때문이다. 인간은 모방을 통해 사물을 새롭게 인식하고, 쾌감을 느낀다.

3
비극은 개연성을 가진 플롯을 통해 관객들에게 공감을 불러일으킬 수 있다.

4
비극을 통해 관객들은 공포, 연민과 같은 격렬한 감정을 배출하게 되는데, 이 과정을 거친 관객들은 다시 평온한 상태로 돌아가게 된다. 이를 '카타르시스'라고 한다.

1 저자 알기

아리스토텔레스(Aristoteles, 기원전 384년~기원전 322년)

고대 그리스의 철학자이다. 마케도니아 출신으로 플라톤의 제자이자 알렉산드로스대왕의 스승이기도 하다. 일반적으로 철학자로 일컬어지지만 형이상학, 윤리학 등 오늘날 철학으로 분류되는 분야뿐만 아니라 물리학, 생물학, 동물학 등 과학 분야는 물론 수사학, 정치학, 논리학, 예술론에 이르기까지 방대한 분야를 다루었다.

아리스토텔레스는 오늘날의 수많은 학문 분야가 그로부터 시작되었다고 해도 과언이 아닐 정도로 고대 그리스뿐만 아니라, 중세를 거쳐 르네상스에 이르기까지 유럽권 및 이슬람권에서 가장 큰 영향력을 행사한 학자이다. 가히 학자 중의 학자라고 불러도 지나치지 않는다. 그중 과학을 제외한 논리학, 윤리학, 수사학, 예술론 등의 분야에서는 오늘날에도 여전히 강력한 영향력을 유지하고 있다. 알렉산드로스대왕의 사후에 아테네 시민들에게 신성모독을 이유로 고소당하자, 칼키스로 피신했다가 이듬해 사망했다.

2 내용 깊이 알기

《시학(Poetica)》은 아리스토텔레스가 강의를 위해 집필한 저서이다. 그의 저술은 일반인에게 읽히기 위한 것과 자신이 세운 학교 리

케이온의 강의용으로 구분되는데, 전자는 대부분 소실되고 없다. 시^{희극}의 본질과 시를 짓는 원리에 대해 체계적으로 저술한 최초의 책이며, 이 때문에 문예비평의 시초로 일컬어진다. 이 책에서는 비극만 다루고 있는데, 본문 중에 희극은 나중에 논의할 것이라는 언급으로 짐작하건대, 희극론은 쓰였다가 소실된 것으로 보인다. 움베르토 에코의 《장미의 이름》은 이 사라진 아리스토텔레스의 희극론을 모티브로 한 소설이다.

《시학》은 예술창작론에 대한 글이라고 할 수 있다. 아리스토텔레스가 이 책을 통해 밝히고자 한 것은 무엇보다도 시를 짓는 기술이다. 이때 시는 오늘날의 희곡을 말한다. 고대 그리스에서는 해마다 비극 경연이 있었는데, 오늘날까지 내려오는 그리스 비극 시인들, 이를테면 그리스의 3대 비극 시인이라고 불리는 아이스킬로스, 소포클레스, 에우리피데스와 같은 시인들은 모두 비극 경연 대회에서 우승한 작가이기도 하다. 당시 비극 경연 대회가 열렸던 아테네에서는 도시국가 전체의 차원에서 이를 적극적으로 후원했고, 그 영향력도 매우 컸다. 비극 경연 대회가 열리면, 거의 2만 명에 육박하는 사람들이 사흘 동안 모여 연극을 관람했었다고 하니 그 규모가 얼마만큼 큰지 짐작할 수 있다. 이처럼 비극이 당대에 매우 중요하게 다루어진 것은 단순히 비극 경연 대회가 시민들에게 공연의 즐거움을 주기 때문만은 아니다. 비극 경연 대회는 아테네라는 도시국가가 행하는 일종의 시민교육이자 도시의 단결을 상징하는 축제 같은 행사라고 할 수 있다.

아리스토텔레스의 스승인 플라톤은 이러한 시인들과 그들의 작품을 매우 비판적인 태도로 대했다. 그러나 아리스토텔레스의 입장은 스승과는 반대였다. 이는 그의 저서 《시학》에 잘 드러나 있다. 그는 비극을 단순히 예술적 즐거움이라는 관점을 넘어 윤리적 순기능의 차원으로까지 논하고 있다.

이를 위해 아리스토텔레스는 우선 시의 일반적인 본질과 종류, 그리고 그 기능에 대해서 이야기를 시작한다. 시는 우선 그것이 어떤 수단을 사용하는가에 따라 서사시와 비극, 희극 등으로 구분된다. 특히 이 중에서 율동과 노래, 시를 모두 사용하는 예술이 있는데, 바로 비극과 희극이다. 이어 그는 이러한 시들이 인간의 가장 기본적인 본성 중 하나인 모방 본능에서 유래하는 것으로 본다.

이 대목에서 아리스토텔레스는 그의 스승인 플라톤에 대해 직접적인 반론을 펼친다. 플라톤은 시나 회화가 진리로부터 두 단계나 떨어져 있는 모방이라고 생각했다. 진정한 진리의 세계인 이데아의 세계가 있다면, 장인의 기술은 그 세계에 대한 모방이고, 예술가들은 그러한 장인을 다시 모방하기 때문에 모방의 모방이라고 보았다. 만약 침대의 상은 신이 만들어 낸 것이라면, 이 상을 통해 침대를 만드는 장인은 신의 이데아를 모방한 것이고, 이렇게 만들어진 침대를 보고 그림을 그리거나 시를 짓는 예술가들은 이미 모방된 것을 다시 모방하는 것이 된다. 예를 들어, 시인은 말을 타지도 배를 몰지도 못하면서 마치 자신이 능숙하게 이를 할 수 있는 것처럼 시에 묘사를 하는데, 이것이야말로 거짓에 불과하다고 생각했다. 결국 시나 회화는 그가 말하는 참된 세계인 이데아의 세계와 두 단계나 떨어져 있는데, 사람들이 이를 깨닫지 못하고 무비판적으로 받아들이는 것을 플라톤은 심각한 문제로 삼았다. 때문에 그는 '시인 추방론'이라는 과격한 주장까지 한다.

하지만 아리스토텔레스는 반대로 《시학》에서 모방이라는 것이 인간의 본성이며, 이를 통해 인간은 쾌감을 느낀다고 보았다. 그런데 이러한 쾌감은 단순히 감각적 쾌락과는 다른 인식론적 쾌감이다. 즉, 아주 보기 흉한 동물이나 시체의 형체를 보면 불쾌감을 느끼는 사람이라도 이것을 정확하게 그려 놓은 그림을 보고 쾌감을 느끼는 것은 바로 이 회화를 통해 대상을 다시 인식할 수 있기 때문이다. 우리가 초상화를 보고, 그 이전에 미처 깨닫지 못했던 어떤 사람의 본질을 재인식하는 것도 이런 이유이다. '아, 이것이 바로 이 사람을 그린 것이구나' 하는 인식이 쾌감을 주는 것이다. 이런 까닭에 아리스토텔레스는 시가 모방을 통해 인물과 사건을 그려 낼 때 우리는 그 이전과는 다른 새로운 인식을 할 수 있다고 본 것이다. 비극과 희극이 그 사용 수단에 있어서 동일하지만 차이가 나는 것도 이 모방을 통해 설명하는데, 비극이 실제 이상의 선인을 모방한다면, 희극은 실제 이하의 악인을 모방한다고 말한다.

아리스토텔레스는 이러한 모방이 관객에게 받아들여지려면 인물의 행동에 있어 개연성이 있어야 한다고 말한다. 그렇기 때문에 그는 플롯이 시를 짓는 데 있어 가장 중요한 요소라고 보았다. 플롯이란 앞에서 일어난 사건들이 앞으로 어떻게 개연적 혹은 필연적으로 결합되는가를 말하는 것으로, 이 플롯이야말로 비극의 목적이라고 말한다. 아리스토텔레스는 시가 역사보다 더 철학적이고 중요하다고 주장하는데, 역사가 일회적인 사건을 기록한 것에 반해 시는 보편적인 것을 말하기 때문이다. 보편적인 것을 말한다는 것은 비극 속에서 인물들의 행동에 개연성이 있어야 한다는 것을 의미한다. 즉, 이러저러한 성격의 인간은 개연적으로 또는 필연적으로 이러저러한 것을 말하거나 행하게 될 것이라는 차원에서 비극이 쓰인다는 뜻이다. 만약 그렇지 않다면, 우리는 비극 속 인물들의 행동에 대해 이해하거나 공감하지 못하게 될 것이다.

이처럼 시에서 가장 중요한 성질이라고 할 수 있는 개연성을 마련해 주는 것이 바로 플롯의 역할이다. 아리스토텔레스는 한 사건이 다른 사건에 이어서 일어나는 것과 한 사건으로 인해 다른 사건이 일어나는 것을 명확히 구분한다.

훌륭한 비극이란 결국 이 플롯을 어떻게 구성하는가에 의해서 만들어지는데, 그러한 플롯으로 인해 관객에게 공포와 연민의 감정을 불러일으키지 않으면 안 된다. 그는 유덕한 자가 불행에 빠지는 것은 불쾌감을 자아내고, 악한 자가 행복해지는 것도 좋지 않다고 말한다. 그렇기 때문에 비극에서의 주인공이란 덕과 정의에 있어서 월등하지는 않으나, 악덕이 아니라 어떤 실수 때문에 불행에 빠진 인물이어야 한다. 또 이들은 오이디푸스와 같이 큰 명망과 번영을 누리는 자들 가운데 하나여야 한다고 말한다. 이러한 인물이 어떤 실수에 의하여 불행에 빠지는 것을 보는 것은 관객으로 하여금 공포와 연민을 불러일으킨다. 이것은 어떻게 보면 불쾌할 수도 있지만 아리스토텔레스는 이러한 공포와 연민이야말로 비극의 쾌감이라고 했다.

이것이 바로 유명한 비극을 통한 '카타르시스'이다. 카타르시스란 원래 '배설'이라는 의미를 가지고 있다. 즉, 아리스토텔레스는 비극을 통해 언젠가는 폭발할 수 있는 어떤 감정을 안전하게 배출할 수 있다고 말한다. 만약 우리가 현실에서 어떤 인물에 대해 공포와 연민을 가진다면 우리는 단순한 카타르시스가 아니라 괴로움만을 느낄 것이다. 그러나 시에서 인물의 이러한 감정들은 어느 순간 우리를 완전히 사로잡고 작품 속에 빠져들게 한다. 그러나 극이 끝나고 모든 사건이 마무리된 후에는 이러한 흥분은 가라앉고, 강렬한 감정을 배출한 관객은 다시 평온한 상태로 돌아간다. 이것은 플라톤과는 반대로 아리스토텔레스가 부여한 시의 도덕적 기능이기도 하다.

3 결정적 문장

시는 역사보다 더 철학적이고 중요하다. 시는 보편적인 것을 말하는 경향이 더 강하고, 역사는 개별적인 것을 말하기 때문이다.

4 생각 더하기

비극이 가져다주는 카타르시스란 무엇일까?

아리스토텔레스는 비극에서 관객이 느끼는 감정적 경험을 묘사할 때 카타르시스라는 개념을 사용한다. 즉, 아리스토텔레스는 예술을 통해 우리가 가진 부정적인 감정을 배설할 수 있고 그로 인해 심리적 정화의 과정을 겪는다고 보았다.

예를 들어, 우리는 극의 등장인물이 스스로 제어할 수 없는 상황에 놓여 비극적 운명을 겪는 것을 보고 함께 안타까워한다. 때로는 극중 인물의 슬픔에 관객들이 눈물을 흘리기도 한다. 그런데 눈물을 흘린 후에는 우리의 마음이 일종의 평온한 상태를 회복하는 것을 느낄 수 있다. 아리스토텔레스는 "비극이 연민과 공포를 불러일으킴으로써 이 정서의 카타르시스를 완수한다"라고 보았다. 이것은 예술을 통한 일종의 대리 체험을 의미한다. 만약 극중 인물이 겪는 불행한 사태가 현실에서 우리에게 직접 일어난다면 그처럼 감정의 배설만으로 그치지는 않을 것이다. 우리에게 닥친 불행은 두고두고 마음을 괴롭힐 것이기 때문이다. 너무 가깝지도, 그렇다고 너무 멀지도 않은 적절한 거리가 바로 카타르시스를 가져다주고 이를 통해 우리는 일상의 정서적 압박으로부터 오히려 자유로움을 얻게 된다. 가상의 세계를 통해 현실의 감정이 정화되는 것이다. 이것이 바로 비극의 미적 효과이다.

아리스토텔레스는 이렇게 말한다. "모든 사람은 어떤 양식으로든 배설되어야 하며, 그들의 정신은 경쾌해질 필요가 있다. 이와 같은 방법으로 배설적 멜로디는 인류에게 악기 없는 쾌락을 준다."

26
르네 데카르트, 《방법 서설》

근대 철학의 아버지 데카르트의 철학을 공표한 저서

★ 한눈에 보기

1
이성은 누구에게나 동등하게 주어져 있고 참된 인식에 이르기 위해서는 이성을 올바르게 사용해야 한다.

2
이성을 올바르게 사용하는 방법에 따라 참된 지식을 얻기 전에라도 실천적인 행동을 해야 한다. 그러므로 이 행동에도 원칙이 필요하다.

3
이성을 인도하는 규칙에 따른 방법적인 회의에 도달한 확실한 인식인 자아의 존재로부터 철학의 제1 원리가 시작된다.

4
자아의 존재로부터 정신 안에 존재하는 신과 물체의 관념, 신의 존재와 본질, 물질세계와 이 세계를 지배하는 자연법칙이 도출된다.

1 저자 알기

르네 데카르트(René Descartes, 1596~1650년)

프랑스의 철학자, 물리학자, 수학자인 르네 데카르트는 그래프를 통해 수학적 함수를 기하학적으로 해석 가능하게 한 해석기하학의 창시자이기도 하다. 데카르트는 직교좌표계[1]를 처음으로 고안한 이로, '데카르트 좌표계'라고 불리며 합리론 철학의 대표적 인물이다.

철학적 저술을 통해 동시대인들에게 유럽 최고의 지성으로 여겨졌고, 그의 철학에 영향을 받은 많은 이들과 편지를 교환하며 생각을 공유했다. 그중 한 명이 스웨덴의 여왕 크리스티나였다. 몇 번의 사양에도 그녀의 강력한 초청으로 개인 철학교사를 담당했다. 그러나 새벽 5시에 해야 하는 강의는 데카르트 평생의 생활습관과는 맞지 않았고, 북유럽 새벽의 찬 공기를 맞은 탓에 폐렴이 걸려 1650년 2월에 사망했다. 이후 그의 유해는 고향인 프랑스로 돌아왔으며, 그의 묘비명에는 "데카르트, 유럽 르네상스 이후 인류를 위해 처음으로 이성의 권리를 쟁취하고 확보한 사람이다"라는 글귀가 적혀 있다.

---

1. 평면 혹은 공간에서 좌표축들이 서로 직각으로 만나는 좌표계. 기초 수학에서 x, y축으로 이루어진 평면좌표계와 같다. 지도에서 중요한 장소를 찾거나 엑셀 프로그램에서 각종 자료들을 분석하는 데 사용된다.

2 내용 깊이 알기

"나는 생각한다. 그러므로 나는 존재한다"라는 《방법 서설(Discourse on the method)》에 나오는 명제는 아마 철학사에서 가장 유명하고도 영향력 있는 명제일 것이다. 데카르트는 이 명제를 통해 '지적이고 합리적인 주체' 개념을 확립함으로써 근대 계몽사상을 가능케 했다. 전체 6부로 구성된 이 짧은 책에서 데카르트는 진리에 이르기 위한 방법을 제시하고자 한다. 이는 기존의 불확실한 학문들을 비판하고, 합리적이고 명증한 토대 위에 학문을 정립하고자 하는 새로운 시도이기도 하다.

또 이 책은 프랑스어로 쓰인 최초의 철학책이다. 당시 철학적 저술은 지식인의 언어인 라틴어로 쓰는 것이 관례였다. 그러나 데카르트는 이 책이 라틴어를 사용하는 기존의 철학자들과 엘리트들에게만 국한되지 않고 스스로 생각하면서 진정한 진리를 찾는 모든 이들에게 읽혀지길 원해 라틴어가 아닌 프랑스어로 집필했다.

이 책의 원제는 '이성을 잘 인도하고, 학문에 있어서 진리를 탐구하기 위한 방법서설'이다. 데카르트는 이성을 잘 발휘해 진리를 탐구하는 일이 사람마다 각기 다르게 가지고 태어나는 능력의 문제가 아니라, 어떤 방법을 사용해서 진리를 탐구하는가에 따라 달라진다고 보았다. 그렇기 때문에 "위대한 영혼의 소유자는 엄청난 덕행을 할 수 있는 반면에 엄청난 악행도 할 수 있으며, 천천히 걷되 곧은길을 따라가는 사람은 뛰어가되 곧은길에서 벗어나는 사람보다 훨씬 더 먼저 갈 수 있을 것이다"라고 말한다. 중요한 것은 올바른 학문의 길로 가는 방법이지, 개인의 능력차가 아니다.

그는 이 글에서 '양식'은 모든 이가 공평하게 가진 것이라는 말로 시작한다. 여기서 양식이란 거짓된 것에서 참된 것을 구별하고, 올바로 판단하는 능력, 즉 '이성'으로 이해해도 무방하다. 데카르트가 학문의 방법론에 주목하는 것은 인간의 평등한 지적 능력을 전제하기 때문이다. 그것은 인간을 동물로부터 구분해 주는 것이므로, 모든 인간에게 온전히 갖추어져 있다. "동일한 종의 개체들은 그 본성들에서는 아무런 차이가 없다"라는 말은 바로 이를 의미한다. 데카르트는 결코 거만하게 자신의 방법이 학문의 유일한 방법이라고 말하지 않는다. 그는 이렇게 말한다. "내 의도는 이성을 잘 인도하기 위해 각자가 따라야 할 방법을 가르치는 것이 아니라, 단지 내 이성을 인도하기 위해 자신이 어떻게 했는지를 보여 주는 것이다."

데카르트는 우선 자신의 학문적 경험을 말한다. 그는 유럽 최고의 대학에서 신학, 철학, 법학, 의학, 역사학, 문학, 수사학 등을 배웠다고 한다. 그러나 공부를 하면 할수록 확실한 지식을 얻는 대신 점점 더 많은 의심과 오류에 빠져들고 만다. 결국 그는 책이 아니라 세상에 나가 직접 경험하면서 지식을 얻고자 한다. 많은 곳을 여행하면서 얻은 갖가지의 경험을 통해 진리를 구하려 한 것이다. 그러나 실제로 그가 수많은 여행을 통해 확인한 것은 그저 다양한 생활 방식과 관례들이 있을 뿐이며, 이들 중 어느 것도 확신을 주지 않는다는 점이었다. 데카르트는 한 지역에서 절대적인 참으로 받아들여지는 선례와 관습도 다른 곳에서는 우스꽝스러워 보일 수 있다고 말하면서, 이러한 관습이 그저 상대적인 것일 뿐임을 깨닫는다.

이렇듯 데카르트는 다양한 학문과 직접적인 경험을 통해 끊임없이 확실한 진리를 얻고자 했다. 그러나 회의적인 결과만을 얻을 뿐이었다. 이제 데카르트는 수학에 주목한다. 그는 수학이 당시 기계학에만 응용되는 것이 수학의 참된 용도가 아니라고 생각했다. 수학이 자의적이고 우연적인 지식만을 다루는 학문들과는 달리, 확고부동한 토대를 지니고 있어서 모든 학문의 기반이라고 여겼기 때문이다. 그중에서 기하학과 대수학은 논리학과 더불어 데카르트가 말하는 학문 탐구의 기본적인 방법론의 토대가 된다. 데카르트에게 깊은 인상을 주었던 것은 바로 기하학적 증명이었다. 기하학자들은 아주 어려운 것을 증명하기 위해서 단순하고 쉬운 근거들의 긴 연쇄를 사용한다. 이것은 데카르트에게 아무리 어려운 것도 가장 단순하고 쉬운 것에서 출발해 단계적으로 도달하면 그 진리를 발견할 수 있다는 생각을 갖게 한다. 데카르트는 수많은 학문들의 진리에 대해서 회의적이었지만 수학자들이 확실하고 명증한 근거들을 발견할 수 있었다는 사실을 부정할 수 없었다.

이러한 수학적 증명의 방법을 바탕으로 데카르트는 학문 탐구의 정확한 방법으로 네 가지 규칙들을 제시한다. 그는 다음의 규칙들만 있다면 진리의 길에서 이탈하지 않고 그 속도가 빠르든 늦든 상관없이 언젠가 진리에 도달하게 될 것이라고 생각했다.

첫째, 명증하게 참이라고 인식한 것 외에는 그 어떤 것도 참된 것으로 받아들이지 말 것. 이것은 속단과 편견을 피하기 위한 것.

둘째, 검토할 어려움을 각각 잘 해결할 수 있도록 가능한 작은 부분으로 나눌 것.

셋째, 생각들을 순서에 따라 이끌어 나갈 것. 즉, 가장 단순하고 알기 쉬운 것으로부터 출발하여 가장 복잡한 것의 인식에 이를 것.

넷째, 아무것도 빠뜨리지 않았다는 확신이 들 정도로 완벽한 열거와 전반적인 검사를 행할 것.

이러한 규칙들을 학문의 기초 방법론으로 제시한 다음, 데카르트는 자신이 택한 형이상학의 토대에 대해 설명한다. 여기서 제시된 데카르트의 사유 방법이 바로 '방법론적 회의'라고 불린다. 즉, 미리 제시된 첫 번째 규칙에 따라 조금이라도 의심할 수 있는 것은 모두 전적으로 거짓된 것으로 판단한다. 이렇게 모든 것을 의심하는 것은 바로 그 의심을 통해서 절대로 의심할 수 없는 진리를 찾을 수 있다고 생각했기 때문이다. 이 의심은 적당한 수준에서 넘어가지 않는다. 즉, 거짓된 것을 제외하는 것이 아니라, 참된 것으로 인식하고 있는 것마저도 의심해 보는 것이다. 말 그대로 모든 것을 의심해 본다. 데카르트는 자신의 감각도 의심하고, 기하학적 추리도 의심해 본다. 심지어 신체를 가지고 있지 않다고도 상상해 보고, 자신이 있는 장소마저도 없다고 생각해 본다. 말 그대로 자신이 생각하고 있는 모든 것, 아니 세계 전체를 의심한다.

그런데 데카르트는 이러한 의심 속에 한 가지 진리를 깨닫는데 그것은 바로 "이런 식으로 모든 것을 거짓이라고 생각하는 와중에도 이렇게 생각하는 나는 반드시 어떤 것이어야 한다"라는 사실이다. 여기서 데카르트의 그 유명한 "나는 생각한다. 그러므로 나는 존재한다"라는 명제가 도출된다. 즉, 데카르트는 우리가 아무리 의심하려 해도 자신의 존재 자체가 없다고 생각할 수는 없다. 왜냐하면 자신의 존재가 없다고 생각하더라도, 바로 그 생각을 하는 존재는 반드시 있기 때문이다. 결국 인간 존재를 본질이자 실체라고 생각할 수 있는 것은 '물체'가 아니라 '정신'이라는 결론에 이른다.

'코기토로서의 주체'라고도 불리는 이 '생각하는 나'는 철학사 속에 등장한 최초의 합리적 주체라고도 할 수 있다. 이 주체는 다른 어떤 권위에도 의존하지 않고, 자신의 이성적 사고를 통해 스스로를 정당화한다. 데카르트의 '생각하는 나'는 이후 인간의 이해 전체를 바꿔놓을 정도로 사상적 혁신을 이끌어 낸다. 다시 말해 근대의 계몽주의는 바로 이러한 '생각하는 나'로부터 비롯된다고 할 수 있다.

3 결정적 문장

"나는 생각한다. 그러므로 나는 존재한다."

4 생각 더하기

데카르트가 진리 탐구를 위해 수학적 방법론을 기초로 삼은 이유는 무엇일까?

데카르트는 대학에서 다양한 학문을 배웠고, 그 학문들이 저마다의 장점을 가지고 있다고 생각했다. 시는 마음을 사로잡는 섬세함과 부드러움을, 도덕은 유익한 교훈과 덕에 대한 권유를, 법학이나 의학은 명예와 부를 가져다준다고 보았다. 그러나 데카르트는 이러한 학문들 중 어떤 것도 진리 탐구를 위한 직접적인 방법론을 제공해 주지 못한다고 생각했다. 학문에서 특히 '방법론'에 집착했는데 데카르트가 진리를 특정한 영역과 내용에 국한되는 것이 아니라고 보았기 때문이다. 진리는 보편적이라 일정한 방법을 단계적으로 밟아 가면 누구나 인식할 수 있어야 하는 것이라고 생각했다. 데카르트의 고민은 이 보편적인 진리 탐구의 방법을 찾는 것이었다. 그리고 바로 수학이 그 방법을 제공해 준다고 생각했다. 수학은 사물의 본질 자체를 다루는 학문이기 때문에 모든 학문이 이에 기반한다고 보았다. 그중 아주 어려운 것을 증명하기 위해 아주 단순하고 쉬운 근거들의 긴 연쇄를 사용하는 기하학적 증명이 데카르트의 진리 탐구 방법론의 기초가 되었다. 즉, 아무리 어려운 것도 가장 단순하고 쉬운 것에서 출발해 단계적으로 도달하면 그 진리를 발견할 수 있다는 견해이다.

27
토머스 홉스, 《리바이어던》

새로운 사고의 틀을 마련한 사회계약론

★ 한눈에 보기

1
국가는 자연 그대로의 야만적 상황을 극복하기 위한 인간들 사이의 계약을 통해 탄생했다.

2
자연 상태의 인간은 이기적이고 폭력적이며 위험한 존재이다. 홉스는 이를 "만인에 대한 만인의 전쟁 상태"라고 불렀다.

3
이러한 전쟁 상태를 극복하기 위한 계약이 국가를 탄생시켰다. 즉, 구성원들의 권리 양도를 통해 하나의 절대적인 권력이 탄생하는데, 홉스는 이를 '리바이어던'에 비유했다.

4
이러한 시민들의 권리를 양도받은 절대 권력을 통해 인간들끼리의 전쟁은 종식되고, 시민들은 안전하게 보호받을 수 있다.

1 저자 알기

토머스 홉스(Thomas Hobbes, 1588~1679년)

영국의 정치철학자인 토머스 홉스는 민주적 사회계약론을 최초로 제기함으로써 서구 근대 정치철학의 기초를 마련했다. 홉스는 영국 서남부의 작은 시골마을에서 목사의 아들로 태어났다. 아버지가 가정을 돌보지 않은 탓에 삼촌의 도움으로 대학 교육까지 마쳤으며, 졸업 후에는 캐번디시 가문의 가정교사로 일하며 프랑스, 이탈리아 등을 여행했다. 귀국 후 프랜시스 베이컨의 비서로 집필을 돕기도 했다. 절대군주제를 지지했으며, 찰스 1세와 의회의 대립이 심해지자 신분의 위협을 느껴 1640년 프랑스로 도피해 1652년에 돌아왔다. 이후 91세의 나이로 생을 마칠 때까지 왕성한 집필 활동을 했다.

2 내용 깊이 알기

홉스는 갈릴레오, 메르센 등 당대의 대표적 과학자들과 교류하면서, 유클리드의 기하학적 방법에 기초한 '과학적 방법론'으로 '과학적 지식'을 구축하고자 했다. 즉, 자연의 운동에서 인간의 행동 원인인 '정념'을 설명하고, 다시 이로부터 정치의 법칙들을 설명하고자 했다. 《리바이어던(The leviathan)》은 바로 이러한 물체론, 인간론, 시민론이 체계적으로 집대성되어 있는 홉스의 대표작이다. 출간된 후

무신론, 신성모독 등의 이유로 이단 혐의에 시달리다가, 결국 그의 모든 책이 출판 금지 처분으로 탄압되기도 한다. 비슷한 수난을 겪은 마키아벨리의 《군주론》과 더불어 근대정치학의 뿌리가 되는 책이라고 할 수 있다.

이 책의 원제는 '리바이어던 혹은 교회 국가 및 시민 국가의 재료와 형태 및 권력'이다. 여기서 홉스는 국가를 '코먼웰스^{Commonwealth}'라고 표현했다. 코먼웰스란 말 그대로 공공의 복지를 말하며, 공화국을 표현하는 용어로 쓰였다. 우리가 흔히 알고 있는 공화국이라는 뜻의 'republic'이라는 용어도 원래는 라틴어 'res publica'에서 유래되었는데, 그 역시 원래는 '공공의 일'이라는 뜻이다. 즉, 공공의 복지를 위해 결합된 정치적 공동체가 바로 '공화국'의 본래 정의라고 할 수 있다. 그런 점에서 공화국은 특정 세력의 이익이 우선적으로 고려되는 군주정, 귀족정과는 명백히 다른 목표를 가지고 있다.

그러나 홉스는 공화국이라는 뜻으로만 이 용어를 사용하지 않고, 이를 확장해 정치 공동체 일반을 가리키는 말로 썼다. 홉스는 공화국이 아니라 강력한 군주제를 옹호하는데, 이런 그가 코먼웰스란 말로 국가를 표현하는 것은 의아한 일이다. 하지만 바로 여기에《리바이어던》의 핵심적 구상이 있다.

고대부터 이어져 온 국가에 대한 기존의 일반적인 견해는 국가를 자연스럽게 존재하는 것으로 보는 것이었다. 그리고 왕은 그 통치의 권리를 신으로부터 부여받았다고 생각했다. 이를 '왕권신수설'이라 한다. 그러나 홉스는 국가를 인공 인간으로 표현한다. 즉, 국가는 자연적으로 생긴 것이 아니며, 인간이 인공적으로 만들어 낸 것이라고 보았다. 그리고 그 목적은 자연 상태의 인간을 보호하고 방어하는 것이다. 홉스는 비유적으로 인공 인간에게 있는 '주권'은 인공 '혼'으로, '각부 장관들'과 '사법 및 행정관리들'은 인공 '관절'로, 구성원 개개인 모두의 '부'와 '재산'은 '체력'으로, '인민의 복지'와 '인민의 안전'은 그의 '업무'로 보았다. 왜 홉스는 국가를 코먼웰스, 인공 인간 등으로 표현한 것일까? 그는 아무리 군주제 국가라고 해도 국가는 군주의 소유물이 아니라 시민들의 계약에 의해 성립되었으며, 이에 공동체 구성원 전체의 복리를 증진시키는 것이 가장 중요한 목표라고 강조한다.

홉스의 말에 따르면 국가는 자연 상태의 인간들이 처한 야만적 상황을 극복하기 위해 성립된 계약으로 탄생된 것이다. 그렇다면 왜 자연 상태의 인간은 야만적 상황에 놓여 있는 것일까? 홉스는 인간이 '사회적 존재'라고 보는 입장을 거부한다. 인간은 본질적으로 비정치적 동물이며, 폭력적인 수단을 통해서라도 자기를 보존하는 이기적인 존재라고 보았다. 철저한 성악설이다. 그는 이것이 바로 자연 상태의 인간이 가진 본모습이라고 생각했다. 게다가 홉스는 인간이 육체적·정신적 능력에 있어서 크게 차이가 없다고 보았다. 아무리 체력이 약한 사람이라고 하더라도 약자들끼리 공모하면 강자를 이길 수 있으며, 인간의 지적 능력도 경험으로부터 생기기 때문에 그 차이는 크지 않다고 본 것이다. 이러한 능력에 있어서의 평등 때문에 인간은 누구든지 동일한 수준의 기대와 희망을 품게 되고,

이를 이루기 위해 노력한다. 그러므로 홉스가 말하는 평등의 의미는 개인마다 동등한 권리를 가지는 것이 아니라 능력에 큰 차이가 없다는 것이다. 그리고 이러한 '평등'으로부터 '경쟁'이 생겨났다. 원래 인간 행동의 가장 기본적 동기는 '자기 보존'이다. 만약 모두가 자신이 가진 것만을 지키려 한다면, 거기에는 어떤 경쟁도 존재하지 않을 것이다.

그러나 상대가 자신의 생명과 자유를 약탈할 가능성이 있다면, 단지 안전하게 자신의 범위 내에서 자신의 것만을 지키는 것은 충분하지 않다고 생각한다. 타인을 완벽하게 신뢰한다면 이러한 경쟁은 사라지겠지만, 실제로 그러한 신뢰를 가지는 것은 불가능하다. 결국 인간들은 자신을 보호하기 위해서 타인을 지배하게 된다. 홉스는 이러한 경쟁 상태에서는 친구를 사귀는 것도 불가능하다고 말한다. 서로의 평가로 인해 경쟁이 생겨나기 때문이다. 따라서 홉스가 말하는 자연 상태의 인간이란 "경쟁 때문에 이익 확보를 위한 약탈자가 되고, 불신 때문에 안전보장을 위한 침략자가 되고, 공명심 때문에 명예 수호를 위한 공격자가 되는 존재"이다. 이러한 자연 상태를 나타내는 말이 바로 그 유명한 '만인에 대한 만인의 전쟁 상태'이다.

인간의 자연 상태에는 법도 없고, 정의도, 불의도 존재하지 않는다. 존재하는 것은 오직 폭력과 기만뿐이다. 그는 이를 두고 다음과 같이 말했다. "이러한 상태에서는 성과가 불확실하기 때문에 근로의 여지가 없다. 토지의 경작이나 해상무역, 편리한 건물, 무거운 물건을 운반하는 기계, 지표에 관한 지식, 시간의 계산도 없고, 예술이나 학문도 없으며, 사회도 없다. 끊임없는 공포와 생사의 갈림길에서 인간의 삶은 고독하고, 가난하고, 험악하고, 잔인하고, 그리고 짧다." 이대로라면 정말로 끔찍한 삶이 아닐 수 없다. 그저 살아 있기만 할 뿐 제대로 된 삶이라고 말하기 힘들다.

그렇기 때문에 인간은 자기 보존을 위해서, 서로에게 일련의 구속을 하게 된다. 그러나 이러한 약속은 그 자체로는 구속력이 없다. 홉스는 "칼 없는 신의信義 계약은 빈말에 불과하며, 인간을 보호할 힘이 전혀 없다"라고 말한다. 따라서 이 계약을 충실하게 수행하도록 인간을 두렵게 하고, 공동 이익에 맞게 행동하도록 지도하는 '공통의 권력'이 요구된다. 이 공통의 권력은 '외적의 침입과 서로 간의 권리 침해를 방지하고, 스스로의 노동과 대지의 열매로 일용할 양식을 마련하여 쾌적한 생활을 보낼 수 있도록' 해 준다.

그렇다면 이 공통 권력은 어떻게 만들어질까? 홉스는 '모든 사람의 의지를 다수결에 의하여 하나의 의지로 결집하는 것을 통해, 즉 모든 권력과 힘을 한 사람 또는 하나의 합의체에 양도함으로써' 가능하다고 말한다. 이와 같이 다수의 힘이 하나의 인격으로 결합되어 통일된 것이 바로 코먼웰스이며, 이것이 바로 리바이어던인 것이다.

홉스는 이 코먼웰스가 세 종류밖에 없다고 말한다. 대표자가 1인인 군주정, 2인 이상인 귀족정, 그리고 모든 사람이 참여한 민주정이 바로 그것이다. 홉스는 여기서 특히 군주정을 옹호했다. 군주제의 경우 사익과 공익이 일치하며, 군주가 누구에게든 필요한 조언을 구할 수 있다. 홉스는 다른 정치체제일 때 경우의 수에 따른 불안정함이 있지만 군주는 인간의 본성에 의해서만 결단하므로 불안정하지 않다고 보았다. 또 군주제에서는 다른 정치체제와는 달리 권력을 차지하기 위한 경쟁과 투쟁의 문제가 일어나지 않는다고 보았다. 게다가 정부 구성의 기본으로 여겨지는 삼권분립의 형태가 아닌 주권자가 입법·사법·행정에 있어 절대적인 권리를 가져야 한다는 주장으로 군주제를 옹호했기 때문에 홉스를 일반적으로 전체주의자로 생각할 수 있다.

그러나 이 저작이 나온 시점을 고려할 때 홉스가 기득권의 권리를 옹호한 것이 아니라 교회의 권력으로부터 벗어난 시민적 권력, 즉 세속적인 정치권력을 옹호하고자 한 것이라는 점을 생각해야 한다. 게다가 그것이 공동체를 구성하는 인민들의 권리 양도에 의해서 이루어졌다는 것과 그 목표가 구성원들의 복리를 증진시키는 것이라고 본 점은 당대의 시각으로 볼 때도 분명히 혁신적이다. 홉스가 마키아벨리와 더불어 근대정치학의 기초를 확립한 인물로 여겨지는 데는 바로 이러한 이유 때문이다.

3 결정적 문장

인간은 그들 모두를 위압하는 공통의 권력이 존재하지 않는 곳에서는 전쟁 상태에 들어가게 된다.

4 생각 더하기

홉스가 강력한 국가권력이 필요하다고 주장한 까닭은 무엇일까?

그것은 홉스의 인간 본성에 대한 입장에서 설명될 수 있다. 그에게 인간이란 이기적이고, 잔인한 존재이다. 게다가 그 능력에 있어서도 큰 차이가 없다고 생각했다. 그렇기 때문에 인간은 서로 경쟁하게 되며, 이 경쟁 속에서 서로의 것을 뺏고 뺏기는 약육강식과 승자독식의 법칙이 통용된다고 보았다. 이런 본성 속에서 각자는 고독한 경쟁자일 뿐 공공의 복리 증진을 위한 어떤 노력도 무의미하다.

그렇기 때문에 공공의 복리 증진을 위해서는 극단적 대립 상태를 지양하는 것이 우선이다. 하지만 이것은 그냥 말이나 글만으로는 불가능하다. 약속이란 것은 그것을 어겼을 때 벌을 가할 수단이 없으면 한갓 무의미한 말에 지나지 않다. 그렇기 때문에 홉스는 공공의 복리 증진을 위한 상호간의 약속과 이를 어겼을 때 제재할 수 있는 수단이 있어야 한다고 보았다. 그러한 제재는 단순히 개인이 할 수 있는 영역이 아니다. 따라서 홉스는 결국 개인들 사이의 권리 침해와 상호 대결을 막을 수 있는 국가 차원의 강력한 권력이 필요하다고 주장했으며, 그것이 바로 홉스가 지지한 절대주의 국가이다.

28
바뤼흐 스피노자, 《에티카》

인간관에 문제를 제기하는 스피노자 철학의 정수

★ 한눈에 보기

1
스피노자는 신을 우주 전체로, 자연이자 세계이자 이 세계의 질서 자체라고 보았다.

2
유일한 실체로서의 신은 정신과 물질로 자신의 모습을 드러낸다. 이 둘은 모두 신(자연)의 질서를 따르지만, 각각 별개로 존재한다.

3
인간이 자유롭지 못한 까닭은 이 세계의 질서와 필연성을 제대로 이해하지 못하고 있기 때문이다.

4
신의 본성과 세계의 필연성을 많이 이해할수록 더 많은 자유를 얻게 된다.

1 저자 알기

바뤼흐 스피노자(Baruch Spinoza, 1632~1677년)

근대 합리론의 대표적 철학자인 바뤼흐 스피노자는 암스테르담의 유대인 공동체에서 태어났으며, 아버지는 부유한 상인이었다. 애초에 유대교 목사가 되고자 했으나 유대교의 비이성적인 교리에 비판적 견해를 가지게 되었고, 이것이 문제가 되어 유대인 교회로부터 파문당하고, 공동체로부터도 추방당했다. 이후 신념을 굽히지 않고, 학문적 자유를 위해 하이델베르크 대학교의 교수 초빙도 거절하는 등 평생을 은둔하며 신과 이성의 문제에 대해 사유했다.

스피노자의 철학적 사유를 엄밀하게 비판했던 헤겔조차도 "철학을 시작하려면 우선 스피노자주의자가 되어야 한다"라고 말할 정도로, 스피노자는 세계와 인간에 대한 합리론적 사유의 깊이와 넓이를 보여 준 철학자이다. "분노하거나 냉소하지 말고, 다만 이해하도록 애쓰라"라는 스피노자의 말은 그의 철학적 자세를 가장 잘 보여 준다.

2 내용 깊이 알기

스피노자가 생전에 남긴 철학저서는 《데카르트에 관한 저술》과 《신학정치론》단 두 권뿐이다. 그러나 그의 가장 주요 대표작은 《에티카(Ethica)》로 사후에 발간된 저서이다. 이 책의 원제는 '기하학적 질서에 따라 증명된 윤리학'이며, 라틴어로 쓰였다. '에티카'란 윤리학을 지칭하는 용어이지만 이 책에서는 스피노자의 합리주의 사상이 형이상학, 인식론, 심리철학, 윤리학 등의 넓은 영역에 걸쳐 개진된다. 특히 '기하학적 질서에 따라 증명된'이라는 제목에서도 알 수 있듯이 책의 전체 내용은 치밀하고 엄격한 구조로 이루어져 있다. 그러나 신을 이성과 동일시함으로써 감각, 사유, 의지, 감정, 목적, 자비 등 신의 인간적 속성을 부정했으며, 이 때문에 많은 비난을 받기도 했다. 오히려 스피노자의 이러한 사상은 당대보다 이후의 칸트, 헤겔, 쇼펜하우어, 니체 등의 학자들뿐만 아니라 들뢰즈나 네그리 등의 20세기 철학자들에게도 결정적인 영향을 미쳤다.

이 책은 다섯 부분으로 나누어져 있다. 신에 대하여, 정신의 본성과 기원에 대하여, 정서의 기원과 본성에 대하여, 인간의 예속 혹은 정서의 힘에 대하여, 지성의 능력 또는 인간의 자유에 대하여 등이 그것이다. 여기서 스피노자는 신에 대한 사유로 시작해서 인간의 자유에 대한 문제까지 사유한다. 이 순서를 따르자면, 인간은 신의 본성과 이를 통한 세계의 필연성을 이해하고, 인간의 정신과 정서를 알게 되면서 인간이 어째서 예속적인 상태에서 벗어나지 못하는지를 깨닫게 된다. 스피노자는 결국 인간이 스스로의 지성을 사용해 이러한 필연성을 이해함으로써 마침내 진정한 자유를 얻을 수 있다고 보았다. 무엇보다 자유를 의지의 문제나 권력의 문제로 보기보다는 오직 이 세계의 필연성을 얼마나 파악할 수 있는가라는 지성의 문제로 파악했다. 이런 관점을 철학에서는 '주지주의'라고 부른다.

스피노자는 신에 대한 정의로 논의를 시작하는데, 이 책에서 그는 신을 이성과 동일시한다. 동시에 스피노자는 '신이 곧 자연'이라고도 말하는데, 이것은 신이 일체의 인간적 속성을 갖지 않음을 의미하는 것이다.

스피노자에게 신이란 초월적 속성을 가진 존재가 아니라 자연 자체이다. 그러나 이때의 자연이란 감각할 수 있는 물리적 대상으로서의 자연이라기보다는 자연의 법칙이라고 이해하는 편이 더 정확하다. 이를테면, 개개의 꽃들은 피고 지지만, 그 꽃들을 피고 지도록 하는 모든 변화에 내재하는 자연의 법칙은 사라지지도 변하지도 않는다. 스피노자와 같이 합리주의 철학자였던 데카르트는 우리가 밀랍을 오감에 의지해 판단할 때 그 모양, 색깔, 향 등이 시시때때로 달라질 수 있지만, 이성적으로 판단할 때는 그것이 밀랍이라는 사실은 변치 않는다고 말한다.

이렇게 사물의 변화에도 바뀌지 않는 어떤 것을 합리론 철학에서는 '실체'라고 한다. 곧 실체란 대상이 가진 우연적인 속성의 변화에도 결코 변하지 않고 동일하게 지속되는 것을 가리키는 말이다. 스피노자는 이와 같이 유일한 실체는 단 하나 존재하는데 그것을 신이라고 보았다. 그리고 이성 정신과 자연을 그 신과 동일한 것^{신=자연=이성}으로 여겼다. 이는 자연의 우연적이고, 외형적인 모습은 변하지만 그것을 이루는 실체는 결코 바뀌지 않는다는 말과 같다. 따라서 신이라는 실체가 바뀌지 않는다는 말은 자연의 법칙이 바뀌지 않는다는 말과 마찬가지이며, 그것이 다름 아닌 이성적이고 합리적이라는 뜻이기도 하다.

이러한 스피노자의 신에 대한 관념은 당대의 많은 신학자들에게는 받아들일 수 없는 것이었다. 왜냐하면 신을 이성과 동일시하게 되면, 신의 인간적 속성들은 부정될 수밖에 없기 때문이다. 다시 말해 성경에 나오는 것처럼 신이 흙을 빚어 인간을 만들었다는 신화적 내용을 부정하는 차원을 넘어 신이 인간을 구원해 준다는 것도, 내세의 존재도 부정할 수밖에 없게 된다. 결국 스피노자적 세계 속에서는 종교적 윤리관의 기본인 권선징악은 결코 통용될 수 없다.

데카르트보다 더 철저한 합리론자였던 스피노자는 신을 이 세계 자체로 보았기 때문에 기적의 존재도 부정한다. 왜냐하면 신은 곧 이성이고 자연법칙을 통해서만 그 존재가 드러나기 때문이다. 이 말은 이 세계가 인과율이라는 질서를 벗어나지 않는다는 뜻이다. 그렇기 때문에 이성적으로 파악할 수 없는 기적이란 곧 신이 그 스스로의 법칙을 배반하는 일이고, 이것은 모순일 수밖에 없다는 것이 스피노자의 생각이다. 스피노자가 파악한 세계 속에서 우연은 존재하지 않는다. 모든 것은 필연적인 법칙하에서 이루어지며, 그것은 곧 신의 모습이기도 하다.

말하자면 탄생이나 죽음도, 인간이 저지르는 죄도 모두가 필연적인 이유가 존재한다. 여기에는 우연도, 어떤 거대한 목적도 끼어들 틈이 없다. 이 세계는 오직 자연의 법칙을 통해서만 움직이기 때문에 비가 내리는 것은 자연의 질서에 따른 인과관계의 결과일 뿐 결코 신의 의지가 아니다. 더 나아가 우리가 어떤 고통을 겪는 것은 그 고통의 특정한 원인이 존재하기 때문일 뿐, 거기에 어떤 의미나 목적을 부여할 수는 없다. 신의 의지를 현상의 원인으로 말하는 것은 원인을 모르기 때문일 뿐, 그것에는 어떠한 진리도 없다.

그렇기 때문에 스피노자는 도덕적 선악에 대한 기존의 일반적인 견해에도 문제를 제기한다. 흔히 이야기하는 선과 악은 객관적인 판단이 아니라, 상대적이고 자기중심적인 인식일 뿐이라는 것이다. 중요한 것은 사물들의 본성을 제대로 파악하는 것, 그래서 다른 존재들과 어떠한 관계인가를 이해하는 일이다.

그러므로 스피노자의 저서 《윤리학》은 어떤 절대적인 도덕적 기준을 제시하고 이를 따르는 것이 윤리라고 말하는 것과는 전혀 다른 입장을 취한다. 오히려 기존의 절대적 선악을 기준으로 도덕을 강제하는 종교 및 윤리에 대해 강력히 비판하고, 세계 내의 존재자들이 본성과 관계에 대해 지성적으로 이해하는 것이 문제임을 주장한다.

결국 이러한 문제들은 인간의 자유로 수렴된다. 그런데 이 세계의 필연성을 파악하는 것은 인간이 자유로운 존재가 되는 것과 어떤 관련이 있을까? 여기서 스피노자는 자유에 대해서도 기존의 상식을 다시 사유하도록 요청한다. 그가 말하는 자유는 단순히 자신이 원하는 대로 하는 것이 아니다. 자유란 '자신 본성의 필연성에서만 존재하며, 자기 자신에 따라서만 행동하게끔 결정되는 것'을 가리킨다. 그 범위 내, 오직 필연성 안에서만 존재하는 신이야말로 가장 자유로운 존재가 된다.

스피노자의 가장 중요한 철학적 질문은 '어째서 인간은 자유롭게 태어났음에도 예속된 상태로 살아가는가?'였다. 이 질문에 대한 스피노자의 답은 이렇다. 예속된 상태에 머무는 가장 큰 이유는 인간이 자신과 세계의 본성의 필연성을 깨닫지 못하기 때문이다. 그 때문에 인간은 스스로 자유롭게 행동하지 못하고, 잘못된 인식에 의해 예속된 상태를 벗어나지 못한다. 예속된 상태를 벗어나기 위한 유일한 방법은 이 세계의 필연적 질서를 올바르게 이해하는 것이며, 이를 통해 권력의 지배에도, 인식의 오류에도 흔들리지 않고 자신의 자유를 누리며 영혼의 만족을 얻어야 한다는 것이다. 그것은 스피노자가 말하는 현자의 모습이기도 하다.

3 결정적 문장

현자는 현재로서 고찰되는 한에서 거의 영혼이 흔들리지 않고 자신과 신과 사물을 어떤 영원한 필연성에 의해서 인식하며, 존재하는 것을 결코 멈추지 않고 언제나 영혼의 참다운 만족을 소유한다.

4 생각 더하기

스피노자에게서 윤리란 기존의 관습적인 선악의 기준에 따른 윤리와는 차이가 있다. 그렇다면 그는 윤리를 어떤 관점에서 보았을까?

스피노자 《윤리학》의 목표는 인간이 예속된 상태를 벗어나 자유를 되찾는 것이다. 그것이야말로 윤리의 핵심이라고 생각했다. 이러한 인식을 위해 스피노자는 도덕과 윤리를 구분했다. 도덕이란 어떤 대상의 선악을 절대적인 기준에 의해 파악하는 것이다. 그리고 그러한 도덕은 일련의 규범들을 통해 법칙처럼 사람들에게 부여된다. 기독교에서의 십계명이나 동양의 유학에서 보이는 도덕적 행동 규범도 모든 이러한 범주에 들어간다. 그러나 선악의 문제는 이처럼 객관적이고 절대적인 관점에서 말할 수 있는 것은 아니다. 스피노자는 이러한 선악의 문제를 이 세계에 존재하는 초월적인 신으로부터 부여되는 법칙으로 파악해서는 안 된다고 생각했다. 그가 말하는 윤리란 인간이 보다 더 자유로운 상태로 이행하는 것과 관련이 있기 때문이다.

여기서 우리는 스피노자의 독특한 자유의 개념을 만나게 되는데 스피노자가 말하는 자유는 한 개체가 가지고 있는 역량과 관련된다. 이런 관점에서 자유와 부자유는 단순한 대립적 개념이 아니다. 즉, 우리는 현재의 상태에서 더 자유로운 상태로 이행할 수도 있고, 덜 자유로운 상태로 이행할 수도 있다. 이때 더 자유롭다거나 덜 자유롭다거나 하는 문제는 한 개체의 역량과 관련된 정도의 문제일 뿐 어떤 객관적인 상태를 의미하지는 않는다. 스피노자가 보기에 인간이 더 자유로워진다는 것은 그의 역량이 증대하는 것을 의미한다. 반대로 덜 자유로워진다는 것은 그가 구체적이고 현실적인 조건에서 발휘하는 역량이 감소한다는 것을 말한다. 스피노자는 전자와 같이 역량이 증대하는 것을 기쁨, 역량이 감소되는 것은 슬픔과 관련이 있다고 생각했다. 그렇기 때문에 자신의 역량을 증대시키기 위해서 인간은 그 자신을 둘러싸고 있는 다양한 존재들과의 관계에 대해 사유해야만 한다. 스피노자가 신의 의지가 아니라 자연 속에 존재하는 법칙에 대해 알아야 한다고 말한 이유가 바로 그것이다.

29
프리드리히 니체, 《도덕의 계보》

선악 개념에 대한 니체의 후기 사상

★ 한눈에 보기

1 《도덕의 계보》는 '도덕'으로 통용되는 가치가 어떠한 기원에서 어떻게 발생, 형성되고 발전되었는지를 다룬다.

2 기독교의 선악 개념은 고대 그리스의 좋음과 나쁨이라는 가치의 구분이 역전된 것이다. 즉, 좋은 것은 악한 것이 되고, 나쁜 것은 선한 것이 된다.

3 니체는 이를 '노예도덕'이라고 부른다. 즉, 기독교 도덕에서는 비참한 것, 가난한 것, 무력하고 비천한 것, 병든 것 등 인간이 거부하고 부정적으로 평가하는 것들이 옹호된다.

4 이는 원래 하층민의 종교였던 기독교가 가진 강하고, 좋은 것에 대한 '원한 감정'에서 비롯된다. 니체는 이러한 '노예도덕'이 인간을 병들게 했다고 본다.

1 저자 알기

프리드리히 니체(Friedrich Wilhelm Nietzsche, 1844~1900년)

독일의 철학자이다. 원래는 문헌학을 전공했으며, 24세의 나이에 바젤 대학교의 교수가 될 만큼 이 분야에서 뛰어난 능력을 가지고 있었다. 그러나 편두통, 눈병, 우울증 등의 각종 질병에 시달릴 만큼 건강이 나빴으며, 문헌학에 대한 학문적 회의 때문에 35세 때 교수직을 그만두고 철학 저술 활동에 매달렸다.

당대 최고의 음악가인 바그너와 긴밀하게 교류했으나, 이후 그의 음악적·사상적 변화에 분노하며 결별했다. 플라톤 이후 유럽의 형이상학과 기독교 및 도덕주의와 당대의 시대적 조류에 대한 날카로운 비판을 멈추지 않았다. 1889년에 토리노에서 갑작스럽게 쓰러진 이후 10년간 정신이상과 실어증 상태로 지냈으며, 1900년에 사망했다.

2 내용 깊이 알기

《도덕의 계보(Zur genealogie der moral)》는 니체가 '노예도덕'이라고 비판했던 기독교에 대한 입장이 잘 드러난 후기의 작품이다. 니체는 철학 명제에 대해 엄격하고 논리적인 증명을 통한 기존의 철학적 글쓰기 형식을 비판하면서 풍자나 비유를 적극 활용했다. 또 짤막한 경구를 통해 자신의 생각을 압축적으로 드러내는 문체를 사용했다. 다만, 《도덕의 계보》는 그러한 문체적 특징이 비교적 완화된 작품인데, 이는 그 이전 저술인 《차라투스트라는 이렇게 말했다》가 대중의 철저한 외면을 받았던 탓으로 보이기도 한다. 이 책은 전체 3부로 구성되어 있는데, 기독교 선악의 문제, 노예도덕과 주인도덕, 허무주의, 위버멘쉬 등 니체의 주요한 철학적 테마들이 가장 잘 개진된 작품이다. 동시에 니체의 난해한 철학적 사유에 접근하기 위한 대표적 저서이다.

'계보학'이란 어떤 것의 발생의 기원과 그 변화 과정을 추적하여 밝히는 연구 작업을 일컫는 말이다. 따라서 니체는 '도덕'으로 통용되는 가치가 어떠한 기원에서 어떻게 발생·형성되고 발전되었는지를 밝혀내기 위해 '도덕의 계보'라는 제목을 사용했다. 또 도덕의 계보를 밝힌다는 것은 도덕적 가치가 결코 시간과 공간을 초월한 절대적 가치를 갖지 않음을 밝히는 일이기도 하다. 도덕, 즉 선과 악이란 이름 아래 나열된 가치들은 특정한 장소·특정한 역사적 맥락 하에서 생겨났다. 300년 전 조선에서 통용되던 도덕적 가치 기준들과 현재 한국에서 통용되는 도덕적 기준은 분명 다를 것이다. 그리고 300년 전 동시대의 오스만제국, 영국, 태국의 기준과도 같지 않을 것이다. 이는 그 사회의 문화적·사상적 배경과 도덕 이념이 다르기 때문이다. 그러나 니체의 목표는 단순히 도덕이 이와 같이 상대적인 성격을 가진다는 것을 주장하는 데 있지 않다.

이를테면 니체는 겸손, 양보, 자비와 같은 특정한 도덕적 가치들이 언제, 어떻게 발생했는지를 살펴봄으로써 그러한 도덕들이 어떤 가치를 갖는지를 밝혀낼 수 있다고 생각했다. 즉, 겸손이란 무엇인가가 아니라, 겸손은 어떤 가치를 가지는가라고 묻는 것이다. 이러한 작업들을 니체는 '가치들의 가치'를 묻는 작업이라고 불렀다. 그는 이렇게 묻는다. "인간은 어떤 조건 아래 선과 악이라는 가치 판단을 생각해 냈던 것일까? 그리고 그 가치 판단들은 어떤 가치를 가지고 있는 것일까?" 그러면서 당대 유럽에서 기독교적 선으로 여겨지던 가치들이 과연 인간을 더 고귀하게 만드는 가치들인가라고 반문한다. 대담하게도 니체의 목표는 당시 유럽인들 스스로가 보편적인 도덕이라고 생각하던 기독교 도덕의 발생 과정을 통해 이러한 도덕이 가진 반도덕적·반인간적인 가치를 폭로하는 것이었다. 결국 니체는 자신이 능통했던 문헌학적 근거를 적극적으로 활용하며 기독교적 선악의 개념들이 오히려 인간을 타락시키는 가치들임을 보여준다.

첫 번째 논문의 제목은 '선과 악', '좋음과 나쁨'이다. 여기서 그는 기독교의 선악 개념이 고대 그리스의 좋음과 나쁨이라는 가치의 구분이 역전된 것이라고 말한다. 즉, 고대 그리스 시대에 좋은 것으로 여겨지던 것이 기독교 도덕의 관점에서는 악한 것이 되고, 나쁜 것으로 여겨지던 것이 기독교에서는 선한 것으로 변했다는 뜻이다.

니체에게서 좋다는 것은 그 자체로 좋은 것, 즉 고귀한 것, 강력한 것, 아름다운 것, 행복한 것, 신의 사랑을 받는 것 등을 의미했다. 이러한 가치는 자기 스스로 존중받는 가치이지, 다른 것과의 비교를 통해서 평가받는 가치들이 아니다. 반대로 나쁜 것은 비참한 것, 가난한 것, 무력하고 비천한 것, 병든 것 등 인간이 거부하고, 부정적으로 평가하는 것들이었다. 이러한 부정적 가치들의 속성들은 사회의 하층 계급들, 즉 노예들이 가진 속성이었다. 누구도 가난하고, 병들고, 더러운 것을 좋아하지는 않는다. 노예 역시 그런 상태를 벗어나고자 했으나 쉽지 않았다. 그 때문에 노예들은 자신들이 가지지 못한 긍정적인 가치를 가진 이들을 증오하게 된다. 이러한 감정이 노예들이 가진 '원한 감정'이다. 그리고 니체가 가장 비판하고 경멸했던 감정이 바로 이 감정이었다.

그런데 이러한 '원한 감정'을 품는 것만으로 문제는 끝나지 않는다. 니체는 노예들이 자신들의 복수심으로 가득한 '원한 감정'을 통해, 자신이 가지지 못한 긍정적인 속성들을 반대로 악한 것으로 취급하고, 열등하고 나쁜 것으로 취급되던 속성들을 오히려 선한 가치라고 주장하기 시작했다는 것이다. 이것이 바로 서구의 정신사에서 결정적인 도덕적 전환점이 된다. 니체는 이를 일컬어 '도덕의 노예 반란'이라고 말한다.

그리고 이러한 도덕의 노예 반란의 핵심에 당시 하층민의 종교였던 기독교가 자리 잡고 있다. 이를테면, 기독교에서는 "비참한 자만이 오직 착한 자다. 가난한 자, 무력한 자, 비천한 자만이 오직 착한 자다. 고통받는 자, 궁핍한 자, 병든 자, 추한 자 또한 유일하게 경건한 자이며 신에 귀의한 자이고"라고 말한다. 니체는 이러한 부정한 가치들이 선한 것으로 여겨짐에 따라, 인간이 천민화되고, 그리스도교화되었다고 말한다. 즉, 인간이 마땅히 추구해야 할 긍정적인 가치들이 부정적이며 악한 것들로 여겨지고, 인간을 타락시키고 비천하게 만드는 가치들이 오히려 긍정적인 가치로 여겨지게 되는 셈이다. 결국 이러한 기독교적 가치들은 인간을 선하게 만들지 못하고, 오히려 더 나쁜 존재로 만든다는 것이 니체의 주장이다.

두 번째 논문에서 니체는 '죄와 양심'의 문제를 다룬다. 역사를 볼 때, 사회는 언제나 도덕과 규칙을 강제함으로써 개개의 자유로운 인간들을 안전하고 예측 가능한 사회의 구성원으로 만들고자 했다. 니체는 이와 같이 '약속할 수 있는 동물을 기르는 것'이 자연이 부여한 역설적인 과제라고 말한다. 그런데 이를 위해서 인간은 어떤 기억들이 필요하다. 만약 그런 기억이 없다면 인간의 삶은 매번 새롭게 달라질 것이고, 미래를 예측하는 일도, 안정된 사회적 기반을 마련하는 일도 불가능해질 것이다. 그리고 이러한 기억을 위해 사회는 개인들에게 '고통'을 준다. 이 고통이 바로 죄와 양심과 관련된다.

니체는 '죄'라는 말이 '빚'이라는 말에서 나왔음을 지적한다. 즉, 죄는 채권자와 채무자의 관계에서 발생하는 빚과 같은 것이다. 가해자는 채무자가 되고, 피해자는 채권자가 되는 것이다. 피해자가 가해자에게 받는 빚, 이것이 바로 형벌이다. 죄를 짓는다는 것은 빚을 얻는 것과 마찬가지이다. 그것은 그만큼의 고통을 통해 갚아야 한다. 결국 죄나 양심과 같은 도덕적 개념들은 이러한 채무법에 의거한 것이며, 이 안에는 잔인한 복수의 개념이 내재하고 있다고 니체는 말한다. 이런 관점에서 형벌은 인간을 더 도덕적으로 만드는 것과는 무관하다. 그것은 다만 복수일 뿐이고, 오히려 형벌은 가해자로 하여금 죄책감을 느끼지 않도록 한다. 그것은 인간을 길들일 뿐, 더 나은 존재로 만들지는 않는다. 양심도 마찬가지이다. 양심이란 인간을 도덕적으로 고양하는 자기 안에 있는 신의 목소리 따위가 아니다. 니체는 양심이란 인간이 원초적으로 가지고 있는 잔인성이 외부의 타자가 아니라 자기 자신을 향한 것에 지나지 않는다고 말하면서 이 때문에 양심을 고귀한 가치가 아닌 자기 학대를 하고자 하는 의지라고 말한다.

마지막으로 니체는 '금욕적 이상이란 무엇인가?'라는 논문을 통해 금욕적인 이상은 인간의 삶을 풍부하게 하는 삶에의 의지가 아니라, 일체의 것을 거부하는 무에의 의지임을 보여 준다. 이 역시 약하고 병든 자들의 가치, 사제들의 가치로, 이러한 '허무주의'를 통해 인간의 삶이 가진 건강하고 긍정적인 가치들을 부정하고, 인간 그대로의 모습을 혐오하게 만든다고 보았다.

이처럼 《도덕의 계보》는 선과 악, 자비, 양심, 죄, 형벌, 금욕주의 등 기존의 도덕적 가치들이 가진 긍정적인 속성들을 하나씩 그 계보를 통해 밝히고 이 가치들의 반도덕적이고, 반인간적인 정체들을 폭로한다. 이는 단순히 기존의 가치와 도덕을 부정하는 데 있지 않다. 주어진 도덕적 가치들을 넘어 도덕에 대해 다시 생각하도록 하는 것, 이를 통해 어떤 가치들을 통해 인간이 진정 고귀하고 위대한 존재가 될 것인가를 생각해 보도록 하는 것, 이것이야말로 니체가 보여 준 철학이라고 할 수 있다.

3 결정적 문장

도덕에서의 노예반란은 원한 자체가 창조적이 되고, 가치를 낳게 될 때 시작된다.

4 생각 더하기

도덕이란 인간을 올바른 행동으로 이끌고 타인에 대해 선을 베풀게 한다. 도덕적 가치 기준이 없다면 우리 사회는 아마 짐승의 약육강식의 세계와 다르지 않을지도 모른다. 그럼에도 니체는 그러한 도덕적 선악의 기준을 비판했다. 특히 니체가 집중적으로 비판한 것은 기독교의 도덕이었다. 니체는 왜 기독교의 도덕을 노예도덕이라며 비판했을까?

니체는 도덕이라는 것은 주어진 법칙을 단순히 준수하는 것이 아니라고 생각했다. 외부로부터 주어진 도덕법칙을 단순히 따르는 것은 인간의 역량을 억압하는 부정적인 것이라고 보았다. 그는 도덕을 단순히 도덕 그 자체로 보지 않고, 도덕적 가치가 어떤 가치를 가지는가라고 질문했다. 다시 말해 우리가 이러저러한 도덕적 법칙을 따를 때, 그 도덕적 법칙이 인간의 삶에 어떤 가치를 부여할 수 있는지에 대해서 질문했다. 니체는 바람직한 가치라면 그것이 인간의 삶을 고양할 수 있어야 하는데, 기독교의 도덕은 인간의 삶을 더 높은 차원으로 이끄는 것이 아니라 오히려 타락시킨다고 생각했다.

또 기독교 도덕에서 중요시하는 가치들은 모두 약자들의 가치이고 강한 것, 건강한 것, 잘생긴 것, 똑똑한 것, 아름다운 것 등은 오히려 부정적으로 생각한다. 천국에 들어갈 수 있는 자들은 가난한 자들, 억압받는 자들, 약한 자들, 병든 자들이기 때문이다. 즉, 현세에서는 약하고 고통받는 이들이라도 신을 믿음으로써 구원을 얻고 천국에 들어갈 수 있다는 것이 기독교 도덕의 핵심이라고 니체는 보았다. 그렇기 때문에 인간이 지향해야 할 건전한 가치들, 자신의 역량을 증대시킬 수 있는 가치들은 모두 부정적으로 여겨지고, 오히려 부정적인 가치들이 긍정적으로 여겨진다고 생각했다.

니체는 이러한 가치 기준들의 역전이 가난하고 약한 자들이 강하고 아름다운 자들에 대해 가지는 '원한'에서 나온 것이라고 보았다. 즉, 당시 로마 사회의 노예들로 살았던 이들이 강하고 아름다운 주인을 증오하면서 만들어 낸 도덕이 바로 기독교 도덕의 핵심이라고 본 것이다.

30
지그문트 프로이트, 《꿈의 해석》

꿈을 통해 인간의 무의식을 연 정신분석의 보고

★ 한눈에 보기

1 인간의 무의식에는 우리가 사회에서 함부로 드러낼 수 없는 욕망이 담겨 있다. 반면, 의식은 원초적인 본능이 함부로 나오지 않도록 감시하는 역할을 한다.

2 꿈은 원초적인 무의식이 드러나는 공간이면서 그것을 들여다볼 수 있는 틈이다.

3 모든 꿈은 욕망을 실현하는 형태로 이루어져 있으나 의식이 느슨하게나마 작동하므로 욕망의 표현이 왜곡되어 나타난다.

4 꿈은 해석을 통해 그 본래 의미를 파악할 수 있다. 이것으로 쉽게 드러나지 않는 욕망이나 잠재된 바람을 파악할 수 있고 그로써 인간을 이해할 수 있다.

1 저자 알기

지그문트 프로이트(Sigmund Freud, 1856~1939년)

프로이트는 정신과 의사로 정신분석이라는 개념을 만들어 낸 학자이다. 그는 오스트리아 제국의 프라이베르크라는 지방에서 태어났다. 프로이트는 유대인으로 아버지는 모피 상인이었다. 비교적 부유한 집안이었지만 프로이트가 태어나고 얼마 되지 않아 사업이 어려워지기 시작하여 그가 한 살이 되던 때 빈으로 이사했다.

집안 사정이 썩 좋지 않았음에도 아버지는 프로이트의 영특함을 알아보고 그를 교육시키는 데 헌신했다. 그가 빈 대학에 입학했을 때만 해도 자신이 의사가 되리라고는 생각하지 못했다고 훗날 고백했다. 그러나 "세상의 수수께끼를 이해하고 가능하다면 그 해결책에 뭔가 기여까지 하고 싶은 억누를 수 없는 욕망을 느꼈다"고 말하며, 그 어떤 자연보다도 인간에 대한 호기심을 느꼈다고 한다.

프로이트는 자연과학과 의학과 심리 요법 등을 다양하게 공부한 후 신경계 해부에 대해 연구했지만 생활이 넉넉하지 않아서 의사 자격증을 따고 빈 종합병원에서 일하기 시작했다. 그리고 그곳에서 신경 질환 치료를 연구하던 중 1886년, 빈에 개인 병원을 연다. 그는 그곳에서 정신분석이라는 새로운 장을 열게 된다.

2 내용 깊이 알기

　정신 질환을 가진 환자와 의사의 상담을 통해 치료하는 방법을 연구하던 중 프로이트는 '자유연상'이라는 것을 이용하여 정신을 분석하는 방식을 만든다. 자유연상은 정신분석의 주요하고 과학적인 최초의 방식이 되었다. 자유연상은 환자 스스로 자유롭게 이야기하게 하면 이 과정을 통해 의식 저편에 잠들어 있던 기억들이 특정한 방식으로 드러난다고 프로이트는 주장했다. 이것은 프로이트의 핵심 개념인 무의식과 직접 맞닿아 있다. 무의식은 자신의 행위나 말에 대해 특별한 자각이 없는 것을 말한다. 특히 그 무의식의 영역에는 우리가 한 사회의 일원으로 살아가면서 함부로 드러낼 수 없는 욕망들이 잠겨 있다. 대체적으로 이런 욕망들은 원초적이고 육체적인 것들이라고 할 수 있는데 성, 죽음 등이 그것이다. 프로이트는 이러한 것들이 무의식에 감추어져 있다가 비밀스러운 방식을 통해 의식으로 표출된다고 주장했다.

　그중 한 방식이 바로 꿈이다. 꿈은 원초적인 무의식이 기어 나오는 공간이면서 동시에 인간의 의식이 그것을 바라보고 있는 곳이기도 하다. 그렇기 때문에 꿈은 원초적인 욕망과 그것을 억제하고 감시하려는 사회적인 의식이 부딪치며 만들어진다. 프로이트는 이에 각각의 요소를 분석하여 무의식의 내용을 추론해 볼 수 있다고 여겼다. 이러한 무의식의 내용을 파악할 수 있게 되면 정신 질환의 원인을 찾을 수 있고 곧 치료 방법을 찾을 수 있다고 생각했다.

《꿈의 해석(Die traumdeutung)》은 이러한 프로이트의 이론을 가장 잘 보여 주는 책이라고 할 수 있다. 프로이트가 평생에 걸쳐 이룬 정신분석학의 기본이 바로 이 책에서 시작된다. 프로이트에 따르면 꿈은 일종의 욕망의 실현이라고 할 수 있다. 이는 꿈에 나타나는 내용들이 우리가 하고 싶었던 일이라는 뜻이 아니다. 우리가 갖고 있는 욕망은 감추어져 있었던 것이기 때문에 의식으로 등장할 때에는 어떤 변형을 거치게 된다. 즉 특정한 욕망들은 그 욕망 자체로 내보일 수 없기 때문이다.

예를 들어, 프로이트의 환자 중 한 명이 자신은 꿈에서 소원을 이루지 못했다고 주장하며 자신의 꿈에 대해 이야기한다. 꿈의 내용은 이렇다. 그녀는 만찬을 열기 위해 음식을 준비하려는데 집에 훈제 연어만 조금 있어서 시장에 갔다. 그런데 시장의 가게들은 모두 문을 닫았고, 돌아와 배달 주문을 하려고 하니 수화기가 고장 나서 아무것도 주문할 수 없었다. 그래서 만찬을 포기해야만 했다. 이런 경우 프로이트는 먼저 꿈의 재료가 어디로부터 왔는지 찾는다. 보통 꿈은 어떤 자극으로 인해 꾸게 되는데 이 자극은 전날의 경험으로부터 오는 경우가 많아서 전날 했었던 생각이나 경험들을 환자가 이야기할 수 있도록 돕는다.

이 환자의 경우는 환자의 남편이 전날 그녀에게 자신이 살이 너무 쪘으니 이제 살을 좀 빼야겠다고 말했다. 운동을 열심히 하고 음식도 조절해야 하니 이제 누가 만찬에 초대해도 가지 않겠다고 했다. 그런데 프로이트는 이것으로는 해석이 충분히 이루어질 수 없다고 생각했다. 이렇게 설명이 부족한 경우는 털어놓지 않은 동기가 있기 마련이고 이는 말하기 꺼리는 부분일 가능성이 컸다.

숨기려 했던 부분을 말할 수 있도록 프로이트가 질문을 던지자 환자는 이렇게 이야기했다. 그녀는 그저께 남편이 늘 칭찬했던 한 여자 친구를 찾아갔다. 남편은 몸이 풍만한 여성을 좋아했는데 그 친구는 비쩍 말라서 다행이라고 생각하고 있었지만, 그녀는 늘 마음속으로 친구를 질투했다. 프로이트는 다시 그때 그 친구가 어떤 이야기를 했는지 물었다. 그 친구는 "언제 또 우리를 초대할 거예요? 당신 음식은 언제나 아주 맛이 있어요"라고 말했다고 한다.

이런 실마리를 통해 프로이트는 환자의 심리 상태를 분석한다. 남편이 만찬 초대에 응하지 않는 것은 살이 찔까 봐 걱정되어서이다. 그러니 분명 만찬은 살이 찐다는 암시이다. 그런데 환자의 친구를 만찬에 초대한다면 그 친구는 분명 살이 찔 것이다. 그러면 아마 남편은 친구를 더 마음에 들어 할 것이다. 그것은 환자가 원치 않는 일이며, 이런 무의식이 작용하여 꿈에서는 만찬이 이루어지지 않았다.

이 에피소드에서 프로이트는 한 가지 사실을 더 확인한다. 꿈에 등장했던 훈제 연어가 왜 등장했는지 확인할 필요가 있었다. 환자는 자신의 친구가 훈제 연어를 좋아한다고 대답했다. 이로써 프로이트는 꿈에 등장한 요소들이 환자의 어떤 부분과 연결되어 있는지 확인할 수 있었고, 그 연결 부분을 통해 어떤 사람과 관련이 있는지 찾을 수 있었다. 그러면서 동시에 환자는 어떤 욕망과 소원을 갖고 있는지 알 수 있었다.

프로이트에 따르면 의식은 원초적인 본능이 함부로 튀어 나오지 않도록 감시하는 역할을 한다. 위의 사례에서는 친구를 경계하고 남편을 지키려는 본능이 변형되어 나타난 꿈이었다. 환자와 친구는 어쩌면 서로 좋아하고 의지하는 관계일지도 모른다. 그러나 그런 관계 속에는 질투와 경계가 감추어져 있었다. 뿐만 아니라 우리는 살아가면서 보통 아무 데서나 성이나 죽음, 대소변과 같은 이야기를 하지 않는다. 의식이 그것을 막기 때문이다. 사실 우리의 원초적인 본능은 아무 곳에서나 이런 것들에 대해 말하거나 실현하고 싶어 한다. 그러나 우리는 본능을 가진 존재임과 동시에 사회적인 존재이기 때문에 늘 이 둘은 대치되며, 우리는 이를 프로이트를 통해 이해할 수 있다.

그러나 우리가 꿈을 꿀 때의 상황은 조금 달라진다. 의식이 느슨해지기 때문에 이 사이를 틈 타 무의식이 서서히 의식의 전면에 나오려고 하기 때문이다. 그러나 의식이 아예 꺼져 버린 것이 아니기에 무의식이 갖고 있던 욕망들이 모두 등장하지 않는다. 의식이 눈치채지 못하는 방법으로 살짝 왜곡하고 뒤집어서 의식의 사이를 비집고 나온다. 그래서 프로이트는 꿈을 해석할 때 작은 재료 하나하나를 세심하게 살펴보려고 애썼다. 꿈을 꾼 자신도 무의식에 감추어진 것들을 알 수 없고, 의식의 감시 아래에 나타난 상징들이 무엇에 대한 것이었는지 놓칠 수 있기 때문이었다. 프로이트는 꿈속의 이런 작은 부분 하나조차 무의식이 만들어 놓은 것이기 때문에 이유 없이 드러나지 않는다고 생각했다. 꿈을 통해 인간 심리의 감추어진 부분을 찾아낼 수 있다고 주장한 것이다. 이런 맥락에서 꿈은 현실과 밀접하게 관계가 있으며 현실의 문제를 일시적으로 들여다볼 수 있는 창문 역할을 한다고 볼 수 있다.

프로이트는 자신으 주장을 통해 인간은 신에 가까운 존재가 아니라 동물들과 다를 바 없는 존재라는 것을 밝혀냈다. 이는 찰스 다윈의 진화론과 함께 인간을 다시 정립하는 역할을 했으며 인간에 대한 더욱 깊이 있는 이해를 가능하게 했다고 말할 수 있다.

3 결정적 문장

꿈은 꿈꾸는 자의 정신적인 행동이다.

4 생각 더하기

내가 알 수 없는 무의식이라는 것이 존재할 수 있을까?

일반적으로 무의식은 의식의 반대말이라고 생각할 수 있다. 그러나 그 의미는 그렇게 명확하진 않다. 우리는 다양한 의미로 무의식이라는 단어를 사용한다. 정신을 잃었을 때 "무의식 상태에 빠져 중환자실에 갔다"라고 말하기도 한다. 또 "음악을 무의식중에 들어서 노래 가사가 어떤 거였는지 생각나지 않는다"라고 말하기도 한다.

이렇게 다양한 의미의 무의식이라는 단어가 존재하는 것은 의식이라는 단어 자체가 다양하게 사용되기 때문이다.

첫 번째 예의 경우에 반대되는 의식은 생명 활동에 필요한 의식을 이야기한다. 눈을 뜨고, 먹고, 걷고, 말하는 등의 활동을 하기 위한 것이다. 만약 인간을 컴퓨터라고 생각한다면 아마도 '전원을 켠' 상태가 의식이 있는 상태라고 말할 수 있을 것이다.

두 번째의 의식은 '주의'를 기울이는 것을 뜻한다. 어떤 대상에 주의를 기울인다는 것은 그냥 무심코 흘려보내지 않고 자세히 관찰하고 기억한다는 의미이다. 컴퓨터로 생각하면 아마도 특정 활동을 하는 것과 그것을 저장하는 행위일 것이다. 프로이트가 이야기하는 무의식은 이런 의미들과는 조금 다르다. 보통 무의식을 설명하기 위해 물 위에 떠 있는 빙산에 빗대어 이야기한다. 빙산은 약간은 물 위에 떠 있지만 물 밑으로는 훨씬 더 많이 잠겨 있다. 이는 우리가 정신 활동을 하고 기억도 했으나 다시 떠올리지 않아서 저 깊은 곳에 가라앉아 있는 것과 비슷하다. 컴퓨터로 치면 예전에 썼던 오래된 파일이 눈에 보이는 폴더 안에 정리되어 있지는 않지만 보이지 않는 파일로 컴퓨터 안에 있는 경우와 마찬가지인 것이다. 어떤 환자가 어느 날 갑자기 히스테리를 일으킨 것은 어느 순간 오래전 사용했지만 보이지 않아 정리되지 않은 컴퓨터 속 오류 파일을 건드려 문제를 일으킨 것과 같다. 프로이트가 이야기하는 무의식은 이런 존재이다.

사실 무의식은 주관적으로 해석될 가능성이 높다는 이유로 많은 비판을 받았다. 무의식의 존재 자체를 부정할 수는 없지만 그것이 우리의 모든 행동과 정신을 지배한다고는 볼 수 없다. 프로이트는 성적인 욕망으로 많은 문제들을 해석했지만 인간의 행동 원리는 이런 욕망이 전부는 아닐 것이다. 만약 그렇다고 해도 프로이트는 인간의 욕망을 너무 남성 중심적 해석, 즉 아들의 아버지 살해 욕망이라든지 거세 공포 등으로 해석했기 때문에 여성에 대한 설명은 많이 부족하다. 이런 한계 때문에 환자를 치료할 때 프로이트를 참고하기는 해도 전적으로 프로이트적 해석에 의존하지 않는다. 그러나 프로이트가 문화와 예술 작품을 좀 더 다양하게 창작 혹은 해석하게 한 것만은 틀림없는 사실이다. 또 인간의 면면에 대해 좀 더 많은 부분을 고민하게 만들기도 했다. 때문에 20세기 사상사에서 프로이트는 빠질 수 없는 인물이다.

31
막스 호르크하이머, 테오도르 아도르노, 《계몽의 변증법》

새로운 종류의 야만에 빠진 인류의 계몽법

★ 한눈에 보기

1
《계몽의 변증법》은 홀로코스트를 겨냥해 "왜 인류는 진정한 인간적 상태에 들어서는 대신에 새로운 종류의 야만 상태에 빠졌는가?"라는 질문을 던진다.

2
야만에서 인류를 탈출시켰던 계몽을 통해 인류는 또 다른 야만의 상태, 과거보다 더 지독한 야만의 상태에 이르게 되었다. 이것이 '계몽의 변증법'이다.

3
계몽의 합리적 인식은 세계를 도구적 이성으로 파악한다. 즉, 모든 것을 계산 가능한 것과 유용한 것으로 판단하며, 자연적·개별적 대상의 질적 특징을 무시한다.

4
이러한 인류의 진보는 그 자체가 퇴행이며 야만이다. 따라서 나치에 의한 집단 학살은 계몽이 필연적으로 이르게 되는 도착점이었다.

1 저자 알기

막스 호르크하이머(Max Horkheimer, 1895~1973년)

독일의 철학자이다. 프랑크푸르트 대학교의 사회철학 교수로 취임한 후, 프랑크푸르트 대학교 부설 '사회조사연구소'의 소장이 되었다. 그는 이곳에서 아도르노, 프롬, 벤야민, 마르쿠제 등의 학자들을 중심으로 철학, 문학, 심리학, 경제학, 사회학 등의 다양한 분야를 아우르는 연구들을 지원했다. 그리고 이를 통해 '프랑크푸르트학파'라고 불리는 사상적 흐름을 주도했다. 이후 나치의 박해를 피해 미국으로 망명했다가 제2차 세계대전이 끝나고 다시 독일로 돌아왔다.

테오도르 아도르노(Theodor Adorno, 1903~1969년)

독일의 철학자이자 사회학자, 미학자이다. 나치가 집권한 이후 1934년에 미국으로 망명했으며, 제2차 세계대전이 끝나고 다시 독일로 돌아와 프랑크푸르트 대학교의 교수가 되었으며, 사회조사연구소 일원으로 일했다. 호르크하이머와의 공저인 《계몽의 변증법》은 미국 망명 시기에 쓴 책으로, 흔히 20세기의 가장 우울한 책으로 꼽힌다. 그는 '프랑크푸르트학파'의 대표적인 학자로 계몽과 근대적 합리성의 문제를 날카롭게 비판했다.

2 내용 깊이 알기

《계몽의 변증법(Dialektik der aufklärung)》은 1944년에 출간되었다. 이 시기에 독일의 잔혹한 홀로코스트 범죄가 본격적으로 전 세계에 알려지기 시작했다. 우리는 흔히 나치의 유대인 학살만을 생각하지만 나치가 학살한 것은 유대인만은 아니었다. 나치는 독일과 독일군의 점령지에서 강제 수용소를 짓고, 여기에 유대인, 소련군 포로, 집시, 동성애자 등을 가두고 학살했는데, 그 총인원은 무려 천백만 명에 이른다. 이러한 유대인 학살 소식은 전 세계에 어마어마한 충격을 주었다. 당시 유럽은 스스로가 세계에서 가장 진보했다고 자부하고 있었고, 15세기 이후 세계의 역사를 합리적 이성의 관점에서 주도하고 있다고 생각했기 때문에 유럽인들의 충격은 더 컸다. 그런데 그런 유럽의 한복판인 독일에서 그 어떤 나라에서 일어난 학살 사건과도 비교할 수 없는 비인간적이고 잔인한 학살이 일어난 것이었다.

이 책은 바로 이 이해할 수 없는 사건을 이해하기 위한 시도였다. 호르크하이머와 아도르노는 충격적인 사실 앞에서 다음과 같은 질문을 던진다. "왜 인류는 진정한 인간적 상태에 들어서는 대신에 새로운 종류의 야만 상태에 빠졌는가?" 《계몽의 변증법》은 이러한 야만의 상태를 계몽에서 찾는다. 이것은 그때까지 스스로를 합리적 이성의 소유자로 생각했던 유럽인들의 자부심을 그 근본에서 허무는 전혀 새로운 관점이었다. 계몽은 어디까지나 야만의 반대로만 여겨졌기 때문이다. 그러나 이 책은 계몽이 가진 역설적 성격을 지적하면서 야만에서 인류를 탈출시켰던 계몽을 통해 인류는 또 다른 야만의 상태, 과거보다 더 지독한 야만의 상태에 이르게 되었다고 주장한다. 그것이 바로 '계몽의 변증법'이다.

인류는 역사를 통해 끊임없이 진보해 왔다. 그 과정을 한마디로 요약하면 바로 계몽의 과정이라고 할 수 있다. '계몽'이란 인간이 그 무지를 깨닫고 자신의 지성[이성]을 사용하고 합리적으로 의사를 결정하며, 자신의 운명을 기획·발전시키는 것을 의미한다. 20세기까지 세계를 지배하던 서구는 바로 이러한 계몽의 진보를 기초로 하여 이전과는 전적으로 다른 삶의 질을 누리게 되었다.

합리성을 획득하기 이전의 인간은 자연의 지배를 받는 무력한 존재에 불과했다. 그러나 이성에 의한 진보를 통해 인간은 자연의 지배에서 벗어나 스스로가 자연의 주인이 될 수 있었다. 이것은 인간이 신화적 세계에서 빠져나오는 것을 의미하기도 한다. 호르크하이머와 아도르노는 이러한 계몽에 의한 진보를 다음과 같이 말한다. "진보적 사유의 포괄적 의미에서 계몽은 인간에게서 공포를 몰아내고 인간을 주인으로 세운다는 목표를 추구해 왔다."

합리성 이전의 신화적 세계 속에서 인간은 원인을 알 수 없는 자연의 위력으로 인해 수동적으로 내몰리는 존재였다. 고대 신화 속의 신들이 자연의 상징인 것은 바로 그런 이유이기도 하다. 그리스 신화의 제우스나 북유럽 신화의 토르는 번개라는 자연의 힘을 상징한다. 이 말은 신화가 통용되던 사회에서 번개라는 자연현상이 과학적이고 이성적인 관점에서 이해되는 것이 아니라 신의 분노로 이해되었다는 것을 의미한다. 그렇기 때문에 인간은 이 신의 분노에 수동적으로 복종할 수밖에 없는 존재에 불과했다. 그러나 자연에 대한 이성적이고 합리적인 인식을 통해 인간은 자연의 인과관계를 이해하게 된다. 이 세계 내에서 일어나는 수많은 사건들이 자연이나 신의 신비한 능력이 아니라 과학적 원인으로 인한 결과임을 인식하게 된 것이다. 이러한 인식은 비로소 인간이 자연을 통제할 수 있는 능력을 부여했다.

합리적 인식은 인간으로 하여금 필연적으로 모든 것을 계산 가능한 것과 유용한 것으로 판단하도록 했다. 즉, 인간은 자연적·개별적 대상의 질적 특징을 무시하고 그 대상을 동일화의 원리에 의해서 파악할 수 있을 때만이 그것을 비로소 이용할 수 있다. 이것을 《계몽의 변증법》에서는 도구적 이성의 '동일성 원리'라고 말한다. 동일화 원리는 질적인 차이를 양적인 것으로 환원함으로써 모든 사물을 교환 가능한 체계 속에 자리매김하는 것을 의미한다. 이러한 관점에서 자연의 사물은 인간이 이용할 수 있는 도구로만 파악된다. 예를 들어, 산에 있는 다양한 종류의 나무들을 그 각각의 질적인 차이는 무시하고, '목재'라는 유용성의 관점에서 파악하는 것이 바로 그러한 도구적 이성의 인식 방식이다. 그 때문에 다양한 나무들은 그것이 가지는 경제적 가치라는 획일적 기준에 맞추어 양적인 차원에서 고려된다.

이제 더 이상 자연 속의 사물이 지닌 유일무이한 개별성은 중요하지 않다. 중요한 것은 그것이 체계의 교환관계 속에서 어떤 지위를 차지하고 있는가 하는 점이다. 그런데 이러한 인간 외부의 자연에 대한 지배는 그 자체가 이미 하나의 자연이며 인간의 내적 자연도 지배로 이어진다. 이 단계에 이르면 이제 인간은 자유로운 개성을 지닌 존재가 아니라 획일화에 강요당하는 존재로 전락하고 만다. 즉, 자연의 위협으로부터 벗어나 자기 스스로를 보존하려던 인간은 이러한 자기 보존을 위해서 사회를 만들고 그 사회 내에서 서로가 서로를 지배하게 된다. 그리고 마침내는 자신이 스스로를 통제하는 지경에 이른다. 인간이 더 이상 특수한 개성을 가진 존재가 아닌 도구로서 파악되는 것이다. 따라서 계몽은 인간 존재를 반복 가능하고 대체 가능한 사물처럼 다룬다. 이것은 나치가 보여 준 전체주의적 관점과 맥락을 같이한다.

인간의 특성이란 교환 가능한 상품처럼 여겨질 뿐이다. 예를 들어, 우리가 직장에서 일할 때 우리 자신은 개성을 가진 개인으로 파악되지 않는다. 그저 특정한 지위에서 특정한 역할을 수행하는 도구처럼 다루어질 뿐이다. 만약 그 역할을 제대로 수행해 내지 못한다면 우리는 언제든지 그 역할을 잘 수행해 내는 또 다른 도구에 의해서 대체된다.

《계몽의 변증법》은 바로 이러한 역사 과정을 소위 인류가 '진보'라고 부른 역사의 핵심이라고 보고 있다. 따라서 이는 진보인 동시에 퇴행이며, 이성의 발전인 동시에 야만성의 확장이다. 히틀러의 나치즘, 특히 수용소에서의 대량 학살은 합리적인 이성의 판단에 의한 행위라고는 도저히 믿을 수 없는 야만적 행위의 정점이었다. 그러나 이야만적 행위는 인간을 인격을 가진 개성적 존재가 아니라, 도구라는 관점에서 파악하는 계몽의 시각에서 가능한 것이었다. 결국 나치에 의한 집단 학살은 계몽이 필연적으로 이르게 되는 도착점이었다.

이 책에서는 이러한 인간의 도구화·획일화를 전체주의만이 독점하고 있다고 보지 않았다. 이를테면, 자본주의 사회에서도 대중문화는 대중을 억압하고 지배하는 정신적 마취물로 기능하고 있다고 보았다. 이러한 측면을 강조하기 위하여 《계몽의 변증법》은 기존의 '대중문화'라는 표현 대신에 '문화 산업'이라는 표현을 사용한다. 즉, 문화가 더 이상 과거와 같이 질적인 차이를 통해 인간성의 정점을 표현하고자 하는 시도가 아니라 단순한 산업적 생산물이 되었음을 비판하고 있다. 현대 자본주의 사회에 있어 문화란 상품의 형태로, 산업이라는 체계 속에서 유통된다.

이러한 문화 산업은 겉보기에 다양한 개성이 넘쳐나는 것처럼 보이지만 본질적으로 '표준화'와 '사이비 개성화'라는 두 개념으로 요약할 수 있다. 호르크하이머와 아도르노는 문화 산업이 인간을 개성을 가진 존재가 아니라 하나의 동일한 존재로 만들어 놓았다고 비판하며, "모든 사람은 다른 사람에 의해 대체 가능하며 개인은 교체 가능한 복제품에 불과하다"라고 말한다. 《계몽의 변증법》은 이처럼 인간이 도구화되고 획일화되는 모습을 통해 계몽이 가진 암울한 전망을 이야기한다. 하지만 더 암울한 것은 오늘날에도 여전히 이러한 관점이 만연해 있다는 점이다.

3 결정적 문장

계몽에게 숫자로 환원될 수 없는 것, 나아가 결국에는 '하나'로 될 수 없는 것이 '가상'으로 여겨진다.

4 생각 더하기

오늘날 수많은 사람들은 대중문화를 보고 즐긴다. 과거와 비교할 수 없을 정도로 질적 수준도 향상되었고, 장르나 표현도 다양화되었다. 이러한 관점에서 《계몽의 변증법》에서 말하는 대중문화 비판은 여전히 유효할까?

자본주의사회에서 대중문화가 문화적으로 중요하게 다루어지는 이유는 무엇보다 그것이 하나의 산업이 되었기 때문이다. 과거 자본주의 이전의 사회에서 민중들이 즐기던 문화는 '민중 문화'라고 불린다. 이는 농업에 바탕을 둔 전통적인 공동체 사회 내에서 자연스럽게 공유되던 풍속이었다. 이를테면, 우리나라는 전통적으로 세시절기 때가 되면 마을 주민이 모두 모여 잔치를 벌였다. 그러나 산업화가 되고 대량의 인구가 농촌에서 도시로 유입되면서 이러한 전통적인 민중 문화는 점차 사라졌다. 이렇게 문화적 향유 대상을 잃은 도시의 노동자들을 위해 새롭게 등장한 것이 바로 대중문화이다. 자본주의사회에서 이 문화 산업은 더 효율적인 노동을 위한 일종의 피로 회복 장치라고 할 수 있다.

그러나 대중문화는 적극적으로 참여하고 그 속에서 공동체적 가치를 재인식하는 것이 불가능하여 대중문화를 수용하는 사람들은 대중매체에 수동적으로 반응하게 된다. 다시 말해 문화 산업의 영향 하에서 개인은 적극적이고 능동적인 사고를 하지 못하게 된다. 개개의 문화 생산물은 사람들이 여가 시간에서조차 소비하게 만드는 거대한 경제 메커니즘의 일환일 뿐이다. 결국 호르크하이머와 아도르노는 문화 산업이 하자 없는 규격품을 만들 듯 인간들을 재생산하려 든다고 비판한다.

이러한 입장은 오늘날에도 여전히 적용 가능한 것으로 보인다. 오늘날의 대중문화는 물론 과거에 비해 양적·질적으로 비약적으로 성장했음에도 매번 비슷한 인물이 등장하는 비슷한 줄거리의 드라마가 반복적으로 방송되고, 어디서 본 듯한 가수들이 쉴 새 없이 쏟아진다. 호르크하이머와 아도르노가 정리한 대중문화의 '표준화'와 '사이비 개성화'는 현재의 대중문화를 설명하는 데도 무리가 없어 보인다. 정말 중요한 문제는 대중문화가 개성 없는 표준화된 모습을 보여 준다는 것에 그치지 않고 결국 인간들의 개성을 말살하고, 사회 전체를 표준화된 인간의 재생산 공장으로 만든다는 점이다.

32
한나 아렌트, 《예루살렘의 아이히만》

유대인 학살을 통해 본 악의 평범성에 대한 보고서

★ 한눈에 보기

1
아이히만은 제2차 세계대전 중 나치의 홀로코스트의 실무 책임자 중 한 명이었으며, 선생 후 15년간의 도피 생활 후 체포되어 이스라엘에서 재판을 받았다.

2
이 재판을 취재한 철학자 한나 아렌트는 아이히만이 예상과 달리 겉으로 보기엔 평범한 시민이었음을 발견했다.

3
아이히만이 그토록 잔인한 학살을 저지르게 된 이유는 그가 사악해서가 아니라 자신의 행동을 반성할 수 있는 사유 능력이 부족해서이다. 그는 상부의 명령만 따랐다.

4
아렌트는 이를 '악의 평범성'이라고 하면서 거대한 관료사회에서 명령만 수행하는 모든 인간들은 얼마든지 악해질 수 있으며, 나치의 유대인 대학살이 반복될 수 있음을 경고했다.

1 저자 알기

한나 아렌트(Hannah Arendt, 1906~1975년)

독일 출신의 철학자인 한나 아렌트는 하노버의 유대인 가문에서 태어났다. 마르부르크 대학교에서 하이데거에게 배웠으며, 이후 하이델베르크 대학교로 옮겨 야스퍼스의 지도 아래 철학박사 학위를 받는다. 그러나 1933년에 유대인이라는 이유로 교수 자격 취득과 강의가 금지되었다. 이후 프랑스로 이주했으나, 독일이 프랑스를 점령하자 강제수용소에 수감되었다. 그리고 1941년, 드디어 수용소를 탈출하는 데 성공하여 미국으로 망명한다. 미국에서 시민권을 획득한 후에는 전체주의 및 다양한 정치적 주제에 대한 철학적 연구를 주로 했다. 프린스턴 대학교에서 전임교수로 지명받은 최초의 여성이기도 하다.

2 내용 깊이 알기

《예루살렘의 아이히만(Eichmann in Jerusalem)》은 한나 아렌트가 이스라엘에서 열렸던 아이히만에 대한 재판을 참관하고 쓴 책이다. 아이히만은 나치 독일의 친위대 장교로서 홀로코스트[1]의 실무 책임

---

1. 제2차 세계대전 때 나치 독일이 행한 유대인 대학살.

자 역할을 했던 인물이다. 그는 제2차 세계대전 중 유대인을 수용소로 수송하는 책임을 맡았으며, 1941년 나치 지도부가 유대인 학살을 결정했을 때 아우슈비츠 및 다른 수용소 현장을 시찰하고 직접적으로 학살을 지시한 사람이다. 1945년 독일이 전쟁에서 패하자 미군 수용소에 수감되었다가 신분을 속여서 재판을 피했고, 1946년에는 수용소를 탈출하여 나치의 동료들과 아르헨티나로 탈출한다. 이후 15년간 도피 생활을 한다. 그러나 1960년 이스라엘의 비밀경찰인 모사드에 의해 체포되어 예루살렘에서 재판을 받는다. 이 재판은 거의 9개월 동안 지속되었고, 공판의 횟수도 121회에 달했다. 말 그대로 '역사적인' 재판이었다.

이 재판 소식을 듣고 한나 아렌트는 예루살렘으로 향한다. 예정되어 있던 대학 강의도 취소하고, 미국의 잡지인 《뉴요커》의 재정적 지원을 받아 특파원 자격으로 재판을 참관한 것이다. 이 글은 원래 《뉴요커》에 게재할 목적으로 쓰였다. 즉, 학술적인 글이 아니라 대중을 위한 글이었다. 그러나 이 글은 나치의 유대인 학살을 어떻게 볼 것인가라는 문제를 제기하면서 격렬한 학술적 논쟁을 불러일으켰다.

그중 가장 논란이 되었던 것은 바로 아렌트가 아이히만을 설명하면서 도입한 개념인 '악의 평범성'이라는 개념이었다. 유대인 학살의 실무 책임자라면 우리는 그를 극악무도하고 잔인한 범죄자라고 생각한다. 그 범죄의 규모와 잔인성이 인간의 이해 범위를 벗어나기 때문에 범죄를 저지른 사람이 마땅히 보통의 인간이라고는 생각할 수 없었기 때문이다. 그런데 아렌트가 재판 과정을 통해 지켜본 아

아이히만은 결코 광기에 가득 찬 극악무도한 인간이 아니었다. 오히려 자신에게 주어진 명령을 성실히 수행하는 평범한 시민의 모습이었다. 어떻게 이러한 인간이 그토록 잔인한 범죄 행위의 중심 인물이 될 수 있었을까? '악의 평범성'은 바로 이러한 질문에 대해 아렌트가 내놓은 대답이다.

아렌트는 아이히만이 지시한 유대인 학살이라는 범죄가 사전에 계획된 것이 아니라고 보았다. 즉, 의도를 가지고 저지른 사건이 아니라는 것이다. 이는 범죄 판단에 중요한 지점이다. 이를테면, 누군가가 운전을 하다가 실수로 사람을 죽게 한 것과 계획적으로 어떤 사람을 살인한 것은 범죄의 정도에서 매우 큰 차이가 있기 때문이다. 아렌트는 예루살렘에서 재판을 지켜본 후 아이히만을 "자기가 무슨 일을 하고 있었는지 전혀 깨닫지 못했던 자"라고 말한다. 아렌트의 기술에 따르자면 아이히만은 전쟁 동안 유대인에게 저지른 범죄가 역사상 가장 큰 범죄라는 사실을 인정했다. 그리고 그 안에서 자신이 한 역할도 인정했다. 그러나 아이히만은 자신이 결코 사악한 의도를 가지고 행동한 것이 아니었다고 말했다. 즉, 그는 결코 유대인을 증오하지 않았지만, 유대인을 증오하는 이들과는 다르게 행동할 수 없었다는 점을 강조했다.

그렇다면 왜 그는 다르게 행동할 수 없었을까? 아렌트는 아이히만을 '사유할 능력이 없는 일반적이고 정상적인 사람'이라고 보았다. 아이히만은 말을 잘하지 못하는 사람이었다고 한다. 그가 쓰는 언어는 공허했고 재판이나 심문 과정에서 반복적으로 상투어[2]를 사용했다. 아이히만은 기억력이 상당히 나쁨에도 자기에게 중요한 일이나 사건에 대해 동일한 선전 문구와 자기가 만든 상투어를 단어 하나 틀리지 않고 일관성 있게 반복했다. 게다가 스스로 만든 문장 하나를 말하더라도 그 말이 상투어가 될 때까지 계속 반복했다. 자신의 회고록을 쓸 때나 검찰에서 또는 법정에서 말할 때 그의 말은 언제나 동일했고, 똑같은 단어로 표현되었다고 아렌트는 기록하고 있다. 이를테면, 재판 과정에서 자신의 말을 제대로 알아듣지 못하는 판사에게 "관청 용어만이 나의 언어입니다"라며 사과하기도 했다. 아렌트는 아이히만의 언어를 가리켜 이렇게 말한다. "관청 용어가 그의 언어가 된 것은 상투어가 아니고서는 단 한 구절도 말할 능력이 정말 없었기 때문이다." 아렌트는 언어적 무능력은 단순히 언어의 차원에서만 끝나는 문제가 아니라고 지적한다. 아이히만이 이렇게 말을 잘하지 못하는 것은 그가 생각할 능력이 부족하기 때문이고, 이것은 타인의 입장에서 생각하지 못하는 무능력과 이어진다고 보았다.

이러한 무능력은 스스로 옳고 그름을 판단하지 못하게 한다. 그렇기 때문에 아이히만은 자신에게 주어진 명령을 수동적으로 따를 뿐이었다. 아렌트는 "그가 행한 모든 일은 그가 법을 준수하는 시민으로서 인식한 만큼 행동한 것이었다. 그는 경찰과 법정에서 계속 반복적으로 말한 것처럼 의무를 준수했다. 그는 명령을 지켰을 뿐만 아니라 법을 지키기도 했다"라고 말한다. 상부로부터 수용소에 수

---

2. 늘 써서 버릇이 된 말.

용된 유대인을 몰살하라는 이른바 '최종 해결책'을 명령받았을 때도 그는 자기가 더 이상 '자기 행위의 주인'이 아니며 '어떤 것도 변경시킬 수 없다'는 생각으로 자신을 위로했다.

이러한 아이히만의 행동은 만약 '국가에 의해서 합법화된 범죄가 저질러질 때 우리는 어떻게 행동해야 하는가'라는 진지한 문제를 제기한다. 국가의 법을 준수하는 것은 당연히 시민의 의무이다. 그러나 만약 국가가 부당한 법을 명령한다고 해도 우리는 이를 그대로 따라야 할까? 무엇이 옳고 무엇이 그른지의 판단을 단순히 법에 맡겨둔 채 그것을 막연히 복종하기만 한 인간을 우리는 과연 자유롭고 책임감 있는 인간이라고 볼 수 있을까? 인간이란 그 자신이 하나의 입법자라고 아렌트는 말한다. 즉, 무엇이 옳고 그른지에 대한 최종적인 근거는 자기 자신에게 있다. 누구도 자신이 선택한 행위와 그로 인한 결과를 대신해 주지는 않는다. 아이히만은 칸트적인 명령을 따랐다. 그러나 칸트는 법에 단순히 복종할 것이 아니라, 그 법의 정당성에 자신의 생각을 일치시켜야 한다고 주장했다. 결국 아이히만은 도덕적 이성의 뜻에 따르라는 칸트적 명령의 핵심을 빼 버렸고, 단순히 복종할 수밖에 없었다.

물론 법정에서 아이히만의 주장은 중요한 논쟁거리였다. 아이히만이 '최종 해결책'을 그대로 수행하기 위해서 최선을 다했다는 사실은 사실이었다. 다만, 이것이 아이히만의 광신 때문인지, 즉 유대인에 대한 아이히만의 끝없는 증오로 인한 행동이었는지, 아니면 그의 말대로 명령에 복종한 것뿐인지는 논란으로 남았다.

아렌트는 그가 광적인 유대인 혐오자라기보다는 그저 주어진 명령에 충실한 인간이라는 점에 주목한다. 즉, 자기 스스로 옳고 그름을 판단하지 못하는 인간은 주어진 명령을 따를 수밖에 없고, 그것은 아이히만의 사례처럼 자신이 감당하지도 못할 만큼의 큰 죄를 저지르도록 할 수 있다. 광기에 사로잡힌 인간보다 더 무서운 것은 아무 생각 없이 악을 저지르는 자일지도 모른다. 아렌트의 '악의 평범성'은 스스로 판단하지 못한 채 거대한 관료 사회에서 주어진 명령만을 수행하는 모든 인간들에게 적용할 수도 있을 것이다. 이는 나치 정권에 의한 인종 학살이 다만 특별한 순간 일어난 특정 사건이 아니라, 언제든지 반복될 수 있는 사건이라고 말하는 것과 같으며, 바로 아렌트의 '악의 평범성'이 결코 평범한 개념이 아님을 보여 주는 것이기도 하다.

3 결정적 문장

그로 하여금 그 시대의 엄청난 범죄자들 가운데 한 사람이 되게 한 것은 '아무런 생각 없음'이었다.

4 생각 더하기

아이히만은 자신이 주어진 명령에 복종하기만 했을 뿐이라고 주장하면서 다른 누군가가 자신의 자리에 있었다면 그 역시 똑같았을 것이라고 말했다. 그러면서 재판장에서 잠재적으로 거의 모든 독일인이 유죄라고 말하기도 했는데, 과연 아이히만의 이러한 주장은 타당할까?

아이히만은 모두가 유죄인 곳에서는 결코 아무도 유죄가 아니라고 주장한다. 그러나 아렌트는 "비록 8천만 독일인이 피고처럼 행동했다 하더라도 그것이 피고에 대한 변명이 될 수는 없을 것"이라며 아이히만의 주장을 일축한다. 물론 아이히만이 아닌 다른 누군가가 그 자리에 있었다고 하더라도 상황이 변하지 않았을지도 모른다. 그러나 아이히만이 대량 학살의 조직체에서 기꺼이 움직인 하나의 도구가 되었던 것은 단지 불운이었다고 가정한다고 하더라도, 그가 대량 학살을 직접적으로 수행했고 그것을 적극적으로 지지했다는 사실은 여전히 부정할 수 없는 사실이라고 아렌트는 지적한다.

아이히만의 재판에서 고려되어야 할 것은 그가 정확히 어떤 일을 했느냐는 것이다. 아렌트는 "우리는 여기서 오직 피고가 한 일에만 관여할 뿐, 피고의 내적 삶과 피고의 동기에 가능한 비범죄적 본성 또는 피고 주위에 있는 사람들의 범죄적 가능성에는 관여하지 않는다"라고도 말한다.

다른 사람들이 아이히만의 자리에 있었다면 그들 역시 동일한 범죄를 저질렀을 것이라는 것은 다만 막연한 짐작이며, 희미한 가능성일 뿐 결코 사실이 아니다. 게다가 설령 그가 주어진 명령을 그저 충실히 수행했다고 하더라도 사태는 마찬가지이다. 그 같은 행위에 내재된 끔찍한 잔혹성을 몰랐다는 것 역시 그의 책임을 면하게 할 수는 없다. 그것은 스스로 생각하지 않고, 무엇이 옳은 행위이고 무엇이 그른 행위인지를 생각하지 않은 것에서 비롯되는 죄이기도 하다. 우리는 아렌트의 주장을 다만 '아이히만'이라는 개인의 잘못을 추궁하기 위해서만 읽어서는 안 된다. 오히려 우리는 '우리 안에 있는 아이히만'을 반성해야 한다. 우리 역시 어쩌면 스스로 판단하지 않고 어느새 거대한 악의 도구가 되어 있을지도 모르는 일이기 때문이다.

33
미셸 푸코, 《감시와 처벌》

감옥의 역사를 통해 권력관계를 파헤치는 철학서

★ 한눈에 보기

1 먼저 국가에서 시행하는 처벌은 공개적인 방식의 고문으로 시작되었다. 이는 왕의 권위와 왕권의 절대성을 보여 주는 일종의 의식이었다.

2 절대왕정이 무너지기 시작하면서 공개적이면서도 신체적인 방식의 처벌은 강제 노동이나 변상, 감금 등으로 순화된다.

3 오늘날에 이르러서는 감금형이 일반화된다. 그러나 이는 여전히 불평등한 권력관계를 은밀하게 행하는 도구가 되었다.

4 신체를 감시하고 관리 및 통제하는 기관으로서의 감옥은 그에 걸맞은 독특한 기술들을 연구하게 되고 이는 군대, 학교, 공장, 병원과 같은 곳들로 확장되었다.

1 저자 알기

미셸 푸코(Michel Foucault, 1926~1984년)

프랑스의 학자이다. 그는 대학에서 철학을 전공하고 그 후 정신의학에 관심을 가져 이론과 임상을 연구했다. 푸코는 스승이었던 장 이폴리트와 루이스 알튀세르에게서 큰 빚을 지고 있다고 고백한 적이 있다. 이폴리트는 헤겔을 연구하는 철학자였고, 알튀세르는 마르크시스트 철학자였다. 이들의 영향으로 푸코는 권력과 지식의 관계와 사회가 어떻게 통제되는지에 대해 많은 관심을 갖게 되었다. 그의 핵심 저서 중 처음으로 주목받은 책은 《광기의 역사》였다. 그 뒤로 《병원의 탄생》, 《말과 사물》, 《지식의 고고학》, 《감시와 처벌》, 《성의 역사》 등을 집필했다.

푸코는 에이즈 합병증으로 사망했다. 그는 프랑스 유명인들 중 공식적인 사망 원인이 에이즈였던 최초의 인물이기도 했다. 그의 동반자였던 다니엘 드페르는 사회학과 교수였다가 푸코가 죽자 프랑스 최초 에이즈협회 창립자가 된다. 푸코는 그의 연구만큼이나 삶과 죽음도 많은 영향을 남기고 간 학자였다.

2 내용 깊이 알기

《감시와 처벌(Surveiller et punir)》은 1975년에 나온 책이다. 이 책

에서는 감옥이 국가권력의 가장 중요한 장치 중 하나라고 여겼다. 이런 맥락에서 푸코는 감옥에 대한 역사적인 해석을 시도한다. 푸코는 계보학이라는 틀을 가지고 문제를 들여다본다. 그는 사물이나 장치들은 어떤 본질도 직접 지니지 않고 사회와 그 어떤 권력 안에서 구성된 의미를 획득한다고 여긴다. 때문에 그 어떤 것도 고정된 의미를 지니지 않는다. 시대 속에서 그 의미를 찾아야 하지만 결코 그 기원으로부터 분리되어 있지도 않다.

이 책에서는 감옥이라는 감시의 체제가 권력을 어떻게 정당하게 만드는 데 일조하고, 그럼으로써 한 사회의 개개인들을 어떻게 훈육하는지를 보여 준다. 다시 말해 국가는 눈으로 보이는 폭력을 행하지 않음에도 그에 맞먹는 효과를 만들어 내기 위해 감시라는 방식을 적용했으며, 이로 인해 감옥에 갇혀 있는 죄인들뿐만 아니라 사회일원의 몸도 통제한다. 이러한 방식은 감옥뿐 아니라 학교, 병원, 군대 등 사회 곳곳에서 찾아볼 수 있다.

《감시와 처벌》은 루이 15세를 살해하려다가 실패하고 체포된 사람이 처벌을 받는 장면으로 시작한다. 이 장면은 프랑스 역사 속에서 등장하지만, 권력 획득 과정과 통치가 문화권마다 일맥상통하는 부분이 있다는 것을 감안하면 귀 기울여 볼 만하다. 이 책에 나오는 처형은 프랑스에서 자주 있지는 않았지만 분명 다른 문화권에서도 존재한 끔찍한 공개 처형이었다. 절대군주 시절, 가장 큰 죄는 군주의 자리를 위협하는 행위였다. 우리나라에서도 '대역죄'라고 불리는 죄는 국가를 전복하는 행위이며, 더 정확하게 말한다면 왕을 끌어내리려는 시도이다. 왕은 자신의 자리를 지키기 위해 자신의 힘을 과시하고 자신이 두려운 존재라는 것을 국민들에게 보여야 했다. 때문에 사람들 앞에서 자신의 자리를 노린 자들을 끔찍하게 형벌했다.

절대 왕정이 무너지기 시작하고 시민사회가 등장하는 18세기에 이르러 공개적인 고문과 사형이 많은 비판을 받자 좀 더 합리적인 처벌을 고민하게 된다. 사회 활동을 하지 않아 의무를 다하지 않은 사람에게는 강제 노동을, 다른 사람에게 경제적인 손해를 입힌 사람은 변상을, 그리고 살인을 범한 사람에게는 사형을 주는 등 범죄에 맞추어 형벌을 주는 식이다. 18세기에는 자본주의가 등장하고 이에 따라 특정한 사람들이 자본을 독점하며 다른 사람들의 사유재산을 해하는 범죄가 많았다. 이때의 처벌은 자본가의 편에서 그들이 유리한 방식으로 행해졌다. 마치 군주가 자신의 권력을 위해 범죄의 종류를 결정하고 처형했던 것처럼 자본가들 역시 자신의 재산을 지키기 위한 방식으로 범죄를 정하고 그에 맞추어 처벌 방식을 정했다. 이에 따라 범죄자들은 강제 노역이나 도로 작업을 하거나 운하 공사에 동원되었다. 반면 자본가들, 즉 부르주아 계급이 저지르는 범법 행위는 심각한 범죄가 아닌 것으로 생각하여 법적 규정에서 충분히 빠져나갈 구멍을 마련했다. 실제로 자본가들이 노동자계급에게 행한 악행들은 자본가들이 만든 시스템에 의해 자본가 개개인은 큰 잘못이 없는 것처럼 인식되는 경향이 있다.

범죄의 양상과 규정이 시대에 따라 달라지는 것처럼 처벌 방식도 달라졌다. 다양한 처벌 중 감금도 포함되어 있다. 지금처럼 감금이 처음부터 처벌의 기본 형태는 아니었다. 감금은 누군가를 유괴하거나 가두는 등 다른 사람의 자유를 침해하면 내려지는 형벌이었다. 그러나 가혹한 처벌이 순화되면서 감금은 조금 더 보편적인 형벌이 되었으며, 구금, 즉 신체를 가두는 처벌은 분명 사형과 벌금 중간에 해당하는 것으로 인식되었다. 그렇다고 감금이 바로 일반적인 형벌이 된 것은 아니었다. 최고 형벌인 사형 이하 많은 신체적인 징벌들이 폐지되기는 했지만 신체의 자유를 속박하는 벌이 이상적이지는 않았다. 오히려 대중을 일깨우는 효과도 가지지 못한다고 여겨졌다. 게다가 수감자들은 감옥 안에서 아무 일도 하지 않는 것처럼 보였기 때문에 당시의 일반적인 상식으로도 그들의 악행을 더욱 부추긴다고 생각했다. 이런 우려에도 감금은 일반적인 형벌이 되었다. 다른 징벌이 사라지고 그 자리를 감금이 차지하게 된 데에는 '훈육'이 필요하기 때문이다. 하지만 푸코에 따르면 훈육은 진정한 교화를 의미하지 않는다.

전제 정권이 무너지고 자본주의가 등장해 부르주아 계층이 권력을 잡았을 때는 분명 좀 더 평등한 세상이 된 것처럼 보였다. 그러나 전제 정권이 이용하던 광장의 단두대는 감옥이라는 어둠의 뒤편으로 은폐되고 대신 감옥이 불평등한 권력관계를 떠받드는 제도가 되었다. 다시 말하면 계급적 갈등과 불평등은 여전하고, 다만 더 은밀하게 행해지게 되었다는 것이다. 이런 맥락에서 감옥은 개인을 복종시키고 권력의 하수인으로 전락시키는 역할을 하며, 더 이상 사람들 앞에서 끔찍한 처형을 하지 않고서도 개개인들이 규율에 더 잘 복종할 수 있도록 만들어 낸다. 그리고 개인들의 힘을 잘 규합시킬 수 있게 하여 특정한 권력의 목표에 맞도록 개개인들을 조직하며 일사불란하게 움직일 수 있게 한다. 푸코는 "규율은 개인을 제조한다. 그것은 개인을 권력 행사의 목적이자 수단으로 삼는 권력의 특수한 기술이다"라고 말했다. 이것이 신체적 형벌을 대신한 감옥이 갖는 훈육의 기능이다.

특히 푸코가 주목하는 것은 '팬옵티콘'이라고 부르는 일망 감시 장치이다. 일망 감시 장치는 벤담이라는 학자가 디자인한 감옥이다. 이것은 하나의 탑이 있고 그 주위를 원형의 건물이 둘러싼 형태를 말한다. 탑에는 원형 건물을 향한 창문들이 있다. 그리고 탑을 둘러싼 원형의 건물에는 한 사람씩 감금할 수 있는 방들이 있다. 방에는 탑의 창이 보이는 창문과 바깥쪽을 향한 창이 있다. 바깥쪽을 향한 창을 통해서는 빛이 들어와 방안을 환하게 밝혀 주고 있어서 탑에서 바라보면 독방의 안이 잘 보이도록 설계되었다. 그러나 독방에서 창을 보면 탑 안이 결코 보이지 않는다.

이 일망 감시 장치가 효과를 거두기 위해서는 개인화라는 작업이 필요하다. 즉, 각 방에는 단 한 사람만 들어가야 하고, 누가 무엇을 하고 있는지 정확하게 파악되어야 한다. 또 죄수가 무슨 일을 하고 있는지 알 수 있어야 하고, 죄수 역시 자신이 어떤 일을 하면 간수가 그것을 알 수 있다는 사실을 인지하고 있어야 한다. 자신의 행동 하나하나를 간수가 알고 있다고 여기는 것과 같다. 사실 이 일망 감시 장치 속에서 간수가 실제로 하루 종일 죄수를 감시하고 있는지는 알 수 없다. 그러나 죄수는 간수가 보이지 않기 때문에 자신이 언제

간수에게 노출되는지 알 수 없고 결국 그 감시의 시선을 스스로에게 내면화시킨다. 늘 누군가에게 감시당하고 있다고 여기기 때문에 자신의 행동을 스스로 통제하게 되는 것이다.

신체를 감시하고 관리하며 통제하는 기관으로서의 감옥은 그 기술을 다른 제도에도 전파시킨다. 이것은 사람들을 통제하고 기존의 권력을 공고하게 만드는 데 기여하는 것이기 때문에 군대, 학교, 공장, 병원 등과 같이 통제와 권력이 필요한 곳이라면 어디든 확산되었다. 현재의 우리 사회에서도 특정 권력 집단이 권력을 만들어 내고 또 그것을 유지하기 위해 다양한 방법의 감시와 통제의 기술들을 사용하고 있다. 《감시와 처벌》은 그러한 현대 정치의 기술에 대한 큰 통찰을 할 수 있게 도와준다.

3 결정적 문장

'일망 감시 시설'은 인간에 관한 실험을 할 수 있고, 또 인간에게 적용되는 변화를 확실하게 분석할 수 있는 가장 유리한 공간이다. '일망 감시 장치'는 고유한 메커니즘을 바탕으로 통제장치를 만들 수도 있다. 중앙에 있는 탑 안에서 관리 책임자는 자기 명령 하에 있는 모든 고용인들, 즉 간호사나 의사, 직공장, 교사, 간수 등을 몰래 감시할 수 있다.

4 생각 더하기

주변에 팬옵티콘, 즉 일망 감시 시설과 흡사한 메커니즘을 가진 시설은 무엇이 있을까?

가장 대표적인 것은 CCTV^(감시 카메라)이다. 최근 범죄 예방을 목적으로 건물 입구, 주차장, 엘리베이터, 길거리는 물론이고 학교와 어린이집까지 감시 카메라가 설치되고 있다. 이러한 시설들이 실제로 많은 범죄를 예방해 주고 또 범죄자를 체포하는 데 도움을 준다. 그러나 특정 시설에 설치된 감시 카메라는 범죄 예방보다 고용된 사람들이나 학생 등을 통제하고 관리·감시하는 도구로 사용되기도 한다. 범죄 예방을 빌미로 누군가가 자신을 지켜보고 있을지도 모른다는 사실 하나만으로 자신의 행동을 스스로 통제하는 행위는 더 은폐되어 있는 문제이다. 이것은 근본적인 자유를 박탈당하는 일이기 때문이다. 이런 경우 지배자의 원리가 피지배자의 욕구로 전환된다. 이 문제는 매우 은밀한 과정이기 때문에 우리가 더욱 경계해야 할 필요가 있다. 스스로 권력에 순응하게 만드는 메커니즘에 대해 깊이 생각해 보아야 한다.

미셸 푸코, 《감시와 처벌》

34
피터 싱어, 《동물 해방》

동물의 권리와 해방을 꿈꾸는 혁명서

★ 한눈에 보기

1 남성이 독점하고 있던 권리가 여성에게로 확대되었듯 인간이 갖고 있는 권리 역시 동물에게 확장되어야 한다.

2 종에 따라 생각하는 것은 인종을 차별하는 것과 결코 다르지 않다.

3 동물의 권리는 그들의 지능보다 고통을 느끼는 정도를 기준으로 해야 한다.

4 공리주의에서 선이나 도덕적 행위를 측정하는 수단으로 여기는 '최대 다수의 최대 행복'은 응당 동물에게도 적용되어야 한다.

1 저자 알기

피터 싱어(Peter Singer, 1946년~)

오스트레일리아의 멜버른에서 태어난 윤리학자이다. 그는 오스트리아의 멜버른 대학교에서 〈나는 왜 도덕적이어야 하는가?〉라는 논문으로 석사 학위를 받았고, 옥스퍼드 대학교에서 시민 불복종에 관한 논문으로 박사 학위를 받았다. 현재는 미국의 프린스턴 대학교의 생명윤리학과와 멜버른 대학교의 응용철학과 공공 윤리센터의 교수로 재직 중이다.

그의 부모는 오스트리아의 빈에서 살았던 유대인으로, 당시 독일 나치의 핍박을 피해 1938년 오스트레일리아로 왔다. 피터 싱어의 친할아버지는 나치에게 끌려가서 유대인 거주 구역에 있다가 소식이 끊어졌고 외할아버지는 유대인 수용소에서 사망했다. 외조부였던 다비트 오펜하임은 정신분석학의 아버지라고 불리는 프로이트와 함께 책을 쓰고 출판할 정도로 깊은 관계였는데, 프로이트와 관계가 틀어지기 전까지 많은 영향을 주고받은 것으로 유명하다.

2 내용 깊이 알기

《동물 해방(Animal liberation)》은 1975년 출간되었다. 피터 싱어는 초판의 서문에서 주위 사람들에게 동물에 관한 책을 쓰고 있다고 말하자 애완동물에 관한 책인 줄 알더라는 경험을 밝힌다. 그 정도로 동물들의 권익이나 권리에 대해 이야기하는 것이 낯선 때였다. 사실 이 책은 동물이 이러이러한 권리를 갖고 있다고 직접적으로 주장하기보다 인간이 동물에게 어떤 폭력을 행하고 있는지 폭로하는 내용에 가깝다. 반려동물을 키우지 않아도, 동물원에 가지 않아도 우리는 거의 매일 동물들을 만난다. 바로 식탁 위에서 그렇다. 직접 동물을 이용하지 않더라도 약, 화장품, 세제 등과 같이 동물실험과 연관이 있는 생활용품은 수도 없이 많다.

인간의 역사는 '해방'의 차원으로 일괄 정리할 수 있는 부분이 있다. 그 오랜 옛날부터 인류는 노예를 부렸다. 인간은 인간끼리도 피부색, 언어, 민족, 성별, 나이 등의 기준으로 차별했고 그것으로 소수의 인간들이 혜택을 받았다. 자신의 몸을 자신의 의지대로 하는 것, 자유를 갖는 것, 자신이 한 노동에 대한 정당한 대가를 받는 것 등 이 모든 것들은 당연해 보이지만 오랜 인류의 역사 속에서 이 당연한 것들은 당연하지 않았다. 노예제도가 철폐되고 여성이 남성과 똑같은 권익을 가진 존재로서 인정받은 것도 20세기가 되어서야 가능해진 일이다. 그러나 오늘날까지도 그동안 해 왔던 차별은 완전히 해소되지 않았다. 여전히 인종차별과 성차별은 존재하고, '다르다'는 이유로 많은 사람들이 자신의 권리를 찾지 못하고 있다. 그럼에도 우리는 '모든 인간은 평등하다'라는 선언을 했고, 비록 실행되지 못하는 곳이 있다고 하더라도 불평등이 잘못된 것임은 알고 있다. 우리는 불평등을 인지하는 순간 잘못된 것임을 알 수 있고 동시에 평등을 향해 나아갈 수 있다.

그런데 과연 동물에 대해서는 어떨까? 우리는 매일 사람뿐 아니라 동물들도 만난다. 길거리의 비둘기, 이웃의 고양이와 개, 그리고 식탁 위의 동물들. 그러나 우리는 한 번도 식탁 위에 올라오는 동물들이 어떻게 살았고 어떤 과정을 통해 우리 집까지 오게 되었는지 알지 못한다. 사실 깊이 생각하지 않는다. 우리가 즐겁기 위해 누군가에게는 엄청난 고통을 준다고 생각하고 싶지 않기 때문이다. 하지만 생각하지 않고 싶다고 해서 나의 즐거움을 위해 다른 누군가에게 큰 고통을 지속적으로 준다는 것은 도덕적으로 옳지 못하다. 이것은 단순히 감정적이고 정서적인 '동물 애호가'의 입장이라서가 아니다. 싱어는 이것을 일종의 '해방운동'으로 규정한다. 즉, 소수의 남성에게만 특권처럼 주어졌던 권리들이 '해방운동'을 통해 다른 민족의 남성에게, 다른 인종의 남성에게, 그리고 마침내 여성과 아이들에게까지 퍼져 나갔듯, 인간 이외의 종들에게까지 퍼져 나가야 한다는 것이 싱어의 주장이다.

싱어에 의하면 해방운동 이전에 행해졌던 폭력과 폭압은 자연스럽고 불가피한 것으로 여겨졌으며, 삶을 유지하기 위해 어쩔 수 없는 것이라고 생각되었다. 하지만 이는 편견이다. 싱어는 태도를 바꾸는 것만으로도 많은 것을 바꿀 수 있음에도 진실을 들여다보지 않기 때문에 너무 많은 생명들이 고통 속에서 죽어 가고 있다는 것을 상기시킨다.

《동물 해방》은 동물과 관련하여 은폐되어 있었지만 우리의 삶 바로 옆에서 일어나고 있는 일들로 가득 채워져 있다. 그중 한 예가 동물실험에 관한 것이다. 사실 실험을 하지 않아도 직관적으로 알 수 있는 많은 것들을 구태여 동물들을 이용해 실험하는 경우들이 허다하다. 이는 과학적 목적과 인간의 안전이라는 명목으로 행해져 왔다. 동물실험과 관련한 연구 보고서에는 감정적인 단어들과 고통의 단어들을 피하고 이성적 단어와 수치를 이용한다. 이런 '과학적인 방법'과 '전문적인 용어'를 사용하여 행해진 동물실험이 실제 인간의 삶을 더 행복하게 만들어 준다는 보장은 없다. 싱어는 다양하고 많은 과학자들의 보고를 바탕으로 동물실험을 통해 얻어 낸 결론들이 실제 인간에게 미치는 영향을 정확하게 예측해 내지 못한다는 점을 지적한다. 여전히 우리는 미디어를 통해 동물실험으로 인간이 암에 걸릴 확률을 알게 되지만 이것은 "그 신뢰성이 왜곡되어 갖게 되는 단순화된 가정에 기초하고 있다"고 밝혔다. 즉, '동물실험이 증명하고 있는 바가 거의 또는 전혀 없으며, 이를 인간과 상호 관련시키는 것도 매우 어렵다'는 것이다. 그러나 동물실험은 여전히 임상 실험보다 더 저렴하다는 이유로 행해진다.

《동물 해방》에 등장하는 또 다른 대표적인 예는 바로 고기에 관한 것이다. 예로부터 고기는 매우 귀한 음식이었다. 그러나 현대 공장형 축산이 생겨나면서 고기는 매우 흔한 음식이 되었다. 축산 가공 공장에서는 동물을 해체하고 다듬어서 포장한다. 포장된 고기는 결코 '살아서 숨 쉬고 걸어 다니며 고통받는 동물'을 연상시키지 않는다. 게다가 우리는 그것을 철저하게 은폐하기까지 한다. 그 어떤 미디어도 고기에 대해 언급할 때 공장형 축산 현장을 보여 주지 않는다. 뉴스나 광고에서는 평화로운 축사의 모습을 보여 준다. 그러나 이런 풍경의 축산은 매우 드물다. 동물들은 만족스러운 삶을 영위한 뒤, 삶의 종착점으로 도축되는 것이 아니다. 그들은 오로지 고기를 위해, 그것도 더 많은 고기를 만들어 내겠다는 목표 하나로 사육된다.

우리나라에서도 2008년 광우병 논란으로 소의 사육 환경이 어느 정도 알려진 적이 있다. 광우병은 감염 경로가 정확하게 밝혀지지는 않았지만, 변형된 단백질이 어떤 경로를 통해 정상적인 단백질의 구조를 변형시켜 뉴런이 제 기능을 하지 못해 생겼음은 밝혀졌다. 그러면서 가장 큰 원인으로 지목된 것이 동물성 사료였다. 여전히 많은 부분에 논란이 있지만 분명한 사실은 초식동물에게 다른 동물, 즉 도축하고 남은 부산물을 사료로 가공하여 먹인다는 것이었다. 이는 소뿐만 아니라 닭도 마찬가지이다. 이 책에서는 상업적 가치가 없기 때문에 버려지는 병아리들, 그것도 고통 없이 죽이는 것이 아니라 그저 계속해서 병아리를 쌓아 그 무게로 질식사시키거나 살아 있을 때 가루로 만들어 다른 병아리들의 모이로 주는 과정들에 대해 묘사한다.

이미 너무 많은 것을 행하고 있지만 우리가 아직 모르고 있었던 것들에 대해 《동물 해방》은 세세하게 설명한다. 싱어는 책 전체를 통해 '실천'이라는 답으로 우리를 이끈다. 그저 어쩔 수 없이 생각했던 것들은 결코 어쩔 수 없는 것들이 아니었고 우리가 노예를 해방시켰듯 우리의 편견만 걷어 낼 수 있다면, 그리고 우리의 삶을 약간 바꿀 수만 있다면 전 세계에 만연해 있는 끔찍한 고통을 줄일 수 있다는 것이다. 실제로 이 책은 많은 부분에 있어 한 걸음의 진보를 만들어 냈다. 그러나 여전히 해야 할 일은 남아 있다. 우리는 우리의 행위에 대해 책임을 져야 한다. 적어도 내가 어떤 일을 행하고 있는지에 대해 우리는 알 필요가 있는 것이다.

3 결정적 문장

흑인과 여성 억압에 대항하는 운동의 지도자들과 동물에 대한 잔혹 행위에 반대하는 운동의 지도자들이 겹치는 경우는 실로 많다. 너무나 많기 때문에 뜻밖에도 인종주의, 성차별주의 그리고 종차별주의가 일맥상통한 것이 아닌가라는 생각이 들 정도이다.

4 생각 더하기

많은 사람들이 채식주의자들에게 이렇게 질문하곤 한다. 동물들의 고통을 줄이기 위해 채식을 한다면 식물들 역시 고통을 받지 않느냐고 말이다. 이러한 질문은 타당할까?

어떤 사람들은 식물도 생명 활동을 하고 있다는 것을 근거로 채식을 반대한다. 동물은 먹으면 안 되고 식물은 먹어도 된다는 논리적 근거가 부족하다는 것이다. 이것은 동물이 가지는 삶의 권리를 주장하는 학자나 운동가들이 가장 많이 듣는 질문 중 하나이다. 피터 싱어는 이러한 질문에 대해 '현대 과학의 상식적인 수준'에서 논의할 것을 단호하게 요구한다. 식물이 고통을 느낀다는 어떤 과학적인 증거는 없다. 그러나 동물은 고통을 느끼는 것이 명백하다. 우리가 식물이 가질지도 모르는 미지의 감각까지 생각하면서 너무나 명백한 동물들의 고통을 용인하는 것이 과연 옳은 태도인지 되물어야 할 것이다.

싱어는 공리주의자이다. 공리주의는 전통적으로 '최대 다수의 최대 행복'이라는 말로 그 입장을 대변한다. 싱어는 동물들의 문제에 있어 전통적인 관점보다 조금 더 나아가 만연해 있는 불쾌와 고통의 크기를 조금이라도 줄이는 문제에 대해 이야기한다. 불필요한 고통은 줄여야 한다는 의미이다. 내가 오늘 하루 고기를 먹지 않는다고 하더라도 전 지구적인 축산업을 멈추게 할 수 없을 것이다. 그러나 적어도 내가 다른 생명에게 가하는 고통 하나를 줄일 수는 있다.

비슷한 맥락에서 사람들은 동물의 권리보다는 인간의 권리에 대해 먼저 말해야 한다고 주장한다. 인권도 해결해야 할 문제가 산더미인데 어떻게 동물의 권리까지 챙기냐는 것이다. 분명 틀린 말은 아닐 것이다. 그러나 싱어는 이렇게 말한다. 동물들의 권리를 생각하는 사람은 인권에 대해서도 더 많은 생각을 하는 사람이라고 말이다.

사실 동물의 권리를 생각하기 전에 인권부터 생각하라는 말은 오히려 인권 문제를 방치하는 결과를 낳을 수 있다. 인권 문제에 대해 심각하게 고민하는 사람들은 동물의 존재와 그들의 고통에 대해서도 더 예민하게 생각할 수밖에 없다. 생명의 원리는 결국 같기 때문이다. 동물의 권리를 위해 싸우는 사람에게 인권은 논쟁의 대상이 아니라 당연한 권리가 된다. 동물들의 권리에 대해 고민하는 것은 한걸음 더 나아간 것이지 결코 후퇴가 아니다. 이것이 피터 싱어가 《동물 해방》을 통해 건네는 생각이다.

35
에드워드 사이드, 《오리엔탈리즘》

동양에 대한 서구의 왜곡과 편견을 바로잡는 비판서

★ 한눈에 보기

1
오리엔탈리즘은 동양을 통칭하는 말로 사용되는데, 이는 서구 사회의 우월함을 증명하기 위해 서구와 동양의 차이를 과장한다.

2
동양 문화권에 대한 서구권의 정확하지 못한 이해와 편견이 오리엔탈리즘을 만들어 낸다.

3
서구권에서 동양은 원시적이고 비합리적이며 포악하고 광적인 것으로 묘사된다.

4
오리엔탈리즘의 시각을 가진 사람들은 전통적이고 보수적인 가치들이 서구권에 의해 현대적이고 진보적인 것들로 대체되어야만 계몽주의가 탄생할 수 있다고 여긴다.

1 저자 알기

에드워드 사이드(1935~2003년)

　미국의 영문학자이자 문화평론가인 에드워드 사이드는 예루살렘이 아직 팔레스타인이었던 시절에 예루살렘에서 태어났다. 그러나 1948년 팔레스타인에 이스라엘이 건국되자 난민이 되어 이집트의 카이로로 이주했다. 이질적인 환경에 적응하지 못하고 퇴학을 당한 후, 1951년 미국의 청교도 학교에 입학했다. 부모님이 기독교도였기 때문인데, 특히 사업가인 아버지는 미국 군인으로 참전해 미국 시민권이 있었다.

　그는 팔레스타인 출신의 아랍계 학생이면서, 이집트에서 영어를 쓰는 학교를 다니고, 기독교도이면서 미국 시민권을 가지고 있는 등 출생과 성장 과정에서 언제나 자신의 정체성과 문화들 사이에서 갈등하며 편견에 대한 고민으로부터 자유로울 수 없었다. 이는 이름에서도 드러나는데, 에드워드는 영어식 이름이지만, 사이드는 아랍계 이름이다.

　그는 영문학을 전공해 1963년 뉴욕의 컬럼비아 대학교에서 비교문학과 교수로 임명된다. 이후 학자뿐만 아니라 정치적 영역에서도 적극적으로 활동한다. 1977년 팔레스타인해방기구의 의원으로 활동했으며, 1988년 팔레스타인 국가 독립이 선언될 때 영어판 독립선언문을 기초하기도 했다. 그러나 팔레스타인해방기구가 테러 노선을 걷게 되자 이를 비판하고 결별했다. 서구의 제국주의와 비서구의 민족주의를 동시에 비판하는 등 소수자와 국외자로서의 정체성을 지키면서 비판적 입장을 유지했다.

2 내용 깊이 알기

《오리엔탈리즘(Orientalism)》은 에드워드 사이드가 1978년에 집필한 책으로 동양에 대한 서구의 지배적 시선을 비판한 책이다. 그리고 사이드 자신의 복합적인 정체성으로부터 탄생한 책이기도 하다. 그는 팔레스타인 출신이지만, 미국에서 시민권을 가지고 안정된 교수 생활을 하고 있었다. 그러나 1967년 이스라엘과 아랍 연맹 사이의 3차 중동전쟁이 발발하고, 미국이 이스라엘을 적극적으로 지지하는 상황이 발생한다. 이때 사이드는 미국 사회에서 중동을 보는 편견 어린 시선을 발견하고, 자신이 '팔레스타인인'이라는 사실을 다시금 자각한다.

《오리엔탈리즘》 서문의 "미국에서 아랍 팔레스타인인은 정치적으로 존재하지 않는다고 하는, 거의 완전히 일치된 여론이 있다. 아랍 팔레스타인인의 존재가 허용된다면 그것은 문제아 또는 동양인으로서이다"라는 말은 그가 미국에서 겪었던 정치적·문화적 차별을 잘 드러낸다. 이처럼 자신의 팔레스타인인으로서의 정체성이 집필의 가장 중요한 동기가 되었기 때문에, 이 책에서 논의되는 '동양'은 우리가 일반적으로 생각하는 중국, 한국, 일본 등의 동아시아나 베트

남, 인도 등이 아니라 중동이라고 부르는 아랍문화권에 한정된다.

사이드는 서구에 의한 동양의 지배가 동양에 대한 일련의 지식을 통해서 뒷받침되었다고 주장한다. 따라서 이 책은 '서양은 동양을 어떻게 이해했을까?'라는 질문에 대한 대답이다. 이를 위해 사이드는 유럽의 동양학 연구로 이름난 저자들과 작품들에 대한 구체적이고 세밀한 분석을 시도한다. 에르네스트 르낭, 해밀턴 기브, 루이 마시뇽 등이 이 책에서 주로 다루어지는 작가들이며, 이 외에도 19세기 프랑스나 영국의 작가들의 작품들이 폭넓게 인용된다.

우선 이 책에서 말하는 바를 제대로 이해하기 위해서는 '오리엔탈리즘'이라는 개념을 이해해야 한다. 사실 '오리엔탈리즘'이라는 말은 사이드도 말하는 것처럼 애매한 용어이다. 이 말은 동양, 동방을 뜻하는 '오리엔트(orient)'라는 말에서 온 것이다. 그리고 이 용어로 인해 동양에 대해 연구, 강의, 집필 등을 하는 사람들을 '오리엔탈리스트(orientalist)'라고 불렀다. 이른바 '동양학자'와 같은 의미로, 동양을 연구하는 인류학자, 문헌학자, 사회학자, 역사학자 모두를 포함하는 말이다. 그렇기 때문에 오리엔탈리즘은 1차적으로는 동양주의, 동양학과 같은 동양에 대한 연구 등을 포괄하는 말이라고 할 수 있다. 그리고 이러한 학문적 의미가 확장되어 동양에 대한 일반적이고 대중적인 인식의 태도를 가리키기도 한다.

이에 사이드는 "오리엔탈리즘이란 오리엔트, 곧 동양에 관계하는 방식으로서 서양인의 경험 속에 동양이 차지하는 특별한 지위에 근거하는 것"이라고 말한다. 즉, '동양'이란 서구에 의해 만들어진 이미지라는 사실이 여기서는 중요하다. '오리엔탈리즘'이라는 말이 가진 학문적인 의미와 동양이 가진 이미지에 대한 의미에 더해 사이드는 제3의 의미를 제시한다. 여기서 그는 "오리엔탈리즘은 동양을 취급하기 위한—동양에 관해 무엇을 서술하거나, 동양에 관한 견해에 권위를 부여하거나, 동양을 묘사하거나, 혹은 식민지를 세우거나 통치하기 위한—동업조합적인 제도"라고 말한다.

이를 설명하기 위해서 사이드는 푸코의 '담론'이라는 개념을 차용한다. 푸코의 '담론' 개념은 하나의 학문과 그것을 둘러싼 담론이 자연적인 것이 아니라 인위적으로 형성된 것이며, 그러한 담론은 권력에 의해 형성된다는 주장이다. 결국 오리엔탈리즘이란 동양을 지배하고 재구성하며 억압하기 위한 서양의 스타일이며, 이를 통해 유럽 문화는 정치적, 사회적, 군사적, 이데올로기적, 과학적으로 동양을 관리할 수 있었다. 동양에 관해 무언가를 쓰거나 말하는 이들은 이미 이러한 '오리엔탈리즘'이라는 틀 속에서 동양을 보기 때문에 누구도 자유롭게 동양을 볼 수 없다고 사이드는 말한다.

그런데 이러한 오리엔탈리즘은 어디에서 유래했을까? 오리엔탈리즘이 본격적으로 등장한 것은 18세기 중엽부터이다. 이 시기에는 동양과 서양의 관계를 규제하는 두 가지 중요한 계기가 생겼다. 첫 번째는 유럽에서 동양에 관한 체계적인 지식이 증대되었다는 사실이다. 그것은 식민지 침략의 역사와 맥락을 같이 한다. 이질적인 문화를 이해하기 위해서 민족학, 비교해부학, 문헌학, 역사학 등의 다양한 분야들이 이용되기도 했다. 둘째, 이 관계에서 유럽이 언제나 강자의 지위를 차지했다는 사실이다. 이를테면, 동양인은 비합리적이고, 열등하고, 타락했으며, 유치하고, '이상하다'고 여겨졌고, 유럽인은 합리적이고, 도덕적이며, 성숙되고, '정상적'이라고 여겨졌다. 예를 들어, 1883년부터 이집트를 24년간 통치한 영국의 크로머는《현대 이집트》라는 책에서 다음과 같이 말한다. "유럽인은 주도면밀한 이론을 좋아한다. 사실을 말하는 언어에는 한 치의 애매함도 없다. 비록 논리학을 공부하지 않아도 유럽인은 타고난 논리학자이다. 이에 반하여 동양인의 정신은 동양의 길거리와 마찬가지로 현저히 균형이 결여되어 있다. 동양인의 추론은 가장 감상적인 것이다."

이러한 서술은 단지 크로머의 개인적인 서술에 그치지 않으며, 당대 유럽인들이 이해하는 동양인들의 일반적인 모습이었다. 이집트인들을 직접 만나 오랜 시간을 들여 교류할 기회가 없는 거의 모든 유럽인들에게 이러한 편견 어린 서술은 이집트에 대한 이미지를 형성하는 기초가 된다. 그리고 그렇게 형성된 왜곡된 이미지는 실제로 그들이 이집트인을 대면할 때의 태도를 결정하기도 한다. 에드워드 사이드가 사회를 이해하기 위해서 문자 문화를 동시에 다루어야 한다고 주장한 것은 이런 이유이기도 하다. 사이드는 이러한 동양에 대한 서술 속에서 동양인은 마치 법정에서 재판받는 존재로, 혹은 마치 주어진 교과과정에 의해 학습되고 묘사되는 존재로 여겨진다고 말한다. 혹은 학교나 감옥에서 훈련받는 존재, 동물도감에서 풀이되는 존재, 이것이 바로 서양인들의 시각에 비친 동양인이었다.

사이드는 "유럽인은 동양에 대하여 말할 수 있는 것에 관하여 필연적으로 인종차별주의자이고, 제국주의자이다"라고까지 말한다. 그러나 오리엔탈리즘이 허위와 신화로 이루어진 것이기 때문에 이러한 관계에 대한 진실이 밝혀진다면 이 구분이 없어질 것이라는 것은 타당하지 않다. 동양 및 서양을 둘러싼 우리의 인식과 지식은 이미 '오리엔탈리즘'의 토대 하에서 성립되었기 때문에 동양에 대한 편견으로부터 단번에 자유로워진다는 사고방식은 불가능하다. 이것은 담론이 가진 힘이다. 사이드는 오리엔탈리즘은 분명히 역사적 권위를 가진 인식의 틀이기 때문에 서양 권위의 정체와 내용을 정확히 인식하는 것으로부터 동양에 대한 편견 어린 태도의 극복이 가능하다고 보았다. 서구의 동양에 대한 인식은 오늘날에도 여전히 강화되고 있기 때문이다.

사이드가 이러한 미국 사회의 편견을 팔레스타인인이라는 관점에서만 본 것은 아니다. 그렇다면 《오리엔탈리즘》은 편협하고 자의적인 서술이 되었을지 모른다. 사이드의 탁월한 점은 그가 오리엔탈리즘을 서구의 반유대주의와 유사한 문제라는 점을 인식하고 있었다는 점이다. 사이드가 이스라엘에 의해 자신의 고국을 뺏긴 팔레스타인인이라는 사실을 고려한다면 이 점은 더욱 두드러진다.

3 결정적 문장

오리엔탈리즘이란 동양을 지배하고 재구성하며 위압하기 위한 서양의 스타일이다.

4 생각 더하기

'동양'이라는 개념과 서구의 동양에 대한 식민지 지배는 어떤 관계가 있을까?

어떤 대상을 통제하기 위해서는 그 대상에 대한 지식이 필요하다. 이것은 이미 근대 초기에 프랜시스 베이컨이 주장했다. '아는 것이 힘'이라는 말 속에는 바로 그러한 지식과 지배의 관계가 전제되어 있다. 그러나 자연과학에 대한 지식이 객관성을 확보할 수 있는 것과는 달리 한 문화나 정체성에 대한 지식은 주관적일 수밖에 없다. 이때 중요한 것은 그 주관성이 누구의 주관성이냐 하는 것이다. 하나의 문화가 가진 성격과 이미지를 규정하는 것은 그 문화를 지배하는 세력일 것이다.

에드워드 사이드가 다양한 문헌적 연구를 통해 밝혀낸 것은 동양이라는 문화에 대한 이미지와 지식들이 바로 그 동양을 지배했던 서양에 의해 규정된 것이라는 점이다. 서양은 자신에게 낯선 동양을 자신들의 관점에서 이해하기 위하여 동양에 대한 지식을 축적했다. 물론 이 이해의 목적은 동양에 대한 지배권을 행사하는 데 있었다. 또 이러한 지식은 서양이 동양을 지배하는 것을 정당화해 주었다. 이런 식으로 지배가 지식을 낳고, 지식이 지배를 정당화한다.

사이드는 서양과 중동의 관계를 집중적으로 다루었지만, 이것은 이들의 특수한 관계에서만 정당화되는 주장은 아니다. 이를테면, 일본은 식민지 조선을 성공적으로 지배하기 위해서 조선에 대한 자신만의 지식을 축적했다. 그중 대표적인 것이 '식민지 근대화론'이다. 다시 말해 사회·문화·경제적으로 열등했던 조선이 일본의 식민 지배를 통해 근대적인 사회로 도약할 수 있었다는 주장이다. 이러한 주장에는 당연히 조선이 스스로 근대적 사회를 만들 수 있는 역량이 없었다는 점이 강조된다. 결국 이는 식민 지배를 정당화하는 주장인 것이다. 게다가 식민 지배를 받는 피지배자들이 이 주관적 지식을 마치 하나의 객관적 지식인 것처럼 받아들인다. 식민 지배 자체를 오히려 지배받는 쪽에서 정당화하는 꼴이 되고 만다.

사이드가 지적하고자 하는 것은 바로 이 지점이다. 그는 담론이란 결코 완전히 객관적일 수 없으며, 하나의 지식이라는 것도 결국은 그 지식이 누구에 의해, 어떤 목적으로, 어떤 과정을 거쳐 만들어졌는가를 보아야 한다고 말한다. 그것이 정확하게 파악될 때만이 이러한 주관적인 인식의 틀이 극복될 수 있기 때문이다. 여전히 일본의 식민 지배를 정당화하는 담론들을 완전히 극복하고 있지 못한 우리에게도 이러한 사이드의 주장은 의미심장하다.

제3부

사회·과학, 사회를 깊이 있게 통찰하다

36
플라톤, 《국가》

무엇이 잘 사는 것인가에 대한 플라톤의 이상적인 정치철학

★ 한눈에 보기

1
《국가》는 10권으로 이루어진 플라톤 대화편의 핵심 저작이다.

2
이상적인 국가 운영의 방법과 국가 통치의 가장 중요한 덕목인 정의에 대해 다루는 이 책은 도시국가 폴리스의 통치를 담당할 젊은 세대들을 위한 가르침을 담고 있다.

3
플라톤은 '철인정치'를 통해 철학자들에 의해 국가가 통치되는 것이 이상적이라고 주장한다.

4
'철인'이란 사회 전체의 이익을 위해 자신의 이익을 절제하고, 지혜와 지성을 발휘해 이데아를 인식할 수 있다.

1 저자 알기

플라톤(Platon, 기원전 428?년~기원전 347?년)

플라톤을 소개할 때 언제나 등장하는 "유럽의 철학 전통에 대한 가장 안전한 설명은 플라톤 철학에 대한 일련의 각주로 구성되었다고 말하는 것이다"라는 철학자 화이트헤드의 언급은 서양철학사에 있어서 플라톤의 영향력을 단적으로 보여 주는 말이다.

플라톤은 소크라테스의 제자이자 아리스토텔레스의 스승이며, 세계 최초로 고등교육기관인 아카데미아를 아테네에 세웠다. 한때 정치를 지망하기도 했으나 스승인 소크라테스가 젊은이들을 타락시킨다는 죄목으로 사형당하는 것을 본 후, 현실 정치에서 떨어져 철학에 몰두한다. 그러나 그의 철학의 가장 중요한 테마는 아테네 도시국가의 개혁을 위한 지성인을 키워 내는 것이었다.

실제로 아카데미아의 많은 이들은 다양한 국가에서 정치 자문이나 입법에 관여하기도 했다. 정치학, 윤리학, 형이상학, 인식론 등 다양한 분야의 저술을 남겼다.

2 내용 깊이 알기

플라톤의 저술은 일관되게 대화의 형식을 띠고 있다. 즉, 등장인물들이 있고, 그들이 상호문답을 통해 일련의 철학적 결론에 이르는 형식을 가진다. 이 때문에 그의 철학적 저술들은 흔히 '대화편'이라고 한다. 《국가(Politeia)》에서도 마찬가지로 소크라테스가 주요 대화를 이끌어 간다. 이 책은 플라톤 대화편들 가운데서 가장 핵심적인 저작으로, 모두 10권으로 이루어졌다. 그리고 '정의'와 '철인정치사상'을 중심으로 그의 정치철학의 정수가 담겨 있는 중기의 대표작이다.

고대 그리스인들은 스스로의 도시들을 '폴리스'라고 불렀다. 《국가》로 흔히 번역되는 이 책의 원제는 '폴리테이아'인데, 이는 폴리스라는 말에서 유래되었으며, '시민의 조건과 권리', '폴리스의 운영과 정치체제' 등의 의미로 통용되었다. 그러나 폴리테이아는 단순히 통치 및 정치체제라기보다 확장된 차원에서 폴리스에서의 삶 전체를 의미하기도 한다. 고대 그리스의 사회 및 국가는 오늘날 우리가 이해하는 것과는 많이 다르다. 사적인 영역과 공적인 영역이 엄격하게 분리되어 있다기보다는 통합된 성격을 지니고 있었고, 정치는 일부 정치인의 전문 영역이 아니라 시민 전체의 일이라고 여겨졌다. 그렇기 때문에 이 책은 어떻게 하면 이상적인 형태의 국가[도시국가]를 이룰 수 있는가하는 문제를 전 방위적으로 논의하는 책이라고 이해하면 된다. 바로 철학자 플라톤의 '이상국가론'이라고 할 수 있다.

이를 위해 플라톤은 정의의 뜻과 통치자들의 덕, 국가의 다양한 통치 형태의 문제, 시민들의 가치 체계와 삶의 방식에 이르기까지 폭넓게 검토한다. 그리고 이를 관통하는 일관된 테마가 바로 '정의正義'이다.

그렇다면 과연 정의는 무엇일까? 1권에서 소크라테스는 정의가 강자의 편익이라고 주장하는 트라시마코스에 반해, 그것이 편익이긴 하나 강자의 편익은 아니라고 주장한다. 이를테면 의술이나 조타술이 그 기술을 가진 자가 아니라 그 기술을 통해 편익을 누리는 이들을 위한 것이듯이, 정의 역시 통치술의 기준으로 본다면 통치자가 아니라 피통치자를 위한 것이라고 말한다.

2권에서는 이러한 국가 전체의 편익을 위해 이 일을 잘 수행해 낼 수 있는 수호자들이 필요하다고 말한다. 그리고 이에 적합한 성향을 가진 아이들을 어릴 때부터 선발, 교육하는 것이 중요하다. 이때 이들에게 최초에 교육하는 것은 시이기 때문에 시인들은 교육을 염두에 두고 시를 지어야 하며, 이에 대한 규범이 지켜져야 한다고 강조한다. 3권에서는 시와 더불어 체육, 음악 등의 교육에 대해서도 언급한다.

교육에 대한 이야기를 통해 우리는 플라톤이 말하는 교육이 통치자들을 길러 내는 이른바 엘리트 교육이라는 것을 알 수 있다. 플라톤 자신이 설립한 아카데미아 역시 이러한 관점에서 엘리트 교육기관이다. 그리고 음악이나 체육이나 시 등이 모두 이러한 교육, 궁극적으로는 훌륭한 통치자를 만들어 내는 데 종사해야 한다고 보았다. 그러나 엘리트들은 단순히 특혜를 누리는 것이 아니라, 엄격히 통제된 공동생활을 해야 한다고 주장한다.

4권과 5권에서는 이러한 수호자들이 지혜뿐만 아니라 용기와 절제를 가져야 함을 주장하고, 도시국가 전체는 하나의 공동체로서 평등한 권리와 의무가 강조되어, 아내와 자식마저도 개인에게 속한 것이 아니라 공동체에 귀속되는 것으로 보았다. 이는 오늘날의 관점에서는 당연히 괴이하며, 당시 아테네의 일반적인 상식으로도 쉽게 납득될 만한 것은 아니었다. 그러나 플라톤이 스파르타 같은 나라를 모범적인 도시국가로 평가했다는 것을 생각한다면 그가 의도하는 이상국가가 어떤 것인지 짐작하기란 어렵지 않다.

6권에서는 왜 철학자가 국가를 다스려야 하는지를 설명한다. 이 부분은 《국가》 전체에서 가장 중요한 부분이다. 오늘날과 마찬가지로 고대 그리스에서도 철학 및 철학자에 대한 사회의 시선이 호의적이었던 것은 아니었다. 철학은 젊어서 잠깐 해 보는 것이라던가, 철학에 오래 종사하다가는 무능한 인간이 되고 만다는 생각들은 당시에도 흔한 것이었다. 그리스는 시민들에 의해서 통치되던 민주정이었고, 이 때문에 공직을 수행하는 것이 가장 중요하고 명예로운 임무였다. 따라서 직접적으로 공직을 수행하지 않고, 생각이나 말로 이를 대신하려는 이들에 대한 사회의 시선은 곱지 않았다. 플라톤이 현실에서 철학자에 의해 통치되는 국가의 이상을 실현하려고 시도했던 것도 바로 이러한 이유였을 것이다.

그러나 플라톤은 철학에 대한 반감이 나라를 훌륭하게 경영하는 것을 방해한다고 여겼다. 그는 철학자들이야말로 올바른 것과 아름다운 것, 절제 있는 것 등에 대해 생각하는 이들이요, 그렇기 때문에 이러한 생각들을 바탕으로 인간 사회에서 어떤 것이 가장 좋은지를 알 수 있는 이들이라고 보았다. 철학자란 개개의 형상들에 매몰되지 않고, '선'의 완벽한 이념인 '선의 이데아'를 인식할 수 있는 자들이기 때문이다. 여기서 그 유명한 플라톤의 '동굴의 비유'가 등장한다.

7권에서 플라톤은 동굴 안을 가시적인 현상의 세계, 다시 말해 우연적이고 거짓된 세계로, 동굴 밖의 세계를 진리의 세계로 비유한다. 동굴 안에 있는 사람들, 다시 말해 이데아를 인식할 수 없는 이들은 자신들이 보는 것만을 진리라고 착각한다. 심지어 동굴 밖에서 빛의 세계를 보고 온 이가 그들에게 동굴 밖의 진리의 세계로 이끌고자 할 때 그를 조롱하고 심지어 죽이고자 한다. 아테네는 민주정이었고, 소크라테스와 플라톤 등장 이전에는 소피스테스라고 일컬어지는 변증론자들의 상대주의적인 철학이 지배적이었다. 소피스테스들은 절대적 참과 거짓의 대립을 부정했다. 하지만 플라톤이 동굴의 비유를 통해 말하는 것은 명백하다. 어떤 이들은 진리를 알고 있고, 나머지들은 그렇지 못하다는 것이다. 그렇기 때문에 여기서 민주적 대화는 성립하지 않는다. 그는 동굴에서 빠져나오기 위해 필요한 학문으로 수학, 기하학, 천문학, 변증술 등의 학문을 언급한다. 이들은 민주적인 토론과 대화로 진리가 판단되는 학문이 아니다. 오직 지적 인식을 통해서만 그 진리가 드러난다. 플라톤이 말하는 변증술은 이전 소피스테스가 이해하는 변증술과는 달리, 감각을 배제하고 지성에 의해 이데아 자체를 파악하는 학문이다. 소피스테스의 상대주의가 끼어들 여지는 없다.

따라서 우리는 플라톤이 말하는 철인정치가 민주정과는 다르다는 것을 알 수 있다. 그것은 뛰어난 통치자, 즉 사회 전체의 이익을 위해 자신의 이익을 절제하고, 지혜와 지성을 발휘할 수 있는 통치자에 의해서 통치되는 이상적인 사회라고 플라톤은 주장한다. 아테네의 민주정은 추첨을 통해 1년 임기로 공직을 수행하던 사회, 즉 통치자와 피통치자가 구분되지 않는 사회였다. 그러나 플라톤은 이러한 자유와 평등이 멋대로 할 수 있는 자유, 즉 '방종'을 낳는다고 보았고, 부에 대한 만족하지 못하는 욕망이 과두제를 몰락시켰듯이 자유에 대해 만족할 줄 모르는 욕망이 민주정을 몰락시키고 참주정을 탄생시킨다고 보았다. 따라서 자유로운 민주정 대신 철인정치를 이상으로 제시한 것이다. 또 모두가 정치에 참여하는 것이 아니라, 각각의 능력과 덕성에 따라 맡은 임무를 수행하는 전문적이고 분업화된 사회를 긍정적으로 평가한다.

그러므로 플라톤은 오늘날 자유주의, 민주주의 관점에서는 부정적으로 평가되는 크레타와 스파르타의 제도를 최상의 정치형태로 평가한다. 이 때문에 이러한 국가들을 긍정적으로 평가한 플라톤에게 칼 포퍼나 한나 아렌트와 같은 후대 학자들은 반민주주의자라는 비판을 한다. 스파르타와 크레타는 폐쇄적이고 권위적인 사회였으며, 군사력에 있어서는 강할지 모르겠지만, 정치적 자유, 사상, 문화의 측면에서는 그리스에서 가장 뒤떨어진 지역이기도 했다.

오늘날 민주주의 자체에 대해 반대하는 이들은 없다. 심지어 비민주적인 통치를 하는 국가에서도 스스로를 '민주주의' 국가라고 말한다. 하지만 플라톤은 민주주의가 절대적 선이 아니었던 고대 그리스의 사회에서 진정한 이상적 사회를 이루기 위해 가장 중요하게 생각해야 할 것들은 무엇인가에 대해 이 책에서 진지하게 묻고 있다.

3 결정적 문장

"철학자들이 나라들에 있어 군왕들로서 다스리거나, 아니면 현재 이른바 군왕 또는 '최고 권력자'로 불리는 이들이 '진실로 그리고 충분히 철학을 하게' 되지 않는 한…… 나라들에 있어서, 아니 내 생각으로는, 인류에게 있어서도 나쁜 것들은 없어지지 않는다네."

4 생각 더하기

플라톤이 철인정치를 주장한 이유는 무엇일까?

플라톤은 당대 아테네의 직접민주제를 비판했다. 플라톤이 이렇게 생각하게 된 데에는 스승인 소크라테스의 죽음이 중요한 계기가 되었다. 당시 아테네는 오늘날 대의민주제와는 다른 직접민주제를 실시하고 있었고, 재판도 시민들의 직접 참여에 의해 이루어졌다. 스승인 소크라테스와 플라톤은 무지한 다수 시민들의 잘못된 판단에 의해 목숨을 잃은 것이라고 생각했다. 이처럼 민주주의의 다수결의 원칙은 옳지 못한 판단을 하는 다수의 횡포라는 위험성을 여전히 내포하고 있다.

직접민주주의에서도 다수에 의해 저질러지는 오류는 피할 수 없다. 다수는 덕에 대해 제대로 알지 못하고, 그렇기 때문에 오만함과 무례함을 교양 있음으로, 무정부 상태를 자유로, 낭비를 도량으로, 부끄러움을 모르는 상태를 용기로 착각하기 때문이다.

플라톤은 겉으로 보기에 자유롭고 행복해 보이는 삶을 질서 없는 무분별한 삶이라고 생각했다. 그리고 시민들의 무질서가 아테네를 타락시켰다고 생각했다. 그렇기 때문에 플라톤은 무엇이 옳고 그른지를 제대로 판단할 수 없는 무지한 시민들이 아니라, 이데아의 세계에 대해 정확히 알고 국가를 위해 덕을 실현할 수 있는 철학자들이 정치를 해야 한다고 주장했다. 그리고 이 통치자에게 엄격한 도덕적 잣대를 요구했다. 부와 덕은 같이 갈 수 없다고 판단하여 사적 재산의 소유를 엄격하게 금지했으며, 심지어는 국가를 통치하는 철인은 아내와 자식마저도 공유해야 한다는 극단적인 주장을 하기도 했다. 이런 점에서 그가 민주정을 부정한 것은 단순히 소수에 의한 과두정이나 왕에 의한 군주정을 옹호하기 위한 것이 아님을 알 수 있다. 플라톤의 입장을 단순한 민주정에 대한 반대로 이해하는 것은 오해이다. 중요한 것은 한 국가의 통치자가 가져야 할 덕목이라고 할 수 있다.

37
니콜로 마키아벨리, 《군주론》

전통적인 정치철학에 반기를 들었던 최초의 근대 철학

★ 한눈에 보기

1
다스리기 가장 좋은 나라는 통치권을 세습받은 국가이다. 그때는 군주가 바보여도 상관없다.

2
새로운 군주국이나 기존의 군주국을 병합한 경우 제대로 된 자치권을 가지기 위해서는 반드시 군대가 필요하다.

3
돈을 지불해야 하는 용병을 만드는 건 여러모로 낭비이다. 강한 군대를 만들고 백성들이 군주를 사랑하게 만들면, 그 누구도 군주를 건드릴 수 없다.

4
충신의 말에 귀를 기울이고 아첨꾼을 멀리해야 한다.

1 저자 알기

니콜로 마키아벨리(Niccolo Machiavelli, 1469~1527년)

이탈리아 르네상스의 중심지인 피렌체 출신으로 정치인이자 외교관, 저술가이다. 근대 정치학의 아버지로 여겨진다.

피렌체 출신으로 피렌체의 권력을 독점하던 메디치 가문이 쫓겨나고, 소데리니가 집권하던 시기에 국내 행정 업무를 담당하는 제2 서기장 및 군사 문제를 전담하는 10인 위원회장을 맡았으며, 주요한 외교적 협상에도 많은 역할을 했다. 이 때문에 메디치가의 복귀 이후에 1년이나 투옥되기도 했다. 이후 공직에 복귀하지만 반메디치 혐의로 다시 투옥되었다. 두 번의 투옥과 석방 이후, 공직에서 물러나 카시아노의 시골에서 저작 활동에 전념하며 생을 보낸다. 《군주론》은 이 시기에 집필한 작품이다.

마키아벨리는 유능하고 성실했으며, 자신의 가난을 떳떳한 공직 생활에 대한 자랑으로 여길 만큼 청렴한 성품을 가졌다.

2 내용 깊이 알기

《군주론(Il principe)》은 마키아벨리가 교황 레오 10세의 조카인 로렌초 디 피에로 데 메디치에게 헌정한 책으로 1513년에 완성되었다. 그러나 마키아벨리 사후 5년이 지난 1532년에야 최초로 공개

된다. 이 책은 발간된 이후 교회에서 불태워지고, 금서로 지정될 만큼 많은 수난을 당했다. 교회에 대한 비판적인 내용이 많이 담겨 있고, 이 글에서 말하는 현실주의적 통치의 원리가 교회의 도덕주의와 대립하기 때문이었다. 그러나 이런 교회의 반응은 오히려 마키아벨리와 《군주론》의 유명세를 높여 주는 결과를 낳았다. 그렇다고 해서 사람들의 평가는 결코 호의적이지 않았다.

이 책만큼 사람들로부터 악의적인 평가를 받은 책도 없을 것이다. 흔히 '마키아벨리즘'이라는 용어가 쓰이는데, 이는 '통치를 위해서는 어떤 비도덕적인 권모술수도 용납된다는 주의'로 통용된다. 그러나 이는 마키아벨리가 주장한 것과는 사뭇 거리가 멀다. 게다가 무솔리니나 히틀러가 즐겨 읽었다는 이유로 마키아벨리가 마치 전체주의나 독재를 옹호한 것으로 오해받기도 한다. 아마도 이런 오해가 생기는 이유는 이 책에 드러난 마키아벨리의 주장들이 이상적이며 부도덕적이고, 지극히 냉혹한 현실 인식에 기반을 두고 있기 때문이다. 결론부터 말하자면, 그는 결코 전체주의나 독재를 옹호하지 않는 철저한 공화주의자였다. 이 책에서 그는 도덕적 이상론이 아니라 철저히 현실에 기반을 두어 군주와 신하, 군주와 인민 등의 관계를 파악했고, 이러한 입장은 이후 정치학에 중요한 방법론을 제공했다.

마키아벨리는 르네상스의 중심 도시인 이탈리아의 피렌체에서 태어났다. 당시 피렌체는 문화적으로는 최고의 전성기를 구가하고 있었지만, 정치적으로는 무척 혼란스러웠다. 강력한 왕을 중심으로 국력을 집중시키고, 근대적인 국가를 수립해 가는 프랑스, 스페인 등의 이웃 나라들과는 달리 이탈리아는 통일된 국가를 이루지 못했기 때문에 끊임없이 외세의 침입에 노출되었다. 실제로 마키아벨리가 25세가 되던 1494년, 프랑스의 샤를 8세는 알프스를 넘어 이탈리아를 침입했다. 이때 피렌체에서는 시민들이 봉기해 메디치 가문을 피렌체에서 축출한다. 그때까지 피렌체는 형식상으로는 공화정이었지만 메디치 가문이 권력을 독점하고 있어 실질적으로는 전제적인 도시국가였다. 하지만 메디치 가문이 축출되고 난 후에 등장한 것은 사보나롤라라는 도미니코회 수도사였고, 그의 신정정치는 그 이전의 메디치 가문의 것보다 더 가혹한 것이었다. 메디치는 형식적으로나마 공화정을 유지했고, 귀족에 대항해 시민의 지지를 얻는 것에 많은 공을 들였다. 그러나 사보나롤라는 엄격한 금욕주의로 당시 유럽 최고의 문화도시였던 피렌체를 경직된 사회로 만들어 결국 화형당하고 만다.

이후에도 권력투쟁은 계속되었다. 마키아벨리는 당시를 "히브리인보다 더 예속되고, 페르시아인보다 더 억압받고, 아테네인보다 더 분열되어 있으며, 인정받는 지도자도 없고, 질서나 안정도 없으며, 짓밟히고, 약탈당하고, 찢겨지고, 유린당한, 한마디로 완전히 황폐한 상황에 처해 있다"라고 표현한다. 내적인 권력 투쟁은 끝이 없고, 대외적으로도 이웃의 강대국에게 끊임없이 위협당하던 시기에 나온 저작이 바로《군주론》이다.

마키아벨리는 이상적인 정치적 담론이 국가에 실질적인 도움이 되지 않는다고 생각했다. 그러므로 르네상스 시기 휴머니스트들의 이상적 인간상이나, 기독교적 인간관 모두를 비판했다. 그는 "인간이란 은혜를 모르고 변덕스러우며 위선적인 데다가 기만에 능하며 위험을 피하려고 하고 이익에 눈이 어둡습니다"라고 말했다. 이는 인간의 본성에 대한 지극히 부정적인 해석이다. 하지만 인간을 오직 선한 존재로만 생각하는 이들이야말로 역설적으로 실제의 정치적 갈등을 무시하고, 조화와 통합의 이상만을 강조하기 쉽다. 혹은 이상적 인간상에 부합하지 않는 현실의 모습에 이내 환멸을 느끼고, 정치적 문제에 등을 돌리게 된다. 마키아벨리와 같이 인간의 이기심과 이로 인한 갈등의 존재를 그대로 인정하는 것만이 다양한 견해와 이익의 충돌을 현실적으로 조정할 방법을 강구하게 된다.

이 책의 제목은 《군주론》이지만, 실상 군주제를 옹호하기 위한 책은 아니다. 마키아벨리는 군주제를 공화정으로 가기 위한 중간 단계로 인식했다. 다시 말해 분열된 이탈리아를 통일하기 위해서 우선은 강력한 지도자가 필요하다고 생각한 것이다. 그리고 군주는 귀족의 세력을 견제하고 인민의 지지를 통해 강력한 통치력을 발휘해야 한다. 그러니 이 책은 이탈리아가 강력한 통일국가로 나아가기 위해 필요한 군주의 역할에 대해 설명한 책이다. 헌정사에 있는 "인민의 성격을 잘 이해하기 위해서는 군주가 될 필요가 있고, 군주의 성격을 잘 이해하기 위해서는 평범한 인민이 될 필요가 있습니다"라는 말 속에는 이러한 마키아벨리의 생각이 잘 드러난다. 그에게 군주란 언제나 인민의 편에 서는 사람이어야 한다.

그렇다면 귀족의 세력을 견제하고, 다른 나라와의 군사적·외교적 충돌에 현명하게 대처하기 위한 군주의 모습은 어떠해야 할까? 이 책에서 군주의 모습은 안정된 군주제 국가의 군주의 모습과는 사뭇 다르다. 자신의 적대자들을 물리쳐 현재의 혼란을 수습하고, 사회적 질서와 안정을 새롭게 도모하는 자이기 때문이다. 군주의 잔인성을 부정적으로 평가하지 않는 것도 마찬가지 이유이다. 그래서 마키아벨리는 "군주는 자신의 군대를 통솔하고 많은 병력을 지휘할 때, 잔인하다는 평판쯤은 개의치 말아야 합니다"라거나 "현명한 군주는 자신을 두려운 존재로 만들되, 비록 사랑받지는 못하더라도 미움을 받는 일은 피하도록 해야 합니다"라고 말한다.

마키아벨리는 당시 권모술수에 능하고 잔인하기로 소문난 체자레 보르자를 직접 만나기도 했다. 그는 체자레 보르자가 사람들이 비난하는 바로 그 잔인함으로 인해 통치하는 지역에 질서와 평화를 가져다줄 수 있었다고 믿었다. 반면, 피렌체는 자비로 오해된 우유부단함 때문에 혼동과 무질서를 피할 수 없었다고 주장한다. 마키아벨리는 체자레 보르자를 가리켜 '여우의 간계와 사자의 용맹'을 지닌 자라고 높이 평가한다. 자신이 생각하는 이상적인 군주의 상에 보르자야말로 가장 어울리는 사람이라고 생각했기 때문이다.

르네상스와 기독교적 사유에서 군주의 덕은 겸손, 자비, 경건, 정직 등인데 비해, 마키아벨리가 말하는 '덕virtù'은 남성다움, 용맹, 단호함이다. 더불어 군주는 미래를 계산해 냉정하고 계산적으로 행동해야 하며, 종교적·윤리적 규범에 구애받지 않아야 한다. 때로는 자신에 대한 비난도 감수해야 하고, 두려움을 주는 것에 망설이지 말아야 한다. 그럴 때만이 군주는 국가 전체의 이익을 최대화할 수 있기 때문이다. 흔히 마키아벨리가 주장한 군주의 속성이 상식적으로 비윤리적인 측면이 있기 때문에 그가 윤리에 대해 전혀 무관심했다고 생각하는 이들이 많다. 하지만 마키아벨리는 안정된 사회적 질서를 가진 국가가 인민의 삶에 가장 도움이 되고, 이것이야말로 윤리적인 것이라고 생각한 사람이다.

군주가 홀로 고고하게 윤리적인 선택만을 한다면 과연 그 군주는 인민을 위한 군주일까? 마키아벨리는 국가의 인민 전체의 행복을 위해서 군주는 때론 악덕도 능히 행할 수 있는 사람이어야 한다고 주장한다. 이런 차원에서 본다면, 마키아벨리는 어쩌면 군주에게 인민을 위한 자기희생을 요구하는 사람이라고도 할 수 있다. 실상《군주론》은 군주를 위한 책이 아니라 인민을 위한 책인 것이다.

3 결정적 문장

"군주가 가질 수 있는 최선의 요새는 인민에게 미움을 받지 않는 것입니다. 만약 당신이 요새를 가지고 있더라도 인민이 당신을 미워한다면 그 요새는 당신을 구원하지 못할 것입니다."

4 생각 더하기

마키아벨리가 《군주론》에서 군주가 선하기만 해서는 안 되며, 때로는 악인이 될 수도 있어야 한다고 주장한 이유는 무엇일까?

흔히 과거에 통치자의 덕목을 다룬 책들은 도덕적으로 이상적인 군주의 모델을 제시하는 것을 그 목표로 삼았다. 그러나 《군주론》은 완전히 다른 관점에서 군주의 역할에 대해 말한다. 그가 이렇게 생각한 것은 인간의 본성에 대해 그가 가진 비판적 견해 때문이다. 당대의 다른 인문주의자들은 인간의 본성을 선한 것이라고 보았다. 그렇기 때문에 정치 문제에 있어서도 윤리의 회복과 도덕적 원칙만을 외칠 뿐이었다. 그러나 이는 현실 정치에서 무기력할 수밖에 없다. 마키아벨리는 인간을 단순히 선한 존재로 보지 않았다. 자신의 이익만을 생각하며 변덕스럽고 위선적이라고 보았다. 그렇다고 해서 그는 단순히 이러한 인민들을 엄격하게 강제함으로써 질서를 유지해야 한다고 생각한 것은 아니다.

마키아벨리는 《군주론》에서 군주의 역량과 권력을 구분한다. 군주가 가진 역량은 그의 개인적인 능력이다. 그러나 군주의 권력이란 자신의 개인적인 능력에서만 나오지는 않는다. 그것은 그를 둘러싼 관계에서 나온다. 아무리 개인의 자질이 뛰어나다고 할지라도 나쁜 군주가 될 수 있는 것은 바로 이 때문이다. 군주 개인이 도덕적인 인간이 되는 것은 개인적 역량이나 자질의 문제일 수 있다. 그러나 국내의 다양한 정치적 반대파들, 외국과의 복잡한 외교 관계를 능숙하게 해결하기 위해서 군주는 그런 도덕적인 인간이 되는 것만으로는 부족하다. 군주란 안정된 통치를 유지하기 위해서 정적을 자기편으로 만들 수 있어야 하고, 때론 가혹하게 법을 집행함으로써 질서를 유지할 수도 있어야 한다. 은혜를 베풀어 민중이 자신을 지지할 이유를 만들어 주어야 하고, 평화 시에도 전쟁에 대비해 자신에게 충성할 수밖에 없는 이유를 만들어야 한다. 그 과정에서 군주는 때로는 악하고, 잔인하며, 가혹해야 한다. 그렇기 때문에 마키아벨리는 군주란 단순히 선하기만 해서는 안 된다고 말하는 것이다. 이런 점에서 마키아벨리의 《군주론》은 군주의 '인간관계론'이라고도 할 수 있다.

38
애덤 스미스, 《국부론》

경제 체제의 의미와 방법에 관한 체계적인 국민경제론

★ 한눈에 보기

1
《국부론》의 핵심 주제는 "국가의 부는 어떻게 형성되는가?" 하는 것이다.

2
애덤 스미스는 국가의 부가 분업화된 효율적 노동에 의해 재화를 생산하고, 이를 시장에서 자유롭게 거래할 때 증가한다고 보았다.

3
시장에서의 질서는 정부의 개입으로 인해 가능해지는 것이 아니라, '보이지 않는 손'이라는 시장 자체의 자율적 조절 기능으로 가능해진다.

4
인간의 이기심은 효율적 생산과 시장 교환의 핵심이다. 인간은 자신의 부를 추구하면서 합리적으로 재화를 생산하고 교환함으로써 궁극적으로는 사회 전체에 이바지한다.

1 저자 알기

애덤 스미스(Adam Smith, 1723~1790년)

애덤 스미스는 1723년 스코틀랜드에서 태어났다. 영국 글래스고 대학교에서 라틴어, 희랍어와 철학을, 옥스퍼드 대학교에서는 언어학과 고전을 연구했다. 1751년에는 28세의 나이로 글래스고 대학교의 논리학 교수로 임용되었으며, 이후 도덕철학을 담당했다. 1759년에는 《도덕감정론》을 발간해 전 유럽에 명성을 떨쳤다.

1764년에는 타운젠트 공작으로부터 좋은 조건의 개인교수직을 제의받아 교수직을 그만두게 된다. 공작의 장남과 유럽의 다양한 나라를 여행하면서 그를 가르치는 임무였는데, 그는 이 여행에서 다양한 유럽의 행정조직을 배우고 중농주의자들과 지적인 교류를 하게 된다. 이러한 과정에서 탄생한 책이 그의 대표작인 《국부론》이다. 애덤 스미스는 평생 독신으로 지냈으며, 말년에는 에든버러의 관세위원과 글래스고 대학교의 총장직을 역임했다. 1790년 7월 17일, 에든버러에서 사망했다.

2 내용 깊이 알기

《국부론(The wealth of nations)》은 1766년에 발간된 애덤 스미스의 대표 저서이다. 스미스의 전공은 철학, 특히 논리학과 윤리학 분야였지 경제학 분야가 아니었다. 실제로 생전에 그의 가장 대표적인 저서는 《국부론》이 아니라 《도덕감정론》이었고, 그 스스로도 《국부론》을 졸작이라고 평했을 정도이다. 하지만 시장에서의 질서는 정부의 개입으로 인해 가능해지는 것이 아니라, '보이지 않는 손'이라는 시장 자체의 자율적 조절 기능으로 가능해진다는 스미스의 시장옹호론은 이후 자유주의 경제학의 기본 이념이 되었다. 더 나아가 이 책은 절대왕정 국가의 중상주의를 강력하게 비판하고, 자본축적과 경제성장의 문제, 또 이를 위한 근대 시민권과 근대적 생산력의 관계 등 당대 사회의 경제적·정치적 문제를 모두 포괄하고 있다.

애덤 스미스가 《국부론》을 집필할 당시 영국은 중상주의 정책을 채택하고 있었다. 이는 15세기부터 이어 온 유럽 절대왕정 시대의 기본적인 경제정책이었다. 그런데 스미스는 《국부론》에서 당대의 주도적 경제사상이었던 중상주의를 강력하게 비판한다. '국부론'이란 제목에서 알 수 있듯, 이 책의 핵심 주제는 '국가의 부는 어떻게 형성되는가?'이다. 스미스는 이 질문에 대해 중상주의적 관점을 비판하고, 자유주의적 경제 운영을 적극적으로 옹호한다.

그렇다면 중상주의란 무엇일까? 중상주의자들은 국가의 부를 국가가 축적하고 있는 금과 은의 양을 기준으로 판단했다. 따라서 무역을 통해 금과 은 등의 귀금속을 축적시키는 것이 경제정책의 기본이었다. 초기 자본주의의 발달 시기에 스페인, 포르투갈, 영국, 프랑스 등의 나라들이 경쟁적으로 식민지를 차지하려고 한 것은 바로 이런 이유 때문이기도 했다. 실제로 스페인과 포르투갈은 그들이 식민지로 삼은 남아메리카의 금과 은을 통해서 국가적 부를 축적하고, 유럽의 주도권을 차지할 수 있게 되었다.

또 중상주의란 이름에서 알 수 있듯이 이들은 농업이나 공업에 비해 상업을 중요하게 생각했다. 경제적 이익이 생산 과정이 아닌 유통 과정에서 발생한다고 보았기 때문이다. 그렇기 때문에 국가가 무역을 엄격히 통제했으며, 수출은 장려하고 수입은 억제하는 강력한 보호무역 조치들을 사용했다. 수출 경쟁력을 높이기 위해서 국내 산업들을 보호하고 장려하기도 했다. 수출산업에 보조금을 쓰거나 세금을 낮추어 주는 등의 조치들은 이러한 장려책 중 대표적인 것이다. 그리고 원료 구입 가격을 낮추기 위해서 원료의 수출을 금지하거나 수입 시 높은 관세를 부과했다.

그러나 이러한 중상주의 정책은 애덤 스미스의 《국부론》에서 비판의 주요한 초점이 된다. 스미스는 금과 은 등의 귀금속이 아니라 인간의 노동이 부를 생산하는 근원이라고 보았다. 또 폐쇄적인 형태의 보호무역보다는 개방적인 자유무역을 통한 부의 증진을 바람직하다고 보았다. 이러한 관점의 변화는 당대의 역사적 변화와도 밀접한 관련이 있다. 즉, 미국의 독립, 영국의 산업혁명, 프랑스의 시민혁명 등 국제적·사회적 상황의 급격한 변화가 이전과는 다른 경제적 이념을 요구한 것이다. 전통적인 식민지 지배가 무너졌고, 산업혁명으로 인해 노동의 생산성이 크게 증가되었다. 또 시민사회가 등장함에 따라 기존의 토지에 바탕을 둔 봉건제는 더 이상 유지될 수가 없었다. 이러한 변화는 유럽 사회의 경제적 주도권 변화와도 겹쳐진다. 산업혁명 시기 이후로 급부상한 영국은 전통적인 경제적 관점으로 보았을 때는 결코 부국이 될 수 없는 나라였다. 넓은 영토도 없고, 자원이 풍부한 것도 아니며, 식민지를 통해 대량으로 금과 은을 확보한 것도 아니었다. 그렇다면 어째서 영국은 프랑스, 스페인, 포르투갈 등의 국가들에 비해 열악한 조건을 극복할 수 있었을까? 애덤 스미스의 《국부론》은 바로 이러한 질문에 대한 대답을 가진 책이기도 하다.

애덤 스미스는 이 책의 서문에서 "한 나라 국민의 연간 노동은 그들이 연간 소비하는 생활필수품과 편의품 전부를 공급하는 원천이다"라고 말한다. 따라서 이러한 노동의 생산력을 향상시키는 것을 중요한 문제로 보았다. 《국부론》이 분업에 대한 내용으로 시작하는 것은 바로 이 때문이기도 하다. 그는 분업의 효율성으로 인해 생산량이 비약적으로 증가한다는 점을 지적했다. 즉, 하루 종일 애써도 20여 개의 핀밖에 만들 수 없는 사람도 분업을 하면 같은 시간 동안 무려 4,800개의 핀을 만들 수 있다는 것이다. 이것은 기존에 그가 혼자서 만들던 양보다 240배나 된다. 이와 같이 높은 생산성을 가능하게 하는 것이 분업이며, 이는 공장뿐만 아니라 사회 전체에서 이루어지기도 한다. 다시 말해 각자가 자신의 전문 분야에 종사하는 근대 시민사회는 기본적으로 분업화된 사회라고 할 수 있다.

높은 생산성으로 인해 이전의 자급자족을 넘어 생산된 상품은 시장에서 화폐와 교환된다. 그런데 화폐와의 교환에서 상품의 가격은 어떻게 측정될까? 스미스는 여기서 일종의 노동가치설을 이야기한다. 즉, 두 상품을 생산하는 데 들어간 시간을 기준으로 상품에 투여된 노동의 가치를 측정하는 것이다. 노동의 질을 고려하지 않은 스미스의 판단은 이후 많은 경제학자들에게 비판을 받기도 했다. 그럼에도 그의 견해는 생산품의 가치를 평가하는 데 노동이라는 요소를 고려했고, 이는 많은 비판에도 노동의 가치를 긍정적으로 평가했다는 점에서 높이 살 만하다. 게다가 노동의 가치가 이처럼 동일하게 판단되기 위해서는 사회적 계급은 물론 정부의 지원이나 간섭 없이 동일한 조건에서의 노동이 전제되어야 한다. 즉, 그가 노동의 질을 고려하지 않은 것은 평등한 조건에서의 근대 시민사회의 노동을 상상했기 때문이라고도 할 수 있다. 결국 이러한 근대적 경제형태의 발전이 국가의 부와 밀접하게 연관된다.

스미스는 각국의 상이한 경제정책을 검토하면서, 중국, 이탈리아, 독일, 스페인, 포르투갈 등의 문제가 평등한 시민사회를 가로막는 봉건적인 사회구조 때문이라는 점을 지적했다. 이런 점에서 애덤 스미스의 《국부론》은 비록 정치적인 저서는 아니지만, 근대 시민사회를 강력하게 옹호하는 책이기도 하다.

애덤 스미스는 분업을 인간성에 내재하는 교환 성향에서 생겨나는 것으로 보았다. 즉, 인간은 자신이 생산한 것만으로는 만족할 수 없기 때문에 자신의 물건을 다른 이들과 교환하고자 하는 성향을 가지고 있다는 것이다. 이때 교환을 촉진하는 것은 이타심이 아니라 이기심이다. 즉, 타인에게 무언가를 해 주기를 바라는 것으로는 교환이 제대로 이루어지지 않는다고 생각했다. 그 교환을 통해 타인 역시 자신이 원하는 것을 얻을 수 있는 경우에 비로소 교환은 활성화된다. 교환이 더 넓게 이루어질수록 시장은 커지며, 분업의 정도도 달라진다. 이런 관점에서 볼 때 오늘날 전 세계적 차원의 시장과 교환은 바로 전 세계적 차원의 분업이라는 형태에 기반한다고 말할 수 있다.

그는 이처럼 분업, 교환, 시장, 화폐, 노동 등 오늘날 자본주의 사회를 이해하는 데 가장 중요한 핵심 개념들에 대한 비판적 분석을 시도했다. 《국부론》이 고전경제학의 토대가 되고, 그를 반대하는 비주류 경제학에서도 이 저서를 주요한 이론적 대립항으로 상정하는 것은 바로 그러한 이유이다.

그러나 여기서 지적해 둘 것이 있다. 스미스가 옹호했던 자유주의 경제정책은 기본적으로는 이상적인 사회를 염두에 두고 있다. 즉, 그의 관점에서 볼 때 자유로운 노동을 하는 한 개인은 자신의 노동을 통해 사회에 필요한 재화를 공급하고, 그만큼 사회에서 자신이 필요로 하는 재화를 공급받을 수 있다. 이러한 관점에서 분업이란 기업이 자신의 이익 증진을 위한 생산성을 높이려는 목적에서 고려되는 것이 아니다. 그것은 사회 전체의 차원에서 효율적 부의 생산을 위한 협력으로 보아야 한다. 이는 오늘날 자유주의 혹은 신자유주의 경제 이념이 스미스를 인용하여 옹호하는 개인의 이기적 이윤 추구나 사회 내에서의 냉혹한 경쟁과는 전혀 다른 것이기도 하다.

3 결정적 문장

인간은 항상 다른 동포의 도움을 필요로 하는데, 단지 그들의 선심에만 기대해서는 그 도움을 얻을 수 없다. 그가 만약 그들 자신의 자애심이 자기에게 유리하게 발휘되도록 할 수 있다면, 그래서 자기가 그들에게 해 주기를 요구하는 일을 그들이 자기에게 해 주는 것이 그들 자신에게 이익이 된다는 것을 설득할 수 있다면, 그들의 도움을 얻으려는 그의 목적은 더 효과적으로 달성될 것이다.

4 생각 더하기

《국부론》이 근대 시장경제의 사상적 기초가 될 수 있었던 까닭은 무엇일까?

이 책에서 묘사된 자신의 이익에 충실하게 행동하는 인간을 경제적 인간, '호모 이코노미쿠스'라고 부른다. 그러나 이러한 인간형은 근대 이전에는 부정적인 관점에서 다루어졌다. 경제적 부를 추구하는 행위는 도덕적으로 옳지 못하다는 인식이 존재했기 때문이다. "부자는 천국에 들어갈 수 없다"라는 성경 구절에서도 나타나듯, 과거 유럽 사회에서 부에 대한 사회적 인식은 매우 낮았다. 부의 추구가 사회적 이익보다 개인적 이익을 우선시하는 이기적인 행동이라고 생각되었기 때문이다. 부의 획득에 대한 부정적 인식이 이처럼 강력한 사회에서 이익을 위한 경제적 행위는 위축될 수밖에 없다.

그러나 애덤 스미스는 이러한 견해를 반박한다. 《국부론》에서 가히 혁명적이라 할 만한 견해는 '인간의 이기적 행위가 사회적인 이익에도 도움이 된다'는 견해이다. 즉, 그는 이기심이 긍정적으로, 그것도 사회적 차원에서 공공의 이익을 증대시킬 수 있는 것으로 파악했다. 이를테면, 시장의 자유로운 경쟁 속에서 이 경쟁에 참여한 이들은 자신의 이익을 늘리고자 한다. 그러기 위해 스미스는 합리적 분업을 통해 생산과정을 더 효율적으로 조직하고, 더 좋은 제품을 더 저렴한 가격에 공급하는 등의 방법이 필요하다고 보았다. 즉 이러한 시장에서의 경쟁과 경쟁에 의해 생산된 생산품은 경쟁 당사자는 물론, 소비자까지도 이롭게 한다.

결국 이러한 시장경제를 통해 사회 전체의 경제적 합리성과 효율성은 증대된다. 이 이론을 통해 애덤 스미스는 자유주의 시장경제를 적극적으로 옹호했다. 하지만 오늘날 세계화와 신자유주의적 구조 속에서 일어나는 과도한 경쟁과 승자독식의 경제적 상황은 스미스가 예견했던 시장경제의 장점과는 완전히 다른 상황을 보여 준다고 할 수 있다.

39
카를 마르크스, 《공산당 선언》

새로운 세상을 꿈꾼 마르크스의 위대한 선언

★ 한눈에 보기

1
지금까지 모든 사회의 역사는 계급 투쟁의 역사이다.

2
부르주아지는 생산수단을 사적으로 소유함으로써 인간의 자유로운 발전과 문화를 가로막았다.

3
법과 사상은 부르주아지의 생산 체제와 소유관계의 부산물이고 지배 수단과 도구에 불과하다.

4
공산주의자는 자신의 목적이 기존의 모든 사회 질서를 전복해야만 달성될 수 있음을 공공연하게 선언한다.

1 저자 알기

카를 마르크스(Karl Marx, 1818~1883년)

마르크스주의의 창시자인 카를 마르크스는 독일의 가톨릭 도시인 트리어에서 태어났다. 그의 가문은 유대교 랍비의 후예였으나, 마르크스의 아버지는 유대인의 관직금지법을 피하기 위해서 프로테스탄트로 개종했다. 〈어느 젊은이의 직업 선택에 관한 고찰〉이라는 소논문을 고등학생 시절에 쓸 만큼 지적이었고 사회에 대한 관심이 남달랐다.

본 대학교에 입학해서 법학을 전공했으나, 역사와 철학, 문학에 몰두했으며, 이후 헤겔 철학을 유물론적으로 새롭게 하여 마르크스주의의 기초를 다졌다. 대학 졸업 후에는 반체제적인 라인신문을 창간했지만 프로이센 정부에 의해 폐간되었다. 이후 프랑스와 영국 등으로 망명하면서 집필활동과 함께 공산주의 운동에 매진했다.

1848년 프리드리히 엥겔스와 공동으로 《공산당 선언》을 발표했으며, 이 선언은 이후 전 세계 공산주의 운동의 기초가 되었다. 1848년 혁명 실패 이후 경제학 연구에 매진하여, 마침내 1867년에 고전학파의 정치경제학을 비판하는 《자본론》을 발표했다.

그의 정치사상은 구소련 등 수많은 공산주의국가의 사상적 토대가 될 만큼 역사상 가장 강력한 영향력을 발휘했으며, 공산주의 국가가 몰락한 현재에도 그의 사상적 중요성은 여전하다.

2 내용 깊이 알기

《공산당 선언(Manifest der kommunistischen partei)》은 영국 런던에서 1848년 2월에 독일어로 출간되었다. 원래는 마르크스와 엥겔스가 공동으로 작성한 것으로 알려졌지만, 실제로는 마르크스의 단독 저서임이 분명해 보인다. 《공산당 선언》은 공산주의자 연맹이 성립된 1848년에 당의 강령으로 발표되었다. 그러나 그해 있었던 2월 혁명이 실패하고, 이후 어려움을 겪다가 당은 1852년에 해산되고 만다. 공산당이 사라진 이후에 마르크스와 엥겔스는 1872년 판에서 '공산주의 선언'으로 제목을 바꾸지만, 흔히 초판본에 따라 '공산당 선언'이라고 불린다.

《자본론》과 더불어 마르크스의 대표적 저서이고 그 영향력도 막강한 글이지만, 독일어 초판본의 페이지 수가 23쪽에 불과할 정도로 짧은 글이다. 이 글은 당의 강령을 천명하는 일종의 '선언'이기 때문이다. 그럼에도 《공산당 선언》에 개진된 역사와 사회에 대한 마르크스의 이론은 이후 공산주의 운동의 초석이 된다. 《공산당 선언》이 자본주의의 생산방식이 가진 비도덕적 성격과 그 몰락이라는 역사적 필연에 대한 전망이 드러나 있다면, 《자본론》은 자본주의 사회의 소외된 노동과 자본주의적 생산양식의 착취적 성격을 냉철한 경제학적 분석을 통해 밝혀내는 저서이다. 따라서 《공산당 선언》과 《자본론》은 함께 읽어야 하는 책이기도 하다.

《공산당 선언》은 "하나의 유령이 유럽을 배회하고 있다. 공산주의라는 유령이"라는 유명한 문장으로 시작된다. 마르크스는 정권을 잡고 있는 이들이 이 유령을 사냥하려고 한다고 말한다. 이들은 자신의 반대파들에 대해 언제나 '공산주의'라는 낙인을 찍으며 비난한다. '공산주의'란 이들에게는 유령처럼 두려운 것, 그러나 그 실체는 명확하지 않은 것으로 여겨진다. 이들은 오직 자신의 반대파들을 비난하기 위해서 '공산주의'라는 사람들이 두려워하는 유령의 이름을 낙인찍는 것이다. 그러나 마르크스는 바로 이러한 사실이 공산주의가 이미 하나의 분명한 세력임을 보여 주는 증거라고 말하며 이 유령이라는 소문과 맞서 세울 것을 주장한다. 이러한 짧은 선언 다음은 네 개의 독립된 장으로 이루어져 있다. 부르주아와 프롤레타리아, 프롤레타리아와 공산주의자들, 사회주의와 공산주의 문헌, 그리고 마지막으로 다양한 반대 정당들에 대한 공산주의자들의 입장이 그것이다.

1장에서 마르크스는 지금까지의 모든 사회 역사가 계급투쟁의 역사임을 밝힌다. 역사를 투쟁으로 파악하는 마르크스의 이 같은 관점은 전통적인 역사적 관점과는 다른 것으로, 이러한 관점은 모든 변화를 모순이라는 개념에 의해 파악하는 헤겔의 철학으로부터 비롯되었다. 다만, 마르크스는 헤겔의 관념론을 유물론으로 바꾸어 놓는다. 유물론은 세계의 근본적 요소를 정신으로 파악하는 데 반대해 구체적인 물질적 토대를 통해 이 세계를 설명하려고 한다. 따라서 역사의 변화도 정신의 발전이 아닌 물적 토대, 생산력과 생산관계 등에 의해 설명한다.

이러한 관점에 의해 역사는 생산관계의 대립으로 이해되는 계급의 대립으로 설명된다. 자본주의 사회에 부르주아지와 프롤레타리아의 대립이 존재한다면, 봉건사회는 농노와 영주의 대립이 있었으며, 그보다 이전의 고대 로마에는 자유민과 노예가 대립했다. 이처럼 계급의 대립은 특정한 시대의 특징이 아니라 역사 발전 전체를 설명하는 틀이 된다. 그러나 부르주아계급이 지배권을 행사하는 자본주의 사회는 그 이전의 어떤 사회보다도 냉혹한 것으로 인식된다. 그것은 모든 인간들 사이의 관계가 냉혹한 '현금 계산' 이외에는 아무것도 아닌 것이 되어 버렸기 때문이다. 그 이전의 계급 대립에서는 종교적·정치적 환상에 가려져 있던 착취가 자본주의 사회에서는 파렴치하고 직접적이며 무미건조한 착취가 되었다고 마르크스는 통렬히 비판한다.

이러한 자본주의 사회에서 부르주아계급은 생산 수단과 인구를 집중시키고, 소유를 소수의 손에 집적시킨다. 그리고 독립적인 지방이 하나의 국민, 하나의 법률로 통합된다. 자본주의의 생산력은 이러한 집중을 통해 과거의 그 어떤 때보다도 강력해진다. 그러나 이러한 착취의 과정에서 부르주아 자신들을 위협하는 또 다른 계급인 노동자 계급, 즉 프롤레타리아계급도 만들어진다. 마르크스는 한 사회를 변화시켜 다음 단계를 향하게 하는 힘이 기존의 사회 내에서 만들어진다고 말한다. 즉, 자본주의는 지배계급인 부르주아계급의 부의 축적을 위해 프롤레타리아를 만들어 내지만, 이 프롤레타리아계급은 부르주아를 위한 자본주의를 무너뜨린다. 자본주의 사회의 임금노동자인 프롤레타리아는 서로 경쟁한다. 그러나 자본주의가 발전하고 이러한 경쟁이 가속화되면 프롤레타리아는 마침내 경쟁 대신 단결을 꾀한다. 이 단결은 결국 부르주아계급을 몰락시킬 힘이 된다.

다음의 2장에서 마르크스는 공산주의자와 프롤레타리아가 결코 분리될 수 없는 관계임을 주장한다. 공산주의자들의 목표는 프롤레타리아 전체의 이해관계와 함께한다. 프롤레타리아의 해방은 공산주의의 이념과 목표 없이는 불가능하기 때문이다. 그 목표는 프롤레타리아계급의 형성을 통한 부르주아 지배의 전복이고, 결국 노동자들에 의한 정치권력의 장악이다.

이에 마르크스는 열 가지의 구체적 목표를 천명하는데, 그중의 핵심은 부르주아적 소유를 폐지하는 것이다. 부르주아적 소유를 철폐하는 것은 그들이 생산수단을 가지고 노동을 전혀 하지 않으면서도 노동자들을 착취해 부를 획득하는 것을 허용하지 않는다는 의미이다. 따라서 국가가 토지를 소유하고, 상속권을 폐지하며, 생산수단을 국가가 소유하는 등을 목표로 한다. 또 모두에게 동등한 노동을 강제하고, 도시와 농촌의 격차를 없애며, 모든 어린이들에게 공공무상교육을 할 것을 함께 주장한다.

마르크스는 이를 통해 한 개인에 의한 다른 개인의 착취가 사라지고, 계급들의 대립도 없어지며, 최종적으로는 국민들 상호간의 적대적 자세도 없어질 것이라고 말한다. 또 이를 위해 일시적으로 노동자들이 정권을 장악하지만 결국 계급의 대립이 없어지게 되면 이 노동자들의 지배 자체도 자연스럽게 폐기된다고 보았다. 마르크스는 이러한 미래를 다음과 같이 말한다. "계급과 계급 대립이 있었던 낡은 부르주아 사회 대신에 만인의 자유로운 발전이 만인의 자유로운 발전의 조건이 되는 하나의 연합체가 나타난다."

3장은 '사회주의 및 공산주의 문헌'이라는 제목 아래 당대의 여러 사회주의적 운동에 대한 비판을 시도한다. 그리고 4장에서 '각종 반정부당들에 대한 공산주의자들의 입장'을 최종적으로 선언한다. 마르크스는 공산주의자들이 어디서나 현존하는 사회 정치 상태를 반대하는 모든 혁명운동을 지지한다고 말한다. 그리고 그 운동은 언제나 소유의 문제를 기본으로 내세운다고 주장한다. 마르크스는 "프롤레타리아들은 공산주의 혁명 속에서 족쇄 외에는 잃을 것이 아무것도 없다. 그들에게는 얻어야 할 세계가 있다. 만국의 프롤레타리아여, 단결하라!"라는 유명한 구절로 《공산당 선언》의 끝을 맺는다.

3 결정적 문장

지금까지 모든 사회의 역사는 계급투쟁의 역사이다.

4 생각 더하기

마르크스의 《공산당 선언》에 의하면 공산주의 혁명으로 인해 성립된 국가, 즉 연합체는 모든 사람들의 자유로운 발전이 가능한 이상적인 사회여야 한다. 하지만 현실에서 마르크스주의를 따라 성립된 공산주의 국가는 100년도 이어지지 못하고 몰락하고 말았다. 그 원인은 무엇일까?

마르크스주의의 이념에 따라 지구상에서 최초로 공산국가를 세운 나라는 구소련이다. 구소련은 레닌을 주축으로 한 볼셰비키당이 주도한 혁명을 통해 1917년에 세계 최초로 공산주의 국가를 탄생시켰다. 그러나 과연 구소련이 마르크스가 말한 공산주의 국가였는지는 의문이다. 마르크스는 공산주의 국가가 역사 발전의 단계에 있어 자본주의 이후에 등장하는 것으로 보았다. 그러나 소련은 10월 혁명이 일어났을 때 근대적 자본주의 국가가 아니었다. 결국 소련은 공산주의 국가를 건설한 것이 아니라 국가의 계획경제적 방식에 의해 자본주의적 공업화를 진행했을 뿐이다. 그렇기 때문에 소련을 공산주의 국가가 아닌 국가자본주의라고 말하는 학자들도 있다.

관료적인 지배체제의 문제도 존재한다. 공산주의란 결코 폭력적으로 이루어질 수 없음에도 강제적이고 폭력적인 방식으로 공산주의를 위로부터 강요하려 했던 것이다. 소련은 공산당의 일당독재적 방식에 의해 서구의 자본주의를 따라잡고자 했다. 즉, 이 과정에서 공산주의의 이념인 민주적이고 자유로운 개인의 발전은 무시되었고 집단주의만이 강조되었다. 이 속에서 개인은 그저 국가의 부속품처럼 다루어질 뿐이었다. 그 와중에 경제 계획은 실패를 거듭해 생산의 효율성은 떨어지고 의식 수준마저도 하락했다. 결국 열심히 노동을 하지 않고도 분배만을 바라는 노동윤리가 사회에 팽배해졌다. 이러한 악순환이 반복되면서 소련은 몰락하고 만 것이다.

  소련이 몰락하기 직전의 모습은 마르크스의 《공산당 선언》에 나오는 이상적인 공산국가가 아니라 사회 전체가 나태와 부정부패에 빠진 모습이었다. 결국 마르크스의 이상은 현실에서 제대로 실현되지 못한 채 그 비참한 운명을 맞았다.

40
찰스 다윈, 《종의 기원》

생물의 진화론을 확립시킨 위대한 고전

★ 한눈에 보기

1 종은 고정되어 있지 않고 변화한다.

2 자연은 농부가 선택한 품종을 생산해 내는 것과 같이 스스로 다양한 종을 선택한다. 이를 '자연선택'이라 부른다.

3 아무리 사소한 부분이 변이되었다고 하더라도 그것이 유용하다면 보존된다.

4 이러한 진화의 과정은 생물지리학적인 증거들로 뒷받침된다. 이 모든 것들은 지구의 길고 긴 시간 위에서 이루어지는 점진적인 과정이다.

1 저자 알기

찰스 다윈(Charles Darwin, 1809~1882년)

찰스 다윈을 보통 생물학자라고 부르는데, 그를 생물학자라고만 하기에는 너무나 부족하다. 아마도 박물학자[1]라고 하는 것이 더 적절할 것이다.

다윈은 1809년 영국의 슈루즈베리라는 작은 상업 도시에서 태어났다. 그의 아버지인 로버트 다윈은 의사였고, 할아버지 이래즈머스 다윈은 유명한 식물학자였다. 다윈의 외할아버지는 조사이어 웨지우드로 도자기 공예자이자 지금까지도 유명한 도자기 브랜드 웨지우드 사의 창업자이다. 게다가 외할아버지와 할아버지 모두 노예해방론자로 이름을 날렸다. 다윈은 부유하게 태어났을 뿐만 아니라 인성과 지성으로 가득 찬 분위기의 집안에서 자유롭게 자라났다. 그는 새로운 생각을 거리낌 없이 어른들과 나누고 자연 속에서 놀기를 좋아했다.

다윈은 부모님의 권유에 따라 처음에는 에든버러 대학교에서 의학을 공부했지만 의학에 큰 흥미를 느끼지 못해 그만두고 18세 때 케임브리지 대학교에서 신학을 공부했다. 당시 성공회 신부가 되기 위해 훈련하는 과정에서 다윈은 주변을 돌며 딱정벌레를 모으고 관찰하는 등 생물에 집중할 수 있는 시간을 많이 가질 수 있었다. 그 속에서 다윈은 《종의 기원》의 초석을 다진다.

---

1. 동물학, 식물학, 지질학, 광물학을 통틀어 이르는 말.

2 내용 깊이 알기

다윈이 신학 대학을 다니고 있을 때 존 스티븐스 헨슬로라는 식물학 교수를 만났는데 둘은 각별한 사이가 되었다. 교수는 다윈이 자연에 남다른 열의를 갖고 있는 것을 잘 알고 있었다. 그래서 마침 로버트 피츠로이 대령이 자연학과 지질학을 연구할 사람을 찾고 있을 때 헨슬로 교수는 다윈을 추천한다. 대령은 '비글호'를 이끌 선장이었고 다윈은 비글호에 승선해 5년 동안 거의 전 세계를 돌았다. 그는 곳곳에서 동식물 표본을 영국으로 보냈고 덕분에 지질학자로서 이름을 알릴 수 있었다.

영국에 돌아온 다윈은 칠레의 해안단구에 관한 논문을 발표했다. 이 항해에서 얻은 것은 그게 다가 아니었다. 그는 진화론에 대한 확신을 얻었지만 섣부르게 발표할 수는 없었다. 다윈은 치밀하게 진화가 어떻게 이루어지는를 이론으로 정립해 나갔다. 발표는 하지 않았지만 종種이 어떻게 변화하는지에 관한 논문들을 쓰기 시작했고, 동시에 자신이 생물학자로서의 신뢰와 권위를 가질 수 있도록 생물 연구에 집중해 관련 논문들을 발표했다.

1859년 다윈은 마침내 《종의 기원(On the origin of species)》을 출간한다. 그 당시 다윈과 비슷한 생각을 가진 사람들이 많이 있었다. 대항해 시대가 열리면서 전 세계의 화석들을 한자리에서 살펴볼 기회가 생겼고 지질학이 함께 발전하고 있었다. 1830년대에는 이미 거대한 동물, 코끼리보다도 훨씬 더 큰 동물들이 한때 지구를 지배했다는 사실을 모두 당연하게 인식하기 시작했다.

영리하고 진보적인 학자들은 이미 진화론을 눈치채고 있었다. 하지만 다윈이 그랬던 것처럼 자신들의 생각을 공공연하게 말하고 다닐 수는 없었다. 자칫하다 괴짜 과학자로 매장될 수 있고 아카데미로부터 후원금도 끊길 수 있는 가능성 때문에 용감하게 기존의 관념을 깨고 자신의 신념을 발표하기가 쉽지 않았다. 그래서 다윈은 더 많은 자료를 모았고, 더 강력한 증거로 튼실한 이론을 만들었다. 평생을 바쳤음에도 출간하기 직전까지 다윈은 망설였다. 그러나 앨프리드 월리스가 쓴 논문을 보고 다윈은 출판을 결심한다.

월리스는 다윈과는 달리 매우 가난한 학자였지만 그의 이론은 다윈을 앞지르는 측면이 있을 정도로 탁월했다. 월리스와 다윈은 편지를 주고받으며 서로의 생각을 발전시켰다. 그 덕분에 다윈은 최종적으로 《종의 기원》을 출판하기로 결정한다. 많은 사람들은 다윈의 책에 큰 충격을 받았다. 그의 생각이 혁명적이었을 뿐만 아니라 반박할 수 없이 너무 탄탄한 논증들로 가득 차 있었기 때문이었다. 다윈은 큰 성공을 거두었다. 그러나 훗날 월리스는 진화론에서 인간은 예외이며 그것은 신이 인간을 특별하게 만들었기 때문이라고 주장하면서 학문적으로 후퇴하게 된다.

《종의 기원》은 총 500여 페이지, 14개의 장으로 이루어진 책이다. 제1장에서는 진화론의 대체적인 윤곽을 소개한다. 그는 여기서 동식물을 기르는 농부들이 인위적인 선택으로 생산해 내는 다양한 품종을 지적한다. 그리고 자연 상태에서도 마찬가지임을 주장한다. 다시 말해 개라는 종 안에서 인위적이든 자연적이든 다양한 종류를 만들 뿐만 아니라 개, 늑대, 여우, 심지어는 고양이, 사슴, 곰과 같이 전혀 다른 종을 만들어 낼 수 있음을 주장한다. 이 종의 변화 과정은 다양성, 생존 투쟁, 자연선택 등을 통해 이루어진다. 특히 다윈은 '자연선택natural selection'에 주목한다. 특정한 환경, 즉 자연에 더 적절한 특성을 갖고 있는 종이 결국 살아남는다는 것이다.

제2장에서는 다윈이 스스로 진화론의 문제점들을 지적하고 다시 그것들을 해명한다. 여기서는 어떻게 생물들의 놀라운 능력들이 점진적인 변화에 의해 이루어질 수 있는지를 설명한다. 즉, 생식력이 전혀 없는 일개미로 구성된 개미 집단이나 시력이 극도로 발달한 독수리처럼 특정한 습성, 본능이나 신체적 특성의 경우 단지 서서히 일어나는 변화로 획득될 수 있는 부분이냐는 질문을 던진 것이다. 다윈은 길고 긴 시간 위에서라면 점진적으로 변화하는 것이 극단적인 진화로 축적될 수 있다고 믿었다.

그리고 마지막 장에서는 신의 창조론으로 생물들을 이해하려 할 때 설명되지 않는 부분들에 대해 논한다. 어떻게 다른 종들이면서도 태아는 그토록 흡사할까? 신이 설계를 했다면 왜 흔적기관이나 퇴화 기관이 존재할까? 유사한 종과 변종들이 바탕되지 않으면 분류학자들의 분류가 가능할까? 동식물들의 지리적인 분포는 과연 어떻게 설명할 수 있을까? 다윈은 이 질문들에 대한 대답은 결국 신의 창조론으로는 설명되지 않고 진화론만이 답을 줄 수 있다고 주장한다.

《종의 기원》의 핵심은, 첫째 모든 종은 고정되어 있지 않고 변화하고, 둘째 이 진화는 자연선택의 과정 속에서 일어나며, 셋째 아주 긴 지구의 역사 위에서 일어난다는 것이었다. 하지만 당시 모두가 진화론을 받아들이기에는 역부족이었다. 진화론의 빈 조각은 지질학이 채워야만 했다. 왜냐하면 진화론은 지구의 나이와 밀접하게 연관이 있었기 때문이었다. 성경에서 이야기한 것보다 지구가 훨씬 더 긴 역사를 갖고 있다면 진화의 시간이 충분한 것이기 때문이었다.

또 《종의 기원》이 출간되고 6년 후 오스트리아의 수도 사제이자 유전학자인 멘델이 식물 교배에 관한 실험 보고서를 발표하면서 다윈이 설명하지 못한 중요한 문제들이 해결되었다. 유전은 혼합 과정이 아니라 개별적인 단위로 전달되기 때문에 집단 전체로 특정한 형질이 전파될 수 있다는 것을 설명해 낸 것이다. 우리는 이제 이것을 유전자라고 부른다. 유전자의 존재는 다윈이 주장한 생물학적 다양성을 설명하는 데 큰 조력자가 된다. 그러나 다윈의 이론이 더 강력한 증거들을 갖추기 위해서는 더 많은 시간을 버텨야만 했다. 적어도 다윈이 사망한 후인 20세기 초는 되어야 했다.

3 결정적 문장

유기체의 진보를 이끄는 하나의 일반 법칙은 증식하고, 다양해지고, 강한 것이 살아남고 약한 것은 죽게 되는 것이다.

4 생각 더하기

강한 것이 살아남는다는 것은 경쟁에서 승리하는 것이고 그러므로 우월한 것이 남는다는 뜻일까? 그렇다면 경쟁에서 이기지 못하는 약한 것, 열등한 것들은 결국 퇴화되고 사라지는 것이 당연한 것일까?

다윈의 이론은 동식물을 넘나들고 심지어는 우리가 살고 있는 사회에 적용되기도 한다. 특히 철학과 사회과학에서 다윈의 진화론을 받아들이면서 사회 조직, 계급, 인종 등에 적용하기도 했다. 사회에서의 불평등은 곧 인간의 유전자의 특성에서 기인했고, 결국 우월한 인종이나 집단이 권력을 잡고 부를 가지게 된다고 주장하기도 했다. 이것은 곧 '우생학'으로 이어졌다. 남성이 여성을, 백인이 유색인을, 특정한 민족이 다른 민족을 지배하는 것은 우월한 이들이 열등한 이들을 지배하는 것이고, 이는 모두 유전적인 문제라는 것이었다. 이는 기존의 권력 체계를 공고화하는 데 이용되었고 특정 계층이나 인종, 민족이 불평등한 대우를 받는 것을 정당화시켰다.

그러나 이러한 이데올로기적인 이해는 다윈의 진화론에서는 결코 합당하다고 할 수 없다. 왜냐하면 진화론에서는 '우월함'과 '열등함'을 이야기하지 않기 때문이다. 퇴화하는 것은 결코 열등한 것이라고 할 수 없다. 살아남은 것이 우월한 것도 아니다. 그것은 그저 특정한 환경에 적응한 것이라고 할 수 있다. 더운 지역에서 살아남은 동물은 추운 지역에서 살아남을 수 없다. 이유는 단순하다. 더운 지역에 적응했기 때문이다. 더운 지역의 동물이 추운 지역의 동물보다 더 우월하다거나 더 열등하다고 말할 수 없는 것처럼 자연환경에 우열은 있을 수 없다. 마찬가지로 호랑이가 우월하고 토끼가 열등하다고 말할 수도 없다. 특정한 환경에서 호랑이는 호랑이만의 방식으로, 토끼는 토끼만의 방식으로 적응해 왔다. 호랑이가 토끼를 잡아먹는다고 해서 호랑이가 우월하고 토끼가 열등하다고 말할 수도 없다. 같은 환경에서 다른 방식으로 살아가는 다른 종들은 그 환경에 이미 각자의 방식으로 적응해 살아남은 종들이다.

다윈은 《비글호 항해기》에서 이런 말을 했다. "만약 가난의 비극이 자연법칙이 아니라 우리 사회제도에서 비롯되었다면 그것은 우리의 죄이다." 즉, 우리 사회의 많은 문제는 자연법칙에 적용되는 것이 아니다. 그것은 순전히 사회문제에서 비롯되는 것이다. 권력을 가진 자들이 자신에게 유리한 법을 만들고 그 법을 지키지 못하는 이들의 권익을 빼앗고, 돈이 많은 자들이 더 쉽게 돈을 벌고, 가난한 자들은 노력해도 가난의 쳇바퀴에서 벗어나기가 힘들다. 그 어떤 종도 우월한 종이라고 말할 수 없듯이 사람들 간에도 특정한 계급이나 성별, 인종, 민족이 우월하다고 말할 수 없다. 특정 사회에 적응하지 못하는 계층이 있다면 우열의 문제가 아닌 사회 시스템의 문제를 고민해 보아야 한다. 다윈의 말처럼 그것은 우리의 잘못이기 때문이다.

41
막스 베버, 《프로테스탄티즘의 윤리와 자본주의 정신》

자본주의적 인간의 일생에 대한 보고서

★ 한눈에 보기

1
프로테스탄티즘이 강한 나라에서는 근대 자본주의가 발달한 반면, 가톨릭의 영향이 강한 나라에서는 그렇지 못했다.

2
자본주의의 발전과 종교가 어떤 관계를 가지는 것이 분명하며 특히 프로테스탄티즘이 그러하다.

3
프로테스탄티즘은 금전 추구에 윤리적인 잣대를 더해 소비보다는 금욕하고 절제하는 것을 옳은 일로 여긴다.

4
금욕과 절제, 근면한 노동을 통해 얻게 된 부는 종교적으로 신실함을 의미하는 것이며 신이 내린 직업에 최선을 다해야 한다는 청교도적 세계관이 자본주의적 정신을 만들어 냈다.

1 저자 알기

막스 베버(Max Weber, 1864~1920년)

　독일의 사회학자이자 사상가인 베버는 독일 중부의 에르푸르트에서 출생했다. 어릴 때부터 다양한 독서와 고전 교육을 통해 문학, 철학, 역사, 정치 등에 대한 해박한 지식을 가지고 있었다. 14세 정도의 나이에는 이미 역사 논문을 쓸 정도로 지적으로 성숙했다. 이는 타고난 지적 호기심과 정치가였던 아버지 덕에 가능했던 다양한 인적 교류 덕분이라고 할 수 있다.

　1889년 베를린 대학교에서 박사 학위를 받았으며, 이후 이곳에서 상법 및 로마법을 담당하는 교수로 재직한다. 1893년에는 사촌 누나의 딸인 마리안네와 결혼했다. 그녀는 학자로서 베버의 지적 동반자였으며, 그가 죽고 난 뒤 베버의 저작집을 편찬하고 그의 전기를 쓰기도 했다.

　베버는 학위 취득 후 법학보다 경제학 분야의 논문을 주로 썼으며, 이로 인해 이후 프라이부르크 대학교의 경제학 교수가 되었다. 건강 문제로 대학교수직을 그만둔 뒤에는 베르너 좀바르트와 함께 학술지 《사회과학과 사회정책》의 편집을 맡았다. 1920년에 건강 악화로 세상을 떠났다.

2 내용 깊이 알기

《프로테스탄티즘의 윤리와 자본주의 정신(Die protestantische ethik und der geistes des kapitalismus)》은 베버가 1904년부터 1905년까지 작성한 두 개의 논문이 합쳐진 것이다. 그는 자신이 편집을 담당했던 《사회과학과 사회정책》에 이 논문들을 발표했는데, 이후 수정과 보충을 거친 후 많은 주석을 첨가하여 현재의 내용으로 1920년에 출간되었다. 그의 사망 직후의 일이다.

이미 논문이 발표되던 때부터 그의 책은 수많은 사람들에게 반향을 불러일으켰으며, 오늘날에도 자본주의의 발전 과정을 설명하는 가장 중요한 책들 중 하나로 여겨진다. 이 책에서 막스 베버는 개신교 윤리를 자본주의 발전의 핵심 동력으로 파악하고 있다. 즉, 사회적·경제적 변화를 개신교라는 윤리적·정신적 의식의 변화로부터 설명하는 것이다. 이 때문에 막스 베버의 입장은 종종 마르크스와 대조되어 많이 다루어진다. 마르크스는 베버와는 달리, 봉건주의에서 자본주의로의 이행은 물질적 생산력과 생산관계의 변화에 의한 것이며 프롤레타리아 혁명을 통해 사회주의로 이행해야 한다고 설명한다. 간단하게 말하자면 의식이 물질과 사회를 변화시키는가, 물질이 사회와 의식을 변화시키는가의 대립이라고도 할 수 있다.

베버는 무엇보다 자본주의의 발전을 유럽만의 특수한 상황으로 이해하지 않는다. 소유욕과 금전욕은 특정한 시기, 특정한 지역에만 존재했던 것은 아니다. 화폐를 사용하는 사회에서는 언제나 더 많은 이익을 얻기 위한 노력이 있어 왔다. 즉, 이러한 측면에서 이윤 추구라는 사고방식은 근대 유럽 자본주의만의 독창적인 것이 아니라, 화폐경제 공통의 것이다. 따라서 '자본주의'는 근대 유럽에서만 볼 수 있는 특수한 경제적·사회적 양식이 아닌 중국, 인도 심지어 고대 바빌론과 중세에도 볼 수 있다. 그러나 베버는 이들 자본주의와 유럽의 특수한 자본주의를 구분한다. 바로 전자를 모험가적 자본주의로, 후자를 합리적 자본주의로 부른다. 더 많은 부를 얻기 위해서 투기를 하고 식민지를 건설하며 다른 이의 재산을 약탈하고자 하는 이러한 행동을 베버는 모험가적 자본주의라고 불렀으며, 이를 화폐경제를 가진 인류 공통의 것이라고 보았다. 그러나 이러한 모험가적 자본주의와 구별되는 것이 바로 유럽의 합리주의적 자본주의이다.

막스 베버는 이러한 유럽적 자본주의의 발전을 독특한 관점에서 해석한다. 다시 말해 인간의 부를 향한 욕망과 이익을 추구하려는 행동이 아니라, 근검과 절약의 덕목이 유럽 자본주의의 발전을 가능케 했다고 본 것이다. 이것이 바로 베버가 말하는 프로테스탄티즘 윤리이다. 그런데 어떻게 이 모순적인 상황이 가능했을까?

베버는 특히 칼뱅주의에 주목한다. 칼뱅주의는 칼뱅에 의해 주장된 것으로, 종교개혁[1] 이후 나타난 개신교의 주요한 신학적 입장 중 하나이다. 칼뱅주의는 예정설을 주장했는데, 이는 인간의 구원이 신의 뜻에 따라 이미 결정되어 있다고 보는 입장이다. 그렇다면 이러

---

1. 16세기 유럽에서 로마 가톨릭 교회에 반대하여 일어난 개혁 운동.

한 신의 결정을 인간은 어떻게 알 수 있을까? 칼뱅은 이를 직업 활동을 통해 드러난다고 보았다. 이러한 맥락에서 직업은 단순한 생계 유지나 부의 추구 수단이 아니다. 그것은 일종의 '소명'으로서, 신의 부름에 의해서 받은 것이다. 사제나 목사만이 신의 부름을 받는 직업이 아니라, 사회의 모든 직업이 그러한 신의 부름을 받은 것이라고 보았다. 따라서 직업적 성공의 여부는 신에게 선택을 받았는가 여부를 판단할 수 있는 중요한 지표가 된다. 이렇게 프로테스탄티즘 윤리에서는 직업적 성공이 다만 세속적 부의 추구가 아닌 종교적·초월적 차원에서도 중요하게 다루어진다. 직업적으로 성공한 이들은 신에 의해 구원이 예정된 자이며, 직업적으로 성공하지 않은 자들은 그러한 구원에서 제외된 자들이라는 생각이다.

이처럼 프로테스탄티즘의 윤리 아래에서 사람들은 직업이라는 것을 소명, 일종의 천직이라고 생각하게 되었다. 베버는 직업을 뜻하는 독일어의 'Beruf', 네덜란드어의 'beroep', 영어의 'calling', 덴마크어의 'kald' 등이 원래는 세속적인 뜻이 전혀 없었다는 점을 지적한다. 이러한 어휘들은 성서를 번역하는 과정에서 생겨난 것이며, 원래의 종교적인 의미가 세속적인 직업 활동을 가리키는 의미로 변모된 것이다. 이러한 단어의 의미 변화는 바로 세속적인 직업이 종교적 차원으로 다루어졌음을 뜻한다.

이제 중요한 것은 신에게 주어진 소명으로서의 천직을 훌륭하게 수행해 나가는 것이다. 이를 위해서 근면, 검소, 성실 등이 강조된다. 직업을 일종의 소명으로 본 것은 바로 이러한 덕목들이 잘 수행되었는지의 여부를 직업적 성공이 보여 주기 때문이다. 어떤 사람이 근면하고 성실하게 자신의 천직을 수행했다면 그는 성공할 것이고, 반대로 게으르고 방탕했다면 그는 자신의 천직을, 다시 말해 신의 가르침을 제대로 수행하지 않은 사람이 되는 것이다. 이처럼 칼뱅주의의 윤리는 직업적 성공과 종교적 윤리를 결합한다.

바로 여기에 유럽의 합리적 자본주의 발전의 열쇠가 있다. 베버는 이러한 프로테스탄티즘 윤리에 의해서 강요된 '금욕주의'는 직업적 성실함과 더불어 자본주의 발전의 토대가 되는 자본의 축적을 가능하게 했다고 본다. 성실하게 노동함으로써 얻어진 재화를 써 버리는 것이 아니라, 절약하고 축적하면서 '자본'이라는 것이 생겨났다고 본 것이다. 이것이 베버가 '합리적' 자본주의를 통해 주장하고자 하는 자본주의적 '합리성'의 핵심이다. 더 많은 돈을 벌고자 하며, 더 많은 재화를 소유하고자 하는 탐욕이 아니라 불합리한 탐욕의 이성적인 억제가 '자본'의 축적을 가능하게 했다는 것이다.

그러므로 '금욕'을 강조하는 프로테스탄티즘은 기존의 가톨릭보다 더 엄격하게 시민들을 규제했다. 종래의 가톨릭 세계에서 종교는 개인의 삶에 강력한 규율을 부여하지 않았다. '이단은 엄벌하나 죄인에게는 관대한' 가톨릭교회의 지배는 개인 생활이나 공적 생활에 있어 어느 정도의 사유로움을 허용했다. 그러나 개신교는 달랐다. 그들은 일상생활의 구석구석까지 이러한 프로테스탄티즘의 윤리를 강요했다. '청교도'라는 말이 가지는 엄격하고 금욕적인 이미지는 바로 이러한 윤리적 강요로 생긴 것이다. 가톨릭을 신봉하는 스페인, 포르투갈, 이탈리아, 프랑스 등 남부 유럽의 국가들보다 개신교를 채택한 영국, 독일, 스위스, 네덜란드 북유럽 국가들에서 자본주의의 발전이 빨랐던 것도 바로 이러한 이유이다. 이를테면, '양키의 신앙 고백'이라고 조롱받기도 한 벤자민 프랭클린의 다음과 같은 말 속에는 자본주의적 합리성이 무엇인지가 잘 드러나 있다.

> 시간이 돈임을 잊지 말라. 매일 노동으로 10실링을 벌 수 있는 자가 반나절을 산책하거나 자기 방에서 빈둥거렸다면, 오락을 위해 6펜스만을 지출했다 해도 그것만 계산해서는 안 된다. 그는 그 외에도 5실링을 더 지출한 것이다. 아니 갖다 버린 것이다. … 근면과 검소 이외에 모든 일에서 시간 엄수와 공정보다 젊은이를 출세시키는 것은 없다.

이와 같은 프랭클린의 말은 탐욕적인 자본주의 처세술로 받아들여졌다. 그러나 베버는 이를 독특한 '윤리'를 보여 준다고 보았다. 즉, 노동을 위한 시간을 다른 곳에 사용하는 것은 신이 준 시간에 대한 커다란 죄라고 본 것이다. 또 프랭클린의 이와 같은 사고는 합리적 경영과 노동의 합리적 조직을 가능하게 했으며, 이를 통해 부를 추구하는 것은 단지 허용된 것일 뿐만 아니라 신에 의해 명령된 것이기도 하다고 베버는 주장했다. 이제 경제적 부를 추구하는 것은 삶의 목적 자체가 된다. 이 경제적 부는 물질적 만족이나 윤택한 삶을 누리기 위한 것이 아니었다. 그것은 신의 소명으로서의 직업을 충실하게 수행함으로써 자연스럽게 획득되는 것이었다. 이러한 생각은 그 이전에 어떤 사회에서도 존재하지 않았다. '부자가 천국에 들어가는 것은 낙타가 바늘귀를 통과하는 것보다 어렵다'라는 성경의 말도 있듯이 부의 획득은 탐욕, 욕망 등의 부정적인 관점으로 해석되어 왔다. 그러나 개신교는 이러한 생각을 완전히 바꾸어 놓았다. 구원에 대한 예정설과 직업소명설을 바탕으로 부의 추구 자체를 긍정적인 것으로, 더 나아가 오히려 부를 통해서 신의 뜻을 확인할 수 있는 것으로 여겼다. 이것이 바로 베버가 본 종교개혁 이후 유럽 사회가 자본주의를 발전시킬 수 있었던 이유이다.

3 결정적 문장

세속적 의무의 이행은 모든 경우에 신을 기쁘게 하는 유일한 방법이며, 그것만이 신의 뜻이며, 따라서 허용된 모든 직업은 신 앞에서 단적으로 같은 가치를 갖는다는 것이다.

4 생각 더하기

종교개혁 이후 프로테스탄티즘의 윤리는 사람들의 직업과 노동에 대한 생각을 어떻게 바꾸어 놓았나?

베버는 종교개혁 이후 칼뱅주의의 직업 소명설을 통해서 직업을 가진다는 것이 신의 명령으로 여겨지기 시작했다고 보았다. 이는 직업적 노동이 신의 명령을 따르는 행위라는 뜻이기도 하다. 그렇기 때문에 일을 게을리하고, 시간을 낭비하는 행위는 단지 부의 획득에만 지장이 있는 것이 아니다. 그것은 신이 준 시간을 헛되이 낭비하는 큰 죄가 된다. 성실하게 노동을 한다는 것 자체가 신의 영광에 동참하는 것이기 때문이다.

게다가 칼뱅의 직업소명설과 예정설에서는 단순히 돈이 많다고 해서 신의 구원을 확인하는 것이 아니다. 재산이 많다고 휴식을 취하고, 부를 즐기며 태만을 범하는 행위는 그것 자체로 이미 죄악이다. 왜냐하면 영원한 안식은 현세가 아닌 내세에 있는 것이며, 현세의 삶 속에서 신을 믿는 이들은 신의 영광에 봉사하기 위해서 자신의 시간을 낭비하지 말고 노동에 전념해야 하기 때문이다. 칼뱅주의는 이러한 점에서 매우 엄격했는데, 사교나 잡담, 사치, 과도한 수면까지도 신의 시간을 낭비하는 것으로 보았고, 도덕적으로 비난했다.

노동은 이런 관점에서 일종의 '금욕적 행위'로 받아들여졌다. '일하지 않는 자는 먹지도 말라'는 사도 바울의 말이 강조된 것도 같은 맥락이다. 이 말에는 부자 역시 예외가 아니었다. 노동 의욕의 결핍은 구원받지 못했다는 것을 의미했다. 이제 "부자는 천국에 들어가기 힘들다"라는 말은 청교도적 관점에서는 "일하지 않는 자는 천국에 들어갈 수 없다"라는 말로 바뀌었다. 자본주의 초기에 자본의 축적이 가능했던 이유는 바로 이처럼 합리적으로 욕망을 억제하고, 쉬지 않고 노동하며, 그를 통해 부를 축적했기 때문일 것이다.

42
토머스 쿤, 《과학혁명의 구조》

패러다임의 전환을 통한 과학 발전을 제시하다

★ 한눈에 보기

1
아리스토텔레스의 세계관은 지동설이 나오기 이전에는 매우 타당했다.

2
지동설 이후 과학의 많은 문제들이 난관에 부딪혔다. 그러나 뉴턴이 등장하여 새로운 세계관을 제시하자 문제는 해결되었다.

3
아리스토텔레스의 세계관에서 뉴턴의 세계관으로 바뀌는 것을 패러다임의 전환이라고 말할 수 있다.

4
지식은 꾸준한 발전을 통해 이루어지는 것이 아니라 이러한 순간적인 패러다임의 전환을 통해 발전하고, 이는 곧 과학혁명으로 이어진다.

1 저자 알기

토머스 쿤(Thomas Kuhn, 1922~1996년)

토머스 쿤은 미국의 물리학자이면서 역사학자, 과학철학자이다. 그는 미국 오하이오주에서 태어났으며, 고등학교를 졸업하면서 수학과 물리학에 큰 관심을 갖게 되어 하버드 대학교에서 물리학을 공부했다.

그가 박사 학위를 땄던 때는 1949년이었다. 그 당시 하버드 대학교에서는 자연계 학생이 아니어도 과학을 이해할 수 있는 강의를 개설했다. 덕분에 쿤은 인문학을 전공하는 학생들에게 과학을 가르쳤는데, 그 학생들에게 무작정 과학 이론과 공식을 가르칠 수는 없었기에 과학사를 강의했다. 이 때문에 쿤은 고대 그리스철학부터 공부할 수밖에 없었다. 훗날 그는 이때의 공부가 자신과 자신의 책을 만들었다고 말할 정도로 큰 자양분이 되었다고 말했다.

이후 쿤은 과학사를 중심으로 철학, 언어학, 사회학, 심리학 등을 공부하여 그만의 과학철학을 세워 나간다. 말년에는 MIT의 언어학 및 철학과의 교수로 재직했을 정도로 현대 철학에서도 중요한 자리를 차지했다.

2 내용 깊이 알기

《과학혁명의 구조(The structure of scientific revolutions)》는 1962년 출간되었다. 이 책은 앞서 말했듯 인문학 전공자들의 과학 수업을 준비하는 과정으로부터 시작되었다. 그는 과학사를 강의하기 위해 고전 철학을 공부하며 많은 통찰을 얻게 된다. 특히 아리스토텔레스의 《물리학》을 읽으며 특별한 깨달음을 얻는다.

아리스토텔레스는 기원전 384년에 태어난 사람이다. 그러므로 그가 현대의 물리학을 이야기하는 것은 오히려 이상한 일이다. 1642년에 태어나 과학혁명을 이룬 뉴턴과 아리스토텔레스를 비교했을 때 그가 틀린 말을 하는 것은 당연해 보인다. 그런데 쿤은 아리스토텔레스의 책을 읽으며 아리스토텔레스가 틀린 것이 아니라 뉴턴과는 다른 방식으로 생각하고 있었다는 사실을 깨닫는다.

아리스토텔레스가 '과학사의 분수령'이라고 평가받을 만큼 그의 이론은 중세까지 유럽과 이슬람을 지배하고 있었다. 그는 '운동motion'을 물질의 본성과 연결 지어 생각했다. 흙과 물은 무겁기 때문에 지구를 향해 움직이고 공기와 불은 가볍기 때문에 중심에서부터 멀어진다고 보았다. 이것은 매우 실증적인 관찰에서 비롯된 것이었고, 적어도 코페르니쿠스와 갈릴레오가 지구가 움직인다는 사실을 밝혀내기 전까지는 매우 타당한 결론이었다.

하지만 지동설이 나온 이후에는 아리스토텔레스의 물질과 운동에 관한 이론은 잘 맞지 않게 되었다. 이 문제는 뉴턴이 등장하여 해결된다. 그는 중력을 발견했고, 이를 중심으로 운동이 이루어진다는 것을 밝혀냈다. 이를 통해 지구에서의 공기와 흙의 운동은 물론 별들의 움직임도 함께 설명할 수 있었다. 지구에서는 상하로 운동하고 하늘, 즉 우주에서는 좌우로 운동한다는 기존의 설명 방식을 통일할 수 있었던 것이다. 그래서 뉴턴을 천하를 통일한 과학자라고 말할 수 있는지도 모른다. 아리스토텔레스가 갖고 있는 세계관에서는 그것이 옳았고 가장 적절한 설명 방식이었지만 뉴턴에게는 그렇지 않았다. 뉴턴은 다른 세계관을 갖고 있었다. 이렇게 다른 세계관을 쿤은 '패러다임[1]'이라고 불렀다. 그리고 아리스토텔레스의 세계관에서 뉴턴의 세계관으로 바뀌는 것을 '패러다임의 전환 paradigm shift'이라고 했다.

 토머스 쿤은 과학 지식이 발전하는 것은 꾸준한 역사 발전을 통해 이루지는 것이 아니라고 주장했다. 과학은 이러한 패러다임의 전환을 통해 발전한다는 것이다. 패러다임의 전환은 과학자들이 이전에는 결코 타당하지 않았다고 생각한 것들을 이해할 수 있는 기반을 만들어 준다. 이렇게 패러다임의 전환이 이루어지면 과학혁명이 일어나는데 패러다임의 후보가 과학계에 받아들여지기 위해서는 먼저 그 이전에 어떤 방식으로도 설명할 수 없었던 공인된 숙제를 풀어야 한다. 이 문제 해결은 기존의 이론들이 만들어 낸 과학도 설명할 수 있어야 하며 기존의 과학보다 더 많은 것을 설명해야 한다.

---

1. 한 시대를 지배하는 과학적 인식, 관습, 관념, 가치관 등의 총체적 틀 또는 집합체.

과학사에서는 두 가지의 과정이 일어난다. 토머스 쿤은 기존의 과학, 과학계가 공인한 어떤 이론들에 큰 이의가 없는 기간을 정상과학의 시기라고 부른다. 정상과학은 기존의 과학 이론들을 좀 더 정교하게 다듬고 세심하게 고치는 일들을 한다. 하지만 이제까지의 정상과학들은 모든 자연현상을 설명할 수 없었다. 기존의 과학들이 이렇게 한계에 부딪히는 것을 토머스 쿤은 정상과학의 위기라고 불렀다. 정상과학이 위기를 맞으면 이미 과학계에서 밝혀낸 이론들로는 더 이상 설명할 수 없기 때문에 새로운 틀이 필요하다. 즉, 다른 정상과학으로 바뀌게 된다. 쿤은 이것을 과학혁명이라고 불렀다.

아리스토텔레스의 세계관을 바꾸고 새로운 과학혁명을 일으켰던 뉴턴 패러다임은 20세기가 되면서 다른 패러다임으로 전환되었다. 이렇게 과학혁명은 고정되었다고 말할 수 없다. 왜냐하면 정상과학이 설명할 수 없는 것들이 자꾸만 누적되면 다른 혁명적인 무언가가 나타나서 해결해야 하기 때문이다. 2천 년이나 유지되었던 아리스토텔레스의 패러다임과 비교하면 뉴턴의 패러다임은 별 위용을 과시하지 못하고 곧바로 아인슈타인에 의해 해체되었다. 뉴턴의 이론을 바탕으로 체계화되었던 절대적인 시공간의 개념이 무너지고 그 자리는 상대적인 개념이 차지하고 있다. 아인슈타인 이후에는 또 양자역학이 나왔다. 양사역학 이론 속에서 고대의 아리스토텔레스는 다시 부활했다. 전자, 양성자, 중성자와 같은 아주 작은 세계에서도 고전 역학으로는 설명될 수 없는 부분들이 다시 나온 것이다. 우리가 실제로 살고 있는 3차원의 세계와 양자들의 세계를 설명하는 방식은 아직 다른 이론으로 적용된다.

　이러한 쿤의 과학혁명은 과학사를 받아들이는 방식뿐 아니라 다른 분야에서도 많은 주목을 받았다. 심지어 '패러다임의 전환'이라는 말은 영어 사전에도 수록될 정도로 일반적이 되었다.

　토머스 쿤이 이 책에서 말하는 것은 다분히 상대주의적으로 읽힌다. 기존의 이론이 틀렸다는 것을 반박하기보다 다른 기반에서 다르게 말하는 것이 더 유리하다는 방식으로 과학의 발전을 설명하고 있기 때문이다. 또 그에 따르면 모든 이론에 영원한 절대성은 없다. 모든 문제를 풀 수 있는 이론은 없으며, 그러므로 모든 이론은 항상 기각되어야 한다고 그는 말한다. 과학혁명을 이루어 정상과학이 되었다고 하더라도 그것은 애초부터 불완전한 상태로 시작하고 끊임없이 그 불완전성을 확인할 수밖에 없다.

　어떤 현상을 설명해 주는 이론이 절대적이고 객관적인 진리로 존재할 수 있을 것 같은 분야인 과학에서조차 상대주의적인 시각이 있을 수 있다는 사실은 많은 사람들에게 충격이었다. 때문에 자연과학뿐만 아니라 인문·사회과학 등에서 각 분야의 상대주의를 더욱 촉진하는 데 영향을 미쳤다. 역사, 철학, 사회학에 이르기까지 많은 영향을 끼친 것이다. 그러나 실제 쿤은 자신의 책이 상대주의적으로 읽히는 것에 대해 반가워하지는 않은 것 같다.

　《과학혁명의 구조》에 대한 또 다른 비판은 과학사를 너무 드라마틱하게 그려냈다는 것이다. 과학혁명은 기존 정상과학과의 관계의 단절처럼 보인다. 패러다임의 전환이 일어나면 새로운 과학이 기존의 이론이나 관념을 완전히 뒤집고 그것과 타협할 수 있는 여지가 없어 보인다. 그러나 그렇다고 해서 많은 과학자들이 혁명을 뒷받침하는 연구를 하지 않았다고 말할 수는 없다. 오히려 그 반대라고 할 수 있다. 코페르니쿠스는 혼자만의 생각을 발전시킨 것이 아니었다. 진화론을 발견한 다윈 역시 홀로 쓸쓸하게 연구한 것이 아니다. 그들에까지 이르지는 못했지만 혁명에 이르기까지 징검다리를 놓아준 많은 과학과 연구들, 그리고 실험과 관찰들이 있어 왔다.

3 결정적 문장

아마도 과학은 개별적인 발견과 발명의 축적에 의해 발전하지는 않을 것이다.

4 생각 더하기

과학 발전에 있어서 한 명의 뛰어난 천재가 반드시 필요할까?

우리에게 뉴턴의 일화는 아주 잘 알려져 있다. 1665년 그가 만유인력의법칙을 발견할 때 사과나무 아래 앉아 있었다는 이야기가 있다. 하늘의 물체, 즉 별과 같은 것들은 아래로 떨어지지 않는 반면, 지상 위에 있는 물체들은 모두 땅으로 떨어지는지에 대해 고민할 때 사과가 떨어졌다고 한다. 그 후 뉴턴은 모든 물체가 서로를 끌어당긴다고 생각한다.

　뉴턴의 사과 이야기가 진짜인지 가짜인지는 알 수 없지만 이 이야기를 통해 우리가 분명히 알 수 있는 것이 있다. 그것은 바로 과학적 통찰은 일순간의 깨달음을 통해서 올 수 있다는 것이다. 칠판 앞에서 어려운 물리 공식을 써 놓고 풀다가 마침내 답을 얻는 그런 장면과는 사뭇 달라 보인다. 뉴턴의 이야기는 마치 토머스 쿤이 과학혁명을 설명하면서 작은 에피소드로 넣을 수 있을 만한 부분이다. 쿤의 책을 읽지 않았거나 과학혁명과 패러다임의 전환에 대해 정확하게 알지 못한다고 하더라도 과학적 진리가 어떻게 발견되는지에 대해 우리는 어느 정도 알고 있을 것이다.

　이런 것들을 생각해 보면 아마도 쿤은 뛰어난 천재의 존재를 지지할 것 같다. 정상과학이 위기를 겪고 있는 순간 문제를 해결해 줄 수 있는 어떤 뛰어나고 혁신적인 발명은 한 개인이 이루는 일인 것처럼 보인다. 어쩌면 그런 천재들이 아니었다면 과학혁명은 일어날 수 없을지도 모르겠다.

　기존의 발상을 뒤집고 새로운 깨달음을 얻는 것은 분명히 누구나 할 수 있는 일은 아니다. 특별한 천재들, 그리고 그들의 연구와 노력이 집중되는 특별한 순간 이루어질 수 있을 것이다. 분명 앞선 과학자들이 풀지 못한 문제는 그들이 정리해 놓은 공식으로 풀리지는 않을 것이다. 그 문제를 풀기 위해 종이 위에 쓰인 문제를 입체도형으로 만들어야 할지도 모른다. 그러나 분명 그 어떤 천재들도 앞선 연구들을 바탕으로 연구한다. 어쩌면 과학혁명을 이룬 천재 과학자들은 그러한 앞선 연구들을 더 성실하게 공부한 사람일 것이다. 어떤 한 순간의 통찰이 새로운 깨달음을 주었을 수도 있지만 앞선 연구가 도움이 되지 않았다고 말할 수는 없을 것이다.

 이것은 역사를 보는 관점과도 비슷하다. 혁명이 개인으로부터 출발했다고 보는 시각과 밑바닥의 다수들이 규합하여 일어났다고 보는 시각이 있다. 탁월하고 카리스마 넘치는 개인이 무지한 군중들을 이끌 수도 있다. 반대로 밑바닥부터 끓어오르는 열기가 하나의 힘으로 모아져서 모든 일을 밀어내는 역량을 발휘했을 수도 있다. 분명한 건 그 어떤 일도 개인만의 힘으로 이루어질 수는 없다는 것이다. 그러나 그 탁월한 개인의 노력이 없다면 혁명이 마지막 한 점을 찍지 못했을 것이다. 과학혁명도 마찬가지이다.

43
마셜 매클루언, 《미디어의 이해》

디지털 시대 정보혁명의 길잡이

★ 한눈에 보기

1
미디어는 인간의 확장이다. 의복은 피부의 연장이며, 바퀴는 발의 연장이며, 책은 눈의 연장이다.

2
매체의 변화는 인간의 지각을 변화시킨다. 그러므로 미디어의 차이가 인간의 차이를 만든다.

3
즉, "미디어는 메시지다." 매체가 전달하는 내용보다 매체 자체가 인간의 구체적인 삶의 형식을 구성한다.

4
핫미디어는 많은 정보를 전달하기 때문에 수용자가 수동적일 수밖에 없으며, 쿨미디어는 정보량이 적어 수용자가 능동적으로 참여할 수 있다.

1 저자 알기

마셜 매클루언(Marshall McLuhan, 1911~1980년)

캐나다의 영문학자, 미디어 이론가, 문화비평가이다. 1936년에 영국 케임브리지 대학교에서 영문학 학위를 취득하고, 캐나다의 토론토 대학교에서 영문학과 교수로 재직했다.

주요 저서로는 《기계 신부》, 《구텐베르크 은하계》, 《미디어의 이해》, 《미디어는 마사지다》 등이 있다. 1980년 뇌졸중으로 사망했는데, 캐나다 정부는 그의 사후 업적을 기려 매클루언 연구소를 설립했다.

2 내용 깊이 알기

《미디어의 이해(Understanding media)》는 출판 당시부터 큰 반향을 일으켰다. 난해한 내용과 복잡한 논의에도 불구하고 매클루언의 천재적인 통찰은 당시 지식인들의 지적 호기심을 끊임없이 자극했으며, 심지어 《성경》 다음으로 많이 읽히는 책으로 불리기도 했다.

미디어란 무엇인가? '미디어(media)'는 라틴어에서 온 말로 '미디움(medium)'의 복수형이다. 사이즈를 표현하는 말로도 쓰이는데 중간이나 사이를 뜻한다. 또 두 항목을 이어주는 것으로서 '매개, 매개체, 매체'를 의미한다. 다시 말해 미디어는 둘 이상의 사물이나 사람을 이어 주는 역할을 하는 다리와도 같은 것이다.

그런데 매클루언은 미디어를 '인간의 확장'이라고 보았다. 이 책의 부제가 바로 '인간의 확장'이다. 흔히 미디어는 라디오, 텔레비전, 전화기, 신문 등에 국한해서 생각한다. 그러나 매클루언은 과감하게 인간이 만든 모든 인공물에 이 미디어의 역할을 부여한다. 이러한 관점에서 미디어는 단지 통신, 정보 전달 수단일 뿐만 아니라 바퀴, 옷, 주택, 무기 등 인간의 모든 인공적 창조물이다. 그리고 이러한 미디어의 가장 근본적인 의미는 인간의 확장이라고 주장한다. 매클루언은 "의복은 피부의 연장이며, 바퀴는 발의 연장이며, 책은 눈의 연장이며, 전기는 중추신경의 연장이다. 매체는 환경을 바꿈으로써 우리의 지각 작용에 독특한 비율을 가져온다. 이런 비율이 변화되면 사람도 변화한다"고 말한다.

여기서 우리는 미디어가 인간의 연장이라는 말과 더불어 이 비율이 변화하면 사람도 변화한다는 말에 주목할 필요가 있다. 눈이 보이지 않는 사람은 눈이 보이는 사람과는 다른 세계를 알 수밖에 없다. 감각기관의 차이가 세계에 대한 인식의 차이를 일으키는 것이다. 이를테면, 끊임없이 스마트폰을 보는 사람과 텔레비전이나 스마트폰 없이 책을 탐독하는 사람은 다를 수밖에 없다. 즉, 인간이 의존하고 있는 미디어의 차이, 다시 말해 그가 세계와 만날 때 그 '사이'를 매개하는 미디어의 차이가 인간의 차이를 만든다.

이를 통해 우리는 매클루언이 말한 "미디어는 메시지다"라는 말이 무엇을 의미하는지 알 수 있다. 이전의 전통적인 미디어 이론에서 미디어, 즉 매체는 형식에 불과한 것이었다. 따라서 당연히 매체가 전달하는 메시지가 매체와 구분되어 따로 존재한다고 생각했다. 이런 관점에서 미디어는 일정한 내용을 전달하는 형식적 틀에 불과하다. 이를테면, 신문, 라디오, 텔레비전 같은 미디어들은 동일한 내용을 활자, 음성, 화면과 소리라는 서로 다른 방식으로 전달하는 차이만을 가지고 있다고 보았다. 이들의 차이는 단지 형식상의 차이일 뿐, 이들이 전달하는 내용은 동일한 것이다. 내용이 중요하지 형식이 중요하지 않다는 말도, 미디어를 통해 전달하고자 하는 핵심이 내용에만 있다는 생각을 반영한다.

하지만 매클루언은 "미디어는 메시지다"라는 말을 통해, 이와는 전혀 다른 관점을 제시한다. 즉, 신문, 라디오, 텔레비전은 그것이 가진 전달 방식의 차이뿐 아니라 그것 자체가 각자 다른 메시지를 전달한다고 보았다. 이러한 차원에서 내용과 형식의 구분은 사라진다. 오히려 매체가 전달하는 내용보다 매체 자체가 인간의 구체적인 삶의 형식을 구성한다고 본 것이다.

이러한 매클루언의 사상은 '매체결정론' 혹은 '기술결정론'으로 일컬어진다. 즉, 매체의 변화가 인간의 구체적인 모습을 결정한다는 뜻이다. 특히 이러한 '매체결정론'은 핫미디어와 쿨미디어를 통해 분명해진다.

여기서 인쇄 매체인 핫미디어는 한 가지 감각에 집중하도록 하며, 많은 정보를 전달하기 때문에 수용자가 수동적으로 참여할 수밖에 없는 미디어이다. TV 매체로 대표되는 쿨미디어는 정보량이 적어 수용자가 능동적으로 참여하는 미디어를 말한다. 이를테면, 책은 대표적인 핫미디어라고 할 수 있다. 책을 읽는다는 것은 감각의 집중, 시각의 집중을 요구하는 것이며, 책에 쓰인 정보들을 수동적으로 받아들이는 것을 의미한다. 매클루언은 영화나 라디오도 핫미디어로 구분한다. 영화관에서 영화를 보는 순간 우리의 감각은 스크린 위의 화면과 소리에 집중되기 때문이다. 반면 쿨미디어는 전화나 텔레비전, 만화 같은 미디어를 가리킨다. 이들 매체들은 핫미디어와 같은 높은 집중도를 요구하지 않는다. 우리는 텔레비전을 보면서 운동을 하거나, 다른 이들과 대화할 수도 있고, 잠깐 동안 시선을 다른 곳으로 돌릴 수도 있다.

쿨미디어와 핫미디어의 성격 차이는 인간이 참여하는 정도의 차이를 낳고, 이는 미디어의 메시지를 재구성하는 인간의 능동성의 차이를 낳는다. 인간은 주어진 메시지를 그대로 받아들이는 것이 아니라 그것을 자신의 상상력을 통해 재구성한다. 책이 만화에 비해 더 뜨거운 매체라는 것은 만화를 보는 것에 비해 책을 읽을 때 인간의 상상력이 강력하게 발휘되기 때문이다. 물론 이 구분이 지금의 상황에 그대로 들어맞는 것은 아니다. 예를 들어, 라디오 같은 경우 매클루언은 핫미디어로 분류했지만, 오늘날의 라디오 프로그램들은 게시판을 통해 적극적으로 청취자의 참여를 유도하고 의견을 반영해 쿨미디어의 성격을 보이기도 한다. 중요한 것은 어떤 매체가 핫미디어인가, 쿨미디어인가가 아니라 미디어의 성격을 참여도를 기준으로 구분했다는 점에 있다. 이것은 미디어가 인간을 어떻게 변화시키는가를 판단할 수 있는 중요한 기준이기 때문이다. 이를테면, 책 같은 핫미디어를 주로 접한 사람들은 분석적이고, 합리적이며 인과관계의 구성에 뛰어나다. 이것은 어떤 내용의 책을 읽었는가의 문제가 아니라 책이라는 매체 자체가 가지는 성격 때문이다. 반면, 텔레비전과 같은 쿨미디어를 주로 접한 이들은 개인적·분석적인 시야에서 벗어나 보다 폭넓은 연대를 할 수 있는 성향을 가진다고 보았다. 《미디어의 이해》에서도 매클루언은 기존의 책이 가진 전통적인 방식과는 달리 오늘날 책은 신문이나 잡지 같은 모자이크적 성격을 사용했다고 말한다. 전자책과 인터넷의 하이퍼텍스트[1]에 비하면 초보적인 시도라고도 할 수 있지만, 이는 기존 매체의 특징을 새롭게 변화시키고자 하는 시도이기도 하다.

매클루언은 인류의 역사를 주요한 미디어의 변화에 따라 4단계로 구분한다. 구어 시대, 문자 시대, 인쇄 시대, 전기·전자 시대가 그것이다. 특히 텔레비전이나 컴퓨터 등이 주도적인 매체가 되는 전기·전자 시대를 표현하는 말로 '지구촌'이라는 용어를 최초로 사용하기도 했다. 이 책이 1964년에 나온 책이라는 점을 생각한다면, 그의 이러한 진단은 시대를 앞서가는 것이었다.

---

1. 전통적인 책처럼 순차적인 구조가 아닌 사용자에 의한 임의적인 연결로 이루어진 파생 텍스트.

3 결정적 문장

미디어는 메시지다.

4 생각 더하기

매클루언은 미디어의 내용이 아니라, 그 형식 자체가 인간과 역사를 변화시켰다고 보았다. 그가 이렇게 주장한 이유는 무엇일까?

매클루언은 미디어를 인간과 세계가 만나는 방식이라고 생각했다. 인간은 자신의 오감(시각, 청각, 후각, 미각, 촉각)을 통해 외부의 세계를 지각하고 받아들인다. 그는 미디어를 인간 신체와 신경중추의 확장이라고 말하는데, 이것은 이러한 지각과 이해의 방식이 미디어에 의해 영향을 받는다는 것을 의미한다.

눈이 보이지 않는 사람과 귀가 들리지 않는 사람이 세계를 지각하는 방식이 다를 수밖에 없듯, 텔레비전이라는 미디어를 통해 세계를 지각하는 사람과 라디오를 통해 지각하는 사람, 책을 통해 세계를 지각하는 사람은 다를 수밖에 없다. 이러한 지각 방식의 차이는 인간의 사고방식의 차이를 만들어 낸다. 매클루언이 말한 '미디어는 메시지다'는 그 매체 자체가 이미 어떤 메시지를 전달하고 있다는 것이고, 다시 말해 미디어의 형식이 바로 그 미디어의 내용이라는 의미이다. 따라서 미디어의 차이는 인간의 사고방식의 차이를 만들어 낸다. 역사를 미디어의 변화에 따라 4단계로 구분한 것도 이런 이유이다.

환경이 인간을 결정하는 것을 '환경결정론'이라고 부르는 것처럼, 매체의 차이가 인간의 차이를 설명한다는 매클루언의 입장은 '매체결정론' 혹은 '기술결정론'이라고 불린다. 이러한 매체결정론적 입장은 인간과 역사의 변화를 매체의 변화로 환원한다는 비판을 받기도 했다. 인간의 다양한 차이를 매체의 차이로 단순화시키는 것이 무리한 주장이라는 비판이다.

물론 미디어의 차이만으로 인간의 차이를 모두 설명할 수는 없다. 그러나 미디어의 차이로 인해 인간의 지각 방식과 세계 인식 혹은 사고방식이 달라진다는 주장을 간단히 일축하는 것도 쉽지 않다. 인간을 결정하는 유일한 요인은 아니라고 하더라도 미디어가 막강한 영향력이 있다는 것을 무시할 수는 없기 때문이다.

오늘날 디지털 시대에는 인간의 자기 정체성이 혼란을 겪고, 더 나아가서는 마치 다중인격과도 같은 정체성을 가진 사람도 보인다. 이는 매클루언의 주장이 결코 과장된 것이 아님을 보여 주기도 한다.

44
존 롤스, 《정의론》

사회철학 패러다임의 전환을 가져온 철학서

★ 한눈에 보기

1 정의는 평등한 최초의 입장에서 합의된 것이다.

2 원초적 입장이란 각각의 개인은 합리적이며, 때문에 타인의 이해관계에 무관심할 때를 의미한다.

3 기본적 권리와 의무는 평등하게 요구되고 할당되어야 한다.

4 소수의 사람들만이 이익을 얻게 되더라도 불행한 사람들의 처우를 더 낫게 해 준다면 그러한 불평등은 허용될 수 있다.

1 저자 알기

존 롤스(John Rawls, 1921~2002년)

미국의 사회 및 정치 철학자인 존 롤스는 1921년 미국 볼티모어에서 태어났다. 1950년 프린스턴 대학교에서 철학박사 학위를 받은 후 코넬과 매사추세츠 대학교의 공대 교수를 거쳐 1962년 하버드 대학교 철학과 교수가 되었다. 평생에 걸쳐 '정의'의 문제를 파고들어 깊이 연구한 덕분에 1971년에 발표한 《정의론》은 이 분야에서 가장 대표적인 저서로 평가받는다.

이후 《정치적 자유주의》, 《만민법》, 《공정으로서의 정의》 등 노년에 이르기까지 이 분야를 꾸준히 연구했다. 2002년에 생을 마쳤다.

2 내용 깊이 알기

《정의론(A theory of justice)》은 고전적인 사회계약론을 새롭게 발전시킨 롤스가 정의에 관한 이론을 체계적으로 정리한 책이다. 이 책은 1971년에 출판되었는데, 이 책에서 롤스는 '공정으로서의 정의'의 원칙들을 어떤 가상적 상황으로 상정하여 규정하고자 한다.

그는 자신의 이론을 일종의 사회계약론을 토대로 발전시킨다. 사회계약론이란 현재의 사회적 구조와 체계가 어떤 특정 시점에 자유로운 개인들 간의 계약에 의해 마련되었다는 것을 전제한다. 그러나 이것은 실재적 역사와 완전히 일치하는 것은 아니다. 애초에 그러한 자유로운 개인들 간의 합의와 계약이 존재했는지 알 수 없기 때문이다. 롤스 역시 한 사회가 공정한 정의를 실현하기 위해서 이러한 원초적 합의와 계약 상태를 가상으로 전제한다고 주장했다. 이때 가상적 상황이란 단순히 비현실적인 것이 아니다. 오히려 현실적이고 실천적인 측면에서 정의를 수행하려는 이들이 고려해야 할 원칙들을 가장 기본적이고 원초적인 단계부터 제시하기 위한 것이다. 이를테면, 우리는 모든 인간들의 평등을 주장하지만 실제로 현실을 보면 우리 모두가 평등하지 않다는 것을 발견한다. 각자의 능력, 사회적 지위, 부의 정도는 결코 완전히 평등하지 않다. 현실에서 언제나 확인 가능한 것은 인간의 평등이 아니라 불평등이다.

그렇지만 우리는 '평등'을 전제로 이러한 불평등을 극복할 수 있다. 다만 그것이 구체적인 현실 내에서는 존재하지 않지만 그 현실을 바꾸기 위해서는 가장 중요한 전제라고 할 수 있을 것이다. 마찬가지로 롤스의 정의를 위한 원칙들은 일종의 가상적 상황을 전제하고 있지만 이는 구체적인 실천을 위해서 반드시 필요한 원칙들이다.

《정의론》에서 롤스는 무엇보다 '공리주의'에 대해 비판적인 입장을 취한다. 공리주의는 벤담과 밀에 의해서 발전된 사상으로, 가장 핵심적인 주장은 잘 알려진 바와 같이 "최대 다수의 최대 행복"이라는 말 속에 함축되어 있다. 그러나 롤스는 이러한 공리주의적 사고방식이 전체주의와 일맥상통하는 부분이 있다고 생각했다. 왜냐하면 공리주의는 사회 전체의 이익을 위해서 소수의 희생을 정당화하는 논리가 될 수 있기 때문이다. 롤스는 "모든 사람은 전체 사회의 복지라는 명목으로도 유린될 수 없는 정의에 입각한 불가침성을 갖는다"라고 말했다. 그는 당시 사회복지라는 명목으로 널리 받아들여지던 공리주의에 반대하여, 정의와 관련된 실질적인 대안을 마련하고자 했다.

공정한 정의의 실현을 위해서 롤스는 기본적인 두 가지 원초적 입장을 주장한다. 먼저 '무지의 베일'이라는 입장이다. 이는 우리가 어떤 사회적 정책을 결정할 때 일반지식은 알고 있지만, 자신과 관련된 특수한 상황은 모른다는 것을 전제한다. 즉, 자신의 재능, 사회적 지위, 가치관, 자신이 속한 세대 등을 고려하지 않은 채로 어떤 결정을 내린다는 것을 의미한다. 공정한 정의라는 것은 누군가에게는 이익이 되고, 누군가에게 손해인 것과는 차별적 정의와 다른 것이다. 그것은 평등을 전제한다. 결국 법 앞에서의 정의라는 것은 법 앞에서는 성별, 인종, 빈부, 직업, 연령 등의 특수한 조건들이 아무런 소용없는 만인이 평등한 상태를 전제해야만 가능해진다.

이와 마찬가지로 사회가 공정한 결정을 할 때 누군가의 특수한 이익을 고려해서는 안 된다. 그렇기 때문에 우리가 어떤 결정을 내릴 때에도 자신이 어떤 상태에 놓여 있기 때문에 그 결정이 타당하다고 판단해서는 곤란하다. 예를 들어, 사회적 결정을 할 때 종종 문제가 되는 '님비'나 '핌피'와 같은 현상들이 있다. 자신의 거주지 근처에 혐오 시설이 지어지는 것을 거부하거나 선호 시설을 짓도록 하려는 이기주의적 발상은 오직 자신의 입장만을 고려하기 때문에 생기는 문제이다. 무지의 베일은 이러한 자신의 특수한 입장을 모르는 것처럼 판단하도록 한다. 나에게 이익이 되거나 손해가 되기 때문이 아니라 그것이 공동체 전체를 고려했을 때 누구에게나 가장 바람직하기 때문에 그런 결정을 해야 한다는 것을 의미한다. 이처럼 내가 어떤 상황에 처해 있더라도 그것이 공정한 판단이 될 수 있기 위해서 존 롤스는 '무지의 베일'이라는 원칙을 강조한다.

나머지 하나의 입장은 이러한 '무지의 베일'이라는 입장에 놓인 당사자들이 자신의 이익을 추구하는 합리적 존재이자 타인에게 시기심과 동정심을 갖지 않는 존재라는 조건이다. 이러한 원칙은 얼핏 보기에는 냉정하고 이기적으로 보인다. 그러나 롤스가 이 조건을 주장하는 이유는 단순한 이기심을 옹호하는 것과는 차원이 다르다. 각자가 무지의 베일이라는 조건에 놓여 있는 상태에서 나머지 하나의 조건이 더해지면, 각자의 판단은 전체를 위한 가장 최선의 판단을 하려는 고려가 뒤따르기 때문이다.

이러한 기본적인 조건하에서 롤스는 정의로운 선택을 위해서 다음의 두 가지 원칙을 고려해야 한다고 말한다. 제1원칙은 자유의 평등한 권리이다. 개인은 다른 사람들과 마찬가지로 광범위한 기본적 자유에 대해 조건 없이 동등한 권리를 가져야 한다는 원칙이다. 이 광범위한 기본적 자유에는 언론 및 결사의 자유, 양심의 자유, 사상의 자유, 사유재산 소유의 자유, 공직을 가질 자유, 체포와 구금으로부터의 자유 등이 포함된다. 그리고 이 제1원칙은 어떤 조건에 의해서도 제한받거나 침해받을 수 없다. 사회 다수의 경제적 부를 위해서 개인의 사유재산을 침해하는 것도, 언론이나 결사의 자유를 구속하는 것도 결코 허용되어서는 안 된다고 롤스는 주장한다. 그러므로 이 자유에 대한 평등한 권리는 불가침의 자유라고 말할 수 있다.

제2원칙은 최소 수혜자의 원칙이다. 이는 경제적 불평등이 용인되는 어떤 조건을 제시하는 원칙이기도 하다. 롤스는 자유는 모두에게 평등하게 분배되어야 한다고 주장했지만, 그렇다고 해서 경제적 평등까지 주장하지는 않았다. 경제적 평등을 주장하는 것이 오히려 약자와 사회 전체에 불리할 수도 있기 때문이다. 의사와 편의점 직원이 똑같은 월급을 받는, 지나친 평등의 원칙을 강요하는 예를 생각해 보면, 표면적으로는 직업의 귀천이 없고, 평등을 지향하는 훌륭한 사회라고 할 수 있다. 그러나 두 직업의 전문성이 다르고 직무를 수행하기 위해서 준비해야 하는 기간이 이처럼 차이가 날 때 대우가 같다면 의사가 되고자 하는 이들은 많지 않을 것이다. 그렇게 되면 우리 사회가 전체적으로 누릴 수 있는 의료 서비스의 질은 떨어질 것이고, 이로 인해 편의점 직원은 더 불리한 상황에 놓일 수도 있다. 따라서 이러한 경우에 의사와 편의점 직원 간의 어떤 불평등은 생길 수밖에 없다. 다만, 이 불평등은 어디까지나 최소 수혜자, 사회적 약자인 편의점 직원에게 최대의 편익으로 누릴 수 있는 한계까지만 허용되어야 한다. 결국 사회적으로 가장 수혜를 적게 받는 약자에게 가장 유리한 선택이 가장 바람직한 선택인 것이다.

이러한 롤스의 두 가지 원칙은 "사람을 수단이 아니라 목적 그 자체로 대우하라"라고 말한 칸트의 윤리적 입장이 함축되어 있다. 롤스의 '정의론'이 제시하는 바람직한 정의의 원칙은 일종의 사회적 윤리로 이해되어야 한다. 윤리가 한 개인이 행위를 결정하는 데 고려해야 할 필수적인 요소라면, 정의는 한 사회제도가 가져야 할 필수적 덕목이기 때문이다.

롤스의 원칙들은 구체적인 차원에서 공공선을 지향하기 위해 필요한 구체적이고 양보할 수 없는 원칙들을 밝힌 것이다. 롤스의 말대로 사람들은 혼자만의 노력으로 살 수 없다. 그러나 사람들은 이해관계로 종종 충돌하기 때문에 어떤 원칙이 고려되어야 한다. 즉, 이득과 부담을 어떻게 적절하게 분배하느냐의 원칙이 필요하다. 롤스는 그것을 모두가 평등한 상태에서의 합의라는 관점에서 접근해 이를 제시한 것이다.

3 결정적 문장

사상 체계의 제1덕목을 진리라고 한다면 정의는 사회제도의 제1덕목이다. 이론이 아무리 정교하고 치밀하며 간명하다 할지라도 그것이 진리가 아니라면 배척되거나 수정되어야 하듯이, 법이나 제도가 아무리 효율적이고 정연하다 할지라도 그것이 정당하지 못하면 개선되거나 폐기되어야 한다.

4 생각 더하기

롤스가 정의의 제1원칙인 '평등한 자유의 원칙'을 어떤 경우에도 침해해서는 안 되는 원칙으로 주장한 이유는 무엇일까?

롤스가 정의의 원칙을 주장한 이유는 사회가 상반된 이해관계를 가진 사람들로 구성되어 있기 때문이다. 따라서 이 충돌하는 이해관계를 공정하게 조정할 원칙이 요구된다. 여기서 중요한 것은 그러한 원칙이 개인의 지위나 특수한 이해관계를 고려한 것이 되어서는 안 된다는 점이다. 이것이 롤스가 '무지의 베일'을 원초적 입장으로 제시한 이유이다. 더불어 정의의 제1원칙이 '평등한 자유'인 이유이기도 하다. 즉, 경제적으로나 사회적으로 한 사회의 구성원들이 모두 동등한 상태에 있을 수는 없다. 사회경제적 이익의 배분은 여러 조건에 따라 공정하게 배분되어야 하지만 그것이 동일할 수는 없기 때문이다. 그것은 또 다른 폭력을 정당화할 수 있다. 결국 공정한 정의의 원칙에 위배된다.

그 때문에 정의의 제2원칙은 일정한 조건을 만족시킨 차등을 정당화한다. 그러나 이것은 어디까지나 모든 사람들이 각자의 자유로운 권리를 동등하게 보장받는다는 원칙에서만 의미가 있을 수 있다. 만약 어떤 사회가 사회 전체의 공정성을 근거로 특정한 누군가의 자유, 그가 가진 원초적인 권리인 자유의 권리를 침해한다면 그것은 자신의 공정성을 스스로 부정하는 것이 된다. 그러므로 경제적 효율성을 근거로 개인의 자유가 침해되어서도 안 되며, 사회적 안정을 근거로도 개인의 기본적인 권리는 제한되어서는 곤란하다. 개인의 자유로운 권리는 정의로운 사회가 궁극적으로 지향하는 것이며, 다른 원칙들도 이러한 개인의 자유를 지키기 위해서 필요한 원칙이기 때문이다. 이 때문에 정의의 제1원칙은 그 어떤 이유에 의해서도 결코 침해되어서는 안 되는 권리로 주장되는 것이다.

45
피에르 부르디외, 《구별 짓기》

문화와 계급 간의 관계를 밝힌 연구서

★ 한눈에 보기

1
《구별 짓기》는 프랑스 사회의 취향과 문화 소비의 행태를 분석을 통해서 자본주의 사회에서의 계급적 차이와 불평등이 어떻게 재생산되는지를 밝혀낸다.

2
취향이라는 것이 개인의 개성에 따른 자유로운 선택의 문제가 아니라 그가 속해 있는 계급적 지위에 따라 결정되는 것이다.

3
자본의 차이는 '아비투스'의 차이를 만든다. 아비투스는 계급에 따라 일정한 경향을 보인다.

4
오늘날 계급은 단순한 경제적 부가 아니라 문화적 차이에 의해서 복합적으로 규정된다. 지배계급은 경제자본과 문화자본의 복합적인 결합을 통해 자신의 지위를 유지한다.

1 저자 알기

피에르 부르디외(Pierre Bourdieu, 1930~2002년)

프랑스의 사회학자인 부르디외는 1930년 프랑스 남서부 시골 마을에서 태어났다. 파리 고등사범학교 졸업 후, 25세에 철학교수 자격을 취득했다. 1958년에 알제리 전쟁에 징집되었으며, 전쟁 후 알제리 대학교의 조교로 근무하기도 했다. 그리고 이 무렵에 민족학과 사회학을 본격적으로 연구하기 시작했다.

1968년에 유럽사회학센터를 설립하고 《사회학 연구》를 발행했다. 불평등한 사회구조와 기능에 대해 연구를 수행했으며, 이를 예술, 종교, 경제 등의 다양한 분야에 걸쳐 확장해 나갔다.

1979년에는 저서인 《구별 짓기》를 출간한다. 30여 권의 저서를 통해 자신만의 사회문화 이론을 정립했을 뿐만 아니라 실업, 세계화, 빈곤, 차별 등의 사회문제에도 적극적으로 개입했다. 2002년에 생을 마쳤다.

2 내용 깊이 알기

《구별 짓기(La distinction)》는 방대한 실증적 연구를 통해 프랑스 사회의 취향과 문화 소비의 행태를 분석한 책이다. 부르디외는 이러한 분석을 통해서 자본주의 사회에서의 계급 차이와 불평등이 어떻게 재생산되는지를 밝혀낸다. 다시 말해 취향이 개인의 개성에 따른 자유로운 선택의 문제가 아니라 그가 속해 있는 계급적 지위에 따라 결정된다는 것이다.

이 책의 부제는 '사회적 판단력 비판'인데, 이는 칸트의 저서인 《판단력 비판》을 염두에 둔 것이다. 칸트는 《판단력 비판》을 통해 미적 판단의 문제를 정교하게 기술했다. 이 책에서 그는 미적인 판단은 '무사심성^{무관심성}'에 의해 가능하다고 보았다. 칸트는 우리가 어떤 예술이나 아름다운 대상을 접할 때 그 대상에 대한 개인의 특수한 입장이나 이해관계 혹은 윤리적 판단과 같은 일체의 다른 목적으로부터 떠나 있어야만 미적인 판단이 가능하다고 주장한다. 따라서 미적 판단의 경우 그것 외에는 다른 관심이 있어서는 안 된다고 본 것이다. 다빈치의 〈모나리자〉는 그것을 보는 사람이 부자이거나 가난하거나, 남자이거나 여자이거나, 흑인이거나 백인이거나에 상관없이 아름답다고 느끼는 것은 바로 이러한 '무사심성' 때문이다. 이는 아름다운 대상 앞에서 인간은 보편성을 가진다는 입장이다.

그러나 부르디외는 이러한 미적 취향의 보편성을 부정한다. 그는 미적 대상을 보는 관점은 각 개인이 처한 문화적·경제적 지위와 무관하지 않음을 실증적으로 밝힘으로써 칸트의 견해를 반박한다.

부르디외는 이를 위해 1963년 파리와 릴, 그리고 지방의 소도시에서 692명을 대상으로 한 설문조사를 실시했다. 그리고 1967~1968년에 보충 조사를 다시 실시하여, 총 1,217명을 조사했다. 질문은 주로 문화적 취향과 관련된 것들로, 집 내부의 인테리어, 옷,

방송, 요리, 독서, 영화, 회화, 음악, 사진, 라디오, 예능에 관해 개인의 취향을 폭넓게 조사하기 위한 25개의 질문으로 구성되었다. 이러한 설문조사를 통해 부르디외는 계급과 문화적 취향 사이의 일정한 경향을 발견한다.

그는 계급을 전통적인 관점에서의 경제적 위계로만 보지 않는다. 또 경제적 차원의 자본만을 자본으로 보지 않고, 사회적 경쟁에서 사용 가능한 모든 에너지로 설명한다. 따라서 경제 자본 이외에도 문화 자본, '인맥'으로 말할 수 있는 사회관계 자본 등 다양한 자본이 존재한다. 특히 부르디외가 주목하는 문화 자본은 일종의 지식이나 교양 혹은 개인이 소유한 문화 상품들, 그리고 가장 중요한 학력 등이 포함된다. 이러한 문화 자본은 그 자체가 완전히 경제적으로 환원되지는 않지만, 사회적 계급을 구분하고 상호 경쟁을 하는 데 중요한 자원이 된다. 그는 '사회'라는 개념을 이러한 경쟁과 투쟁이 일어나는 '장'이라는 개념으로 바꾸어 놓는데, 자본이란 각각의 장에서 경쟁을 위해서 쓰이는 힘을 의미하기도 한다. 이를테면, 예술의 장에서는 문화적 권위가 곧 자본이 되며, 종교의 장에서는 성직자의 권위가 자본이다. 과학의 장과 권력의 장에서는 또 다른 자본이 필요하다.

부르디외는 이러한 자본의 차이가 '아비투스'의 차이를 만든다고 보았다. '아비투스'란 아리스토텔레스의 개념에서 발전된 것으로 교육 등에 의해 영향을 받을 수 있는 일종의 심리적 경향을 가리킨다. 이는 개인이 세계를 이해하고 받아들이며, 자신의 일상적인 행위들을 구조화하는 일련의 성향 체계를 말하는 것이다. 그리고 개인은 이 아비투스에 의해서 구체적인 행위를 하게 된다. 이는 타고난 천성과는 구분되는 것으로 사회화 과정에서 내면적으로 습득한 후천적인 것이다. 부르디외는 이 아비투스가 사회적 계급, 교육 환경 등에 의해서 만들어진다고 보았다. 그리고 개인이 가진 일정한 행동의 양식이나 세계관, 문화적 취향 등의 아비투스는 계급에 따라 일정한 경향을 띤다고 보았다. 결국 온전한 나의 취향이란 존재하지 않고, 내가 속한 계급의 취향만이 있을 뿐이다. 그러므로 취향은 '계급'의 지표로 기능할 수 있다. 당연히 취향은 자연스럽게 타고 태어난다는 말은 허위가 된다. 매너가 중요하게 다루어지는 이유도 여기에 있다. 그것은 곧 계급을 드러내기 때문이다.

  부르디외는 설문조사를 통해 교육의 수준과 문화 자본, 경제 자본 등의 정도에 따라 음악이나 미술에 대한 취향도 달라지는 것을 확인할 수 있었다. 단적으로 트로트 음악을 좋아하는 사람과 대중가요를 좋아하는 사람, 재즈를 좋아하는 사람과 클래식 음악을 좋아하는 사람 사이의 차이는 단순한 개인 취향의 차이로만 설명되지 않는다.

  그러나 문제는 단순히 계급에 따른 취향의 차이가 나타난다는 객관적 사실에 있지 않다. 이러한 취향의 차이를 구분함으로써 특정한 취향은 훌륭한 것으로, 그렇지 않은 취향은 저급한 것으로 평가한다는 것에 핵심이 있다. 부르디외는 다음과 같이 말한다. "사회적 주체는 아름다운 것과 추한 것, 탁월한 것과 천박한 것을 구별함으로써 스스로의 탁월함을 드러내며, 이 과정에서 각 주체가 객관적 분류 과정에서 차지하는 위치가 표현되고 드러난다." 결국 사회적·문화적 지배계급의 취향은 고상하고 멋지고 훌륭한 것으로 여겨지지만, 그렇지 않은 계급의 취향은 수준 낮고 천박하며 유치한 것으로 낙인찍힌다. 그리고 이러한 문화적 계급은 문화 자본의 계승에 의해 상속된다. 이로써 문화 자본의 차이와 구별은 계속해서 이어지고, 이는 신분을 가르는 일정한 기준이 된다. 이것은 문화에 의한 카스트 제도와 다름없다. 바로 '문화 귀족'이라는 칭호가 가능해지는 토대가 된다. 이제 계급은 단순한 경제적 부가 아니라 문화적 차이에 의해서 복합적으로 규정된다.

학력 자본이나 문화 자본, 경제 자본이 상속과 같은 형태가 아닌 다른 방식으로 축적될 수 있는 가능성이 있다는 것이다. 그러나 개인의 차이는 이러한 계급의 차이보다 크지 않다. 이를테면 많은 사회관계 자본을 보유한 사람들은 이 자본들을 보다 능숙하게 운용할 수 있고, 이는 자연스럽게 계승될 가능성이 크다. 실제로 가족회의, 동창회, 클럽 등의 '인맥들'은 계급적인 위치에 따라 일정한 경향을 드러낸다. 이처럼 고학력에 고소득자는 물질적 재화와 문화적 재화를 대량으로 향유하고, 저학력에 저소득자는 이러한 재화를 향유하는 양과 시간이 적다.

또 부르주아들은 자신들이 가진 경제 자본을 문화 자본, 특히 학력 자본으로 바꾸려고 한다. 즉, 자신이 가진 경제 자본을 사용해 학력 자본의 경쟁에서 이김으로써 자신의 지위를 계속해서 유지하려고 하는 것이다. 이렇게 부르주아들이 교육에 대한 투자를 강화하면, 결국 교육 수요의 전반적인 증대와 학력 인플레이션을 불러온다. 경쟁은 더욱더 격해지고, 경제 자본과 문화 자본을 가진 자와 그렇지 못한 자들의 차이는 더 벌어진다.

물론 부르디외가 이러한 계급의 차이가 영원히 지속된다고 본 것은 아니다. 그는 피지배계급이 지배계급에 대한 동의, 다시 말해 그들의 취향 자체를 스스로 긍정하고 지배계급의 구별 짓기를 거부함으로써 진정한 의미의 가치 체제의 전복을 꾀할 수 있다고 보았다. 이와 관련된 계급들 사이의 갈등이 바로 '상징 투쟁'으로, 문화적 실천이란 사회의 차별화에 맞서는 전복적 행위가 되어야 한다. 이때 비로소 각 장(사회)에서의 구체적 변화가 이루어지며, 이로써 계급의 불평등 역시 극복될 수 있다. 이런 관점에서 부르디외의 실증적 연구는 결국 사회 변화의 구체적 가능성을 모색하기 위한 연구라고도 할 수 있다.

3 결정적 문장

여러 조사 결과를 보면 모든 문화적 실천, 문학, 회화, 음악에 대한 선호도는 교육 수준과 그리고 이차적으로는 출신 계급과 밀접하게 관련되어 있음을 알 수 있다.

4 생각 더하기

오늘날 다원화된 사회에서는 개인의 개성이나 자신만의 취향이 자신을 드러내는 가장 중요한 지표로 여겨진다. 그런데 과연 이러한 개인의 취향은 정말로 자신만의 것이라고 할 수 있을까?

부르디외는 취향을 '계급'의 지표라고 보았다. 즉, 그가 어떤 계급에 속해 있는지는 그의 취향을 통해 드러난다고 본 것이다. 그는 노파의 손을 찍은 사진을 보여 주고 그에 대한 다양한 사람들의 반응에 주목한다. 이를테면 문화적으로 빈곤한 계층의 사람들은 노파의 손을 찍은 사진을 보고 실제적인 감정이나 윤리적 공감을 표시할 뿐이었다.

예를 들어, "맙소사, 어떻게 손이 저렇게 삐뚤어질 수 있나! 얼마나 고된 노동에 시달렸으면. 꼭 류머티스에 걸린 것처럼 보이는데, 분명히 불구였을 거야"라고 생각한다. 그러나 사회적 위계의 상층으로 올라갈수록 이들의 반응은 점점 더 추상적으로 변하거나, 예술적인 평가로 옮겨 간다. "초기 반 고흐의 그림에 나오는 손, 즉 감자를 먹는 늙은 노인네의 손과 비슷한데요"라던가 "아주 아름다운 사진입니다. 노동의 상징 자체라고 할 수 있죠. 플로베르의 늙은 하녀 생각이 나는군요" 등의 반응이다. 이처럼 부르디외는 다른 몇 장의 사진에서도 서로 다른 평가를 확인한다.

물론 이것이 모든 사람들에게 예외 없이 적용되는 것은 아니다. 그러나 사회학자로서 부르디외는 통계에 의해 드러나는 일련의 경향에 주목한다. 그리고 개인의 취향이라는 것이 순수한 개인의 것이 아니라는 결론에 이른다. 노파의 사진을 대상 그 자체로 보았는지, 아니면 하나의 사진이나 예술작품으로 보았는지는 예술에 대한 이해의 정도, 곧 교육의 정도와 관련이 있을 것이다. 개인의 취향은 바로 이러한 교육의 정도, 사회적 관계 속에서의 자연스러운 내면화 과정을 통해서 생성된 것이기 때문이다.

　예를 들어, 우리가 자신의 개성을 드러낸다고 생각하는 취향이란 어떤 것일까? 특정한 브랜드의 옷과 신발, 자신이 즐겨듣는 음악, 좋아하는 영화 장르, 집안 인테리어의 취향 등이 있을 것이다. 그런데 이러한 취향 중 어느 것도 나만의 독창적인 것이 있다고 할 수 있을까? 더 나아가 어떤 정치적 견해를 가지고 있는지의 문제까지도, 온전히 개인의 것은 아니다. 그것은 각각의 문화적 장 내에서 일정한 위계를 차지하는 취향이며, 일정한 지위의 사람들이 유사하게 공유하는 취향이기 때문이다. 이러한 취향을 자신만의 개성으로 주장하는 것은 마치 개인이 일정한 사회화 과정을 거치지 않고 사회의 구성원이 된다고 생각하는 것과 마찬가지이다.

46
리처드 도킨스, 《이기적 유전자》

과학을 뛰어넘어 진화론의 새로운 패러다임을 제시하다

★ 한눈에 보기

1 유전자는 자신의 복제물을 널리 퍼트리는 것이 그 목적이며, 하나의 개체는 유전자를 운반하는 매개체이다.

2 인간을 비롯해 동물들의 이타적인 행동은 행위자의 판단에서 비롯된 것이 아니라 그 자체로 유전자 안에 포함되어 있는 것이다.

3 인간의 사고와 문화도 마치 유전자처럼 자기 복제성을 가진다.

4 인간이 오로지 유전자의 명령에만 따르는 기계는 아니다. 우리는 인간이라는 종으로서가 아닌 단일 개체로서 자유의지를 갖고 개인의 판단에 따라 행동한다.

1 저자 알기

리처드 도킨스(Richard Dawkins, 1941년~)

리처드 도킨스는 케냐의 나이로비에서 태어났다. 리처드가 여덟 살이 되던 1949년, 가족들은 영국으로 다시 돌아왔다. 부모님들은 모두 과학을 좋아했는데, 특히 자연과 생물에 관심이 많았다고 한다. 덕분에 그는 다양한 과학적 호기심을 채우며 어린 시절을 보냈고, 생물학자로 성장할 수 있었다.

도킨스는 비교행동학자, 진화생물학자로 유명하다. 무신론자인 그는 어렸을 때 영국 국교인 성공회 신자였다. 진화론은 종교와 대치되어 대부분의 진화론자들은 신을 믿지 않는다. 도킨스 역시 생물과 자연을 설명함에 있어서 종교보다 진화론을 통해 더 잘 설명할 수 있다는 것을 알게 된 후로 무신론자가 되었다.

도킨스는 옥스퍼드의 베일리얼 칼리지에서 동물학을 공부했고, 동물학과 진화론에 대해 깊이 연구하면서도 대중적인 글을 많이 써서 과학을 알리는 데 일조했다. 또 젊은 시절 베트남 전쟁을 반대하는 등 반전 운동가로서도 활발히 활동했다.

2 내용 깊이 알기

《이기적 유전자(The selfish gene)》는 1976년에 출간되었다. 리처드 도킨스가 서른다섯 살 때였다. 이 책은 인간을 비롯해 동물들의 행동을 유전자 관점에서 설명하려고 했다. 제목에서도 알 수 있듯, 이 책은 이기주의에 대한 연구이지만 더 정확하게 본다면 아이러니하게도 이타주의에 관한 사회생물학적 이해를 위한 것이었다.

이 책은 철저하게 다윈의 진화론을 바탕으로 하고 있다. 다윈이 말하는 진화론의 핵심은 '자연선택'이라고 할 수 있다. 어떤 특정한 생물 종이 환경에 적응하면서 진화가 이루어진다는 것인데, 이것은 어떤 개체가 특정한 환경에 적응하려고 노력한다는 의미는 아니다. 사실 '선택'의 주체는 어떤 의지를 지닌 개체가 아닌, 자연이라는 것이 다윈의 기본 생각이었다.

그런데 왜 동물들은 이타적인 행동을 하는 것일까? 어떻게 협동이라는 행동이 이루어질 수 있을까? 생존 경쟁에서 이런 일들이 가능할까? 이것은 다윈의 진화론 안에서는 설명할 수 없었던 문제였다. 이를 두고 많은 학자들은 다음과 같이 설명하기도 했다. 집단의 이익을 위한다는 논리로 스스로의 번식을 자제하거나 조절하는 '집단 조절 능력'이 있는 종들이 결국 진화하고 지구상에 살아남았다는 것이다. 이것을 '집단선택론'이라고 한다. 도킨스는 《이기적 유전자》에서 이런 집단선택론을 비판하고 있다. 그는 그것보다 이타적인 행동 자체가 개인의 희생, 집단의 어떤 논리와 의지보다는 유전자에서 작용하는 현상이라고 주장했다. 한 개체가 아닌 종의 입장에서 보면 자신의 유전자를 더 많이 퍼트리는 것이 생존의 목적이라고 할 수 있다. 그렇다면 동물들의 협동은 종 전체 차원에서의 이기적인 행위라고 할 수 있다. 그 종이 살아남게 하기 위한 목적을 가진 이기적 유전자가 이타성을 발현시킨다는 의미이다. 이것은 특정한 행위, 그러니까 이타적인 행위가 행위자에게 어떤 이득이 있느냐와 관계없이 유전자의 입장에서 유전자를 얼마나 더 잘 전파시키느냐와 연관되어 있다는 것이다. 이러한 시각은 생물의 단위를 하나의 개인, 개체, 한 사람으로서의 인간으로 보는 것이 아니라 유전자로 보는 것으로 생물학계에서조차 놀라운 발상의 전환이었다.

여전히 이타성을 설명하는 '이기적'이라는 표현은 논쟁이 되고 있다. 무엇이 이기적인 것인지 많은 오해가 있기 때문이다. 이를 두고 도킨스는 은유적 표현이라고 밝힌 바 있다. 유전자는 동물들처럼 의지가 있거나 행동의 동기가 있는 것이 아니다. 유전자를 의지가 있는 것처럼 말한다면 그것은 이해하기 쉽도록 의인화된 표현일 뿐이다. 유전자가 스스로 무언가를 추구하거나 행위를 하는 것이 아니다. 단지 유전자는 자신의 복제물을 널리 퍼트리는 것만이 그 존재의 이유라고 할 수 있다. 그런 관점에서라면 우리는 한낱 일시적인 존재일 뿐이다. 유전자야말로 진정한 존재이자 진정한 선택 단위라고 할 수 있다. 이에 도킨스는 개체란 유전자를 운반하는 '운반자'일 뿐이라고 말한다.

이 때문에 많은 학자들이 '이기적 유전자'라는 어휘 자체가 적절하지 못하다고 지적하기도 한다. 유전자는 이기적인지 이타적인지를 논할 수 없고 도킨스의 방식으로 유전자를 '이기적'인 존재로, 어떤 의지를 지닌 존재로 묘사했을 때 오히려 우리 인간 한 명 한 명의 개체들은 유전자의 명령에만 따르는 기계로밖에 인식하지 못하게 되는 역설을 담게 된다는 것이다.

이런 맥락에서 도킨스의 견해는 '유전자 결정론'이라는 비판도 받는다. 그러나 도킨스는 다시 "특정한 유전자가 특정한 표현형을 결정하지 않는다"라고 반론하면서 유전자는 한 가지 특성만으로 일관되게 나타나지는 않는다고 설명한다. 그는 나타난 기능 위에 유전자가 올라탄다고 표현한다. 개체는 유리한 어떤 능력을 발달시키고 그 능력을 더 키워 주는 돌연변이 유전자가 나타나면 특정 환경에 특화된 모습으로 진화한다는 것이다. 즉, 유전자는 진화를 이끄는 존재가 아니라 따라가는 존재라고 말한다.

또 그는 "이 지구상에서 오직 우리 인간만이 이기적인 자기 복제자들의 독재에 항거할 수 있다"라고 말한다. 우리는 어쩌면 진화라는 길고 긴 역사 속에서 그저 한낱 먼지와 같은 존재일지도 모른다. 그러나 유전자를 살아남기기 위해 유전자의 명령에 따라 모든 인간성이 발현되는 존재만은 분명히 아닐 것이다. 개체와 유전자는 결국 대립하는 존재들이 아니고 그다지 다른 존재도 아니다. 개개인이 존재하지 않으면 역사가 만들어질 수 없듯, 개체와 유전자도 그런 존재이다. 그 둘은 분리해서 생각할 수는 없다. 그러나 분명 유전자의 관점에서는 도킨스가 그러한 것처럼 좀 더 긴 시야로 볼 필요가 있다. 도킨스는 이런 새롭고 넓은 시야를 우리에게 제시해 주었다. 이것이 그의 가장 큰 의의라고 할 수 있을 것이다.

3 결정적 문장

인간은 유전자의 생존 기계이며 운반자이다.

4 생각 더하기

도킨스의 이론 역시 자연뿐만이 아닌 인간 사회로 그 배경을 바꾸어 놓을 수 있다. 그랬을 때 '이기적'인 것과 '이타적'인 것의 의미를 어떻게 찾을 수 있을까? 과연 이타적인 것이 우리 사회에서 더 유리할 수 있을까?

우리 사회에서 이타적인 행위는 늘 권장되는 항목이다. 우리는 어렸을 때부터 다른 이들을 돕도록 배웠다. 사회를 위한 희생의 숭고한 가치와 기꺼이 자신을 희생하는 사람들에 대한 존경도 함께 배웠다. 그런데 종종 이타적인 행위가 부정적으로 평가받을 때가 있다. 그냥 넘어가도 그만인 일들에 개입하여 자신의 이익을 돌보지 않았다면 말이다. 때로는 이타적인 것과 이기적인 것 사이에서 갈등하기도 한다.

이런 질문들은 다분히 한 사회의 신뢰와 도덕과 관련된 이야기처럼, 어쩌면 생물학이 끼어들 틈이 없는 것처럼 보이기도 한다. 그러나 우리의 시선이 《이기적 유전자》를 통과하면 충분히 생각해 볼만한 여지가 있다. 아마 유전자의 관점에서라면 이타적 행위와 이기적 행위에 대한 평가는 하지 않을지도 모른다. 그러나 분명 개체와 집단의 생존에 있어 더 유리한 가치가 어느 쪽에 있는지는 생각해 볼 수 있을 것이다. 아마도 개체들끼리 끊임없이 경쟁을 하고 누군가를 도태시키는 방식으로 집단이 움직이는 것보다 협력을 하는 편이 훨씬 더 생존에 유리할 것이다. 예를 들어, 젊은 여자가 홀로 아기를 낳아 육아를 하는 상황을 생각해 볼 수 있다. 자연 상태라면 아마 인간인 여자 혼자서 아이를 낳아 채집이나 사냥을 하는 것은 거의 불가능할 것이다.

우리의 사회 환경에서도 마찬가지이다. 아마 아기와 엄마는 음식을 해 먹고 생활하는 것은 물론 사회생활에 필요한 돈을 버는 일까지 쉽지 않을 것이다. 하지만 아기의 아빠나 다른 가족들이 돕는다면 아기의 생존 확률은 물론 사회에서 도태되지 않을 확률도 높아질 것이다. 만약 가족이 아니라고 하더라도 사회의 다른 일원들이 돕는다면 어떨까? 이 역시 더 안정적인 사회 적응에 기여할 것이다. 물론 다른 일원들의 협력은 분담과 희생을 바탕으로 이루어질 것이다.

희생에는 때때로 감수해야 할 것들이 있다. 개인이 추구하는 것과 맞지 않을 수도 있다. 더 많은 돈을 벌고 싶어 하는 사람이지만 사회적 협력 때문에 기부금을 내야 한다거나 세금을 많이 내야 할지도 모른다. 보통 경쟁을 강요하는 사회에서 개인의 희생과 협력은 기대하기 힘들다. 왜냐하면 경쟁이라는 프레임 안에서는 집단적 가치보다는 개인의 역량이 더 중요한 것으로 인식되기 때문이다. 이런 사회에서는 다른 사람보다 뛰어나야 살아남을 수 있다고 인식되며, 그렇게 해야 집단에 적응할 수 있다고 생각된다. 반면 협력하는 집단으로서의 가치가 더 중시되면 개인의 손해는 다른 곳에서 상쇄되리라는 믿음이 생긴다. 이런 믿음은 세대를 이어 나가게 될 때 더욱 강화된다. 내가 당장 이익을 얻지 못하더라도 나의 자식과 후세대가 결국 그 혜택을 받으리라는 믿음은 기꺼이 집단에 협력하게 한다. 그 때문에 이타적 행위는 집단의 존속에 가장 중요한 항목이 된다.

우리는 진화생물학적인 관점에서도 우리 사회를 한번 들여다볼 필요가 있다. 물론 도킨스가 진화심리학을 다루고 있는 것은 아니지만 그가 주장한 이론들은 인간과 사회, 그리고 그 안에서의 가치들에 대해 생각해 볼 여지가 있다. 모든 경쟁에 부정적인 시각을 가질 필요는 없다. 그러나 우리 사회가 모든 분야에서 경쟁을 부추기고 있다면 어떤 가치가 우선시되고 있는지, 그 영향과 결과는 무엇일지에 대해서는 반드시 생각해 보아야 할 것이다.

47
울리히 벡, 《위험사회》

서구 중심의 산업화와 근대화에 경종을 울린
사회 비판서

★ 한눈에 보기

1 오늘날의 위험은 공간과 시간의 제약을 뛰어넘으며, 인간의 관찰 범위도 벗어난다. 지구온난화나 방사성 폐기물의 축적 같은 위험은 전 지구적 차원에서 일어난다.

2 이러한 위험은 그 자체로 명백하게 드러나지 않으며, 사회적으로 정의되고 구성된다.

3 과학만으로는 이러한 위험으로부터 벗어날 수 없다. 지역별 방사능 수치를 실험·조사·발표하는 일 또한 실제 위기를 전혀 해결하지 못한다.

4 울리히 벡은 '성찰적 근대화'를 통해 사회적 합리성과 과학적 합리성이 동시에 고려되어야 한다고 주장한다. 또 사회에 영향을 끼치는 문제들에 대한 논의가 이루어져야 한다.

1 저자 알기

울리히 벡(Ulrich Beck, 1945~2015년)

독일의 사회학자인 울리히 벡은 독일 슈톨프^{현재 폴란드 스웁스크}에서 태어났다. 프라이부르크 대학교과 뮌헨 대학교에서 사회학·철학·정치학을 전공했으며, 뮌헨 대학교에서 사회학 박사학위를 딴 후에 뮌스터 대학교 교수가 되었다. 1992년부터는 뮌헨 대학교의 사회학과 교수로 지냈으며, 사회학 연구소장을 맡기도 했다.

1986년에 저서 《위험사회》를 통해 학계 및 사회적인 주목을 받았으며, 신문 《프랑크푸르터 알게마이네 차이퉁》에도 현대사회의 위기에 대해 꾸준히 기고하면서 적극적인 성찰을 촉구했다.

2 내용 깊이 알기

《위험사회(Risk society)》는 20세기 후반 출간된 사회분석서 중에서 가장 강력한 영향력을 행사한 책 중 하나이다. 울리히 벡이 제기한 근대화에 대한 비판과 성찰의 필요성은 이미 근대화를 완성시킨 서구 유럽뿐만 아니라, 유럽의 근대화를 사회 발전의 모델로 삼아 개발을 진행했던 세계 다른 여러 나라들에게도 큰 반향을 일으켰다. 이를테면, 그가 현대사회의 위기를 지적하기 위해서 도입한 용어인 '위험사회'는 오늘날 현대사회를 규정하는 대표적인 용어가 되었다.

이 책의 부제는 '새로운 근대성을 향하여'이다. '새로운 근대성'이라는 말은 '낡은 근대성'과의 대립을 전제로 한다. 울리히 벡은 기존의 낡은 근대성을 벗어난 새로운 근대성이 도래하고 있다고 보는데, 그는 이 새로운 근대의 모습을 지칭하기 위해서 '위험사회'라는 용어를 사용했다.

그렇다면 왜 그는 현대사회를 '위험사회'로 진단했을까? 현대사회는 역사상 그 어떤 시대보다 번영과 풍요를 누리고 있다. 그러나 그가 이런 사회를 특징짓는 용어로 '위험'이라는 표현을 사용한 것은 무엇보다 1980년대 이후 본격적으로 이슈되기 시작한 환경문제와 깊은 관련을 맺는다. '위기가 곧 기회이다'라는 말이 있듯이 원래 위험이라는 말 속에는 위험을 감수하고 얻어 낼 수 있는 어떤 이익, 즉 기회라는 의미가 내포되어 있다. 그러나 벡은 오늘날의 위험은 지구온난화나 방사성 폐기물의 축적처럼 전 지구적인 차원에서 일어나며, 그 속성도 지구상에 존재하는 모든 생명의 파멸을 의미할 만큼 위협적인 것이 되었기 때문에 과거와는 다른 뉘앙스를 갖게 되었다고 말한다.

벡이 설명하는 위험에는 몇 가지 특징이 있다. 첫째, 공간의 제약을 뛰어넘는다. 과거의 위험은 특정 지역이나 장소에 국한되었다. 그러나 오늘날의 위험은 특정한 공간에만 영향을 미치지 않는다. 예를 들어, 쓰나미로 인한 일본 후쿠오카 핵발전소의 방사능 유출은 후쿠시마 지역에만 영향을 미치지 않고 일본에만 국한되지도 않는다. 방사능에 노출된 어류들은 국경 없는 바다를 여행하고, 생태계의 먹이사슬에 의해 보다 더 큰 종으로 오염을 확장시킨다. 태평양 전체가 피해 지역이라는 말은 결코 과장된 표현이 아니다.

둘째, 시간의 한계도 뛰어넘는다. 방사능 유출에 의한 피해는 유출 사고가 일어난 시점뿐만 아니라 앞으로 몇 세대에 걸쳐서 피해를 입힐 것이다.

셋째, 인간의 관찰 범위를 벗어나서 눈에 잘 드러나지 않는다. 방사능 유출에 의한 위험은 당시에 직접 확인할 수 없다. 유전자조작 식품이 가져올 위험 또한 지금 현재에는 전혀 알 수 없다. 이전 세대의 사람들도 이산화탄소의 과도한 배출이 지구의 온난화를 불러오고 지구환경에 막대한 영향을 끼치리라고는 예상하지 못했다. 이처럼 현대사회의 위험들은 체계적이고 종종 돌이킬 수 없는 것임에도 바로 알아차리기 어렵다. 그렇기 때문에 현대사회의 위험은 사회적으로 정의되고 구성된다. 오늘날 과학 전문가와 법전문가들이 이러한 위험과 관련하여 핵심적인 사회적·정치적 지위를 가지고 있는 것은 바로 이 때문이다. 그러나 이에 대한 벡의 비판은 분명하다. "과학은 더 이상 이미 존재하는 종속 상태에서의 '해방'에 관심을 기울이지 않으며, 스스로 생산하는 실수와 위험의 정의 및 분배에 관심을 기울인다"라고 말한다. 예를 들어, 전 지구적 에너지 위기를 예상하는 오늘날에도 대부분 과학자들의 주요 관심사는 새로운 에너지원의 개발이 아니다. 또 원자력 발전의 위험성에 대해 부정할 수 없을 정도의 과학적 증거가 있음에도, 그들이 하는 일은 방사능 수치가 어느 정도 이하면 안전하다든지, 지역별 방사능 수치의 차이는 어떠한지, 인체에 축적된 방사능의 양을 어떻게 측정할 것인지를 실험·조사·발표하는 일이다. 결국 이는 실제적인 위기를 전혀 해결하지 못하는 오늘날 과학의 한계이다. 벡이 지적하는 것은 바로 이것이 오늘날 과학의 정체이며, 과학은 이러한 과업들을 자신들의 목표로 삼는다는 사실이다. 벡은 이에 대해 "과학은 실패했기 때문이 아니라 성공했기 때문에 왕좌를 내놓게 되었다"라고 표현한다.

넷째, 특정 계층에 국한되지 않는다. 즉, 부는 차등적으로 분배될지 모르지만, 위험의 효과는 부자 및 권력가라고 해도 피해갈 수 없다. 서로 다른 힘을 가진 국가들 사이에서도 마찬가지이다. 환경의 파괴로 인한 피해는 우선은 해당 국가에게만 해를 입히지만, 결국 서구의 산업국들도 피할 수 없다. 예를 들어 아마존의 삼림이 파괴되면 그 피해는 단순히 남아메리카에만 국한되지 않는다. 이처럼 위험은 그 위험을 생산한 이들에게 부메랑 효과로 돌아오기 마련이다. 벡은 위험사회란 '세계적 위험사회'라고 말한다.

문제는 이러한 지구적·파국적인 위험이 점점 심해지는데도 현대의 자본주의가 이를 통해 오히려 발전하고 있다는 점이다. 사실 근대화가 불러오는 이러한 위험은 거대한 사업거리이다. 그렇기 때문에 산업사회는 이러한 위험을 경제적으로 이용하고, 계속해서 생산한다. 결국 산업사회에서는 재화를 분배하는 것이, 위험사회에서는 해악 혹은 위난을 분배하는 것이 가장 중요한 문제가 된다.

벡은 근대성이라는 관점에서 서구 역사를 전근대, 근대, 성찰적 근대의 세 과정으로 나눈다. 전근대가 사회적 합리화가 진행되기 전의 전통적 사회라면, 근대는 산업사회로 규정된다. 그리고 오늘날의 사회가 바로 위험사회이다. 벡은 근대성 비판을 통해 근대성 자체를 완전히 폐기하는 것이 아니다. 산업사회가 결국 오늘날과 같이 위험사회로 이행하게 된 것은 근대화를 산업적인 영역에서만 규정지었기 때문이다. 그는 이런 점에서 산업사회를 '준근대사회'라고 부른다. 즉, 산업사회는 제대로 된 근대화라고 할 수 없다는 것이다.

위험사회의 대안으로 그가 제시하는 '성찰적 근대화'란 '근대화'에 대한 단순한 비판이 아니다. 이것은 한때 맹위를 떨쳤던 포스트모더니즘과 같이 근대화를 폐기하는 것이 아니라, '근대화를 근대화' 시키는 근대화의 자기반성이라고 할 수 있다. '성찰적'이라는 표현을 사용한 것은 그와 같은 이유에서이다. 이제까지 산업적 영역, 생산의 영역에 국한되었던 근대라는 개념을 사회 전체적 차원에서 확장하려는 시도이기도 하다. 다시 말해 이제껏 부분적이며 선별적인 기초 위에서만 실현되었던 시민권, 평등, 논증 등 근대성의 보편적인 원리들을 실현하는 것이 바로 성찰적 근대화의 본질이라고 할 수 있다. 이를 위해서는 일부 전문가 집단이나 기업에 의한 독점적이고 폐쇄적인 의사결정 과정이 바뀌어야 한다. 이를 테면 사회에 영향을 끼칠 수 있는 중요한 문제들에 대한 토론과 검토가 사회 전 구성원들에게 공개되어야 하고, 이에 대한 논의가 다양한 차원에서 이루어져야 한다. 이처럼 사회적 합리성과 과학적 합리성을 함께 고려하는 과정에서 성찰적 근대화는 이루어질 것이며, 오늘날 전 생명체를 위협하는 위기의 극복 가능성도 마련할 수 있을 것이다.

3 결정적 문장

빈곤은 위계적이지만, 스모그는 민주적이다.

4 생각 더하기

 오늘날 환경 위기를 극복하기 위해서 가장 중요한 것은 새로운 과학기술의 발전이라고 주장하는 사람들이 있다. 그들은 인간이 자연에서 자원과 에너지를 얻는 것을 멈추지 않고도, 새롭게 자연을 이용할 가능성을 찾고자 한다. 환경 위기에 대한 이 같은 과학적 합리성에 의한 해결 방식이 가지는 한계는 무엇일까?

 환경 위기를 해결하는 방법에 대한 가장 큰 오해는 과학기술 발전을 통해 환경 위기를 해결할 수 있다는 생각일 것이다. 벡의 '위험사회론'이 가장 중점적으로 반박하는 것이 바로 이 근대의 과학적 합리주의이다. 과학은 위험을 합리적인 계산과 조작을 통해 수치화하고 계량화한다. 그러면서 이를 통해 미래에 닥칠 위험을 완전히 통제할 수 있다고 착각한다. 이를테면, 원자로의 안전성에 대해 과학자들이 제시하는 일련의 수치들이 바로 그것이다. 그들은 그들이 계산한 일련의 기준에 의해 현재의 상태가 안전하거나 위험하다는 기준을 제시한다. 그런데 과연 우리의 삶에 돌이킬 수 없는 큰 영향을 끼칠 수 있는 이러한 위험을 과학적 계산으로 완전히 통제할 수 있을까? 혹은 위험이 단지 과학적 영역에서만 다루어질 수 있는 것일까? 또 원자로의 안전성을 고려할 때 그 지역 주민들의 삶이라던가, 생태계의 파괴 문제는 얼마나 고려되고 있을까? 과학에서는 이런 문제들을 신경 쓰지 않는다. 자신들이 조작 가능한 위험성에 대해서만 다루기 때문이다. 그러나 현실에서는 때로 과학이 예측할 수 없는 범위의 문제들이 생기기도 한다. 후쿠시마 원전 사고가 생길 것은 과학의 예측 가능 범위에 들어 있지 않았다.

과학이 환경 위기의 해결에 중요한 역할을 하는 것은 사실이다. 그렇기 때문에 과학적 수치들을 무시하는 것도 올바른 접근법이라고 할 수는 없다. 벡이 주장하는 바는 과학이 독점적으로 행사해 온 위험에 대한 인식과 분석을 다른 영역들과 공유해야 한다는 사실이다. 그러므로 위험과 관련된 사회적 결정에 일반 사람들이 자유롭게 참여할 수 있어야 한다. 또 이러한 결정의 과정과 내용들이 공개함으로써 과학이 미처 포괄하지 못하는 위험의 영역이 있음을 시인해야 한다. 그러면서 다양한 분야의 사람들, 더 나아가 전문가와 비전문가들이 모두 함께 합리적인 토론을 하여 위험에 대한 사회적 제어력을 높여야 한다. 이것이 바로 벡이 이야기한 성찰적 근대화이다.

48
제러미 리프킨, 《노동의 종말》

현대사회에 대한 기술의 발전을 도발적으로 분석하다

★ 한눈에 보기

1 전 세계적으로 노동자들을 고용하지 않는 경향은 증가할 것이다.

2 정보과학기술의 발전으로 제조업, 농업, 서비스업 등의 많은 직업들이 사라지게 될 것이다.

3 노동자들을 대신하는 자동화는 기업 임원, 지식 노동자 등 소수의 엘리트 계층에게는 혜택을 주겠지만 중산층과 그 이하 계층들은 자동화로 인해 위축될 것이다.

4 시장경제와 공공 분야는 쇠퇴하고 있기 때문에 자원봉사, 비영리 단체, 모임 등에 대한 국가의 지원이 증가할 것이라 예상할 수 있다.

1 저자 알기

제러미 리프킨(Jeremy Rifkin, 1945년~)

미국의 경제학자이자 사회학자이다. 자연과학과 인문과학을 아우르면서, 자본주의와 현대 과학기술의 변화가 사회에 미치는 영향을 폭넓은 분야에서 고찰하고 있다.

그는 워싱턴 경제동향연구재단[FOET]의 설립자로서, 미국 및 국제 공공정책 수립에 참여했다. 특히 《엔트로피》, 《노동의 종말》, 《소유의 종말》 등의 저서를 통해서 현대사회의 근본적인 변화와 변화로 인한 미래상을 진단하고 방향을 제시했다.

2 내용 깊이 알기

제러미 리프킨이 주목하는 근본적인 변화는 20세기 중반 이후 정보통신의 기술과 함께 시작된다. 3차 산업혁명이라고도 불리는 변화는 '지능이 있는 기계'를 만들어 내어 전 영역의 노동에서 인간을 대체하는 것이 가능해 보였다. 리프킨은 다음과 같이 말한다. "산업화 시기에 대규모의 인간 노동력은 기계와 더불어 기본적인 제품과 서비스를 생산했다. 접속의 시대에는 컴퓨터 소프트웨어, 로봇, 나노테크놀로지, 생명공학과 같은 형태의 지능적 기계들이 농업, 제조업 및 서비스 부문에서 사람의 노동력을 점차 대신하고 있다. 농장,

공장 및 다수의 화이트칼라 서비스 산업 부문은 빠른 속도로 자동화되어 가고 있다."

이러한 변화는 우리 주변에서도 흔히 볼 수 있다. 지하철 매표소의 직원들은 사라지고, 자동판매기와 교통카드가 그 일을 대신한다. 이러한 역사적 전환을 '노동'의 관점에서 다루고 있는 책이 바로《노동의 종말(The end of work)》이다. 즉, 기계의 발전으로 인한 노동환경의 변화와 노동의 미래에 관한 책이다.

리프킨이 우선적으로 주목하는 것은 각 나라의 실업률이다. 오늘날 선진화된 세계의 여러 국가들은 주기적으로 높은 수치의 실업률을 보인다. 그러나 공식적으로 발표된 실업률보다 실제 실업률은 더욱 심각하다. 리프킨은 미국의 예를 들면서 성인 남성 인구의 무려 1.3퍼센트가 교도소에 수감되어 있다는 사실을 언급한다. 다시 말해 비정규직, 수감자, 구직을 포기한 사람들까지 합치면 실제 실업률은 우리가 알고 있는 것보다 훨씬 더 심각한 상태라는 것이다. 리프킨은 미국의 경기 침체기였던 2001년 3월부터 2003년 9월 사이 약 300만 개 정도의 일자리가 사라졌다는 사실도 지적한다. 이 중 250만 개의 일자리는 제조업 부문에서 사라진 것이다. 그러나 문제는 2003년 9월 이후 미국의 경기가 회복되었음에도 일자리는 다시금 회복되지 않았다.

리프킨은 2050년 정도가 되면 전통적인 산업 부문을 관리하고 운영하는 데 전체 성인 인구의 5퍼센트 정도밖에 필요하지 않을 것이라고 말한다. 리프킨은 산업사회가 노예 노동의 종말을 이끌었다면,

접속의 시대는 임금 노동을 끝낼 것이라고 말한다. 또 이제 사람들은 사무실이나 공장에 매여 장시간 노동에 시달리는 대신, 자유롭고 창의적이며 지적인 일들을 하게 될 것이며, 미래의 노동력은 소규모 대행업자처럼 될 것이라고 예견한다. 이것은 인류에게 또 다른 르네상스가 될지도 모른다. 따라서 미국 정부의 고위층과 경제학자들은 노동자들이 노동의 위기에 대비하여 고도화된 하이테크 업무에 적합한 인력이 되어야 한다고 주장한다.

하지만 상황이 그렇게 낙관적인 것만은 아니다. 모든 노동자들이 고급 인력이 되는 것은 불가능하기 때문이다. 노동시장의 양극화는 어쩔 수 없는 현상이 될 것이다. 이러한 사태를 리프킨은 다음과 같이 요약한다. "노동 없는 세계란 과학자, 엔지니어, 기업주들에게는 고되고 정신없으며 반복적인 작업으로부터 인간이 해방되는 역사상 새로운 시대의 시작을 의미하는 것일 수 있다. 동시에 다른 사람들에게는 대량 실업, 전 세계적인 빈곤, 사회적 불안과 격변이라는 우울한 미래로 비칠 수도 있다. 그러나 대다수 사람들의 의견이 일치하는 지점이 있다. 그것은 제조와 서비스 제공 과정에 있어서 기계가 인간 노동을 대체하는 새로운 시대가 시작된다는 것이다."

이러한 양극화는 오늘날 이미 도처에서 벌어진다. 미국의 경우 노동자 임금의 양극화는 60년대 이후 가파르게 상승하는 수치를 보여 왔다. 기계의 발달로 생겨난 새로운 종류의 제품과 서비스는 엘리트 지향적일 수밖에 없고, 그 수도 제한되어 있기 때문이다. 이는 소수의 엘리트들과 다수의 실업자들 사이의 대립과 분열을 야기하여 사회 전체의 대립과 혼란으로 이어질지도 모른다.

높은 수준의 교육을 받은 숙련된 노동자라고 해서 실업의 위기로부터 자유로운 것은 아니다. 한국에서의 현재 상황 역시 비슷하다. 대학을 졸업해도 취직은 어렵고, 석사 학위나 박사 학위를 가지고 있다고 해서 크게 달라지지 않는다. 예를 들어, 1990년대 후반에 가장 유망했던 MBA경영학 석사 학위 소지자들의 고용 규모가 2000년에 들어 45퍼센트나 감소했다. 또 CAD$^{Computer\ Aided\ Design,\ 컴퓨터\ 이용\ 설계}$는 많은 제도사와 기술자들을 없앴고, 회계사들이 맡았던 업무는 이제 새로운 소프트웨어 프로그램이 대신한다.

리프킨이 서술하는 노동환경의 변화는 일부 선진국들에게만 해당되는 이야기가 아니며, 장기적으로 전 세계가 겪을 수밖에 없는 변화이다. 그렇다면 우리는 이러한 위기에 대해 어떻게 대처해야 할까? 리프킨은 이와 관련해 두 가지 중요한 전망을 제시하는데, 그중 대표적인 것이 바로 노동시간을 줄이는 것이다. 세계 최초로 주당 35시간의 노동시간을 법으로 제정하며 변화를 주도했던 것은 프랑스였는데, 바로 리프킨의 《노동의 종말》에서 제시된 대안을 프랑스의 정치인들이 수용한 것이다. 처음에 이 법은 경제학자들과 경영자들의 반발을 불러왔다. 그러나 결과적으로 노동시간 단축이 기업의 생산성을 높임으로써 프랑스의 경쟁력을 강화시켰다. 노동자들의 피로를 감소시킴으로써 효율성을 증진시킨 것이다. 게다가 노동과 여가에 대한 인식의 변화도 이러한 정책의 효과를 높이는 데 기여했다. 오늘날 많은 사람들은 더 적은 임금을 받더라도 여가 시간을 더 많이 갖기를 원한다. 또 가족과 함께하는 시간, 자녀의 교육, 사회활동, 그리고 인생을 즐기기 위한 보다 많은 시간을 필요로 한다. 결과적으로 노동시간 단축은 노동자들의 삶의 질을 향상시키는 결과를 가져왔다. 이러한 장점들로 인해 현재 프랑스의 뒤를 이어 많은 국가들이 주당 노동시간을 35시간으로 낮추는 추세이다.

더불어 리프킨은 정부와 기업을 제외한 제3의 부문, 시민사회의 영역의 중요성을 강조한다. 이 부문은 사람들이 자신의 능력과 전문성을 발휘하면서 공동체적 유대와 사회적 질서를 창출하는 영역이지만, 직접적으로 영리를 추구하는 영역은 아니다. 그러나 이를 통해 이루어진 사회적 교환은 한 사회의 공공성을 강화하고, 타인과 자신의 복지를 모두 증진시킨다. 이를 '사회적 경제'라고 한다. 사회적 경제에서의 산출물은 노동자의 임금이나 판매 이익처럼 측정되지 않고, 가정에서 돌보는 장애인의 숫자 혹은 다른 연령의 이웃이나 세대와의 연대감 등으로 나타난다. 리프킨은 이러한 '사회적 경제'의 중요성을 강조함으로써 기존의 시장경제를 극복하고자 한다.

이처럼 '접속의 시대'에 노동환경의 변화는 한편으로는 암울하지만, 또 다르게는 매우 새롭고 희망적이다. 문제는 스마트 테크놀로지 시대에 노동의 본질을 어떻게 정의할 것이고, 미래 사회에서 인간이 어떤 역할과 공헌을 할 수 있을지를 고민하는 일일 것이다. 리프킨은 이렇게 말한다. "노동의 종말은 문명화에 사형선고를 내릴 수도 있다. 동시에 노동의 종말은 새로운 사회 변혁과 인간 정신 재탄생의 신호일 수도 있다. 미래는 우리의 손에 달려 있다."

3 결정적 문장

인간의 노동은 현재 처음으로 생산과정으로부터 체계적으로 제거되고 있다. 1세기 이내에 시장 부문의 대량 노동은 사실상 세계의 모든 산업 국가들에서 사라져 갈 것이다. 정교한 정보통신기술의 새로운 시대가 다양한 노동 상황에 신속하게 침투하고 있다. 지능 기계가 무수한 과업에서 인간을 대체하면서 수많은 블루칼라와 화이트칼라 노동자들을 실업자로 만들고 있다.

4 생각 더하기

오늘날 정보통신기술의 발달은 노동의 환경을 급격히 변화시켰다. 이러한 변화가 오늘날 자본주의에는 어떤 영향을 미치게 될까?

자본주의의 시장경제에 대해 이론적인 정당성을 최초로 제시한 사람은 애덤 스미스였다. 애덤 스미스는 각자의 이기적인 이윤 추구가 역설적으로 사회 전체적인 이익 확산에 기여한다고 보고 자유로운 시장이 그 중심적 역할을 담당할 것이라고 보았다. 이것은 그의 자유주의 경제사상을 이어받은 오늘날의 기업가와 주류 경제학자들이 생각하는 것과 일치한다. 기술의 진보는 제품의 생산과정에서 효율성을 높여 더 낮은 원가로 제품을 생산하게 한다. 이는 또 소비자의 수요 증대를 촉진하고, 새로운 시장을 만들어 낸다. 더 많은 사람들은 보수를 주는 새로운 하이테크 직업 및 산업에서 일하게 된다. 그것이 이제껏 자유로운 시장경제를 강력히 지지해 온 사람들의 견해였다.

그러나 과연 새로운 산업 및 기업 환경에 모든 이들이 적응할 수 있을까? 일자리를 잃거나 일자리를 찾기가 힘든 많은 노동자들에게 기술의 확산이란 어떠한 위안도 주지 못한다고 리프킨은 말한다. 지적재산권이라는 개념의 등장과 더불어 지식노동자들은 세계 경제의 중심 무대로 올라왔다. 이들은 아주 빠른 속도로 새로운 귀족 계급이 되어가고 있다. 창의적인 아이디어와 고도의 지적인 기술을 가진 이들이 새롭게 변화한 산업 분야에서 성공할 때 그렇지 못한 대부분의 노동자들은 직장에서 쫓겨나고, 더 적은 임금과 사회적으로 낮은 대우를 받으면서 살아간다. 이러한 양극화 현상은 정치적으로 위험한 상태를 몰고 올 수 있으며, 사회혁명을 낳을 수도 있다.

이제까지의 세계는 시장경제의 작동을 지나치게 맹신하면서 사회적 경제에 대해서는 주목하지 않았다. 다시 말해 계산 가능한 금액으로 직접적으로 환산되지 않는 사회적 가치에 대해서는 무시했다. 그러나 리프킨은 시장에서 축출된 노동력이 제3부문에서 새롭게 배치되고 그곳에서 사회적으로 의미 있는 결과들이 도출될 것이라고 예측한다. 결국 이제까지의 자본주의적인 방식, 즉 모든 것을 시장에서 해결하려는 방식으로는 노동환경의 변화에 더 이상 대응할 수 없다. 제3부문, 즉 시민사회의 영역은 인간을 단순히 돈을 벌기 위한 임금노동에서 해방시킨다. 여기서는 각자가 자신의 능력을 자유롭게 발휘하고 이를 통해 사회에 기여하면서 삶의 가치를 찾게 되기 때문이다. 리프킨은 각 국가의 정부가 바로 제3부문인 비시장 경제에 초점을 맞추어야 한다고 주장한다. 결국 정부의 제3부문에 대한 적극적인 지원은 인간을 포함해서 모든 것을 상품으로 환원하는 오늘날의 극단적인 자본주의에 대한 새로운 대안이기도 하다.

49
새뮤얼 헌팅턴, 《문명의 충돌》

문명사적 관점에서 국제 질서의 변화를 예견하다

★ 한눈에 보기

1
탈냉전 시대를 분석한 다양한 이론가들은 인권, 자유 민주주의, 자유 시장경제 등의 이념들이 냉전 이후 갈등의 씨앗이 되리라 예측했다.

2
그러나 이념의 시대가 끝난 후 세계는 문명 충돌이 부활하는 사태를 맞이하게 되었다.

3
서구 사회는 그들의 정치적 가치관과 제도를 전파하고 유지하려고 하지만 이슬람 세계는 서구권에 반발하고 중국 등의 동아시아 문화권 역시 중심 세력으로 부상하고 있다.

4
각기 다른 문화적 정체성을 가진 문명들이 앞으로도 충돌할 가능성이 높은 것으로 분석된다.

1 저자 알기

새뮤얼 헌팅턴(Samuel Huntington, 1927~2008년)

　미국의 군사정치학자이자 비교정치학자인 헌팅턴은 1946년 18세의 나이로 예일 대학교를 졸업하고 1948년 시카고 대학교에서 정치학 석사 학위를, 1951년 하버드 대학교에서 박사 학위를 취득했다.

　23세에 하버드 대학교에서 강의를 시작한 후, 2007년 은퇴할 때까지 무려 59년 동안 대학에서 학생들을 가르쳤다. 1950년부터 1959년까지 하버드 대학교 교수를, 1959년부터 1962년까지 컬럼비아 대학교 정치학 교수를 역임했다. 그리고 1963년 다시 하버드 대학교로 가서 사망 전까지 교수로 재직했다.

　현실 정치에도 많은 관심을 가지고 적극적으로 참여했다. 1970년 시사전문지 《포린 폴리시(Foreign Policy)》를 창간하고 공동 편집장을 맡았으며, 1974년부터 1976년에는 국방 및 군비 감축 민주당 자문회의 의장을 맡았다. 1977년에는 지미 카터 행정부 시절 백악관 국가안보회의[NSC] 안보기획조정관을 지내기도 했다. 또 하버드 대학교 국제관계연구소 소장과 존 올린 전략연구소 소장, 미국 정치학회 회장 등을 지냈다. 주로 비교정치학, 군사정치학, 민·군 관계 등의 주제로 17권의 저서와 90여 편의 논문을 발표했다.

2 내용 깊이 알기

《문명의 충돌(The clash of civilizations)》은 지난 1996년 출간된 후 전 세계 40여 개국에 번역될 정도로 커다란 반향을 일으켰다. 이 책의 운명은 1993년 여름 새뮤얼 헌팅턴이 《포린 어페어스》라는 잡지에 실은 〈문명의 충돌〉이라는 한 편의 논문으로부터 시작되었다. 당시의 편집진들에 의하면 헌팅턴의 이 논문은 1940년 이후 해당 잡지에 수록된 그 어떤 논문보다도 열띤 논란을 불러왔다. 헌팅턴은 자신의 논문을 읽은 사람들이 "감동받고, 호기심을 느끼고, 분개하고, 위기감을 느끼고, 당혹스러워하였다"라고 말한다. 헌팅턴의 원래 논문은 질문을 제기하고, 가설을 세우는 것이었다. 그러나 사람들의 반응을 접하고 질문에 대해 심층적이고 포괄적인 답변을 해야 할 필요성을 느꼈다. 그렇게 해서 탄생된 책이 바로 《문명의 충돌》이다.

이 책은 애초에 논문에서 제기되었던 다양한 주제들이 심화되었다. 헌팅턴은 문명의 개념, 보편 문명의 문제, 권력과 문화의 관계, 문명 사이의 세력 균형 변화, 비서구 사회에서 나타나는 문화적 자각, 문명의 정치 구조, 서구 문명의 보편성이 야기하는 갈등과 이슬람의 호전성 및 중국의 부상으로 인한 국제 정세의 변화, 서구와 문명세계의 미래 등이 그것이다. 이러한 다양한 주제들을 통해 헌팅턴은 냉전 이후 세계정세를 바라보는 일종의 해석 틀을 제공하고자 했다.

냉전 시기의 갈등은 1991년 대립의 한 축이었던 구소련의 몰락으로 끝난다. 프란시스 후쿠야마와 같은 이들은 이러한 냉전의 종식을 '역사의 종말'이라고 이름 붙이기도 한다. 즉, 공산주의와 자본주의의 이념 대립이 자본주의의 승리로 결론이 난 후 더 이상은 이와 같은 세계사적 대립은 없을 것이라고 본 것이다. 모든 것은 자본주의 하에서 통합되고, 자본주의가 아닌 다른 사회는 불가능한 것으로 생각된다.

그러나 새뮤얼 헌팅턴은 냉전이 종식되었다고 해서 전 세계적인 평화가 오는 것은 아니라고 생각했다. 냉전의 시기에는 공산주의와 자본주의라는 두 개의 경제적 이념이 대립했다. 그러나 헌팅턴은 이제 그 대립의 주체가 '문명'이 되었다고 보았다. 문명이란 사람들의 총체적 삶의 방식을 가리키는 말로 한 사회가 중요성을 부여한 가치, 제도, 기준, 사고방식, 언어, 종교 등을 담고 있다. 그는 "문명 정체성과 다름없는 문화 또는 문화 정체성이 탈냉전 세계에서 전개되었던 결집, 분열, 갈등의 양상을 규정한다"고 말한다.

헌팅턴은 특히 이 중에서도 종교를 문명 정의의 가장 객관적인 요소로 본다. 인류 역사에서 주요 문명들은 세계의 훌륭한 종교들과 연결되어 있으며, 같은 언어를 쓰고 같은 민족적 뿌리를 갖는 사람들도 때로는 종교로 인해 서로 죽일 수도 있다. 이를테면, 인도에서는 힌두교, 불교, 이슬람교 등 서로 다른 종교로 인해 갈등을 일으킨다. 종교 이외에도 언어, 가치관, 제도, 사회적 구조 등에 의해 문명은 구분된다. 헌팅턴은 그 차이에 따라 문명권을 모두 8~9개로 나누었다. 중화, 일본, 힌두, 이슬람, 정교, 서구, 라틴아메리카, 아프리카 등이 그것이다. 종교, 지역, 가치관, 생활 방식 등 다양한 요소들을 중심으로 나눠진 이 문명들은 탈냉전 사회의 새로운 갈등을 주도한다고 헌팅턴은 지적한다.

이러한 다극화, 다문명화된 단계에서 보편 문명에 대한 전통적인 사고는 시대착오적인 것으로 여겨진다. 보편 문명은 인류의 서로 다른 문화가 융합되는 것을 말한다. 즉, 세계 곳곳의 사람들이 점차 공통된 가치관, 믿음, 지향점, 관습, 제도를 받아들인다는 뜻이다. 이제껏 서구 문명이 자신의 문화를 보편 문명이라고 생각했으며, 비서구권이 근대화되고 발전하면서 자연스럽게 서구화될 것으로 여겼다. 그러나 많은 문명적 충돌은 바로 특수한 한 문명이 스스로를 보편적인 것으로 여길 때 발생한다. 보편 문명이란 이제 더 이상 가능하지도, 필요하지도 않다.

서구의 상대적 영향력이 줄어드는 것과 동시에 아시아와 이슬람 세력들이 점점 확장하기 시작한다. 이를테면, 중국과 일본을 중심으로 한 아시아 문명의 경제력, 군사력, 정치력 등이 확대되고 있으며, 이슬람권의 인구가 폭발적으로 증가하여 그 인접 국가들과의 갈등이 커지게 된다. 이러한 변화 속에서 세계 정치는 문화의 경계선을 따라 재편되고 있다. 과거의 국제적 제휴 관계가 이념과 강대국을 중심으로 한 것이라면, 이제 문화와 문명에 따라 제휴 관계가 정의되며, 정치적 경계선은 민족, 종교, 문명을 축으로 한 경계선과 점점 더 일치된다. 냉전 시대에는 공산주의와 자본주의로 인해 비교적 간단했던 경계선이 오늘날은 훨씬 더 복잡해졌다. 한편 헌팅턴은 각 국가들의 정체성에 대한 질문들도 폭발적으로 증가했다고 지적한다. 이렇게 문화 정체성이 부각되는 상황은 각 국가의 정체성이 점점 더 혼란해지는 상황과도 관련이 있다. 개인은 정체성이 혼란스러워질수록 더 의미 있고 강력한 정체성을 요구하게 된다. 개별 국가들도 마찬가지이다. 그동안 등한시했던 토착 문화가 재발견되고 전통의 중요성이 오히려 증가하는 것도 이러한 변화의 한 모습이다. 혹은 전 세계적인 근대화와 그에 수반되는 서구화로 인한 일종의 반발이라고도 할 수 있다.

하지만 이러한 새로운 문명들 사이의 갈등 중에서도 지배적인 대립은 서구 대 비서구의 양상을 띨 것이다. 무엇보다 이슬람 사회와 아시아 사회, 이슬람 사회와 서구 사회 사이의 대립이 주요하다. 헌팅턴은 '서구의 오만함, 이슬람의 편협함, 중화의 자존심' 등이 복합적 요인으로 작용해 갈등이 발생할 것이라고 지적한다. 복합적 요인들 중에서 가장 핵심이 되는 문제는 서구 문화의 보편성을 관철하려는 서구와 서구가 가진 현실적 능력의 격차이다. 공산주의의 몰락으로 자유 민주주의 이념이 지구적 차원에서 승리를 거두었다. 이 과정에서 서구 문명은 자신의 가치들, 즉 민주주의, 시장경제, 제한된 정부, 인권, 개인주의 등을 적극적으로 전파하고자 한다. 그러나 이에 대한 반발로 반서구적 태도는 더욱 확산되며, 결국 서로에 대한 공포, 불신 그리고 증오와 맞물리면서 점점 확대된다.

이러한 갈등을 어떻게 조정하고 평화적 관계를 유지하는지가 국제정치에서 가장 중요한 문제이다. 헌팅턴은 문명 간의 대규모 전쟁을 피하려면 전 세계 지도자들이 세계 정치의 다문명적 본질을 받아들이고 이를 유지하는 데 협조해야 한다고 말한다. 그러나 세계의 다문명적 본질을 받아들인다는 말의 의미는 타자의 문화에 개입하려는 타자를 일절 거부한다는 뜻이기도 하다. 이에 헌팅턴은 유럽, 라틴아메리카를 포함하는 서구 문명 국가들이 서로 긴밀하게 결속하고, 이 과정에서 다른 문명에 비해 기술적·군사적 우위를 획득해야 한다고 주장한다. 그리고 이러한 우위를 통해 비서구 국가와의 평화적 공존을 유지하고자 한다. 다만 이 과정에서 미국이 자신의 서구적 정체성을 인정하고 자신의 문명을 보편이 아닌 특수한 것으로 유지해야 한다고 주장했다. 미국이 서구 문명으로서의 정체성을 인정해야 한다는 것은 미국 내부의 다원주의를 부정하는 것이기도 하다. 즉, 미국 내에서 다원주의를 주장하고 해외에서 보편주의를 주장하는 일반적 견해와 달리, 국내에서는 보편주의를, 국제 관계에서는 다원주의를 주장하는 셈이다. 다시 말해 미국 사회가 내부적으로는 다양한 문명이 뒤섞이는 사회가 아니라 서구의 문화에 충실한 사회를 유지해야 한다고 말하는 한편, 외부적으로는 타문화를 인정하면서 함부로 개입하지 말아야 한다고 주장하는 입장이다.

이러한 입장은 세계의 경찰을 자부하면서 정의라는 이름으로 다른 국가에 이리저리 개입하는 미국에 대한 일종의 비판이라고 볼 수도 있다. 그러나 헌팅턴은 어디까지나 미국인의 시각에서 미국이 취해야 할 외교적 정책에 초점을 맞추고 있고, 그렇기 때문에 종종 서구 우월주의적인 시각을 내보인다. 그러한 단점에도 이 책에서 헌팅턴이 제시하고자 한 문명의 충돌이라는 새로운 해석 틀이 냉전 이후 세계를 보는 의미 있는 시각을 제공했다는 점은 부정할 수 없다.

3 결정적 문장

문명과 문명의 충돌은 세계 평화에 가장 큰 위협이 되며, 문명에 바탕을 둔 국제 질서만이 세계대전을 막는 가장 확실한 방어 수단이다.

4 생각 더하기

세계화에서 미국이 주도적인 위치를 차지함에 따라 세계화는 넓게는 서구화, 좁게는 미국화로 이해된다. 그럼에도 헌팅턴이 각 문화권의 독립성과 문화적 다원성이 여전하다고 주장하는 이유는 무엇일까?

헌팅턴은 문화란 단순히 맥도널드 햄버거를 먹고 랩을 들으며 할리우드 영화를 본다고 해서 생기는 것은 아니라고 말한다. 이를테면 중동에서도 청바지를 입고 코카콜라를 마시는 젊은이들이 많이 있지만, 이들이 동시에 메카를 향해 기도하고 미국 항공기를 폭발시키는 테러 행위를 할 수 있다. 단지 서구의 상품을 구매한다고 해서 그들이 서구화되리라고 생각하는 것은 서구인들의 안이하고 오만한 사고방식일 뿐이다.

　이제까지 근대화는 일종의 서구화라고 여겨졌다. 한국 사회의 근대화 또한 기존 한국 사회의 많은 문화가 서구적 방식으로 바뀐다고 받아들여져 왔다. 한옥에서 아파트로, 한복에서 양복으로, 한식에서 서구적 방식의 식사로 의식주가 바뀐 것뿐 아니라 전통적인 사회제도가 서구식으로 바뀌는 것까지 근대화는 서구화를 의미했다. 그러나 헌팅턴은 이것을 일방적인 서구화라 말할 수는 없다고 말한다. 비서구 사회는 자신의 고유문화를 포기하지 않고, 서구의 가치·제도·관습 등을 수용하여 받아들일 수 있기 때문이다. 한국 사회가 여러 면에서 서구의 문명을 흡수한 것은 사실이지만, 여전히 많은 부분은 전통적인 제도나 사고방식, 가치 등을 지키고 있다. 효를 강조한다거나, 인간관계에 있어 인정을 강조한다거나 하는 점들이 한국 사회의 독특한 문화라고 할 수 있다. 그렇기 때문에 각 문화권은 여전히 독립적이며, 이러한 독립성을 침해할 때 문명이 서로 충돌해 분쟁이 생긴다.

　이 책은 오늘날 다양한 문명권들이 서로 대립하고 있음을 말하고 있는 책이지만, 동시에 이러한 문명의 독립성을 상호 침해하지 않을 때 평화로운 문명의 공존이 가능하다는 사실을 지적하는 책이기도 하다.

50
재러드 다이아몬드, 《총, 균, 쇠》

인간 사회의 다양한 문명은 어디에서 비롯되었나

★ 한눈에 보기

1 이 책에서는 '우리 인류는 어떻게 해서 각기 서로 다른 문명을 발달시키게 되었는가?'라는 질문을 던진다.

2 인간 사회는 서로 다른 자연환경 속에서 다양한 변이를 일으켰으며, 그로 인해 지금과 같은 불균형이 만들어졌다.

3 식량 생산 능력의 차이를 만드는 지리학적인 요소들은 문명의 특성과 수준을 결정하는 데 중요한 역할을 했다.

4 인간의 역사 역시 자연과학과 마찬가지로 넓은 시각에서 살펴봐야 하며, 체계적이고 과학적인 분석이 필요하다.

1 저자 알기

재러드 다이아몬드(Jared Diamond, 1937년~)

재러드 다이아몬드는 미국 매사추세츠주에서 태어났다. 유대인 혈통으로 그는 이민자 2세이다. 아버지는 물리학자였고, 어머니는 언어학자이면서 동시에 피아니스트였다. 부모님의 영향 덕분이었는지 그는 여섯 살 때부터 피아노를 치기 시작했고 하버드 대학교에서 문화인류학과 역사를 공부했다. 그리고 1961년에 케임브리지 대학교의 트리니티 칼리지에서 생리학과 생물 물리학으로 박사 학위를 받았다. 그 후 그는 UCLA 의학대학의 생리학 교수가 되고 나서도 조류학과 생태학 공부를 계속했고, 50대가 되었을 때에는 환경사를 공부해 지리학자가 되기도 했다.

그의 첫 번째 책은 《세 번째 침팬지: 인간이라는 동물의 진화와 미래》였다. 이 책은 인류학, 진화생물학, 유전학, 생태학, 언어학이 결합된 책으로, 그가 다양한 분야를 공부하고 연구해 온 만큼 새로운 관점과 풍성한 내용으로 학계는 물론 대중들에게 많은 관심을 끌었다. 이후 재러드 다이아몬드는 책을 발표할 때마다 그의 박학다식함을 아낌없이 풀어냈으며, 《총, 균, 쇠》도 그런 책 중 하나이다.

2 내용 깊이 알기

《총, 균, 쇠(Guns, germs, and steel)》는 재러드 다이아몬드가 1997년에 발표한 두 번째 책이다. 그는 이 책으로 영국 과학 출판상과 퓰리처상을 수상했다. 이 책은 어떻게 유럽 사회가 다른 사회를 정복하고 살아남을 수 있었는지에 대한 질문으로부터 시작되었다. 우리는 보통 '정복한다'는 개념은 '이긴다'는 뜻으로, 이긴다는 것은 '더 낫다', '우월하다'라는 뜻으로 받아들인다. 그러나 우리는 조선이 일본보다 열등해서 식민지가 되었다고 배우지 않았다. 그럼에도 유럽은 우월하고 아프리카는 열등하기 때문에 유럽이 아프리카를 정복했다는 선입견을 가진 사람이 많다.

그렇다면 지역적인 불균형은 어떻게 설명할 수 있을까? 분명히 유럽은 현대를 구성하는 많은 것들을 만들어 냈다. 그리고 그것을 바탕으로 유럽은 많은 다른 대륙을 정복했다. 이 책은 다이아몬드가 오스트리아 뉴기니의 해변에서 있었던 일로부터 이야기를 시작한다. 1972년, 다이아몬드는 뉴기니의 해변을 산책하다가 우연히 얄리라는 정치가를 만난다. 그는 얄리가 굉장히 똑똑하고 카리스마 넘치는 사람이라는 것을 금세 알아차렸다. 당시 뉴기니에 살고 있던 다이아몬드는 새들의 진화에 대해 연구하고 있었다. 얄리는 다이아몬드의 연구에 호기심을 가졌고, 다이아몬드는 수백만 년에 걸쳐 새들이 뉴기니섬으로 이주해 와 진화한 것에 대해 설명했다. 그러자 얄리는 그러면 자신들의 조상은 어떻게 뉴기니에 오게 되었으며, 유럽의 백인들은 어떻게 뉴기니에 오게 되었는지, 그리고 백인들이 어떻게 뉴기니를 식민지로 만들었는지 물었다.

　뉴기니는 백인들이 오기 전까지만 해도 석기시대를 살고 있었다. 중앙집권적 정치체제도 갖추지 못한 상태였다. 이때 백인들은 쇠와 같은 금속부터 옷, 성냥, 의약품까지 뉴기니에 가지고 들어왔다. 이렇게 뉴기니 사람들은 백인들로부터 '문명'을 전달받았다. 얄리는 '백인들은 어떻게 그러한 물건들을 만들 수 있었고 흑인들은 왜 하지 못한 것일까?'라고 질문했다. 과거에는 아마 그것을 우생학[1]적인 차이 때문이라고 설명했을 것이다. 즉, 유럽인들이 우월하고 흑인들이 열등하다고 말이다. 유럽에서 제국주의가 한창일 때 신체적인 차이가 지능의 차이를 만든다는 말도 안 되는 연구를 했던 적도 있었다. 나치는 그것을 근거로 열등한 민족들을 청소해야 한다는 끔찍한 주장을 하기도 했다. 실제로 유럽의 제국주의 아래에서 핍박받은 많은 나라와 인종들이 있고, 심지어 몰살된 부족들도 있다. 이제 우생학적인 설명은 그 어떤 근거도 없다는 것이 명백해졌다. 그러나 역사는 되돌릴 수 없고 의문은 여전히 남았다. 오스트리아 원주민들이 백인을 정복한 것이 아니라, 왜 백인이 원주민을 정복할 수 있었던 것일까?

　다이아몬드는 적어도 1500년부터 시작된 부와 힘의 차이가 지금

---

1. 유전학의 한 분야로, 유전 법칙을 응용하여 인간 종족을 개선하려는 목적으로 연구된 학문이다. 하지만 후에 제국주의, 인종차별주의와 결합하여 많은 폐해를 낳았다.

재러드 다이아몬드, 《총, 균, 쇠》

과 같은 불균형을 만들었다고 보았다. 이 시기의 유럽은 그 어떤 지역보다도 과학과 기술을 발전시켰다. 다이아몬드는 이때의 차이가 근대의 불균형을 낳은 것이 틀림없다고 생각했다. 하지만 기원전 11000년에는 어느 대륙, 어느 지역이나 비슷한 구석기 문명을 갖고 있었다. 현재에도 어떤 지역은 기원전 11000년과 특별히 다르지 않은 문명을 갖고 있다. 수렵과 채집이 그들의 주된 활동이다. 어떤 지역에서는 농경 사회를 만들고 도시를 만든 다음 결국 산업화 사회를 만든 것과 대조된다.

다이아몬드는 결과적으로 어떤 특정한 문명은 창의력이나 지능의 문제가 아니라고 하면서 오히려 필요와 기회의 문제라고 주장한다. 그에 따르면 어떤 특정한 조건들이 가능성을 만들어 내고 그것을 바탕으로 발전되는 것이 문명이다. 예를 들어, 수렵과 채집을 하던 집단이 농경 사회를 이루기 위해서는 오래 놓아두어도 썩지 않는 작물을 발견할 수 있어야 한다. 설령 그런 작물들을 발견했다고 하더라도 그것들을 오래 보관할 수 있을 만한 기후도 갖추어져야 한다. 이런 조건들이 갖추어져야만 농경 사회로 진입할 수 있는 것이다. 여기에 온순하고 사람이 기를 수 있을 정도로 튼튼하면서 힘이 좋은 동물이 있다면 농사에 도움이 될 수 있을 것이다. 또 이런 가축을 기를 수 있는 지역은 농업을 더욱 대규모로 확장할 수 있었다.

농사를 짓기 위해서는 노동력이 집중되어야 한다. 노동력이 많아져서 농사 짓기가 수월해지면 쉽게 잉여 생산물이 생긴다. 이는 더 많은 인구를 필요로 하기도 하면서 동시에 인구가 증가하는 것을 쉽게 수용할 수 있다. 많은 사람들이 모인다는 것은 기술이 훨씬 더 쉽게 축적될 수 있음을 의미하기도 한다. 사회는 점점 커지고 지배 계층이 생긴다. 즉, 국가가 탄생할 수 있다. 이런 조건 속에서 유럽과 아시아는 문명이 만들어질 수 있었을 것이다. 유라시아의 쌀과 밀은 농업 사회를 발전시킬 수 있는 적절한 작물이었다. 또 유라시아에는 45킬로그램이 넘으며 사람과 친근하게 지낼 수 있는 동물들이 약 13종이나 있었다. 하지만 남아메리카는 1종 정도였고 오스트리아와 북아메리카에는 아예 없었다. 가축들은 농사를 짓는 것뿐만 아니라 짐을 옮기는 데도 이용되었다. 짐을 옮길 수 있다는 것은 무역을 할 수 있다는 것을 의미한다. 또 전쟁을 할 수 있는 가능성도 열어 준다. 가축을 통해 우유와 치즈, 가죽과 고기를 얻을 수도 있다.

사람들이 가축을 기르기 시작하면서 이런 방식의 문명만 나타난 것은 아니었다. 가축과 함께 살고, 그것들의 고기와 우유를 먹고 가죽을 입고 다니게 되면서 가축들이 갖고 있는 바이러스가 사람에게 전이되기도 했다. 천연두, 홍역, 감기 모두 사람과 동물들이 한곳에서 살면서 전염된 병들이며, 지금까지도 많은 심각한 질병들이 동물들, 특히 가축으로부터 전해진다. 유라시아 사람들은 서로 무역을 하면서 전염병까지 주고받았다. 그들은 오랜 시간에 걸쳐 지속적으로, 그러나 천천히 질병에 노출된 결과 많은 전염병에 대해 면역력을 갖게 되었다. 그러나 아메리카 대륙의 사람들은 그렇지 못했다. 처음 유럽인들이 아메리카 대륙에 도착하여 아메리카 원주민들과 접촉했을 때 전염병에 내성이 없었던 아메리카 원주민들은 큰 타격을 받았다. 유럽인들을 통해 전염된 병은 아메리카 문명을 황폐하게 만들었다. 많은 아메리카 사람들이 전염병으로 죽었고 유럽인들은 상대적으로 적은 수로 아메리카를 점령할 수 있었다.

다이아몬드는 이러한 문명화 과정을 지리학적으로, 동물학과 생물학, 그리고 인류학적으로 풀어 나간다. 인간의 역사는 그저 어떤 독립된 하나의 학문으로 설명될 수 없다. 독립된 분과는 인간의 작은 단면만을 보여 줄 수 있을 뿐이다. 그러나 그는 넓은 시각으로 인간 역사의 넓은 모습을 보여 줌으로써 더 많은 통찰을 가능하게 해 주었다.

인종 차별에 대해 철저하게 교육을 받은 우리들은 논리적으로는 인종 간에 그 어떤 유전적인 편차도 없을 것이라 생각한다. 하지만 역사 속에서의 정복과 지배, 그리고 산업화와 문명화 등을 바라보면서 마음속으로는 특정한 민족이 다른 민족보다 우월하다고 생각하고 있을지도 모른다. 또 어떤 인종이나 민족은 열등하므로 우월한 나라들의 지배가 어쩔 수 없었다고 생각하는 사람들도 틀림없이 있을 것이다. 그러나 다이아몬드는 다양한 학문적 연계를 통해 그러한 우월과 열등이 허상임을 여실히 밝혀 주었다. 우리는 이 책을 통해 인종 차별적인 태도나 발언은 단지 도덕적인 측면에서뿐만 아니라 과학적이고 인류학적인 측면에서도 틀렸다고 주장할 수 있다. 그것이 이 책의 가장 큰 업적이다.

3 결정적 문장

다른 민족들이 다른 역사의 과정을 만들어 간 것은 민족 간의 생물학적인 차이가 아니라 환경적인 차이 때문이다.

4 생각 더하기

환경적·지리적 차이는 인간이 어찌할 수 있는 부분이 아니다. 그렇다면 유럽이 아메리카를 정복하고 지배했던 것은 피할 수 없는 일이었을까?

다이아몬드가 이 책에서 가장 염려하는 부분은 '현재'라는 결과가 정당한 것으로 받아들여지는 것이었다. 그는 그들이 가진 환경 때문에 지금 맞닥뜨린 결과들은 피할 수 없었으며, 결과를 바꿀 수도 없다고 생각하는 것은 잘못되었다고 명확하게 지적한다. 결과의 원인을 살펴보는 것은 결코 결과를 정당화하기 위함이 아니다. 오히려 역사학적인 설명은 지금의 결과가 변화 가능함을 인식하는 것이라고 주장한다. 심리학자가 살인자의 심리를 이해하려는 것과 의사가 질병의 원인을 이해하려고 하는 것은 "원인을 이해함으로써 그 같은 인과관계의 사슬을 끊고자" 하는 것이라고 그는 말한다. 즉, 어떤 민족이 다른 민족을 지배한 것은 정당화될 수 없다. 이 책의 그 어떤 관점에서도 제국주의와 식민주의를 해명하려고 하지 않았다. 환경적인 차이에서 비롯된 문명은 어느 한쪽이 더 '낫다'고 볼 수 없다.

산업화된 국가가 그렇지 않은 부족보다 더 행복하다고 볼 근거는 전혀 없다.

이러한 다이아몬드의 시각은 철저하게 진화론으로부터 온 것 같다. 진화론에서는 진보의 개념을 담보하고 있지 않다. 진화가 되었다고 해서 결코 그 이전보다 나아진 것은 아니다. 북극에 살고 있는 북극여우가 사막에 살고 있는 사막여우보다 더 나은 종이 아니듯 사자가 토끼보다 우월한 종은 아니다. 다만, 다른 환경에서 다르게 적응했을 뿐이다. 인간 사회의 역사, 즉 국가와 민족 간에도 마찬가지이다. 일본인이 한국인보다 우월한 것이 아니듯 앵글로색슨이 아메리칸 인디언보다 더 나은 민족은 아니다. 다른 환경에서 각각 다르게 적응한 것뿐이다.

생물학에서 말하는 진화가 우연의 산물이듯 역사 역시 우연한 결과이다. 우연에는 필연이 없다. 《총, 균, 쇠》를 읽을 때는 반드시 이러한 관점을 이해해야 한다.